REGARDS CROISÉS

Ce que intelligence
économique veut dire

Éditions d'organisation
Groupe Eyrolles
61, bd Saint-Germain
75240 Paris cedex 05

www.editions-organisation.com
www.editions-eyrolles.com

Damien Brüté de Rémur

Ce que intelligence économique veut dire

Éditions
d'Organisation

Sommaire

Partie II

Des repères pour la recherche

Sommaire

Préface

Importée des États-Unis par Robert Guillaumot, explicitée par le rapport signé par Henri Martre en collaboration avec Philippe Clerc et Christian Harbulot, positionnée sur l'échiquier mondial par Bernard Esambert, développée par quelques préfets visionnaires comme Rémy Pautrat, Claude Guéant ou Bernard Gérard, tout en s'appuyant sur les travaux et enseignements de quelques universitaires précurseurs, l'intelligence économique a mis dix ans pour devenir un concept reconnu. Le rapport Carayon, suivi de l'énorme travail de sensibilisation fourni par son auteur dans tout notre pays, a servi de détonateur pour la mettre à la mode et commencer à la faire prendre en compte dans la gestion des entreprises.

Science naissante, au carrefour de la gestion de l'information et de la communication, elle s'appuie sur le progrès technologique qui raccourcit la notion de temps et d'espace et permet la prise en compte de l'interdépendance des acteurs. Elle fédère et coordonne en apportant une cohérence globale qui en fait la richesse. S'appuyant sur le partage de l'information, le travail en réseau et la transversalité, elle bouleverse les structures organisationnelles hiérarchiques en replaçant l'homme au centre. C'est ce qui a permis à certains de dire qu'au-delà des techniques c'est un état d'esprit reposant sur la pratique d'un humanisme d'entreprise reposant sur le savoir et la connaissance dans une version adaptée au XIIe siècle.

Pour que l'intelligence économique prenne ses lettres de noblesse et ne soit pas un avatar éphémère, il faut en explorer tous les aspects pour pouvoir préparer les générations futures de dirigeants à son utilisation optimale dans la compétition mondiale. Au-delà des adaptations nécessaires à nos spécificités françaises, il faut sortir d'une vision hexagonale pour que cette recherche s'intègre dans la réflexion pour un nouvel esprit scientifique initiée par Edgar Morin et l'École de Palo Alto.

La valeur des programmes de formation diplômante délivrée par les universités et les grandes écoles, ou de la formation continue, passe par le développement de la recherche. C'est pourquoi il est indispensable d'encourager les chercheurs, de créer des écoles doctorantes, de publier les résultats de leurs travaux sur les différents domaines et techniques de l'intelligence économique.

Le livre de Damien Bruté de Rémur arrive à point nommé. Écrit par un directeur de recherche, il ouvre des pistes et servira de base aux futurs doctorants et chercheurs en intelligence économique. On y découvre à chaque page des auteurs, des concepts, des questions, des techniques qu'il convient d'approfondir pour mieux comprendre et maîtriser le potentiel de cette science complexe par la multiplicité des disciplines concernées, des outils utilisés, et de ses objets d'application.

Alain Juillet, haut responsable en charge de l'intelligence économique au SGDN[1]

© Groupe Eyrolles

---

1. Expliciter sigle.

Introduction

L'émergence formalisée depuis dix années de la discipline « intelligence économique » (à partir d'ici dénommée IE) s'est faite d'abord par imitation des pratiques anglo-saxonnes et surtout à l'initiative des pouvoirs publics. L'année 2003 marque sans conteste un tournant majeur au moment où, justement à l'initiative du gouvernement, est décrétée une « grande politique française de l'IE ».

L'intelligence économique est donc d'abord une pratique. Remarquons au passage, même si cela n'est pas vraiment notre sujet, que c'est ainsi que se forment depuis toujours les nouvelles disciplines dans les sciences économiques et de gestion. Cela n'est pas spécialement une originalité, sauf à constater ce fait de manière systématique dans les sciences humaines et sociales pour lesquelles préexiste obligatoirement l'objet avant que la recherche ne l'observe et sans préoccupe. Nous retrouvons le mode d'évolution du droit quand il reconnaît la jurisprudence comme une source à part entière à l'égal des autres. En tant qu'objet d'étude, l'IE est une spécialité récente. D'aucuns considèrent le rapport du Commissariat général au Plan comme son acte fondateur dans l'Hexagone.

Les ancêtres de nos disciplines sont de toute façon autant de références communes qui expliquent à la fois les spécialisations et les besoins de liens entre elles. Il n'est pas anachronique de chercher ainsi nos références en philosophie ou en droit et économie. Dans cette dernière d'ailleurs, entend-on parfois affirmer que les sciences de gestion et les sciences de l'information et de la communication ont puisé leurs sources[1].

Les sciences de gestion (SDG) sont autant « d'anciennes nouveautés » et, au-delà du management stratégique – qui fonde sans doute l'IE dans nombre de ses aspects – le marketing, une des plus récentes, fut parfois considéré dans les années 60 comme une simple mode. Comptabilité et finance n'échappent pas à cette règle et les pratiques là aussi ont été préalables comme ailleurs à la formation des corpus théoriques fondant les champs disciplinaires.

Les besoins de la performance pour les entreprises – forte motivation et finalité réelle des SDG – ont sous-tendu et favorisé un large mouvement de spécialisation qui s'explique aussi par le caractère toujours davantage détaillé de la connaissance des différentes réalités sur lesquelles les chercheurs ont pratiqué des observations de plus en plus fines. Sans ambitionner, parce que cela n'est pas notre sujet, de faire un panorama de ce constat mais parce que nous ne pouvons faire l'économie, dès le début de nos réflexions, d'une vision pluridisciplinaire, on peut citer quelques exemples dans les principales disciplines formant l'ensemble des SDG :

– **la GRH** (gestion des ressources humaines) s'est d'abord appelée « gestion du personnel », spécialité intégrant quelques spécificités tenant aux cadres juridiques particuliers s'appliquant au sujet. On s'est ensuite intéressé de plus près aux relations humaines constitutives des organisations et aux questions relatives à l'ajustement des tâches et des activités. Puis on a dépassé progressivement une vision « coûts/productivité », qui avait donné le jour au taylorisme et aux formalisations hiérarchico-fonctionnelles qui firent les beaux jours de Fayol, pour aller dans le

---

1. Une journée avec R. Bourre, Centre de recherche en information et communication, Montpellier, juin 2002.

sens de la prise en compte du concept de ressource, vu notamment au travers des aspects de qualification et de compétence, de motivation et d'intégration. Cette évolution est symbolisée par le passage de Taylor à Mayo et Mintzberg. Il faut ici remarquer que l'IE se rapporte assez directement à la GRH dans la mesure où les concepts de qualification, de compétence et de communication interne sont constamment sollicités. Nous y reviendrons à propos du management des savoirs ou « knowledge management » ;

– **la finance** s'est, elle aussi, spécialisée en finance d'entreprise et finance de marché, intégrant de plus en plus d'outils mathématiques et perfectionnant peu à peu les modèles à travers les théories du signal et de l'agence pour ne citer que les grandes lignes. Ces évolutions ont largement imprégné la technique comptable qui devient une discipline à part entière. Et l'on sait bien, nous le suggérions avec les deux paradigmes évoqués ci-dessus, que l'information tient ici une place prépondérante, les réalités étant perçues systématiquement au travers des prismes déformants des stratégies de communication des entreprises comme des divers médias. Les exemples d'utilisation, voire de manipulation de l'information financière en IE sont peut-être les plus significatifs ;

– **le marketing** est entré par la porte du marché, de sa connaissance et de la négociation-vente, pour aller vers une conception globale répondant à la problématique de la réponse aux besoins. Les développements de la communication et de la relation client ont formé des « sous-disciplines » constituant de véritables spécialités autonomes. Peut-être est-ce dans la caractéristique téléologique de l'IE que le rapport au marketing est le plus frappant : il ne s'agit de rien d'autre que rechercher l'acquisition par/pour l'entreprise d'avantages compétitifs significatifs et durables. Nous retrouvons ici l'idée que la recherche du sens constitue un point incontournable. Ça n'est d'ailleurs pas pour rien que la signification du mot « sens » revêt deux aspects principaux : raison d'être et direction. Nous reviendrons bien sûr à tous ces aspects dans nos développements ;

– **le contrôle de gestion** a d'abord posé un point d'interrogation qui a fait découvrir la complexité des démarches de planification et de régulation. Il fallait revenir à une vision plus générale de l'entreprise et l'on a commencé à parler de systémique en intégrant les nouveaux paradigmes développés en informatique ;

– **la stratégie**, enfin, devient une discipline à part entière, identifiée comme point de départ de la mise en œuvre opérationnelle. Le management stratégique est une discipline « historique » des sciences de gestion, c'est également un champ de recherche étudié dans des sciences parentes (notamment les sciences économiques). Dans ces deux cas les liens avec l'IE sont trop évidents pour être davantage soulignés ; cela constituera un de nos axes principaux ;

– **les sciences de l'information et de la communication (SIC)** travaillent en partie sur le même terrain avec des préoccupations spécifiques[1]. Pour certains, ce sont des circonstances largement liées aux relations institutionnelles qui ont fait des SDG et des SIC deux sections distinctes dans le CNU (Conseil national des universités).

Ce large mouvement de spécialisation est d'abord nécessaire comme le montre François Kourilsky : « *La recherche pour avancer et décortiquer un objet a absolument besoin de se spécialiser à l'extrême et de rompre le front des connaissances sur des espaces qui peuvent paraître ridiculement étroits. De même, l'enseignement de ces connaissances pointues implique une spécialisation.* »[2] Il ajoute aussitôt, soulignant dans la même pensée le fait et ses conséquences : « *Il est des cloisonnements de disciplines qui se transforment en cloisonnements de la pensée. C'est ce que nous appelons le*

---

1. Colloque de Nice, « Regards croisés SIC et SDG sur la communication d'entreprise », décembre 2002.
2. F. Kourilsky (sous la dir.), *Ingénierie de l'interdisciplinarité : un nouvel esprit scientifique*, L'Harmattan, 2002.

« *syndrome de l'archipel* ». *Un archipel fait des îlots de disciplines, de connaissances et de compétences, sans communications faciles…* »[1] À l'intérieur des SIC, nous retrouvons des spécialisations comme dans les SDG. Cela est parfaitement illustré par la dénomination à propos de ces deux grandes disciplines de « sciences plurielles ».

Après ces progrès largement observables dans la deuxième moitié du XXe siècle, on doit aussi faire, au-delà des divergences, si l'on peut dire, un double constat général et paradoxal :

– une meilleure maîtrise des mouvements économiques et sociaux – facteurs déterminants de la performance de l'entreprise tant il est vrai que sa santé dépend de celle de son environnement (clients et fournisseurs) – a permis d'approfondir dans le détail des analyses et amène à travailler au-delà des règles simples applicables à des contextes plus brutaux. Pour exemple : la réussite du « New Deal » de Roosevelt appuyé sur le modèle keynésien fait émerger des facteurs de développement et de croissance plus fins et plus délicats à manipuler ;

– la mondialisation, thème à la mode et récurrent dans les références explicatives, a fortement accru les interdépendances au-delà des contextes locaux et a conduit à développer les solidarités, au moins de fait, par le rapprochement des acteurs et la contrainte à la construction d'ensembles de taille critique. La vitesse de cette évolution se mesure à l'aune du fulgurant développement de l'Internet.

Sans remettre en question les progrès accomplis, et pour leur permettre de porter tous les fruits possibles, il est nécessaire aujourd'hui de prendre de la hauteur et il semble que la démarche que constitue l'IE soit ici une réponse naturelle à ce besoin. Les enjeux sont considérables partout : « *La plupart des licenciements dans les grands groupes américains reflètent les erreurs des dirigeants qui se sont endormis au volant de leur entreprise et ont manqué le tournant du futur* » écrivent Gary Hamel et C.K. Prahalad[2].

L'outil que constitue l'ensemble des concepts et méthodes répertoriés dans cette discipline de l'IE est maintenant au service des entreprises et la partie qui revient à l'initiative des agents économiques eux-mêmes prend toute sa place.

Pourtant, destiné à une meilleure compréhension des environnements, le modèle hexagonal de l'intelligence économique s'est construit sur des visions volontaristes reposant sur la veille, où l'anticipation et la détection des ruptures constituent les étapes élémentaires du processus d'aide à la décision, forcément stratégique. Nous n'en voulons pour témoignage qu'un fait : le premier magazine mensuel sur l'intelligence économique porte le nom de *Veille* et en sous-titre « Le magazine professionnel de l'intelligence économique et du management de la connaissance ». Bruno Martinet, un des auteurs reconnus de l'IE, a publié son premier ouvrage en collaboration avec Jean-Michel Ribault, sous le titre *La veille technologique, concurrentielle et commerciale*[3]. Et son dernier ouvrage de 2001 avec Yves-Michel Marti[4] souligne encore cet aspect. Il perdure cependant un décalage important entre les tenants d'une définition – un moment considérée comme « officielle », française sous l'impulsion de Philippe Baumard[5], qui s'est largement inspiré de Harold L. Wilensky[6], également selon P. Baumard et

---

1. *Ibid*, p. 22.
2. *Harvard Business Revue*, « Les stratégies de l'incertain », G. Hamel et C.K. Prahalad, *La course pour le futur*, Éditions d'Organisation, 2000.
3. B. Martinet et J-M. Ribault, *La veille technologique concurrentielle et commerciale*, Éditions d'Organisation, 1989.
4. B. Martinet et Y. M. Marti, *L'intelligence économique : comment donner de la valeur concurrentielle à l'information*, Éditions d'Organisation, 2001.
5. P. Baumard, *Stratégie et surveillance des environnements concurrentiels*, Masson, 1991.
6. H. L. Wilensky, *Organisational Intelligence. Knowledge and Policy in Government and Industry*, Basic Books, New York, 1967.

Christian Harbulot[1] cités par David Urso – et finalement l'observation des pratiques des entreprises. Humbert Lesca a aussi contribué à cette acception[2]. Ainsi, la nécessité de développer des démarches d'influences et des mouvements informationnels offensifs fut particulièrement mise en valeur plutôt dans la littérature anglo-saxonne[3] et un économiste comme Murray Wolfson, de l'université d'État de Californie, est de plain-pied dans la guerre économique[4], même si les précurseurs comme Francis Joseph Aguilar[5] sont aussi partis de la « veille ». En tout cas, l'état de l'art révèle une sur-valorisation, voire une sacralisation des démarches de surveillance et de veille, quelles que soient leurs déclinaisons.

Un travail remarquable a été mené en décembre 1990[6] sur la veille à la demande du ministère de la Recherche et de la Technologie, direction de l'information scientifique et technique. À ce moment-là on parlait surtout de la veille technologique et ceci explique cette orientation de l'étude mais pour autant la démarche reste tout à fait marquante.

Il existe aussi une première étude de référence sur les pratiques de l'IE : la très précieuse enquête de l'Institut des hautes études de défense nationale[7].

La grande variété des travaux de recherche se référant plus ou moins au concept général d'IE est symptomatique d'un ensemble de méthodes relativement indépendantes des objets auxquels elles s'appliquent. On trouve en effet des chercheurs en IE aussi bien dans les sciences de gestion et sciences de l'information et de la communication, disciplines de prédilection, qu'en sciences économiques (et quoi de plus normal) ou sciences politiques (et les initiatives gouvernementales de 2003 vont sans doute accentuer le phénomène), et dans bon nombre de disciplines scientifiques. Nous avons en référence (Lucas et Bruté, 2004) un échantillon intéressant de travaux se rattachant plus ou moins explicitement à l'IE[8]. Et les journées doctorales de l'IE lancées en 2004 sont maintenant des occasions privilégiées de confronter ces références et de tracer peu à peu le contour des corpus théoriques sur lesquels s'appuie la recherche dans cette nouvelle discipline.

Nous avons ainsi pu observer que la variété des sujets est extrême dans des démarches qui se réclament toutes, ou du moins sont toutes, rattachables à l'IE. Des spécialités de départ aussi différentes que l'immunologie et la psychologie du travail se retrouvent dans ces occasions associées aux systèmes d'information ou aux télécommunications. Nous en tirons les conséquences en nous réclamant de l'interdisciplinarité, voire en observant que l'IE est aujourd'hui le point focal d'un mouvement de rapprochement de diverses démarches scientifiques sur l'objet entreprise.

---

1. D. Urso, « Les relations interentreprises favorisent-elles la connaissance ? », 10es rencontres internationales du GERPISA, 1996 cite Ph. Baumard et Ch. Harbulot, « Intelligence économique et stratégie des entreprises : une nouvelle donne stratégique », V[e] conférence internationale de management stratégique, 1996.

2. H. Lesca, « Veille stratégique : comment sélectionner les informations pertinentes », V[e] conférence internationale de management stratégique, 1996.

3. Une exploration de la littérature américaine sur ce point peut aussi se faire par l'intermédiaire du site Internet de Winn Schwartau, spécialiste de la guerre de l'information et conseiller du Pentagone : www.infowar.com

4. M. Wolfson, *The political Economy of War and Peace*, Kluwer Academy Press forthcoming, 1999.

5. F. J. Aguilar, *Scanning the Business Environment*, Mac Millan NY, 1967.

6. R. Bourcier-Desjardins, A. Mayere, F. Muet et J-M. Salaun, « Veille technologique, revue de littérature et étude de terrain », CERSI, Villeurbanne, décembre 1990.

7. Cette vaste étude réalisée auprès des 2 000 plus grandes entreprises françaises constitue à ce jour le travail quantitatif et qualitatif le plus accompli à propos des pratiques de l'intelligence économique. F. Bournois et P-J. Romani, *L'intelligence économique et stratégique dans les entreprises françaises*, Paris, Economica, 2000.

8. D. Lucas et D. Bruté de Rémur, Regards sur la recherche doctorale française en intelligence économique.

L'opportunité de notre démarche nous est confirmée par Alain Juillet[1] dans son allocution intro-ductive à la première Journée doctorale de l'intelligence économique à l'INHES (Institut national des hautes études de la sécurité) le 30 avril 2004 : « *Il y a trois moments dans l'IE : le terrain, la formation et la recherche. C'est sur cette troisième phase qu'il faut maintenant appuyer.* »

La réflexion sur les épistémologies d'appui de ces travaux nous conduit notamment à la notion d'interdisciplinarité dont parle François Kourilsky (2002). Il est en effet crucial, quel que soit le choix de référence de chacun des chercheurs, qu'il puisse emprunter les outils et méthodes là où il les trouve les plus pertinents sans être enfermé dans un corps disciplinaire trop strict.

Cette notion n'est cependant pas la réponse universelle à toutes les questions que pose l'IE en matière de recherche, et nous avons un véritable défi à relever. Nous n'avons pas d'autre ambi-tion dans cet ouvrage, que de commencer à rassembler quelques idées sur le sujet et de struc-turer ces idées en vue de mettre en place les premiers « panneaux indicateurs » à destination des chercheurs.

Le projet est déjà important car nous sommes véritablement dans un moment où les démarches que nous qualifierons de traditionnelles sont sérieusement remises en question, c'est le cas sans doute pour les sciences économiques et de gestion où la « *fin des légitimités* » (Marchesnay, 2003)[2] nous contraint à la créativité. Une des premières démarches de la créativité est sans doute celle de l'analyse combinatoire où le chercheur, plutôt que d'inventer à proprement parler des outils, réalise une heureuse association de matériaux préexistant dans d'autres disciplines. Cette « interdisciplinarité » est un premier pas qu'il faudra sans doute dépasser car l'IE n'est pas seulement en référence à plusieurs disciplines ; elle a aussi à connaître les objets transversaux de ces disciplines. Il faut alors se demander si le concept de « transdisciplinarité » ne serait pas plus adapté. La réponse est positive sans hésitation et nous le montrerons.

Nous ne sommes d'ailleurs pas les seuls scientifiques à nous intéresser à ces nouvelles appro-ches, car, en parallèle des sciences humaines, les disciplines scientifiques dites « dures » sont, elles aussi, confrontées à la question de la complexité et s'approprient facilement les nouvelles approches d'abord déclinées notamment en SIC. Pour ne citer qu'un exemple, nous pouvons faire référence à la publication de la délégation à l'information scientifique et technique (DIST) du CNRS en décembre 2003 sur la recherche en cancérologie : y sont soulignées les nécessaires nouvelles approches par la systémique et l'interdisciplinarité[3].

Dans tous les cas, nous n'échapperons pas aux multiples paradoxes de la discipline qui a une fonction très globale et multisectorielle, s'intéressant aussi bien aux individus, aux entreprises et aux États, qui ne peut être enfermée dans aucune démarche fixée à l'avance sous peine de perdre une large partie de ce qui fait à la fois son intérêt et l'urgence de son développement. En repre-nant Kourilsky (2002) : « *Cela peut devenir grave au plan du quotidien lorsque les technologies qui nous envahissent ignorent totalement ce que pourraient leur apporter les sciences humaines et sociales… Il me semble que les technologies sont quelque chose de trop sérieux pour être laissées aux seuls technologues.* »[4] Nous voyons même que cette recherche nous conduira au problème du chercheur et de l'objectivation. Les démarches anthropologiques trouveront alors facilement leur place (Winkin, 2001)[5], ce qui dépassait largement les méthodes et les paradigmes habituels

---

1. Haut délégué à l'intelligence économique auprès du Premier ministre.
2. Expression de M. Marchesnay dans « L'économie et la gestion sont-elles des sciences ? », papier de recherche pour l'Équipe de recherche sur la firme et l'industrie, UM1.
3. Focus Cancer, DIST CNRS, décembre 2003, pp. 6 et 7.
4. *Op. cit.*, exemples SNCF, EDF, p. 22.
5. Y. Winkin, *Anthropologie de la communication*, Point De Boeck université, 2001.

en SDG jusqu'à une époque récente. Nous retrouvons la posture éclairante d'Henri Savall et Véronique Zardet en 1999[1].

D'autres champs disciplinaires clairement identifiés en tant que tels se trouveront également concernés et nous pensons immédiatement aux questions liées au sensoriel et à l'éthologie. Nous verrons les remarquables apports possibles de ces réflexions pour une meilleure compréhension des effets nouveaux des nouvelles technologies sur la communication.

Les paradoxes ne sont pas seulement sur les objets et les méthodologies ; mais également, et c'est sans doute nouveau, sur les buts et objectifs poursuivis : ouverture et sécurité, partage de l'information et protection de sa confidentialité, partenariat et compétition, indépendance et alliance...

Toutes ces considérations nous amènent enfin à penser que nous ne pourrons faire l'économie d'une rupture épistémologique par la mise en œuvre de démarches résolument créatives, sans préjudice de résultat quant à l'émergence ou non d'un champ de recherche ou d'une discipline réellement autonome.

MAIS QUELLE DÉMARCHE SUIVRE, QUEL PLAN ADOPTER ?

Il nous semble aujourd'hui que la période est favorable à cet essai pour deux raisons : la première est que les dix dernières années ont vu beaucoup de réalisations et beaucoup de travaux d'écriture sur le sujet, ce qui nous donne un contenu significatif en vue de déceler les lignes directrices émergentes. La seconde est qu'il y a encore peu de réflexions « en amont » de ces travaux et que ce champ est donc flexible.

Il n'y a, pour se convaincre de la chose, que de recueillir quelques formules ambitionnant une définition de l'intelligence économique et de voir les différences significatives qu'elles présentent. Une des premières tâches que s'est fixées Alain Juillet est d'ailleurs de mettre au point une définition. La démarche intéresse bien sûr tout le monde et les débats s'en trouveront éclaircis. Nous veillerons cependant, en tant que chercheurs, à ce que cette préoccupation légitime en vue d'une action plus efficace ne conduise pas à la clôture d'un champ de recherche dont les limites ne peuvent être fixées de manière définitive et/ou objective.

L'ouvrage que voici n'a pas d'autre ambition que d'ouvrir la porte vers l'horizon de la recherche en IE. Il ne se veut ni une revue exhaustive des démarches de recherche (tâche trop ambitieuse !), ni un catalogue des composants du champ de recherche qui reste ouvert, ni la liste des références obligatoires et exclusives d'un chercheur en IE (les chercheurs actuels ont très certainement d'autres références en plus de celles que nous proposons).

Dès lors notre démarche s'impose comme la suivante :

• nous mettrons en place tout d'abord un état de l'art où les questions de définition et de contenu seront passées en revue, sans prétention à l'exhaustivité, mais dans un réel esprit de bilan. Nous ne manquerons pas de souligner dans ce premier point les éléments de contexte, très significatifs.

• nous développerons ensuite une réflexion à partir de ce constat sur les problématiques nouvelles et les épistémologies qui justifient et sous-tendent ou pourraient soutenir les démarches de recherche..

---

1. H. Savall et V. Zardet, « La décision managériale multidimensionnelle comme fondement des sciences de gestion », in IAE, La décision managériale, mélanges en l'honneur du professeur J. Lebraty, septembre 1999.

Entretien de... Bernard Carayon

Bernard Carayon est député-maire de Lavaur dans le Tarn.

En quoi consiste une politique d'intelligence économique pour la France ?

Les variations sur le déclin de la France sont anciennes. Notre pays doit retrouver le chemin d'un « vouloir vivre collectif » à la Renan. L'Europe doit décoloniser ses esprits ! L'IE a longtemps navigué chez nous entre la barbouzerie d'officine et la veille concurrentielle, alors qu'il s'agit tout simplement de la maîtrise de l'information stratégique. Il y a des marchés dont la maîtrise n'est pas seulement une question d'entreprise mais qui concernent aussi les « États-Nations ». Les enjeux sont à la fois sur l'emploi et sur la puissance et l'influence. Ces deux aspects interagissent d'ailleurs en continu ; mais négliger le second empêchera de poursuivre et d'atteindre le premier. C'est ce que j'appelle, moi, « l'économie politique » !

Pourquoi ce concept vient-il aujourd'hui sur le devant de la scène ?

En vingt ans le monde s'est liquéfié et complexifié très fortement. L'échec du libéralisme appuyé sur l'autorégulation par la « main invisible » d'Adam Smith est aujourd'hui patent. Au lieu d'une répartition idéale amenant la disparition des États, on assiste au contraire à la montée en puissance d'ensembles étatiques dominateurs. Si les tenants du « capitalisme » l'ont emporté en performance sur l'idéologie socialiste, les États occidentaux sont devenus de fait leurs propres compétiteurs. En tant de paix c'est la guerre économique qui fait rage tandis qu'apparaissent de nouveaux acteurs qui jouent un rôle de plus en plus important dans la régulation des relations internationales : ONG, fondations et associations diverses sont les nouveaux acteurs d'une société civile mondiale qui enlèvent aux États leur monopole en la matière. Pour autant, ceux-ci conservent sens et légitimité dans un contexte de grandes menaces internationales : du terrorisme à la criminalité financière en passant par la prolifération de l'arme nucléaire.

La mondialisation et la globalisation font passer au premier plan des espaces de luttes d'influence comme la normalisation, ou des cibles industrielles comme l'aéronautique, le pétrole ou le nucléaire civil, tandis que les technologies de l'information et de la communication, devenues le cœur de l'économie du savoir, comportent des failles qui rendent vulnérables leurs usagers.

Comment l'IE intervient-elle dans ce contexte ?

Nous sommes dans la troisième vague décrite par le futurologue américain Alvin Toffler : l'information est devenue une ressource stratégique. La société de l'information structure des relations jusque-là inédites : celui qui détient l'information et organise sa circulation détient le pouvoir. Nous avons maintenant une version civile nouvelle de la stratégie du faible au fort : par l'information le premier peut déstabiliser ou cantonner le second, sous réserve de garder sa liberté d'initiative. Les Anglo-Saxons ont depuis longtemps intégré cette réalité. Dans ce climat où tous les coups sont permis, puisque les règles n'en sont pas ou peu établies, c'est l'anticipation et l'action qui sont valorisées, et non plus seulement la réaction.

Nous sommes devant un paradoxe : l'information est à la fois la meilleure des choses par les progrès des outils permettant son accessibilité de plus en plus rapide et généralisée à tous ; et la pire des choses par les luttes pour le contrôle des dispositifs communicationnels, la mainmise sur l'élaboration des normes, et les problématiques de guerre de l'information ou infoguerres.

Pour Edgar Morin, l'intelligence est la capacité à s'aventurer dans l'incertain. Il est clair aujourd'hui que la clé d'une meilleure appréhension des enjeux contemporains se trouve dans l'intelligence économique. Elle a su, par ce jeu de mots multilingue, prendre la mesure de ce double enjeu : l'information comme moyen et une véritable stratégie nationale (un jour européenne) comme fin.

Quel a été dans ces conditions l'impact de votre rapport ?

Il a rompu avec les vieux démons de l'IE, tantôt sulfureuse, tantôt simpliste. Il a permis de tirer les leçons des dispositifs de nos concurrents mondiaux comme le MITI au Japon et l'*Advocacy Center* aux États-Unis. Ceux-ci développent, notamment à travers des fonds d'investissement à vocation duale, des « forces de protection » redoutables à l'international au service des entreprises nationales.

L'IE suppose une culture politique volontariste, voire offensive. Elle fournit d'abord une grille de lecture pertinente des échiquiers mondiaux explicites ou cachés, des jeux d'acteurs et des moyens dont ils disposent. Elle met aussi à disposition des outils opérationnels en matière de veille, de lobbying et d'influence. Mais plus que cela, l'IE implique un véritable changement des mentalités, de soulever des enjeux et de mettre en œuvre un nouvel état d'esprit. C'est une « révolution culturelle », ou copernicienne si l'on veut, pour la France. On ne peut plus opposer les intérêts des États et le soutien aux entreprises. Les intérêts sont au contraire extrêmement liés. Pas d'IE collective sans solidarité personnelle d'intérêt et d'affection avec la communauté nationale et ses alliances. L'IE est une véritable politique publique au service de la stratégie de puissance des États car, par sa vocation opérationnelle, elle est l'affaire de tous : État, entreprises, citoyens. Elle n'est pas une fonction parallèle aux autres fonctions, mais une politique voulue par le dirigeant, portée et déclinée par tous à travers une culture partagée et métissée, une organisation moins hiérarchique basée sur les réseaux.

Nécessité et volonté : d'abord pour développer l'accès à l'information, ensuite pour son analyse. Plus que l'exhaustivité, c'est la capacité à analyser qui fera la différence ; le facteur humain est essentiel.

Comment voyez-vous l'avenir de la France dans ces conditions ?

L'IE n'occupe pas en France la place qu'elle mérite : la tradition française recèle une double naïveté aujourd'hui paralysante : elle est interventionniste à l'intérieur et libérale à l'international. Les Anglo-Saxons sont exactement à l'inverse : libéraux à l'intérieur et interventionnistes à l'extérieur ! Nous sommes de grands naïfs.

Ce retard s'explique par le cloisonnement entre la sphère publique et la sphère privée et par les traditionnels antagonismes entre les administrations. Une des premières attentes d'une politique d'IE est qu'elle réforme les relations entre public et privé, qu'elle aide à établir des passerelles et à faire converger les intérêts autour de grands enjeux clairement définis. Je ne sais pas s'il faut parler de patriotisme, mot un peu désuet peut-être, ou de réalisme plutôt, quand on voit nos principaux concurrents défendre naturellement toutes les formes de souveraineté de leurs pays. Il faut passer de la fascination que parfois exercent les autres peuples, ou parfois ce que l'on pourrait appeler du voyeurisme, à l'action.

Que faut-il attendre, finalement, d'une politique d'IE pour la France ?

Je peux vous le résumer en quelques points simples : d'abord des gains de compétitivité et de parts de marché, avec une protection de notre patrimoine scientifique et industriel, et tout le monde comprend ce que cela veut dire en termes d'emploi et de niveau de vie ; ensuite une influence croissante dans le monde où notre pays retrouvera la possibilité d'offrir une réelle alternative à tous ceux qui ne peuvent se résoudre à être dépendants d'un seul fournisseur. Les enjeux pour la planète sont importants, et notamment de contribuer à l'élaboration et au respect des règles mondiales qui conditionnent l'avenir de la planète (accords de Kyoto, OMC…).

Mais la France, l'Europe et le monde ne sont pas que des marchés et l'intérêt d'une nation ne se réduit pas à l'addition d'intérêts particuliers. Bien des nations, et notamment les Anglo-Saxons ont compris cela. Nous avons à gérer un destin collectif et seul l'État peut faire la synthèse. Notre pays sera adulte quand il tournera le dos à la fois au « tout-marché » et au « tout-État ».

Je dis souvent que nous devons avoir trois mariages et un enterrement : le mariage des administrations publiques entre elles, celui du secteur public et du secteur privé, et celui de l'information et du renseignement. Nous nous retrouverons alors aux obsèques des naïvetés françaises !

Partie I

Un bilan multiforme

Nous retiendrons quatre aspects fondamentaux dans ce bilan :

- **D'abord un contexte**. Le monde a beaucoup changé depuis un demi-siècle. On ne peut ignorer les effets de l'environnement au sens large sur les questions qui se posent à l'entreprise et aux institutions ayant un rôle dans le domaine socio-économique.

- **Ensuite des définitions**. Nous sommes face à un concept sur lequel se posent encore beaucoup d'interrogations. Que veut dire l'expression « intelligence économique » ? C'est le titre de cet ouvrage et c'est pourquoi la question de la définition a une place toute particulière.

- **Puis des objets**. Sur quoi donc portent nos préoccupations ? L'IE est un objet composite. L'exploration des objets qui le composent est donc essentielle pour faire un bilan.

- **Enfin l'étude des rapports aux autres disciplines**. L'IE est à la fois une discipline émergente et un moment de l'évolution d'autres disciplines où elle puise ses sources.

Un contexte

Les évolutions économiques et sociales soulèvent des questions qui ne sont pas nouvelles mais qui prennent une acuité particulière : mondialisation, accélération des cycles, développement des technologies de l'information et de la communication… Dans le même temps, les solutions apportées aux questions plus techniques touchant à l'innovation technologique dans les entreprises, à la maîtrise des aspects commerciaux et financiers, produisent un effet comparable à l'érosion qui efface d'abord les roches tendres, plus malléables, et laisse alors apparaître les parties plus dures qui font saillie. Ainsi, par analogie, le domaine qui reste saillant dans les questions économiques et sociales aujourd'hui, c'est-à-dire où les solutions sont encore loin de satisfaire les questions les plus aiguës, touche sans doute à la gestion des hommes.

Les trois points sur lesquels nous mettrons maintenant l'accent ne sont que le rappel en synthèse des trois évolutions saillantes et reconnues comme telles : le développement des TIC, la mondialisation et les nouvelles pratiques managériales.

Un contexte informationnel dominé par le développement des TIC : vers le panoptisme informationnel

Dans l'IE nous trouvons principalement des questions touchant directement ou indirectement à l'information. Elles ne sont pas nouvelles et pourtant nous vivons sans doute une véritable révolution, peut-être susceptible de remettre en cause largement les modèles économiques admis aujourd'hui. Armand Mattelart[1] nous donne des repères pour naviguer dans ce contexte informationnel nouveau : « *Il faut se réapproprier les nouvelles technologies en construisant une alternative à la société de l'information. S'il y a une vérité dans la notion de société de l'information, c'est que de plus en plus d'interstices de la vie quotidienne et institutionnelle sont pénétrés par les technologies de l'information. Et que donc, de plus en plus de secteurs seront obligés d'y réfléchir, soit pour y adhérer, soit pour poser la question d'une autre option. Or, aujourd'hui, ceux qui osent parler d'alternative sont aussitôt taxés de technophobes. Il n'y a aucune réflexion sur la question essentielle, à savoir : face à un projet qui se réduit de plus en plus à une techno-utopie, à un déterminisme techno-marchand, peut-on opposer des projets sociaux et d'autres formes d'appropriation de ces technologies qui pénètrent la société ?* »[2] L'information est en effet de moins en moins dans son rôle traditionnel de relais entre la réalité et le savant ou le décideur, et toujours davantage dans une position de réalité en elle-même. Ainsi la détention d'information, son partage, sa recherche, son stockage, et d'autres actions sur elle deviennent-ils des objectifs en tant que tels, des actions stratégiques et des fonctions fondamentales.

Serge Perrine a présenté en juin 2004 les premières approches d'une refonte des bases théoriques de la microéconomie[3]. On peut citer quelques lignes de l'auteur qui montrent bien la perspective de ses travaux et illustrent notre propos précédent : « *On a déjà remarqué que si I est un objet d'information il se pose un problème lié au fait que la quantité d'information ne se mesure pas comme une quantité de marchandises. En fait deux fois l'information I ne donne rien de plus que l'information I elle-même. De sorte que la courbe de demande est délicate à considérer pour des objets d'infor-*

1. A. Mattelart, *Histoire de la société de l'information*, La Découverte-Repères, 2003.
2. Propos recueillis par S. Mandard : www.fragmentsdumonde.org/2001
3. S. Perrine, « Éléments d'une microéconomie informationnelle », Colloque de l'IR2I « L'information : coûts et valeurs », 1 et 2 juin 2004, Institut des hautes études de la sécurité, Saint-Denis.

mation (Petit, 1998). *Ceci confirme que l'approche marginaliste ne vaut pas pour ce type d'objet dont la rareté n'est plus la caractéristique déterminante. Néanmoins la modélisation que l'on vient d'esquisser garde pour conséquence qu'une information dont on diffère le traitement perd en valeur. Il y a ainsi intérêt à utiliser au plus vite les informations. On peut en tirer de très nombreuses conséquences pour l'analyse des types d'organisation classiques.* » On perçoit combien la remise en cause des fondements de la théorie économique est capitale ici du fait de la généralisation de l'économie de l'information. Non que l'information soit un concept nouveau, non que son importance soit enfin découverte ; mais tout simplement parce que S. Perrine en fait l'élément de base de la construction conceptuelle et théorique alors qu'elle n'était considérée que comme un phénomène lié. Dans sa conclusion, l'auteur énonce : « *Les concepts mis en avant pour appréhender l'économie de l'information conduisent à élaborer une théorie de la valeur non marginaliste, et donc à revoir les bases habituelles de la microéconomie. Dans ce cadre on a pu modéliser de façon nouvelle la notion de marché, objet statistique constitué des transactions d'échange qui s'effectuent entre les acteurs. L'enchaînement des transactions peut se faire car on est parvenu à montrer comment se fait l'échange par un acteur qui peut être à la fois vendeur ou acquéreur. L'intérêt de notre approche est aussi de permettre la modélisation du fonctionnement de réseaux d'acteurs économiques.* » Un peu plus loin S. Perrine va tirer les conséquences de sa réflexion en remettant formellement en question les notions fondamentales admises depuis plus de deux siècles : « *Dans ce qui précède on s'est servi du concept de co-utilité et on en a donné une signification comme on a donné une signification au concept d'utilité auquel on a fait appel. En fait la langue française ne semble pas usuellement distinguer ces deux concepts dans son vocabulaire. L'auteur du présent article fait l'hypothèse que ceci pourrait avoir voilé la compréhension des réflexions classiques sur le thème de l'utilitarisme (Mill, 1861-1988). Il propose que le concept de co-utilité qu'il a forgé soit désigné par le terme d'*expédience, *plus proche d'une notion anglo-saxonne, et issu du latin* expedientia *qui signifie tout à la fois opportunité, avantage, commodité. Il est possible que ce soit la non-utilisation d'un tel concept qui ait imposé en économie le recours à la notion de* « main invisible » *pour expliquer l'équilibre général entre offre et demande (Smith, 1976, Livre 4, Chapitre 2).* »

Nous avons voulu mettre en exergue cette réflexion car elle nous paraît tout à fait représentative des nouveaux modes de pensée qui vont apparaître aujourd'hui et remettre beaucoup de choses en question. Serge Perrine est président du groupe IE de l'INHES qui se positionne aujourd'hui comme un des piliers de la réflexion et de l'action dans le cadre de la politique nationale de l'IE. Au moment où nous écrivons, viennent de se prendre un certain nombre d'initiatives pour le développement de cette politique à tous les niveaux de l'État, et notamment par la formation de comités régionaux de l'IE.

Cette évolution majeure a été d'abord non perceptible, et sa révélation correspond chronologiquement aux avancées très rapides de la « nouvelle économie ». Il est vraisemblable que cette apparition ne soit pas une coïncidence mais qu'elle soit liée aux technologies elles-mêmes dans une relation qui est largement faite de réactions et de rétroactions engendrant sans doute également les phénomènes de bulles : il nous semble voir là principalement les effets de la diminution rapide des coûts d'accès et de traitement. Elle ouvre des perspectives nouvelles pour les utilisateurs et amène à la remise en cause de leur fonctionnement. Elle conduit enfin à de nouvelles questions à travers les nouveaux outils et les nouvelles pratiques.

Les effets de la diminution des coûts d'accès et de traitement

Les progrès techniques sont sans précédent et l'on a pu parler d'une nouvelle révolution industrielle ou de la « nouvelle économie », tant il est vrai que c'est probablement dans ce domaine que notre monde a fait les pas les plus significatifs dans les 20 ou 30 dernières années. Notons au passage que la notion d'information est par avance indéterminée puisqu'elle n'existe pas sans un objet lié. Traiter de l'information est donc une spécialité fatalement transversale. La communauté d'objet avec toutes les autres sciences ou disciplines est donc incontournable. On commence d'ailleurs à voir les effets de démultiplication des TIC sur la recherche et les progrès techniques dans tous les domaines : le seul exemple de l'automobile est flagrant.

Le phénomène peut s'observer sous trois angles : celui de l'abondance de l'information, celui du développement de la communication et celui de la profonde transformation dans les modes de relation. Nous sommes clairement dans le domaine des sciences de l'information et de la communication puisque ces trois notions suffiraient sans doute à les définir.

L'abondance de l'information et la montée des incertitudes

Cette abondance de l'information est soulignée par de nombreux auteurs. Daniel Bougnoux en fait une des bases de l'évolution du monde actuel : « *Jamais nous n'avons été mieux informés, ce qui ne veut pas dire que nous savons traiter et intégrer ces données qui, littéralement, nous submergent.* »[1]

Nicole D'Almeida cite H. Meyer : « *L'information du monde entier se déverse dans les bureaux des entreprises comme l'eau fait irruption dans le bateau en train de couler.* »[2]

C'est une évidence qui peut donner le vertige : l'accès à l'information est devenu une caractéristique générale. Le récent succès financier de Google en est un signe parmi d'autres.

Là aussi l'IE a déjà sa place : le moteur français Alta Vista, plus performant aux dires des spécialistes, n'a pu se maintenir face à un concurrent disposant d'un territoire d'influence au sens large sensiblement plus important. Cette remarque semblerait anodine, si déjà les outils de recherche et de sélection de l'information sur le web ne constituaient des leviers d'influence. Quand Robert Marty[3] parle de « *sémantique du web* » il souligne combien la maîtrise de ces outils par des groupes qui se nomment eux-mêmes les « ontologistes du web », est un moyen privilégié d'assurer une influence, voire une domination culturelle, sur les utilisateurs. La composition quasi exclusivement anglo-saxonne de ces groupes est à elle seule une marque d'intelligence économique.

De manière plus connue, la croissance exponentielle de la masse d'informations disponibles crée autant les opportunités qu'elle génère des incertitudes. Nous sommes en effet de plus en plus face à un phénomène de « *déstructuration apparente* » des relations économiques. Expliquons cette expression. Les structures de réseaux et de relations ainsi que les actions qui en découlent sont toujours la. Mieux : elles se développent. En se développant, elles éloignent les acteurs de l'accès à leur réalité et remettent en cause des modèles traditionnels basés sur une relative simplicité des réalités observables et observées. Le problème est que la société humaine ne cesse d'évoluer et cette évolution a pour origine l'homme en tant qu'individu, autant que les structures dans lesquelles il évolue et qui sont en création permanente, ou bien, si l'on veut, en construction permanente. Ces deux réalités de la complexité et de l'évolution permanente des situations et des contextes ont été à l'origine des travaux sur la complexité et des théories constructivistes.

---

1. D. Bougnoux, *Sciences de l'information et de la communication*, Textes Essentiels, Larousse, 2000.
2. N. d'Almeida, *Les promesses de la communication*, PUF, 2001.
3. Séminaire « Contribution à une pragmatique des communications instrumentées » organisé par le Centre de recherche en information et communication, université de Montpellier I, juin 2003.

La marche vers la complexité semble donc inéluctable et qui dit complexité dit aussi multiplication des possibles et des combinaisons de possibles. C'est l'univers de l'incertain. La littérature abonde sur le sujet et le débat est maintenant de savoir si les stratégies gagnantes sont celles qui réduisent l'incertitude ou bien celles qui la maîtrisent, autrement dit qui développent des outils exploitant les côtés positifs de l'incertitude. Celle-ci est en effet plus ou moins la même pour tous les acteurs et la performance réside souvent davantage dans la recherche des atouts à exploiter pour se forger des avantages compétitifs que dans des manœuvres de défense et de repli. C'est toute la problématique de la « guerre de l'information ».

Dans cet univers incertain, certains auteurs ont revisité la théorie des jeux comme Adam M. Brandenburgen et Barry J. Nalebuff : « *La réussite de votre stratégie d'entreprise dépend de votre capacité à fixer les règles du jeu plutôt qu'à simplement jouer le jeu.* »[1]

Cette abondance de l'information a relativisé la dimension renseignement de l'IE, qui puisait dans cet héritage de « l'espionnage industriel » une connotation parfois sulfureuse. Les questions touchant à la recherche de l'information, à sa sélection et à son utilisation sont du coup devenues davantage des problématiques techniques et de management, sachant que, de l'avis général, 90 % des informations utiles sont disponibles ouvertement dans les différents supports et publications, notamment par l'Internet. L'IE devient alors un des arts du management qui permet aux entreprises de faire la différence par leur habileté à gérer et à décider à partir d'informations somme toute accessibles à tous (Besson et Possin, 2001)[2]. De ce fait se sont développés des outils et techniques de management de l'information qui sont autant de moyens appartenant à l'IE comme nous le verrons plus loin.

Concernant l'abondance de l'information il y a aussi deux aspects à souligner. D'abord le fait que tout le monde a accès aux mêmes informations, et cela vient confirmer les impressions de pression concurrentielle accrue. Les entreprises, en effet, n'ont plus ou presque d'exclusivité dans ce domaine et la différence se fera par les qualités du management stratégique de l'information, autrement dit l'IE. L'autre aspect important est que cet accès rendu facile à l'information fragilise relativement les positions liées à l'image ou à la notoriété. Une information portant atteinte à l'une ou l'autre de ces caractéristiques essentielles pour l'acquisition et le maintien d'avantages compétitifs peut très facilement circuler, d'abord en direction de destinataires ou d'un public sensible, et ensuite être initiée ou se développer de manière très discrète quant à ses origines. Les pratiques de désinformation et de déstabilisation se sont multipliées ces dernières années en profitant de la redoutable efficacité des outils de l'Internet et de leur non moins remarquable discrétion sur les auteurs de ces manœuvres.

Aucune entreprise ne peut plus se dire à l'abri d'attaques concurrentielles de plus en plus généralisées, qu'elles soient déontologiquement légitimes ou non. On est alors devant une instabilité croissante et une montée de l'incertitude sur l'horizon économique.

La multiplication des contacts entre agents

Les progrès des TIC n'ont pas seulement provoqué une explosion des moyens d'accès aux données, ils ont révolutionné les communications. Les énormes possibilités ouvertes par le développement du courrier électronique et la généralisation des accès à très haut débit créent une situation tout à fait nouvelle dans l'univers de la communication entre les personnes. L'un

---

1. A. M. Brandenbourg et B. J. Nalebuff, « Ne vous trompez pas de jeu : utilisez la théorie des jeux pour modeler votre stratégie », in *Harvard Business Review : Les stratégies de l'incertain*, Éditions d'Organisation, 2000.
2. B. Besson et J-C. Possin, *Du renseignement à l'intelligence économique*, Dunod, 2ᵉ édition, 2001.

des points essentiels des démarches de l'IE est de développer et gérer des réseaux de contacts en vue de coopérer ou de partager de l'information. La « mise en réseau » peut se faire maintenant de manière instantanée. Les rapprochements qui en résultent sont d'ores et déjà extraordinaires au regard des possibilités antérieures. De nombreux exemples sont possibles, et il suffirait pour s'en convaincre de lister l'explosion des services proposés sur Internet qui vont dans ce sens. Les Renseignements généraux (RG) français y sont d'ailleurs très attentifs, parce que si cela facilite les contacts et ouvre des opportunités dans tous les domaines, y compris dans des activités répréhensibles, il est en outre relativement aisé de surveiller de près ce qui s'y passe. Les caractéristiques des réseaux numériques comprennent en effet aussi celle de la traçabilité ! Cela n'est pas sans poser de questions, en particulier dans les aspects qualitatifs et sur les questions touchant par exemple à la confiance : il est plus difficile de travailler dans une relation confiante avec des interlocuteurs que l'on ne rencontre jamais. Mais il y a autre chose : la numérisation, comme la multiplication des communications, conduit à la circulation d'informations sur un tissu support, le web, ouvert à tout le monde. Les aspects liés à la sécurité de l'information prennent alors un tour nouveau. Il est souvent difficile aux personnes de réaliser que ce qui ne posait pas autrefois de question majeure (on pouvait facilement comprendre le risque des écoutes téléphoniques par exemple), présente aujourd'hui des risques autrement plus sérieux. Il est bien connu aussi qu'un outil étant en place, il devient une fragilité pour le système dans la mesure où l'on compte sur lui. Les dénis de service deviennent ainsi des occasions de fortes perturbations dans un univers habitué à travailler en temps réel. Ces risques sont en accroissement constant : « *Les nouvelles technologies de l'information ont intégré de manière de plus en plus extensive la dimension communication au-delà du périmètre des organisations traditionnelles. Cet aspect est particulièrement sensible dans la banque et l'assurance où la dématérialisation des échanges intra et intersectoriels fait partie intégrante du métier des entreprises de ce secteur.* »[1]

L'auteur cite un secteur où l'exigence de sécurité est maximale. En même temps cette image de la sécurité des transactions bancaires et financières a sans doute occulté l'intérêt pour toutes les entreprises de protéger leurs informations dans le cadre d'une concurrence à la fois plus large, concept de mondialisation, et plus proche, du fait du maillage de plus en plus serré des réseaux. Michel Lafitte ajoute : « *Le début des années 2000 a vu l'explosion des réseaux de communication et, à travers l'Internet, leur capacité à mailler potentiellement l'ensemble de la planète... Dans les prochaines années, la montée en puissance de solutions de transport multimédia de données en temps réel, constituera la prochaine révolution informatique, actuellement encore au stade de balbutiements.* »[2] Puis : « *Le problème de performance dans les communications entre le poste de travail et l'extérieur, les infrastructures actuelles ne permettant pas les hauts débits nécessaires pour véhiculer des données multimédias selon des normes de qualité et d'interactivité suffisantes.* »[3], dit encore Michel Lafitte.

Il a été rattrapé par la vitesse de développement des TIC !

Le développement de nouveaux modes de contact et d'ajustement

Là où le monde balbutie, c'est dans son appréhension des bouleversements qu'apportent les TIC dans les relations de communication. C'est d'abord un bouleversement économique. Pour exemple : dans une grande société française spécialisée dans la fabrication de produits techniques spécifiques pour une large diffusion mondiale, on a évalué que le développement d'outils de téléconférence/webconférence, en permettant une économie minimum de 50 % des déplace-

---

1. M. Lafitte, *Sécurité des systèmes d'information et maîtrise des risques*, revue Banque 29/03/2003.
2. *Op. cit.* p. 10.
3. *Op. cit.* pp. 17, 18.

ments des collaborateurs constituant la force commerciale et stratégique mondiale, engendrerait une économie annuelle de 150 millions d'euros. Cela donne une idée des questions économiques sous-jacentes à ces nouvelles conditions de coopération à distance. On sait aussi que cela n'évitera probablement pas complètement les relations humaines traditionnelles, et parmi les questions qui se posent et qui représentent des problématiques de recherche urgentes et passionnantes, il y a toutes celles qui concernent les impacts des TIC sur les modes d'ajustement et de coopération dans l'entreprise. Nous reviendrons sur le sujet en développant plus loin les problématiques liées aux rapports entre information et perception. Il faut seulement ici rappeler les avancées faites grâce aux TIC dans le domaine de l'organisation de l'entreprise (concept de « l'organisation par projet » par exemple), avancées qui impactent directement sur les relations entre les personnes, les modes d'ajustement et le partage de la connaissance. Les relations avec le marché sont également totalement bouleversées, et la liaison avec le client transformée. C'est spécialement vrai dans le domaine de l'informatique et de la communication où le contact par « hot line » tend à remplacer le contact de proximité. La concentration des « *call centers* » ou centres d'appel pousse à l'anonymisation et le client se retrouve souvent en relation avec un prénom. Son dossier, suivi sur un serveur, est successivement traité par un nombre considérable d'acteurs qui ne permettent jamais ou presque une relation humaine réelle. Les questions de recherche sont évidemment légion : performance marketing, construction de la relation, efficacité technique, coûts d'opportunité…

L'élargissement des horizons informationnels

Les nouveaux statuts de l'information

L'information est devenue un bien (Michel Vivant[1], Christian Le Stanc[2], Serge Perrine[3]). Il est difficile d'imaginer aujourd'hui ce que peut impliquer un tel constat. Les juristes ont été contraints d'aborder le sujet devant les nouvelles questions posées par la différence considérable d'un produit qui est livré dans sa substance et qui fait l'objet d'un échange marchand dans lequel la livraison représente parfaitement le transfert de propriété. Il en va tout autrement de l'information et la question de la copie s'est tout de suite posée. Cela va de la photocopie d'une œuvre à la duplication d'un logiciel. Le bouleversement que ça a provoqué est tout à fait considérable. Sans doute le premier cas soulevé fut celui de la reproduction des œuvres musicales. Si dans les années d'après-guerre les auteurs ont dû s'organiser pour éviter la diffusion publique hors droits grâce à la reproduction sur disques et bandes magnétiques, aujourd'hui le problème prend d'autres proportions avec le téléchargement massif d'œuvres par le biais de l'Internet.

Si l'on se place du point de vue « actif », autrement dit de l'information comme moyen de produire de la valeur, on peut sans doute reconstruire l'ensemble des bases théoriques de la science économique. Le concept même d'information, s'il remplace celui d'actif réel (mais qu'est-ce que la réalité ? et d'abord existe-t-elle ?) va bouleverser le monde de la connaissance. L'information comporte en effet au regard des actifs entendus au sens traditionnel, des caractéristiques tout à fait originales : partageabilité, immédiateté de transfert, valeur extrêmement volatile, stockage et traitement numériques, systèmes de coûts d'une grande variété.

---

1. M. Vivant, *Créations immatérielles et droit*, Ellipse, 1997.
2. C. Le Stanc et A. Prum, « Les droits en France du créateur d'information », *Revue Internationale de Droit Économique*, 1989, pp. 211-218.
3. S. Perrine, « Éléments d'une microéconomie informationnelle », Colloque de l'IR2I, *op. cit.*

Évidemment nous nous trouverons rapidement confrontés au problème de la protection de l'information. Là aussi les questions sont nombreuses : extrême fragilité des acteurs économiques à ce point de vue, faible sensibilisation de ces mêmes acteurs pour qui la protection d'une information ne se perçoit pas du tout de la même manière que la protection d'un actif physique pour lequel une bonne porte et un bon cadenas parlent beaucoup plus facilement !

La multiplication des opportunités et la créativité

Nous avons évoqué plus haut la considérable multiplication des opportunités par le seul fait de l'abondance de l'information de plus en plus disponible. En même temps se multiplient les turbulences et se développe l'instabilité de l'environnement économique. Il y a deux attitudes face au problème de cette surabondance qui submerge littéralement les managers. La première est de penser à une nécessaire réduction de l'incertitude ainsi créée. Il faut alors éliminer systématiquement tout ce qui n'apparaît pas comme maîtrisable ou utilisable immédiatement de manière à aboutir à une relative simplification. C'est un réflexe naturel qui repose sur des logiques déductives et algorithmiques. La rigidité et une relative incapacité à remettre en cause les choix réalisés sont les retombées probables de cette position. Or, l'environnement de l'entreprise est de moins en moins prévisible et de plus en plus turbulent comme nous ne cessons de l'observer. Il y a donc là un risque majeur. Cette posture stratégique peut encore se défendre dans certains cas particuliers de grande stabilité des processus technologiques et des logiques de marché sur des secteurs traditionnels. En général pourtant on constate que de moins en moins d'entreprises, quelles que soient leurs tailles, peuvent survivre sur cette ligne. On peut considérer que l'entreprise qui adopte cette attitude ne saurait pour autant échapper aux menaces d'une concurrence de plus en plus proche comme nous le verrons un peu plus loin. L'autre attitude consiste à estimer que toute information est bonne à prendre, et à lui ouvrir systématiquement la porte. Par la porte ouverte vont entrer à la fois les menaces, et là il n'y a rien de changé, mais aussi les opportunités créées par cette information. Pour une meilleure maîtrise de l'incertitude, ce qu'il ne faut pas confondre avec sa réduction, vient la nécessité de développer et de perfectionner des outils pour le management de l'information : c'est l'IE. Ces outils passeront par l'heuristique.

La remise en cause des pratiques de gestion de l'information

« L'entreprise découvre que l'information a de la valeur et que son acquisition a un prix. »[1] Cette remarque souligne ce que nous avons déjà avancé en parlant de panoptisme informationnel. La donne a changé et les entreprises sont maintenant contraintes de prendre cette évolution en compte sous peine de disparaître. La prise de conscience touche d'abord l'organisation de l'entreprise. Il n'est pas question de penser la structure de la même façon, sitôt que l'objet information devient la valeur centrale de l'entreprise en remplacement des actifs physiques traditionnels, même si ceux-ci ne doivent pas pour autant être négligés ; mais l'avantage compétitif repose de moins en moins sur eux. La nature même de l'information impose de considérer la communauté des acteurs de l'entreprise comme une intelligence collective. Les TIC donnent de nouveaux moyens pour assurer la gestion de cette intelligence et dès lors le système évolue naturellement vers l'IE. Les conséquences de cette remise en cause sont et seront importantes et l'on pense en particulier au problème des qualifications et de son corollaire la formation. Les remises en question toucheront aussi directement les traditionnels services de documentation, les structures physiques de l'entreprise et on voit de plus en plus se développer le travail à distance.

---

1. B. Besson et J-C. Possin, « IE et économie de l'information », *Regards sur l'IE*, N° 2 p. 7.

Une des évolutions majeures est sans doute à attendre de l'infogérance qui se généralise comme une externalisation incontournable pour « suivre » les évolutions technologiques et limiter les impacts financiers des investissements dans le matériel et des charges de personnels spécialisés. Ce bouleversement n'est pas sans susciter des interrogations sur les effets d'une externalisation du système d'information en sachant que les risques sont multiples du fait de la perte de maîtrise. Nous y reviendrons dans le développement sur l'impartition.

L'évolution des processus décisionnels et de management

Les impacts du développement des TIC sont sensibles sur le management en général, que ce soit directement par les effets produits en termes d'accès à l'information, ou indirectement par les nouvelles fonctions et compétences développées, comme par l'évolution produite sur les relations humaines. Il y a d'abord ces évolutions repérables dans les modes de relations et il suffit de rappeler le rôle croissant des moyens technologiques en la matière. On est encore à l'aube de la découverte dans ce domaine comme, par exemple, les effets d'un Intranet en entreprise. Il est courant de s'apercevoir que ce type d'outil est utilisé de manière souvent très limitée, aussi bien quantitativement que qualitativement. Le rapprochement des hommes, au moins en apparence, va favoriser des contacts directs et la hausse très rapide du volume de communication crée des conditions nouvelles pour le management : par exemple par le fait que les interlocuteurs ont un degré de connaissance supérieur sur les sujets abordés, ou bien que les déclarations ou décisions seront relayées de manière plus systématique et plus rapide.

Le management devient global dans la mesure où l'entreprise est de moins en moins un vase clos : les effets en interne liés au fonctionnement et aux objectifs du contexte sont dorénavant incontournables. Les situations vécues par les individus à l'extérieur vont sans aucun doute influer sur leurs comportements dans le cadre de l'entreprise. On peut dire que la globalisation ne touche pas l'entreprise seulement de l'extérieur ; elle a aussi des effets sur les hommes et la montée des incertitudes comme l'ouverture du monde créent des conditions nouvelles pour l'exercice des responsabilités, d'abord par les ressentis des décideurs. Si l'IE est largement reconnue comme un processus ou un ensemble de processus stratégiques, on peut aussi à son propos parler de culture (et nous reviendrons sur ce point plus loin). Si elle est culturelle, elle touche les individus dans leur globalité individuellement et collectivement. Les bouleversements touchent aussi la vie privée des personnes et les relations professionnelles reconnaissent aujourd'hui cette réalité. Un exemple de l'impact des TIC est le débat suscité par l'usage privé sur le lieu de travail des messageries électroniques.

À propos de la porosité croissante des frontières de l'entreprise par rapport à son environnement, une remarque nous semble intéressante : « *Les interactions entre la sphère privée et la sphère professionnelle sont complexes. Pour certains, une confiance altérée dans leur vie privée ne va pas nécessairement porter atteinte à leur vie professionnelle ; pour d'autres les effets sont immédiats.* »[1] L'auteur est prudent mais le fait est là. Au début de son ouvrage il annonce : « *La principale raison qui motive une démarche envers un coach est le sentiment de solitude.* » Ce sentiment est curieusement de plus en plus présent. On ne peut nier les effets des TIC dans ce domaine. L'IE apparaîtra dans bien des cas à la fois comme une solution au problème en tant que tel et comme une possibilité d'utiliser mieux ces nouvelles conditions. Solution car les pratiques de l'IE sont inconciliables avec l'isolement des personnes. La créativité, en effet, ne porte pleinement ses fruits que dans un travail d'équipe. En même temps les TIC créent de nouvelles conditions de communication : abondance de l'information, facilité de recherche, vitesse de transmission.

---

1. J. A. Malarewicz, *Réussir un coaching grâce à l'approche systémique*, Village Mondial, 2003, p. 62.

Une nouvelle communication

Yves Winkin nous a soufflé ce titre[1]. Les évolutions technologiques et sociales ont largement bouleversé les modes de communication et ça n'est pas un hasard si le développement des recherches dans ce domaine a été l'un des plus importants. Cette première évocation est relative au constat, et nous y reviendrons car il s'agit là d'objets de recherche prometteurs.

Il y a d'abord les effets produits par l'introduction des outils eux-mêmes. Il y a aussi les nouvelles possibilités offertes dans les relations de travail. Nous allons insister dès avant sur les impacts possibles concernant la relation entre les individus et l'information.

Les impacts sur la perception de l'information

Tous les auteurs du monde de l'infocom ont souligné la difficulté de saisir totalement la réalité de la communication. Nous allons passer en revue quelques aspects pour illustrer le propos.

Un auteur essentiel dans notre perspective est Abraham Moles[2]. Nous citerons sans les développer les points qui confortent notre démarche : la loi de la « proxémique » et l'interaction « vicariale »[3] introduisent bien la notion de stimulation des sens. Moles reprend l'idée dans les « lignes d'univers de l'être »[4]. En rapport avec les questions de perception, il souligne les questions d'esthétique et d'écologie de l'information. En septième critère de la « *communicativité de l'être* », il insiste sur l'importance de la « *richesse sensorielle* », en ne lui donnant cependant qu'un titre de « *facteur secondaire* ». Nous pouvons enfin citer l'une de ses phrases à propos de l'explosion des TIC : « *Au lieu de créer la solidarité, la communication renvoie l'homme à lui-même dans une société où prolifèrent les actes de communications.* » Le mur de la communication apparaît avec le rendez-vous d'affaires qui n'est, au fond, qu'un moyen de limiter la communication.

Citons maintenant Bertrand Parent qui, dans sa revue de littérature au colloque du CERCOR (Centre Européen de Recherche sur les Communautés et les Ordres Religieux), évoque Lucien Sfez : « *La communication se fait de soi à soi-même, mais un soi dilué dans un tout… Elle apparaît quand la technique triomphe… On prend le représenté pour l'exprimé et l'exprimé pour le représenté.* »[5] Ce troisième modèle de la communication de Sfez (après la représentation et l'expression) prend le nom de « tautisme », agrégation des notions de totalité, tautologie et autisme. On ne saurait mieux introduire notre projet de recherche !

On retrouve la même idée chez Dominique Wolton[6] qui parle des « *solitudes interactives* » en disant : « *On peut être un parfait internaute et avoir les plus grandes difficultés à nouer une relation avec son voisin du cybercafé !* »

Sur le rôle des sens dans la relation de communication, on peut citer Margaret Mead : « *Les hommes, non seulement entendent et parlent au moyen de mots mais aussi utilisent tous leurs sens de façon également systématique.* »[7] Yves Winkin[8] fait sienne cette affirmation et cite aussi Th. Sebeok, A. Hayez et Catherine Bateson pour confirmer l'importance du « *contexte interac-*

---

1. Y. Winkin, *La nouvelle communication*, Points Poche, essais, 2003.
2. A. Moles, *Théorie structurale de la communication et société*, Masson, 1995.
3. *Ibid*, p. 24.
4. *Ibid*, p. 93.
5. CERCOR, « Les recherches sur les communications organisationnelles en débat », colloque de Rennes, décembre 2001.
6. D. Wolton, *Internet… et après ?*, Flammarion, 2000.
7. M. Mead, *The study of culture at a distance*, Chicago, 1953.
8. Y. Winkin, *La nouvelle communication*, *op. cit.*

tionnel et communicationnel de l'usage des signes par l'homme et la façon dont ceux-ci sont organisés en systèmes transactionnels intégrant vision, audition, toucher, odorat et goût ».

Alex Mucchielli prend de même ce rôle des sens à son compte : « Les TIC manipulent les perceptions neuro-sensorielles. Les ingénieurs et les techniciens manipulent donc, sans le savoir, des processus de communication. Les contraintes techniques des outils interviennent sur le sens des communications. »[1]

Bruno Henocque remarque : « Écologie et éthologie soulignent l'importance du système de relations entre un être et son environnement… Communiquer, c'est s'efforcer en partie de mobiliser autrui… c'est le mystère irréductible du don magnétique de fascination et de conviction appartenant à certaines personnes. »[2] Il est clair que l'introduction de l'Internet dans les relations apporte des changements considérables sur ces constats largement partagés.

On peut en outre remonter aux questions philosophiques à propos de la perception ; ce que nous ferons plus loin.

L'apparition d'outils pour le travail collaboratif

Abraham Moles[3] développe aussi un peu plus loin l'idée d'écologie proxémique en évoquant les différentes formes de présence (de la lettre commerciale au face-à-face) : les indices ainsi mesurés montrent une hypothèse sous-jacente d'intensité variable du niveau de communication et relativisent fortement l'efficacité des outils de groupware. Bien sûr, la célèbre « coïncidence des répertoires » est importante pour nous dans la mesure où la distanciation permise par les solutions de groupware, dans la rupture du « hic et nunc », va dans le sens d'un éloignement de ces répertoires : les codes qui sont utilisés par les communicants sont en effet sous l'influence des contextes respectifs.

« À l'heure actuelle le groupware ne semble pas avoir favorisé une dynamique d'innovation organisationnelle, managériale, sociale ou culturelle dans les entreprises françaises. »[4] Fabienne Martin reprend ce constat du CIGREF (Club informatique des grandes entreprises françaises). Les questions qu'elle relève sont relativement pessimistes : ces outils favorisent-ils vraiment le travail de groupe ? Un peu plus loin elle constate que l'informatique fait perdurer le cadre conceptuel traditionnel d'une information discrète et compilable dans une communication linéaire et séquentielle. L'ambition des créateurs du groupware d'augmenter l'intelligence collective par l'intermédiaire des machines s'inscrit-elle totalement dans ce paradigme informationnel et communicationnel ? Et Fabienne Martin de regretter dans sa conclusion l'absence de groupe de recherche travaillant en France sur le sujet « processus de communication et travail en groupe »[5].

La logique progressivement induite par les outils de groupware d'une organisation en réseaux, dans lesquels l'introduction de la notion de réciprocité, permet de passer de l'échange de données au travail coopératif dont l'enjeu est la création d'un partenariat à valeur ajoutée. Cette dimension s'accroît dans le cas où les procédures utilisées ont aussi pour objectif de réduire les coûts. Cet aspect est également présent chez Levan et Liebmann cités par J-J. Deveze. Il y a alors un enjeu de réengineering vers une reconfiguration organisationnelle en réseau. Autre élément soulevé par l'auteur qui nous intéresse, la caractéristique asynchrone des communications permises par le collecticiel. C'est un des problèmes qui nous semblent essentiels : le « hic et nunc » explose !

---

1. A. Mucchielli, Les SIC, Hachette, 1998.
2. B. Henocque, Appropriation des messageries électroniques dans les entreprises en réseau, PU de BORDEAUX, 2002.
3. A. Moles, Théorie structurale de la communication et société, op. cit.
4. F. Martin, La fin du groupware ?, L'Harmattan, 2002.
5. Ibid, pp. 21 à 37.

Le développement des artefacts

Quand Jean-Jacques Deveze décrit le *groupware* comme un artefact cognitif et en fait un « agent » dans la relation de communication, il cite Rabardel et Hutchins pour donner un « *statut social* » à cet agent, et conclut finalement sur l'idée que « *l'interaction est cadrée chez les humains, justement par un cadre fait d'acteurs non humains* »[1].

Le concept d'artefact est également évoqué par Carole Groleau de Montréal : « *L'introduction d'Internet modifie les relations et les rapports entre acteurs et le changement des artefacts engendre de nouveaux modèles d'interaction.* »[2] Serge Agostinelli a aussi longuement travaillé sur cette notion en montrant les enjeux de l'utilisation des ordinateurs dans la communication : « *La situation observée constitue une situation paradigmatique d'inférences des relations entre les connaissances, leur communication, les outils et les attentes des utilisateurs… Il faut écarter l'hypothèse selon laquelle les actions des usagers face aux NTIC seraient intuitives et naturelles… Elles sont construites en situation.* »[3] Il confirme par là que les implications des nouveaux outils sur les processus coopératifs relèvent du paradigme de la complexité et font référence aux hypothèses du constructivisme.

Toujours sur les artefacts, Jean-Paul Pinte cite dans son article sur la veille pédagogique[4] les travaux de D.A. Norman[5], qui évoque les questions posées dans le rapport homme/machine à propos du rapport pédagogique.

Les nouveautés du contexte actuel nous apparaissent suffisamment maintenant pour que nous puissions imaginer entrer dans une nouvelle ère : celle du panoptisme informationnel. Il nous faudra revoir et reconsidérer beaucoup de concepts et d'habitudes. C'est une réelle « *rupture des légitimités* » (Marchesnay, 2003).

Des conséquences de cette entrée dans une nouvelle ère sont immédiatement repérables, et nous allons en évoquer certaines.

Un « rétrécissement » spatio-temporel

« Le monde est petit » entend-on souvent dire ! Jamais sans doute cette expression populaire n'a-t-elle été aussi bien justifiée. C'est devenu une tautologie que de lancer cette affirmation et les « autoroutes de l'information » sont les moyens de communication qui ont provoqué ce rétrécissement. Les publicités des offreurs de communication (téléphones mobiles, e-commerce, etc.) sont en général tournées vers ce concept et la récente catastrophe humanitaire du tsunami en Asie du Sud a permis de donner une nouvelle mesure de la taille de plus en plus réduite de notre planète.

Les effets de ce rétrécissement sont visibles, notamment à travers trois phénomènes qui vont nous intéresser spécialement pour illustrer nos « défis ». Il s'agit du syndrome de « village global », du contexte d'accélération des cycles et du rapprochement des agents économiques.

---

1. J-J. Deveze, *op. cit.*, p 142.
2. Colloque du LERASS, Cartres, juin 2001.
3. HDR, juin 2001.
4. J-P. Pinte, *Les outils de la veille pédagogique*, 2004, www.veille.com
5. D.A. Norman, *Cognitive Artifacts in Designing interaction : Psychology at the Human-Computer Interface*, New York, Cambridge University Press, 1991.

Le développement du contexte de « village global »

« *Le monde est un village global* » disait Marshall Mac Luhan en 1964[1]. Cette expression, restée célèbre, est cependant régulièrement contestée : « *Cette expression est frappante mais fausse. Malgré Internet, aujourd'hui, il ne faut pas confondre le fait que les personnes intéressées et qui partagent certaines préoccupations en commun peuvent correspondre à travers la planète, avec l'existence d'une communauté au sens précis. Vous avez même de bons esprits qui disent qu'Internet aboutit à une forme de tribalisation. Les tribus réunies par Internet sont dispersées géographiquement, mais les Chinois d'outre-mer peuvent correspondre avec les Chinois de Chine continentale dispersés dans le monde entier. On peut dire que cela dépend beaucoup des communautés. Ce n'est pas pour autant que l'on peut dire qu'il existe un village mondial. Il faut faire extrêmement attention aux termes. Les relations transnationales se développent énormément. La notion de frontière n'a plus le même sens qu'auparavant. Ceci est indéniable. Mais il n'existe pas pour autant de communauté internationale. Il existe une société internationale.* »[2]

Les étudiants de Sciences Politiques de Paris ont créé un glossaire sur Internet où ils commentent également le phénomène : « *Depuis Mac Luhan s'est répandu le leitmotiv obsédant du « village mondial », relayé par ceux pour qui « la mondialisation » et « la société de l'information » aideraient à le construire. Mais que veut dire cette affirmation des publicitaires et des hommes de marketing : « Le monde est un village » ? Principalement, que les frontières géographiques ont été abolies par les NTIC, avec toutes les conséquences que cela peut entraîner. Mais « village », ce n'est pas seulement la réduction, voire la disparition des distances terrestres : le mot est aussi bien synonyme de familiarité, village mondial signifie que plus rien de ce monde ne nous serait vraiment étranger, que presque tout, au contraire, nous en serait connu ou connaissable. D'un autre point de vue, le monde actuel ressemble à tout sauf à « un village ». En effet, tout se passe – avec cette expression – comme s'il fallait à tout prix « humaniser » les rencontres déshumanisées de ce temps. On met un peu de village dans le monde afin de le rendre aimable – précisément parce qu'il ne l'est pas. Pour lever la confusion, on choisira donc plutôt de parler de « village dans le monde » que de « village mondial ». Village dans le monde, c'est l'idée très différente que le monde présent engendre des communautés transnationales regroupant – au-delà des barrières géographiques, linguistiques, culturelles – tous ceux qui ont des activités, des modes et conditions de vie comparables, qui le savent et en parlent entre eux.* »[3]

Si tout le monde n'est pas d'accord, il n'en demeure pas moins que la « mondialisation » et la « globalisation » (ce qui étymologiquement recouvre des réalités équivalentes) peuvent conduire à une relative uniformisation. Cela n'est pourtant pas spécialement présent dans le mot de Mac Luhan. Nous évoquerons ce phénomène sous trois aspects.

Les effets d'imitation

Le seul fait, de toute façon, que l'on débatte du concept, et notons au passage que les débatteurs ne se réfèrent que très rarement à l'expression originelle de « village global » mais à une déformation de celle-ci « village mondial » est en lui même significatif. Peut-être la confusion avec la maison d'édition « Village mondial » explique-t-elle cela. Il reste que les deux mots sont assez différents et recouvrent à eux deux une large réalité qui reste très présente. Qui ne s'est pas étonné, voire scandalisé, de l'omniprésence d'un certain nombre de signes évidents d'une globa-

---

1. http://www.mor.itesm.mx/ProyHuma/fautor.html
2. Sénat français : Audition de T. De Montbrial, membre de l'Institut, directeur de l'Institut français des relations internationales (IFRI), 10 février 1999.
3. http://marienaudon.free.fr/auteurs.html

lisation ressemblant fort à une certaine uniformisation ? Pour exemple : les modes vestimentaires et l'expansion à grande vitesse des appareillages électroniques. Les habitudes de consommation sont largement répandues et progressent de toute manière plus vite que les capacités de production. Un tel constat est là pour souligner que les stratégies des entreprises vont avoir à tenir compte de cette évolution. La dimension mondiale du marché comme l'homogénéité croissante de la demande sur certains secteurs va impliquer des stratégies particulières et conduire à la définition des champs concurrentiels en rapport.

Bien souvent on va voir apparaître l'opposition entre des stratégies standardisées et des stratégies adaptées, voire des niches, selon la puissance de la communication de l'entreprise. Les succès de Mac Donald ou de Coca-Cola sont des signes concrets de réussite vers l'uniformisation.

Les stratégies standardisées

L'opposition entre stratégies standardisées ou différenciées est au cœur du marketing international. Il s'agit, chaque fois que l'on peut, pour des raisons tenant notamment aux économies d'échelle et aux impacts plus importants des actions de masse, de standardiser. L'entreprise qui impose un standard est alors en position de force.

Cette réalité est d'autant plus observable lorsque l'on parle de standard technique. La course au standard ou à la norme est une bataille tout à fait essentielle et la taille du marché est une condition sine qua non, d'une part pour imposer un standard, d'autre part et corollairement pour le rentabiliser.

Un exemple très parlant est celui de la Chine sur lequel nous allons nous arrêter un peu en reprenant quelques éléments d'un article que nous avons réalisé en collaboration avec Wen Hong Jian, professeur à la CUEB (Capital University of Economics and Business) de Pékin[1].

Combien de cas d'entreprises nous sont donnés qui ont forgé leur réussite économique en imposant un standard ? Le cas de la Chine est un peu délicat car on peut se demander s'il n'est pas trop tard compte tenu du développement mondial des technologies ayant adopté des standards déjà définis. C'est peut-être sans compter sur la force que donnent un territoire et une population de cette importance.

La guerre de la norme se développe entre les entreprises chinoises et les entreprises étrangères. Examinons en premier lieu la situation, et pour cela proposons un modèle descriptif basé sur les trois concepts suivants :

- est **utilisateur** celui qui produit sur une norme existante et ne se trouve pas dans une situation de concurrent par rapport au promoteur de la norme. On a des utilisateurs directs dont les produits sont montés à partir des composants élaborés, et des utilisateurs indirects qui utilisent les produits ainsi fabriqués ;
- est **concurrente** l'entreprise qui fabrique elle-même les composants sur une technologie dont la norme aura été définie par le promoteur. Elle dispose d'une force en R & D qui la met en position de concurrence directe avec les promoteurs ;
- est **promoteur** celui dont les produits font l'objet d'une protection. Ces entreprises détiennent un leadership à partir d'une forte capacité en R & D.

1. D. Bruté De Rémur et H. J. Wen, *La guerre de l'information en République Populaire de Chine*, à paraître dans *Managements des risques internationaux*, 2005.

Les entreprises utilisatrices qui ont une faible position dans la chaîne de valeur représentent le cas général des firmes chinoises. Elles sont davantage en position de devoir coopérer avec les promoteurs, voire avec les concurrents de ceux-ci.

Les relations qui lient les entreprises d'un secteur industriel

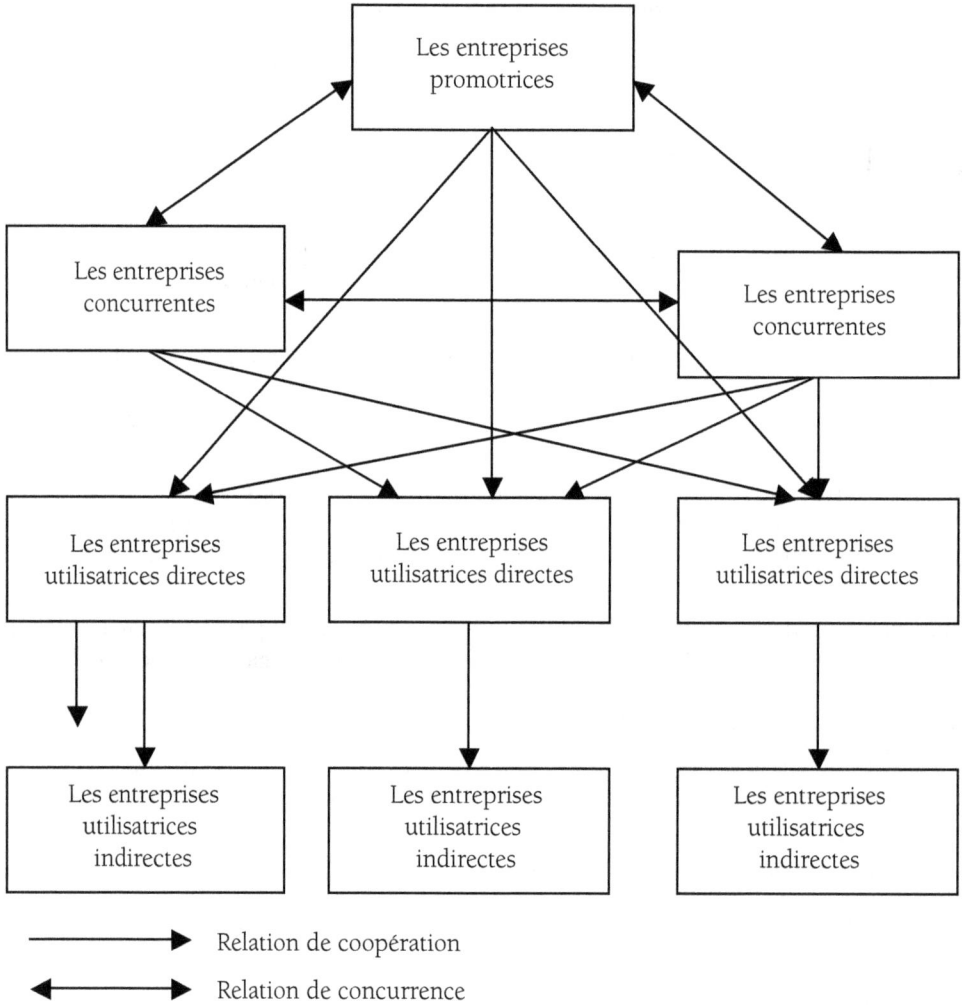

```
                    ┌─────────────────┐
                    │ Les entreprises │
                    │   promotrices   │
                    └─────────────────┘

┌─────────────────┐                   ┌─────────────────┐
│ Les entreprises │◄─────────────────►│ Les entreprises │
│  concurrentes   │                   │  concurrentes   │
└─────────────────┘                   └─────────────────┘

┌─────────────┐   ┌─────────────┐   ┌─────────────┐
│Les entrepr. │   │Les entrepr. │   │Les entrepr. │
│utilisatrices│   │utilisatrices│   │utilisatrices│
│  directes   │   │  directes   │   │  directes   │
└─────────────┘   └─────────────┘   └─────────────┘

┌─────────────┐   ┌─────────────┐   ┌─────────────┐
│Les entrepr. │   │Les entrepr. │   │Les entrepr. │
│utilisatrices│   │utilisatrices│   │utilisatrices│
│  indirectes │   │  indirectes │   │  indirectes │
└─────────────┘   └─────────────┘   └─────────────┘
```

──────────► Relation de coopération

◄─────────► Relation de concurrence

La relation entre les entreprises dans les trois niveaux

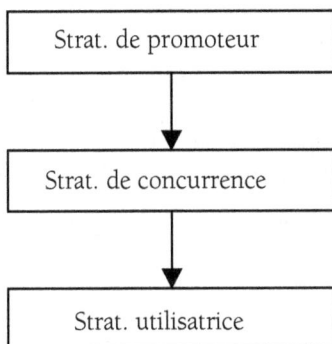

```
┌─────────────────────────┐
│   Strat. de promoteur    │
└─────────────────────────┘
             │
             ▼
┌─────────────────────────┐
│  Strat. de concurrence   │
└─────────────────────────┘
             │
             ▼
┌─────────────────────────┐
│    Strat. utilisatrice   │
└─────────────────────────┘
```

Quelles stratégies pour les entreprises chinoises ? En faible capacité de R & D, les entreprises chinoises se trouvent en situation très difficile à cause de l'effet de réseau et de *lock-in* : suivre les promotrices est plus difficile qu'à l'époque industrielle.

Il y a alors trois niveaux dans la concurrence et la coopération entre les entreprises : il y a donc aussi trois types de stratégies.

Pour les entreprises chinoises, il est plus important de formuler des politiques les positionnant comme clients directs ou indirects, et puis peu à peu de passer au deuxième niveau. Il y a très peu de recherches sur la stratégie des utilisateurs. Une des rares références est le débat ouvert par Dranove et Gandal (2003) qui débattent des conditions pour la réussite des concurrents[1]. Cette voie est donc ouverte et l'on peut facilement construire des modèles sur normalisation et concurrence par la méthode de l'analyse de cas.

L'hypothèse la plus fondamentale est que toute la stratégie des entreprises dans les secteurs des nouvelles technologies est impliquée dans le concept de norme. Elles doivent reformuler leurs stratégies sur cette base.

■ Le cas de VCD et DVD

Ce cas concerne la fabrication d'appareils pour la lecture des vidéos numériques sur normes « VCD » et « CD-V »[2].

En 1993, le premier appareil de VCD était produit en Chine. Mais il existait quelques normes concurrentes, les deux principales étant les normes CD-V et VCD, la même norme que MEPG, mais déclinée différemment, selon le « livre rouge » et le « livre blanc ». Pour toutes les entreprises chinoises qui envisageaient un investissement dans ce domaine, il fallait d'abord choisir la norme à suivre. Cela voulait dire choix de quelque groupe comme fournisseurs, parce que toute la norme intègre le « cheap », et que donc la concurrence n'existe qu'entre les entreprises de R & D technique. Il y avait deux entreprises qui pouvaient fournir le chip du décodeur intégrant la norme MEPG : SGS et C-Cube, basée à Silicon Valley. Comptant sur le marketing et surtout

---

1. D. Dranove et N. Gandal, *Surviving a standards war: lessons learned from the Life and Death of DIVX*, Center for Economic Policy Research, juin 2003, www.cepr.org/pubs/dps/DP3935.asp

2. Nous ne rentrerons pas dans le développement technique de ces définitions, hors de propos ici.

un prix plus concurrentiel, C-Cube conquit presque toutes les entreprises chinoises au début de 1996. Grâce à la progression du marché chinois du secteur VCD, la société C-Cube était devenue le leader mondial dans ce domaine.

Au milieu de 1996, un autre fournisseur entrait en concurrence sur l'approvisionnement de « chip » des décodeurs, la société EES, ainsi qu'une société basée à Silicon Valley et contrôlée par les Chinois d'outre-mer. S'appuyant sur la relation traditionnelle avec les entreprises chinoises et le gouvernement, ESS prit une assez grande part de marché.

Presque toutes les entreprises chinoises dans ce domaine travaillaient comme assembleurs, la plupart d'entre eux étant de statut privé. Aussi, grâce à la progression du marché[1], les entreprises se développaient très rapidement à partir de la stratégie technologie contre marché. On cherchait un nouveau fournisseur, d'où l'entrée d'ESS sur le marché en Chine. Mais les entreprises chinoises d'assemblage et les fournisseurs américains partageaient un intérêt commun : sortir du contrôle de la norme par les groupes japonais. Pour cette raison les fournisseurs américains et les entreprises chinoises proposèrent la construction d'une nouvelle norme avec le gouvernement chinois. Ce fut la sortie de la norme Super-VCD, publiée ensuite en 1998.

Bien que cette norme ne soit pas très utile, il y a un effet très intéressant : toutes les normes supérieures doivent être « *back compatible* » (en conformité avec la norme inférieure), donc la norme DVD doit être compatible avec S-VCD, surtout pour les produits fabriqués pour la Chine. Celle-ci crée ainsi une situation favorable aux entreprises chinoises pour la négociation de DVD.

On peut imaginer d'après cela les formes prises par les stratégies des entreprises en position dominée.

Une question importante est celle de la possible valeur internationale d'une norme chinoise. L'ISO vient de donner son aval à une norme sur le marché intérieur. Elle sera moins chère évidemment que les normes américaines ou européennes et la taille du marché chinois semble le justifier. On estime par exemple à 250 millions le nombre de téléphones mobiles fonctionnant sur le territoire, et le marché est en forte croissance, d'où la norme nationale TD-SC-DMA. Il existe aussi une norme chinoise en sécurité de l'information : WAPI. Évidemment les choses ne font que commencer.

Ces stratégies typiques des entreprises chinoises en quête de technologie sont sans doute la meilleure illustration du problème de la standardisation dans le contexte actuel.

Le paradoxe culturel de la domination et de l'exploitation au niveau mondial

Une manière de conclure sur les quelques pages qui précèdent est de souligner le paradoxe porté par la mondialisation. Les stratégies mondiales des pays les plus développés conduisent à des effets de domination et d'exploitation qui semblent en contradiction permanente avec le développement de la pensée sociopolitique la plus reconnue qui prône l'autonomie et l'indépendance des peuples. La spécialisation à l'échelle planétaire porte une logique de dépendance économique accrue dans laquelle l'évolution des termes de l'échange a une tendance constante à la dégradation du point de vue des pays les moins développés. Cette évidence, qui constitue un débat permanent dans le cadre du dialogue nord/sud, est une donnée fondamentale dans une perspective d'IE et les stratégies mondiales intègrent constamment ce constat.

---

1. D'après une enquête mise en place par des élèves de master et d'autres documents, nous avons estimé les volumes de ventes de VCD : en 1995 200 000 ; en 1996 2 millions ; en 1997 10 millions. Ces chiffres ont été reçus comme valables par nombre de journaux et de revues scientifiques.

Le raccourcissement des cycles

La traditionnelle maîtrise des processus technologiques et productifs par l'entreprise, point de départ du concept de firme, est remise en question depuis un quart de siècle, soit une période très courte à l'échelle de l'histoire. Il est clair en effet que les moments que l'on a appelés « révolutions » en désignant par exemple la Révolution industrielle, c'est-à-dire un saut qualitatif et quantitatif brusque de l'histoire, se produisent de plus en plus fréquemment. C'est vrai sur les technologies et les conséquences sont importantes sur les stratégies publiques et privées.

Les technologies

Il est aisé de démontrer le caractère inéluctable de ce phénomène de raccourcissement des cycles. Le progrès technique dépend en effet fondamentalement de deux facteurs dans une perspective dynamique et le schéma suivant va nous aider à le comprendre.

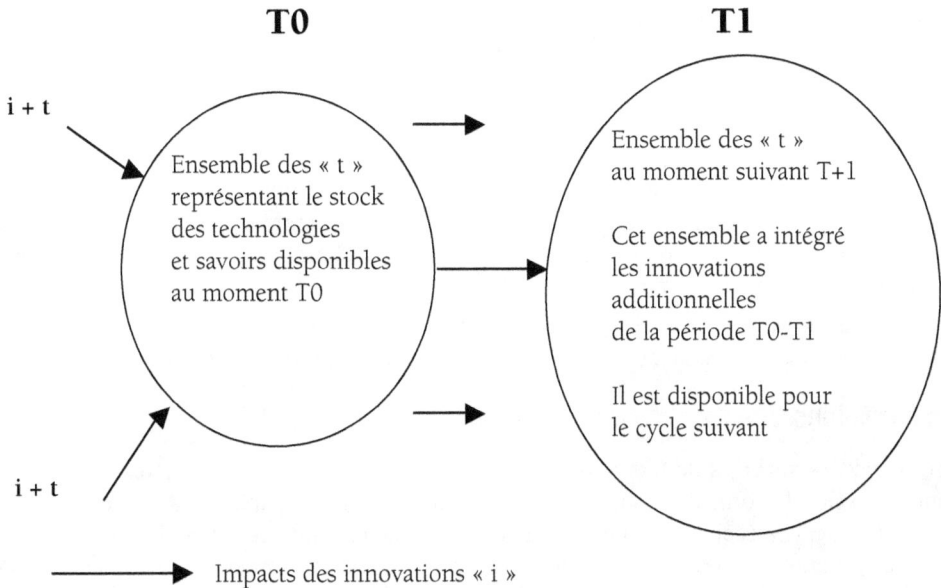

T0

T1

i + t

Ensemble des « t »
représentant le stock
des technologies
et savoirs disponibles
au moment T0

Ensemble des « t »
au moment suivant T+1

Cet ensemble a intégré
les innovations
additionnelles
de la période T0-T1

Il est disponible pour
le cycle suivant

i + t

→ Impacts des innovations « i »

Les innovations produites sur le système tel qu'il existe en T0 dépendent essentiellement de la population, nombre et niveau de qualification.

La production d'innovations résultantes est fonction du volume de technologies et de savoirs disponible en T0.

À la sortie du cycle l'ensemble T s'est accru de ces innovations, et devient T1. À population égale le cycle se développe de lui-même. Ajoutons la composante démographique et l'accès de plus en plus rapide et global à l'information et « l'exponentielle du progrès technique » apparaît clairement. Les TIC ont donné une accélération considérable et naturelle au phénomène à tel point qu'aujourd'hui ce qui n'apparaissait qu'une fois toutes les deux générations ou plus rarement encore se produit plusieurs fois par génération.

Un graphique simple le souligne :

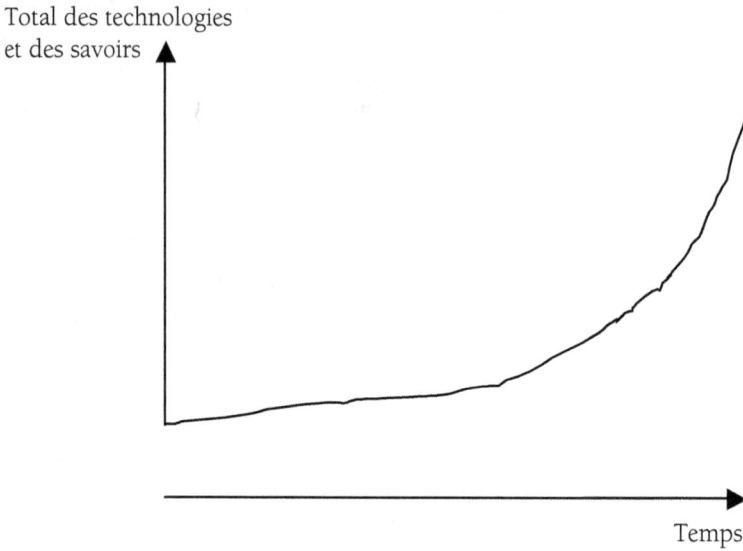

Total des technologies
et des savoirs

[figure : courbe exponentielle croissante — axe vertical « Total des technologies et des savoirs », axe horizontal « Temps »]

Temps

C'est le schéma simple d'une fonction exponentielle. Plus on s'approche de la partie droite du schéma, plus le rapport entre le temps et l'écart technologique entre début et fin de période est faible. Sans doute aujourd'hui une personne devra-t-elle s'adapter plus rapidement et plusieurs fois au cours d'une même carrière professionnelle.

Les pratiques de veille technologique dont nous avons vu qu'elles sont à l'origine de l'intelligence économique, ont vu le jour et se sont développées à partir de ce constat.

Les formations

À l'évidence les systèmes de formation sont confrontés à cette problématique du raccourcissement des cycles. La formation initiale est devenue totalement incapable de satisfaire les besoins de qualification de l'économie pour une vie professionnelle complète. Jacques de Chalendar et Philippe Lamour[1] ont développé ce thème qui a commencé à donner lieu à des expériences dans les années 70 en Languedoc-Roussillon pour connaître les développements actuels qui vont vers une expansion importante de la formation continue, des ouvertures aux recyclages ou aux changements professionnels et de qualification, voire au « capital temps » de formation.

Les implications dans le sujet qui nous intéresse de l'IE sont considérables et les entreprises qui développent des actions de formation importantes sont généralement gagnantes sur ce plan.

Qui dit IE dit en particulier gestion des connaissances et la première priorité de l'entreprise dans les contextes économique et concurrentiel actuels se trouve là sans aucun doute.

Le paradoxe de la flexibilité liée à la ténacité

Le raccourcissement des cycles amène un accroissement des turbulences économiques et une diminution de la prévisibilité. Le pilotage des entreprises devient plus délicat. Elles doivent développer une flexibilité en rapport avec cet environnement instable. Pour autant, les stratégies

---

1. J. de Chalendar et Ph. Lamour, *Prendre le temps de vivre*, Le Seuil, 1974.

déployées doivent répondre à des critères de permanence qui peuvent apparaître contradictoires. On voit bien à ce propos la place que peut prendre l'IE. Notre sujet n'est pas la stratégie à proprement parler mais nous pouvons rappeler nos références à ce propos aux nouveaux développements de la théorie des jeux[1]. Les recherches sur le sujet ont commencé voici quelques années dans le cadre de travaux reposant sur le paradigme de la complexité et appuyés sur la posture systémique. Voici une phrase qui résume bien la question posée : « *La présentation des systèmes actuels, et la description de leurs insuffisances, fournit le cahier des charges implicite de l'architecture de systèmes de conception stratégiques intelligents. De tels systèmes s'ancreraient dans une finalité générique : accroître l'intelligence organisationnelle de la firme en améliorant ses capacités d'adaptation face à des changements survenus dans l'environnement.* »[2] La répétition du mot intelligent à propos des systèmes d'information nous place au cœur de notre sujet. Nous y reviendrons dans notre deuxième partie. Il faudrait aussi citer la quasi-totalité du livre de Xavier Guilhou et Patrick Lagadec, *La fin du risque zéro*[3], où l'on saisit bien la réalité du phénomène de rupture déjà évoqué. Mais les exemples viennent de plus haut et l'économiste Robert Aumann intègre lui aussi cette réflexion comme en rendent compte Didier Laurens et Caroline Talbot en écrivant *L'incertitude au centre de la scène*[4].

L'interdépendance des agents

Dans ce rétrécissement spatio-temporel, un troisième trait est à souligner : la fin des environnements économiques clos, autrement dit la montée de l'interdépendance.

On peut l'observer sous de nombreux angles. Nous en avons choisi trois comme illustration du contexte actuel : marché, politiques et montée des influences.

Le marché mondial

L'accès à des marchés demandeurs et largement plus ouverts que les seuls marchés des pays hautement industrialisés – ceux-ci touchant sans cesse les limites de la saturation – a contribué à ouvrir des pistes pour les nouvelles perspectives de développement commercial des firmes. Dans le même temps, les progrès scientifiques et technologiques ont accumulé des réserves considérables de développement par l'innovation. La maîtrise relative des mécanismes monétaires, enfin, malgré les crises régulières des systèmes financiers, en assurant tant bien que mal la mise à disposition des ressources, semble faire penser qu'il n'y a aucune limite au mouvement en avant.

Dans la solidarité née de l'interdépendance accrue apparaissent les limites des cadres de recherche actuels des sciences de gestion.

La leçon que nous tirons de ces réflexions préliminaires est triple :

1. Puisqu'il s'agit d'une interdépendance croissante, la notion de système prend toute sa force : « *Ensemble constitué d'objets et de relations entre ces objets et leurs attributs* », première définition donnée par Alex Mucchielli[5].

1. Harvard Business Review, *Les stratégies de l'incertain, op. cit.*
2. J. A. Bartoli et J-L. Le Moigne (sous la dir.), *Organisation intelligente et système d'information stratégique*, Economica, 1996.
3. X. Guilhou et P. Lagadec, *La fin du risque zéro*, Eyrolles, 2002.
4. D. Laurens et C. Talbot, « Les nouveaux papes de l'économie », *Le Nouvel Économiste* N° 1147, mars 2000.
5. Alex Mucchielli, *Les sciences de l'information et de la communication*, Hachette, 1995.

2. Puisque l'Internet est reconnu comme la révolution majeure des dernières années, c'est dans l'information, sa circulation et son management que résideront les champs de recherche prioritaires.

3. Puisque les problématiques concrètes touchent essentiellement l'humain, nous retrouverons les questions du savoir, de la connaissance, de la compétence et de la communication. Cette émergence ou plutôt « ré-émergence » de l'humain est notamment confirmée par l'excellent volume de la *Harvard Business Revue* qui regroupe huit contributions sur *Le management des hommes*[1]. On peut y lire notamment la contribution de David A. Thomas et Robin J. Ely – « Apologie de la diversité » – qui repère l'émergence de ce nouveau paradigme ; après celui de l'uniformisation en vue de la cohérence et celui de la reconnaissance au nom de la différence, ce dernier fait apparaître tout le bénéfice que l'entreprise peut tirer d'une capacité créative liée à la diversité.

Les politiques économiques

Il n'échappe à personne que les dirigeants des nations ont de moins en moins d'autonomie dans leurs politiques de régulation économique. Les réunions régulières du « G8 », les sommets divers et variés dans lesquels se traitent tantôt les questions de sécurité (traités « START » par exemple), tantôt les questions d'environnement (sommet de Rio, 1992), tantôt sur la population (Le Caire, 1994), la femme (Pékin, 1995), tantôt les questions sociales (Copenhague, 1995), etc., examinent de grands sujets d'actualité et déjà sur ces nombreux points il est visible qu'aucune action ne peut être efficacement mise en œuvre de manière isolée. Il en est de même pour les questions économiques les plus simples à court terme et la coordination continentale est maintenant généralement assurée dans le cadre d'ensembles « régionaux » de taille importante (Union européenne, ALENA (Traité de libre échange nord-américain), ASEAN (Association de Libre Echange du Sud Est Asiatique), …). Les marchés financiers sont sans doute l'exemple le plus frappant d'interdépendance compte tenu des particularités d'instantanéité des transactions.

Aucune politique conjoncturelle ne saurait être imaginée sans la prise en compte des performances observées chez nos voisins et l'erreur de l'été 1981, qui ne prenait pas en compte le différentiel de conjoncture avec l'Allemagne, coûte encore à la France aujourd'hui.

Les influences majeures

À l'intérieur de cette interdépendance s'ouvre le jeu complexe des influences. Il s'agit en effet pour chacun de disposer de la marge de manœuvre la plus importante possible et dans ce but de jouer des influences pour contraindre autant que faire se peut les partenaires à tenir compte de sa politique au lieu d'avoir à s'adapter à celle des autres. Le concept de taille critique et de pouvoir informationnel prend un sens aigu dans ce contexte. Un des atouts majeurs de la Chine aujourd'hui réside dans cette taille exceptionnelle qui lui confère une indépendance remarquable, comme nous l'avons évoqué plus haut. Si le phénomène était apparu clairement à propos des trusts, et les mesures antitrust étaient bien destinées à redonner au marché des règles de fonctionnement qui assurent une libre concurrence, il est moins évident au niveau des nations. Il ne s'agit en effet pas tant de concurrence que de préserver des capacités de régulation propres et de garantir en cela l'indépendance nationale. Les politiques d'IE sont forcément des politiques publiques alors que l'IE est un ensemble d'outils à disposition des entreprises. Nicolas Sarkozy présentant la politique nationale française d'IE le 2 décembre 2003 n'hésitait pas à dire

---

1. *Le management des hommes*, Harvard Business Revue, Éditions d'Organisation, 2000.

que le libéralisme et la libre loi du marché n'étaient plus de mise devant les intérêts supérieurs de la nation. Dans ce domaine, les intérêts privés sont clairement dans le même sens que les enjeux publics et c'est peut-être une raison de penser qu'une telle politique a des chances de réussir comme elle a réussi aux États-Unis, dans un contexte légèrement différent et sur un mode également spécifique ; mais avec cependant le même objectif global.

Une évolution significative des pratiques managériales

Nous allons ici nous intéresser plus directement au management de l'entreprise en tentant de tirer les conséquences, généralement observables, des développements précédents. C'est important pour comprendre que l'IE s'est développée dans un contexte favorable et que le chercheur aujourd'hui n'aura pas de peine à expliquer l'émergence des pratiques et des concepts. Mieux : il trouvera dans les évolutions et les événements récents de précieux indicateurs pour mieux comprendre les divers mécanismes de l'IE. En ce sens l'IE n'appartient pas à la génération spontanée et l'on peut même dire qu'elle puise dans un passé très lointain l'ensemble de ses justifications et soubassements. Le cas de la Chine est une fois de plus significatif, qui puise les racines de l'IE dans l'art de la guerre (Bruté et Wen, 2005).

Trois illustrations de notre propos seront évoquées : la remise au centre de l'humain (et l'IE est appuyée fondamentalement sur la GRH), l'acuité du contexte concurrentiel qui interdit de plus en plus les erreurs stratégiques, et enfin le développement des organisations en impartition.

L'humain remis au centre ?

Présenter le titre sous forme de question est une manière de dire que l'interrogation posée n'a pas encore reçu forcément de réponse concrète.

On constate un grand retour : avec l'IE, on passe de la mécanisation du travail humain à la remise au centre de l'humain. Dans cet univers nouveau les pratiques managériales doivent se renouveler largement et c'est ce que l'on peut facilement observer. La montée des incertitudes conduit à la fois au développement des risques et à la multiplication des opportunités. L'apologie de la diversité, paradigme mis en valeur par David A. Thomas et Robin J. Ely[1] apporte sans doute aujourd'hui la bonne réponse. De nombreux thèmes de recherche vont émerger de cette question déjà abordée : « Faut-il parler de réduire l'incertitude ou de la maîtriser ? » L'IE nous conduit effectivement vers le choix numéro 2, et la créativité devient essentielle. Nous en reparlerons plus loin. Soulignons simplement ici trois aspects.

Les performances accrues des outils

On observe fréquemment que le perfectionnement de l'outil peut, soit cacher la compétence de l'homme soit au contraire la mettre en valeur. Faisons l'hypothèse de la deuxième proposition. La valorisation se fait notamment par la vitrine technologique. Les énormes progrès de l'automatisation (et l'on retrouve les TIC) ont en effet permis de faire réaliser par des machines. Cet aspect est évident et il est souligné notamment dans l'ouvrage collectif dirigé par J. A. Bartoli et J-L. Le Moigne : « *Le système d'information est conçu selon une logique d'automatisation des procé-*

---

1. D. A. Thomas et R. J. Ely, apologie de la diversité in *Le management des hommes*, coédition : *L'expansion* / Les Éditions d'Organisation, collection Harvard Business Review, 29 novembre 2005.

dures stables. »[1] Et l'auteur d'ajouter : « *Des études récentes révèlent que seul un dixième des défauts de qualité provient du logiciel et que le reste vient de l'instabilité de la demande des utilisateurs.* » On a les mêmes remarques en ce qui concerne les atteintes à la sécurité de l'information : les enquêtes sinistralitées du CLUSIF (Club de la sécurité des systèmes d'information français) montrent chaque année que les défaillances humaines sont les plus impliquées dans les atteintes à l'information.

Nous soulignons cet aspect pour les outils informationnels mais il est évident que cela s'entend pour tout type d'outil.

Cette observation nous invite à comprendre que l'on va davantage faire appel aux fonctions supérieures de l'intelligence humaine et que dans ce cas la création de valeur sera de plus en plus dépendante du niveau de qualification et de compétence des collaborateurs. Ceci n'est pourtant pas suffisant : la réalité et les niveaux de motivation, d'engagement et de confiance sont aussi essentiels : le management des hommes revient donc une nouvelle fois sur le devant de la scène, et dans des domaines où les aspects techniques semblaient prépondérants (en logistique par exemple) nous retrouvons la prééminence de l'humain.

La *Harvard Business Review* a également commis un volume significatif pour nous dans lequel, tout en traitant d'aspects traditionnellement techniques, est soulignée la place de la relation humaine[2]. On note que sur les huit contributions, six reposent sur le facteur humain au sens qualitatif.

La révolution organisationnelle

C'est un corollaire : outils en rapide évolution et modifications de la considération et de la place des aspects humains dans l'entreprise engendrent une remise en cause de l'organisation. De la place des outils dépend la place de l'homme et les modes d'organisation ont largement évolué depuis ces dernières années. Jean-Louis Le Moigne est encore notre guide quand il observe que : « *Il s'est écoulé un long moment avant que les chercheurs scientifiques travaillant dans les domaines des sciences de l'organisation et de l'information ne réalisent que le paradigme énergétique n'était probablement pas pertinent pour comprendre les phénomènes plutôt fascinants que l'on observe dans les organisations sociales.* »[3] Il ajoute qu'un nouveau paradigme (qu'il appelle ailleurs « inforgétique ») émerge, qui repose sur les interactions conceptuelles entre information et organisation, et non plus sur les interactions objectives comme c'est le cas dans les organisations physiques ou naturelles (exemple de la ruche). Tout est dit ou presque : il reste à saisir et à observer les évolutions qui se produisent dans ces organisations pour examiner comment se déroulent ces interactions conceptuelles. Il est facile de comprendre que les outils prenant peu à peu la place des hommes dans les procédures stables, les organisations se dotent elles-mêmes de structures évolutives adéquates à leurs objectifs. Un peu plus loin, J-L. Le Moigne parle de « *l'ingénierie de la perception récursive ou d'organisation s'auto-observant* » en reprenant Piaget qui parle de l'intelligence « auto-élaborante ». L'intelligence économique puise énormément de ses outils dans ces concepts organisationnels et les champs de recherche sont là immenses et passionnants.

On sait bien à l'observation que les modes d'organisation « en projet » se développent aujourd'hui et c'est sans doute pour une meilleure adaptation à l'IE.

1. J. A. Bartoli et J-L. Le Moigne (sous la dir.), *Organisation intelligente et système d'information stratégique, op. cit.*
2. *La chaîne de valeur*, Harvard Business Revue, Éditions d'Organisation, 2000.
3. J. A. Bartoli et J-L. Le Moigne (sous la dir.), *Organisation intelligente et système d'information stratégique, op. cit.*

Les nouveaux enjeux : environnement et durabilité

L'entreprise est en passe de se révolutionner également en ce qui concerne ses finalités et ses objectifs. On a quitté définitivement le concept de système de production immergé dans un marché où la demande atomisée exprime des besoins simples, et fonctionnant sur le principe du profit maximum. Cet arrachement à des conceptions anciennes ne se fait pas sans mal car les cadres comptables ont masqué et masquent encore largement les réalités humaines et sociales. Il faut sortir des références rassurantes aux indicateurs et aux méthodes quantitatives pour entrer peu à peu dans l'instabilité et la relativité de concepts moins durs comme ceux de qualité ou de valeur sociale.

Le principe de l'entreprise citoyenne a fait évoluer les mentalités qui acceptent maintenant qu'à l'instar des hommes composant un ensemble social, pour l'entreprise aussi « la liberté s'arrête où celle des autres commence ». On a pu mesurer peu à peu les « déséconomies » externes produites et les atteintes directes ou indirectes au milieu, qu'il soit vu au sens écologique ou au sens social. On a souvent présenté l'IE à tort comme un nouvel outil au service de la concurrence sauvage ou comme la transposition aux affaires économiques de l'espionnage. Tous les auteurs, et notamment ceux qui viennent des services publics de renseignement (Besson et Possin, 2001) insistent pour montrer au contraire que le concept même suppose une stricte déontologie qui assure un relatif équilibre. Bien entendu il y a, comme dans toute société humaine, des déviations et des déviants. Et le principe de sécurité, apanage régalien de la puissance publique, exige aussi la mise en œuvre de moyens défensifs contre les manœuvres déloyales. Quand on parle de « guerre de l'information », ces idées sont évidemment présentes.

La téléologie de l'entreprise fait un pas considérable qui repositionne son organisation. Il est clair en effet que l'organisation et la structure ne se confondent pas. L'organisation est une structure finalisée, et cette finalité posée il n'y a pas de raison pour qu'elle change. Alors qu'au contraire, la structure va évoluer au gré des besoins d'adaptation de l'organisation.

Ainsi l'entreprise intègre-t-elle de plus en plus les finalités sociales et par exemple l'environnement. Cela n'est pas contradictoire avec ses exigences d'équilibre quantitatif et/ou monétaire tant il est vrai que cette finalité lui vient de l'ensemble social dans lequel elle s'insère et que par conséquent elle lui assure une adaptation à son marché, condition de sa survie. Les nouvelles donnes qui en résultent obligent cependant à considérer des aspects plus difficiles à appréhender et mesurer. Le quantitatif est, là aussi, limité. Cette limite est celle des sciences de gestion traditionnelles. Puisque l'entreprise est par ce biais davantage en osmose avec son milieu, cela veut dire aussi qu'elle va avoir à entrer en relation avec lui. Qui ne voit dans cette évolution un champ de travail exceptionnel pour le chercheur en SIC ou en SDG ?

Dans un univers hostile, l'acteur est également amené à suivre une finalité de survie qui va souvent conduire à des interférences avec celle de la performance, surtout quand elle est vue à court terme. Remise en question archétypique des paradigmes de la théorie économique classique, cette considération guide sans doute aujourd'hui de nombreuses entreprises et beaucoup de managers. Il s'agit aussi d'IE !

L'acuité du contexte concurrentiel

Ce que nous avons évoqué à mots relativement couverts ou, en tout cas, indirectement à travers d'autres réflexions doit être un peu précisé.

La concurrence est le maître mot des nouveaux contextes. Elle se décline selon divers concepts liés aux marchés. Nous en reprendrons trois qui mettent en lumière le positionnement de l'entreprise aujourd'hui.

Les marchés offreurs ou demandeurs

La mondialisation a mis en relief des écarts de développement significatifs en même temps qu'elle rendait tous les marchés accessibles. L'entreprise doit distinguer les caractéristiques de ces marchés de manière à trouver sa place au milieu de concurrents qui poursuivent le même objectif : trouver une place… et donc éventuellement prendre celle d'un concurrent moins performant. On retrouve la finalité de survie. Dans ce contexte, nous distinguerons deux types de marchés que vont rencontrer les entreprises, sachant que la variété réelle est infinie entre ces deux types.

Les marchés offreurs sont caractérisés par une tendance à la saturation de la demande solvable. Les économies occidentales fortement industrialisées et développées sont les représentants de ce premier type où l'initiative appartient aux entreprises pour tenter de solliciter une demande submergée par les propositions. La performance viendra d'une différenciation sur critères de comparaison entre les offres : segmentation et marchés de niche, gestion de la relation client (GRC, en anglais CRM), innovation technique ou commerciale, service… L'attention aux réactions de la clientèle va amener à la conception et à la construction d'outils sophistiqués de surveillance du marché.

Les marchés demandeurs sont de plus en plus accessibles du fait de la mondialisation et représentent la majorité de la population du globe : environ cinq milliards d'habitants sur les six de la population mondiale. Les logiques de marché sont opposées : la demande est forte et peu solvable. Les taux de croissance de beaucoup de pays de ce type sont observés à des niveaux très importants et font penser que l'accès aux consommateurs, difficile aujourd'hui compte tenu des niveaux de vie de ces populations, se fera un jour ou l'autre. L'essentiel est donc souvent dans ces cas-là de gérer le temps.

Cet aperçu n'a évidemment pas la prétention de décrire toutes les situations de marché mais seulement de signaler, dans le contexte actuel, un exemple de ce qui interpelle l'IE. Elle revêtira selon les cas tantôt une forme affinée de positionnement, de créativité, et se développera de manière particulièrement performante, tantôt son expression sera davantage de saisir les moments favorables ni trop tôt ni trop tard. Les stratégies seront donc sensiblement différentes.

Mais l'IE restera l'instrument commun par l'optimisation du management de l'information.

La transparence généralisée

Liée au contexte informationnel, la généralisation de la transparence chère aux classiques fait revenir le concept en force. La présence sur l'Internet, pour ne donner que cet exemple, de sites qui détaillent prix et qualités d'une gamme infiniment variée de produits et permet la commande et le paiement en ligne, réalise quasiment à la lettre cette notion.

Autrement dit, les stratégies et leurs mises en œuvre ne peuvent en aucun cas s'appuyer sur la confidentialité de l'information commerciale. Par ailleurs, dans un monde qui communique beaucoup, même s'il y a à redire sur le sujet, les nouvelles se répandent très vite. Un exemple type est celui des forums de discussion sur Internet où les clients ou utilisateurs de tel ou tel produit ou des services de telle ou telle entreprise échangent en toute liberté sur le sujet de leurs achats, et souvent de leurs « déconvenues ». On voit cela en 2004-2005 avec les ennuis du FAI Wanadoo.

Le cas Bluovalnews évoqué par Didier Lucas[1] montre également comment un simple particulier peut causer des déboires non négligeables par le jeu d'Internet, alors même que la firme Ford, dont il est question, manœuvre de manière à le « récupérer ».

Un contexte de transparence donne encore plus d'importance à l'information et à la communication. Les écarts en effet se joueront sans doute sur des différences de positionnement peu sensibles et les vitesses de réaction seront essentielles. Le concept de vélocité apparaît ici comme déterminant dans le management. La vélocité dépend notamment de la performance du système d'IE.

La compétitivité à tout prix

Dernier point à souligner dans ce contexte hyper concurrentiel, les questions de compétitivité. Didier Lucas parle de l'avènement de l'hyper compétition[2]. Il argumente sur le modèle décliné à partir des années 90 par les entreprises japonaises. Nous retrouvons bien sûr l'idée de vélocité. Ces questions ne se déclinent plus seulement au singulier mais de plus en plus au collectif. Il faut relier cette affirmation aux développements précédents sur l'interdépendance. Le vase clos national n'existe plus. La mondialisation met en concurrence les grands ensembles économiques et les États au moins autant que les entreprises et celles-ci à travers ceux-là. Il ne sert à rien en effet à une entreprise de faire tous les efforts possibles en compétitivité si les charges imposées par l'administration nationale ou continentale qui conditionnent la place du seuil de rentabilité interdisent des actions sérieuses sur les coûts de revient. La course permanente à la productivité et au pouvoir d'achat fait tantôt basculer la balance d'un côté, tantôt de l'autre. Les transformations structurelles de l'économie imposent des ajustements conjoncturels qui passent par des choix souvent douloureux comme les délocalisations. Déjà le CNPF (Conseil National du Patronat Français devenu le MEDEF) travaillait fermement sur ce sujet à la fin des années 70 et le groupe compétitivité et fiscalité auquel nous avons appartenu à l'époque[3] avait pointé des réalités tout à fait significatives. Si l'IE est une politique publique, elle commence évidemment par là et cela a été bien compris depuis longtemps. Les entreprises nationales ne peuvent que bénéficier de telles avancées et l'on voit très bien comment.

Nous rejoignons en cela les développements déjà exposés sur le sujet.

Bien entendu, une fois les règles du jeu posées et plus ou moins équivalentes d'un territoire à l'autre, l'entreprise doit jouer ses cartes et l'IE devient davantage un mécanisme de management stratégique. Alors nous retrouvons notre discipline dans ses aspects plus classiques de recherche d'avantages concurrentiels.

Les stratégies d'impartition

Dans l'évolution des pratiques managériales, une tendance lourde est à l'impartition. Impartir, c'est-à-dire confier, donner. Après les grands mouvements de concentration, les grands conglomérats où l'on retrouve toutes sortes d'activités, l'essentiel étant d'atteindre des tailles critiques dans des logiques de puissance financière, on aperçoit de plus en plus aujourd'hui une marche vers l'externalisation qui est quasiment synonyme d'impartition.

1. D. Lucas, « L'intelligence économique en France », projet de thèse de doctorat, février 2005.
2. *Op. cit.*
3. D. Bruté de Rémur : « Pour une réforme de l'impôt sur les sociétés », thèse de Doctorat d'État, UM1, septembre 1981.

L'externalisation, ainsi que les mots qui s'apparentent ou qui s'associent à ce terme, a été réperto-riée par la CMTI (Commission Ministérielle de Terminologie Informatique) et l'AFNOR (Associa-tion française de normalisation) sous le titre *Glossaire des termes recommandés de l'informatique*[1]. Si cette définition est connotée sur l'informatique, c'est qu'elle prend tout son sens dans le cas de la sous-traitance des systèmes d'information, un des enjeux majeurs du point de vue de l'IE.

Nous examinerons cette nouvelle donne sous trois aspects qui ne recouvrent le problème que partiellement mais encore une fois notre but est de poser les éléments du contexte d'apparition et de développement de l'IE : la spécialisation et la gestion des connaissances qui aboutissent à ce que nous appelons la perte de pertinence du management concentré.

La spécialisation et la professionnalisation

On parle de recentrage sur le métier, de « time-sharing » et autres expressions qui signifient que les entreprises, même les plus importantes, ont besoin aujourd'hui de faire appel aux spécialistes dans un certain nombre de métiers qui demandent à la fois des compétences spécifiques et en évolution permanente et des investissements importants générateurs de coûts fixes délicats à répartir. La solution de l'externalisation est bien souvent la garantie d'un meilleur service à coût mesuré, voire plus faible. Les activités de sous-traitance sont depuis longtemps connues et large-ment étudiées : cela commence par les activités de production annexes au métier principal (les accessoires ou des pièces plus techniques comme les transmissions dans l'industrie automobile par exemple) et se généralise facilement à des prestations de services (maintenance et nettoyage) qui ne sont pas du métier de l'entreprise. Les causes de l'externalisation sont nombreuses et les objets tout autant.

Le knowledge management (KM)

Pourquoi insérer dans ce point sur l'impartition la question de la gestion des connaissances ? Tout simplement parce qu'il semble à première vue que d'externaliser une fonction ou une acti-vité doive appauvrir l'entreprise du point de vue de sa richesse cognitive globale. Or c'est là un enjeu essentiel de l'IE.

C'est d'autant plus vrai que l'on arrive à peine aujourd'hui à réaliser l'immense importance de l'apprentissage et des connaissances dans l'entreprise. Ainsi : « *Le jeu peut fortement accélérer l'apprentissage institutionnel* » écrit Arie P. de Geus[2]. Et il ajoute un peu plus loin : « *En jouant avec des modèles, les individus créent entre eux un nouveau langage qui exprime la connaissance qu'ils ont acquise.* »

On a coutume de parler de knowledge management comme d'une discipline ; ce qui est vrai dans un sens, et pourtant il s'agit bien d'IE. L'exemple pourrait révéler aussi que les stratégies souples et ouvertes sont plus performantes.

Le même auteur montre le passage de l'apprentissage individuel à la connaissance institution-nelle dans l'exemple frappant des mésanges et des rouges-gorges : les premières ont une vie libre et collective grâce aux déplacements en nuées. Elles parviennent grâce à une communication collective à percer les capsules de bouteilles de lait aux EU. Alors que les rouges-gorges, qui défendent au contraire une stratégie de protection, n'y parviendront pas.

---

1. Relevé dans *L'externalisation*, WP de P. Chaumeton, doctorant UM1, 2004.
2. Arie P. de Geus, *Planifier c'est apprendre*, Harvard Business Review, *Les stratégies de l'incertain*, Éditions d'Orga-nisation, 2000.

« *L'homme seul ne pense pas* » rappelle Daniel Bougnoux[1] en soulignant par là le rôle essentiel de construction sociale de la communication.

Le KM est considéré comme un objet de recherche et un outil de management par lui-même. Les ouvrages sur le sujet sont maintenant nombreux et l'on peut citer notamment comme précurseurs Peter Drucker et Ikujyro Nonaka[2]. La parenté de la discipline avec l'IE est forte et les croisements nombreux.

Il faudra donc concilier impartition et KM, ce qui relève encore une fois de l'IE et de la gestion des réseaux.

La perte de pertinence du management concentré

Cela pourrait être une conclusion à ce point mais aussi à cette présentation du contexte dans lequel apparaît notre discipline.

Dans un monde de plus en plus turbulent, le maître mot sera celui de flexibilité. La flexibilité doit être, gageure remarquable, conciliée avec la solidité et la résistance. Ne dit-on pas que l'intelligence est la capacité à extraire d'une situation les solutions adaptées à la poursuite de la finalité fixée ? N'a-t-on pas loué les grands hommes politiques pour la finesse de leurs capacités d'adaptation et de rééquilibrage dans les crises ? La concentration des pouvoirs et des décisions, et de ce fait l'éloignement des managers « du haut » par rapport à des réalités changeantes à un rythme de plus en plus rapide, sont sans doute devenus des erreurs majeures.

Parlant de crises, nous évoquons la nécessaire robustesse des organisations économiques et sociales dans ce contexte instable et dangereux caractérisé par l'incertitude.

Didier Lucas, en parlant de la guerre économique et en évoquant les travaux de Christian Harbulot et Philippe Baumard, écrit : « *La guerre économique est une dynamique permanente de structuration de son intention qui s'inscrit dans un nouveau champ contextuel où l'informe, le chaos et l'incertitude prédominent.* »[3]

Qui ne voit dans ces quelques lignes s'ouvrir déjà des pistes de recherche ? Nous l'avons souligné à chaque fois que cela nous paraissait incontournable, et nous y reviendrons bien sûr en deuxième partie.

Des définitions

Comme la plupart des objets de recherche en gestion et en infocom, c'est d'abord une pratique constatée dans les entreprises et les politiques économiques qui forme le concept. Le gouvernement français ne s'est pas d'abord préoccupé de donner une définition à l'expression ; mais il a rassemblé aussi exhaustivement que possible les informations se rapportant à cette expression[4]. La lettre de mission est significative : « *Uun état des lieux de la façon dont notre pays intègre la fonction d'IE dans son système éducatif et de formation, dans son action publique et au sein des entreprises.* » La formulation témoigne d'une volonté de travailler à une définition « à la

---

1. *Op. cit.*, p. 15.
2. P. Drucker et I. Nonaka, *Le Knowledge Management*, Éditions d'Organisation, 1999.
3. D. Lucas, « Éléments d'appréciation de l'intelligence économique en France : propositions pour un cadre d'action », thèse de doctorat en SIC, UM1, 2005.
4. Rapport de la mission confiée par le Premier ministre à Bernard Carayon, député du Tarn, à consulter sur le site www.bcarayon-ie.com

française » d'un outil dont nous connaissons évidemment l'origine étymologique, l'acception du terme « intelligence » en anglo-américain ayant une autre connotation que le terme français.

Les origines anglo-saxonnes de l'expression engendrent des confusions sémantiques. L'IE est notamment caractérisée par son aspect culturel. Il faut « inventer » l'IE « à la française ».

Les origines

Il est de coutume de dire que l'Europe, et particulièrement la France, est toujours quelques années en retard. L'IE n'échappe pas à cette « règle populaire » ! Pourtant, et sans vouloir chercher à défendre une certaine inertie de la société française sur le plan économique et social, nous pensons que le retard n'est pas toujours une erreur. « *Marché concurrencé, marché éduqué* », répétait M. Le Pan de Ligny, conseiller du commerce extérieur qui a formé quelques générations d'étudiants à cette discipline. Il était partisan d'un minimum de retard, arguant que les premiers arrivés sur un marché essuyaient forcément les pots cassés. Il a raison en très large partie et nous pensons par exemple que l'arrivée sur le marché chinois un peu tôt a causé des dégâts importants dans quelques PME. Sans doute les leaders doivent être les premiers : c'est la contrepartie de leur puissance. Nous avons connu une entreprise de négoce embouteillage de vins en Languedoc-Roussillon qui a dû se replier après de lourdes pertes. Nous avons aussi des exemples en Russie, où des investisseurs ont essuyé des revers importants au début de l'ouverture du pays, du fait de la grande instabilité qu'a connu ce dernier durant les dix premières années. Ceux qui ont tenu le choc, et aussi ceux qui sont arrivés après 1998-2000, récoltent aujourd'hui de jolis dividendes.

Pour en revenir à l'IE, cette discipline a connu ses premiers développements Outre-Atlantique et Outre-Manche. Ce qui revient en France, riche d'expériences, est une base conceptuellement plus solide et qui doit être déclinée dans le contexte de l'Hexagone. Nous verrons d'ailleurs que la discipline a valeur de culture. Dans cette optique elle n'est que partiellement transposable dans ses principes et ses outils d'une région à l'autre ou d'un pays – *a fortiori* d'un continent – à l'autre.

Les conceptions développées par les Anglo-Saxons

Des précisions sémantiques

Les mots ne sont pas innocents même si l'on ne peut que rarement simplifier le raisonnement sous leur seule étude. Le mot anglais « Intelligence » est tout à fait synonyme de renseignement, de recherche d'information.

Tant que le monde économique est cloisonné, que les marchés restent étroits, le besoin d'information ne touche pratiquement pas l'entreprise. Les métiers s'organisent autour de savoir-faire technologiques simples et stables. Le monde du renseignement ne peut alors toucher que la politique et la guerre. Il est significatif que la Chine aujourd'hui fasse récemment et peu à peu le passage des instances militaires au domaine économique et de l'information : « *Le premier Chinois à parler de guerre de l'information est Shen Wei Guang en 1990 avec le premier ouvrage sur le sujet dans le pays La guerre de l'information. Il se situe essentiellement sur le registre militaire en insistant sur les aspects de commandement. Le 7 novembre 1995, le général de la PLA[1], chercheur de*

---

1. *People's Liberation Army.*

l'*Institut de science militaire Wang Bao Cun, publie un article, pour la première fois dans le* Journal of Pla, *journal officiel du ministère de la Défense, en posant le concept de guerre de l'information.*[1] *Il est clairement représentatif de la pensée officielle en science militaire chinoise. D'après lui, la guerre de l'information est une nouvelle forme de guerre. On prolonge la guerre dans la vie quotidienne, donc il y a trois formes de la guerre de l'information : d'abord la guerre de l'information quotidienne puis la guerre de l'information en période de crise et enfin la guerre de l'information en époque de guerre.* »[2] (Bruté de Rémur, Wen, 2005) Il ne s'agit pas d'assimiler la pensée chinoise à la pensée anglo-saxonne mais le contexte est identique et la Chine, après avoir connu la révolution maoïste, n'a guère quitté un contexte de guerre jusqu'à ce que Deng Tsiao Ping ouvre la réforme avec la marche vers l'économie socialiste de marché. Le passage à la guerre économique et à la guerre de l'information ne leur fait pas quitter le contexte de guerre alors que nous avons, nous, à retrouver les analogies qui vont éclairer les stratégies d'entreprises. Le spécialiste français de cet aspect est Frédéric Le Roy[3].

Bien évidemment les contextes de guerre militaires ont aussi été des occasions de renseignement technologique et économique, et les exemples sont nombreux (bataille de l'eau lourde) ; mais il faut remarquer que ces occasions ont généralement concerné des enjeux militaires (puissance nucléaire, technologies aéronautiques…).

Les premiers auteurs anglo-saxons

Le premier auteur publiant aux États-Unis et considéré comme un penseur de l'IE est Francis Joseph Aguilar, qui publie deux ouvrages importants dont l'un est nettement précurseur sur le sujet. Ce dernier[4] ouvre la question pour l'entreprise de l'observation méthodique et systématique de son environnement socio-économique afin de se donner au maximum les moyens d'anticiper pour agir. Pour Aguilar, il s'agit de « *Competitive Data Gathering* » comme le souligne Sophie Larivet en mars 2000[5]. On peut dire que de là se développe le concept de veille, première phase de construction de notre objet. C'est cette notion qui sera reprise par de nombreux auteurs et en particulier en France par Humbert Lesca, dont les publications aussi nombreuses que qualifiées, en font sans doute un des pères de l'IE d'aujourd'hui. Le deuxième livre d'Aguilar[6] sort vingt-cinq ans après et ce délai est significatif. Il s'agit aussi maintenant de considérer l'information comme un outil pour l'action. Le point de vue de « management global » qui est adopté dans cet ouvrage ne le cantonne pas à un ouvrage sur l'IE. On peut cependant mesurer comment l'auteur y intègre sa réflexion première. Les développements sur l'information, les systèmes d'information et le management des risques ne représentent de plus pas une approche caractéristique et formalisée en IE.

Le concept de « *scanning* » appliqué à la veille informationnelle fait florès et on le retrouve par exemple chez O'Connel et Zimmerman[7] en 1979.

---

1. B. C. Wang, « Introduction de la recherche sur la guerre de l'information », *Journal of PLA*, 7 novembre 1995.
2. D. Bruté De Rémur et H. J. Wen, *La guerre de l'information en République Populaire de Chine*, *op. cit.*
3. F. Le Roy, « Doctrines militaires et management stratégique des entreprises », thèse de doctorat en sciences de gestion, Montpellier, 1994, « Les conditions de l'application de la stratégie militaire au management », RFG N° 122, 1999, et autres contributions.
4. F. J. Aguilar, *Scanning the business Environment*, *op. cit.*
5. S. Larivet, « Proposition d'une définition opérationnelle de l'IE », Chier du CERAG n° 04-00, mars 2000.
6. F. J. Aguilar, *General Managers in Action*, University Press, New York, 1992.
7. J.J. O'Connel et J.W. Zimmerman, « Scanning the International environment », California Management Review, vol. 22, n° 2, pp. 15-23.

Constance C. Bates[1], en 1985, préfère parler de monitoring, terme plus précis et surtout plus dynamique.

Harold L. Wilensky est professeur émérite de science politique à l'université de Berkeley. Paradoxalement peut-être, il publie en même temps que F. J. Aguilar. Mais le titre de son livre *Organizational Intelligence: Knowledge and Policy in Government and Industry*[2] montre déjà une orientation moins centrée sur la veille. C'est probablement le premier pas de ce que d'aucuns appellent aujourd'hui la « gouvernance » en IE.

H. Igor Ansoff est considéré par beaucoup comme le père de la stratégie moderne d'entreprise, c'est du moins l'opinion d'Alain Noël, de l'université de Laval au Canada. Il a d'abord été professeur d'administration industrielle à la *Graduate School of Industrial Administration* du « *Carnegie Institute of Technologie* ». Il a exercé des fonctions stratégiques dans de grandes entreprises avant de fonder la *Graduate School of Management* de l'université Vanderbilt. Son ouvrage le plus connu est *Corporate Strategy*, écrit en 1965 et traduit en français en 1968 sous le titre *Stratégie de développement de l'entreprise*.

Il réussit l'intégration des disciplines de gestion en impliquant dans les problématiques étudiées aussi bien la stratégie que la finance et le marketing. C'est bien dans cet esprit transdisciplinaire que nous considérons l'IE.

Ansoff a publié en 1975 un article[3] qui ouvre exactement la porte de l'IE telle que nous pouvons l'entendre et la comprendre aujourd'hui. L'activité de veille doit permettre de déchiffrer dans l'environnement ce qui fera la différence avec les concurrents parce qu'ils ne l'auront pas décelé ou l'auront fait trop tard : ce sont les signaux faibles.

L'auteur se positionne alors davantage dans une optique prescriptive et une vision proactive qui font de lui effectivement une référence de premier plan en IE.

D'autres références sont disponibles mais nous ne prétendons pas ici à l'exhaustivité, travail qui relève d'un autre objectif. Avant de conclure sur les travaux anglo-saxons, cependant, on peut remarquer que la préoccupation pour les petites entreprises s'est révélée très tôt aussi aux États-Unis. L'article de T-J. Robins-Jones[4] est significatif à cet égard alors que l'agence fédérale *Small Business Administration* travaille déjà dans tout le pays dès cette époque afin d'aider les PME à recueillir et traiter les informations comme à monter des actions de lobbying.

L'héritage de la guerre froide

L'évocation, tout à l'heure, de la Chine et de contextes militaires, comme des actions américaines en faveur des entreprises, nous conduit naturellement à ce qui a été dès le départ appelé aussi du nom de guerre.

Faute d'opérations militaires d'envergure, la compétition se situa davantage sur le terrain des zones d'influence et de la compétition technologique. On a vu alors se développer l'espionnage industriel dans des proportions importantes.

---

1. C. S. Bates, « Mapping the environment : an operational environmental Analysis model », Long Range Planning, 1985.
2. J.J. O'Connel et J.W. Zimmerman, « Scanning the International environment », *op. cit.*
3. H. I. Ansoff, « Management Stratégic Surprise by Response to Weak Siganls », California Management Review, XVIII, 1975.
4. T-J. Robins-Jones, « Environmental Scanning for Small Business », Managerial forum, vol 12, n° 3, septembre 1986, pp. 255-261.

Nous reproduisons ici un tableau particulièrement éclairant dans sa simplicité, proposé par Christian Harbulot lors d'une interview[1] :

Évolution des critères de puissance entre les États-Unis et le reste du monde	
Guerre froide	**Après-guerre froide**
stratégie directe	stratégie indirecte
suprématie militaire	suprématie économique
course aux armements	course aux NTIC
alliances géopolitiques	influence géo-économique
unité idéologique des allies	accoutumance des allies/adversaires
propagande contre l'Est	maîtrise mondiale de l'information

Christian Harbulot, dont la renommée est largement internationale, dirige l'École de guerre économique (Groupe ESLSCA, Paris) après avoir été le conseiller personnel d'Henri Martre et coauteur du rapport du même nom. Il est le précurseur français de l'IE vue comme un outil fondamental de la « guerre économique ». Son ouvrage majeur, *La machine de guerre économique*[2], en 1992, a été suivi de nombreux travaux portant notamment sur les affrontements économiques et les enjeux de puissance.

Lorsque s'efface un terrain d'affrontement, le terrain militaire en l'occurrence, les adversaires se retrouvent généralement sur d'autres champs de bataille. Relevons au passage, et nous revenons à la sémantique, que le concept de champ, d'origine agraire (du latin *campus*), s'est rapidement installé dans la littérature guerrière avec les champs clos et champs de bataille et qu'il est maintenant bien à sa place en recherche. On peut dire sans se tromper que le passage par la « guerre froide » a posé la prémisse de la guerre économique et maintenant de la guerre de l'information. Pendant les quarante années d'après-guerre en effet, la montée en puissance technologique des deux grands blocs opposés, occidental et communiste, a poursuivi des objectifs intimement liés de puissance technologique et militaire. Selon la « théorie de la Window » développée par la CIA au moment de la mise en chantier du fameux bouclier électronique et spatial américain, il y avait un espace de temps (window) à haut risque où l'on pouvait redouter de manière plus vive une attaque nucléaire soviétique qui perdrait toute chance sérieuse de réussite après la mise en place du bouclier. On a vu que le déclin de l'Union soviétique à partir de 1985 environ date plus ou moins de cette période, et que la chute du mur de Berlin en novembre 1989 consacre la fin de la guerre par KO d'un des adversaires. Ce chaos fut économique avant d'être politique. L'événement, avant tout symbolique, a fait tomber d'un seul coup une tension qui focalisait, au moins en partie, les énergies de défense vers la traditionnelle opposition « Est-Ouest ». Elle a fait lever des espoirs aussi, et naître sans doute de nouvelles utopies avec le rêve d'une fraternisation sans barrière et sans frontière. En tout cas le fait oblige à la reconversion un certain nombre de spécialistes et de services. Dans les services occidentaux, ce choc humain a été relativement bien absorbé et la reconversion vers l'économique s'est déroulée de manière relativement naturelle. Il faut aussi comprendre que le champ de bataille militaire ne va pas disparaître facilement et que les nouvelles formes de guerre (terrorisme) qui se répandent ne vont pas permettre de faire l'économie de services de renseignements publics de défense. On l'aurait

---

1. http://www.strategicsinternational.com/f5harbulot.htm
2. C. Harbulot, *La machine de guerre économique*, Economica, 1992.

peut-être trop facilement cru, et les attentats du 11 septembre sont venus rappeler au monde que la haine existe toujours. L'IE doit également intégrer cette nouvelle dimension de la volonté de nuire et de détruire. Le développement de l'économie est largement conditionné par la sécurité des hommes et des biens.

Ce qui est certain c'est que, notamment à l'Est, toute une population de spécialistes du renseignement s'est retrouvée à la recherche d'emplois. La reconversion dans le renseignement économique de ces spécialistes est une des caractéristiques des dernières années, bien qu'il soit difficile de concrétiser ou de mesurer le phénomène.

Emmanuel Pateyron écrit : « *La mode de l'intelligence économique résulte des dernières conséquences de la guerre froide.* »[1] Pour lui, pas de doute, l'IE est le moyen de reconvertir les personnels désœuvrés des services de renseignements publics.

Est caractéristique de cet héritage culturel, la position de François Auer en 1997 (la date est importante car elle correspond encore à une période de tâtonnement dans les définitions et les positionnements) : « *La recherche des informations "fermées", grâce à l'IE et/ou à l'espionnage, est en plein essor.* »[2] Et plus loin : « *L'IE, l'espionnage et la malveillance sont en pleine expansion. Tous les secteurs et toutes les activités sont concernés. Les préjudices engendrés sont de plus en plus importants, pouvant aller jusqu'à des dépôts de bilan.* » La préface de cet ouvrage est de Xavier Guilhou, directeur de la sûreté du groupe Schneider, et président de la « Chaire européenne d'enseignement et de recherche en intelligence économique », organisme dont nous n'avons pas retrouvé la trace. Ces citations seraient aujourd'hui considérées comme dangereuses, tant l'assimilation de l'IE à l'espionnage économique ne correspond plus à la conception actuelle.

À titre d'illustration et de comparaison, il faut remarquer en France que les agences de renseignement, autrefois largement actives sur les domaines concernant la vie privée, se sont très majoritairement tournées vers le renseignement commercial. Une grande partie de ces professionnels sont d'anciens gendarmes ou spécialistes de l'enquête publique reconvertis.

Les réflexions françaises en rapport

L'IE est arrivée en France, venant des États-Unis, au moins dans sa pratique, par l'entreprise. C'est en effet à Robert Guillaumot, spécialiste de l'IE au MEDEF, fondateur de Syntec, de Coframi et de SVP, que nous devons son introduction en France. Il déclarait au colloque européen sur l'IE de Poitiers en janvier 2005 : « *Le "push" est mort !* », signifiant par là que les entreprises doivent revoir leurs stratégies en mettant en place une politique innovante basée sur l'IE qui ouvre de nouveaux horizons.

Dans le monde universitaire et académique, les premières publications ne tardent pas tant que cela puisque Ahmed Silem produit deux contributions en collaboration : en 1980 avec G. Martinez[3] et en 1981 un article avec A. C. Martinet[4]. L'auteur est devenu depuis une des plus hautes références de la discipline. Notons déjà la préoccupation des PME. Alain Charles Martinet, quant à lui, est

---

1. E. Pateyron, *La veille stratégique*, Economica, 1998.
2. F. Auer, *Comment se protéger de l'espionnage, de la malveillance et de l'espionnage économique*, Secret Consulting, 1997, pp. 25 et 107.
3. G. Martinez et A. Silem, « La revue de presse et l'information dans la PME : information et système d'information de la PME », 5e journées nationales des IAE, Grenoble, novembre 1980.
4. A.C. Martinet et A. Silem, « Les besoins des PME en information externe », *Enseignement et Gestion*, automne 1981, pp. 43-48.

l'auteur d'une thèse d'État sur le sujet[1] ; mais il ne s'agit pas encore à proprement parler de veille, et encore moins d'IE, même si le concept est en germe (David A. Thomas et Robin J. Ely).

M. Godet[2] est également un des auteurs précurseurs en France. En évoquant le levier de l'information comme une arme stratégique, il se rapproche de la conception plus généralement admise aujourd'hui de l'IE. Cet homme est devenu depuis un des maîtres à penser de la prospective avec un manuel réédité[3] et il continue à « voir devant » avec *Le choc de 2006*[4]. La prospective est une dimension essentielle de l'IE.

Le problème des rapports entre entreprises et services publics

Il est banal de constater qu'une des particularités de l'économie française est le rapport particulier qu'entretiennent les Français avec leur administration. Modèle relativement original et unique d'organisation sociale, notre pays est probablement marqué par un rapport public/privé spécial qui en fait un curieux, plus qu'harmonieux, mélange de cultures septentrionale et méridionale. L'originalité de la « planification à la française », et le concept « d'économie mixte » nous font régulièrement rechercher dans les modes d'organisation collective des solutions « à la française ». L'IE n'échappe pas à la règle et le rapport Carayon dont nous reparlerons, évoque bien ce concept. Il semble qu'il y ait d'une manière générale un certain complexe de la société française à ce point de vue. Le mot « complexe » nous semble très bien adapté ici car le problème est effectivement complexe ! Autrement dit, notre société vit une relative contradiction interne entre un culte de la liberté individuelle et un recours plus que raisonnable à l'autorité ou à l'assistance de l'État ou des administrations publiques.

Là où les Anglo-Saxons manient sans vergogne l'un et l'autre des principes, nous sommes un peu en décalage. Expliquons-nous : dans les économies basées sur le modèle américain (pour « faire simple »), on voit facilement les services ministériels à la disposition du public, et l'administration économique à celle des entreprises. L'exemple le plus frappant est celui du ministère japonais de l'Industrie, le célèbre « Miti », prêt à donner son appui indéfectible aux « Zaibatsus », grands groupes industriels partant à la conquête du monde. L'administration américaine est un peu plus gênée car elle doit faire la synthèse avec une culture de libre concurrence (antitrust) qui l'amène souvent à combattre contre ses propres entreprises. On retrouve parfois ce paradoxe à l'intérieur de l'Union européenne mais c'est moins sensible dans la mesure où les États européens sont nettement moins intégrés politiquement.

Valérie Mérindol nous donne un exemple chez nos voisins britanniques[5] : « *Justifiés par la nécessité de favoriser la création de connaissances et les processus d'apprentissage collectifs au sein de la politique publique, les réseaux d'action publique conduisent à une véritable imbrication des acteurs publics et privés. Dans ce contexte, la frontière des organisations publiques et privées devient de plus en plus floue.* »

Dans certains pays c'est caricatural, et l'on découvre parfois la non prise en compte totale des intérêts collectifs dans les mesures publiques sur les entreprises. Pour exemple dans ce registre, une entreprise russe, disposant d'un gros carnet de commandes à l'export, s'est vue refuser

1. A.C. Martinet, « Analyse de l'environnement : planification et management stratégiques de la grande entreprise », Thèse d'État en sciences de gestion sous la direction de S. Wickham, Paris IX, 317 pages.
2. M. Godet, « Veille prospective et flexibilité stratégique », Futuribles, septembre 1985, pp. 3-9.
3. M. Godet, *Manuel de prospective stratégique*, Tomes 1 et 2, Dunod, 2001.
4. M. Godet, *Le choc de 2006*, Odile Jacob, 2004.
5. V. Mérindol, « Le management des connaissances au service du management public : les acquisitions de la défense britannique », *Revue de management public*, N° 3, septembre 2004.

« l'autorisation d'exporter » pour cause de retard dans les échéances fiscales. Ceci était de surcroît observable dans un contexte de quasi « non-droit » où chacun faisait à peu près ce qu'il voulait, notamment au plan fiscal. Autre exemple ; la principale compagnie pétrolière russe, elle aussi en dette vis-à-vis de l'État, s'est vue contrainte à l'arrêt de sa production, provoquant de ce fait de fortes tensions sur le marché du baril de brut.

La Chine est en train de suivre sans doute l'exemple japonais en appuyant via le ministère de l'Économie ses entreprises dans leur croissance et dans la prise de parts de marché aux dépens des autres pays.

Pour en revenir au cas français, il est à remarquer que les administrations en relation avec les entreprises sont considérées comme des ennemis. On conçoit de ce fait que les entreprises vont avoir du mal à s'adresser à elles comme à des alliés. C'est probablement le grand tournant attendu après le rapport Carayon et la mise en marche de la politique française de l'IE. Les premières manifestations sont visibles d'ores et déjà : le MINEFI (Ministère de l'Économie et des Finances) s'ouvre largement et le gouvernement met en place les comités régionaux de l'IE sous l'autorité des préfets pour écouter les entreprises et mettre à leur disposition les compétences et les moyens des administrations publiques.

En matière de renseignement le particularisme français peut devenir un atout : les « services », bien connus des Français lecteurs de romans d'espionnage, sont en effet parmi les meilleurs du monde et leurs spécialisations, parfois décriées comme étant du gaspillage de moyens, peuvent être une grande force grâce aux différents points de vue ainsi développés. DGSE (Direction générale de la sécurité extérieure), DST (Direction de la surveillance du territoire), RG, tout comme les autres services spécialisés dans les enquêtes, peuvent devenir des moyens importants aussi bien dans les actions offensives que défensives de la guerre économique, particulièrement ici la guerre de l'information.

Les entreprises exportatrices ont déjà l'habitude de collaborer avec les administrations au travers des services de la DREE (Direction des Relations Économiques Extérieures).

Aujourd'hui se pose effectivement la question des aides publiques à l'IE. Ces aides pourraient être financières ; mais cela supposerait une réelle appropriation du concept et une bonne culture IE de la part des chefs d'entreprises. Il est donc plus logique et efficace de développer des appuis institutionnels à travers la mise à disposition de compétences et de services spécialisés tout en engageant des actions de sensibilisation-formation. Quelques exemples sont remarquables et des résultats sont déjà obtenus. Des accompagnements individuels de chefs d'entreprises par la DRIRE (Direction Régionale de l'Industrie et de la Recherche), des « rapports d'étonnement » effectués à la demande… Les pôles de compétitivité intègrent dès le départ bien sûr la dimension IE.

Les pratiques qui ont préparé le concept

De nombreux services et des actions variées en France ont illustré l'IE, les chambres de commerce et d'industrie par exemple, notamment par l'action de Philippe Clerc, un des trois coauteurs du rapport Martre.

En ce qui concerne les activités de renseignement, c'est surtout les services de l'État qui ont développé peu à peu le côté économique et il s'agit bien ici d'espionnage ou de contre-espionnage industriel. Lorsque Pierre et Marie Curie travaillent sur le radium, ils sont probablement l'objet d'une certaine surveillance. Les activités se résument alors souvent à des opérations physiques.

De fait en France les premiers pas de l'IE formelle sont à voir dans les travaux et les pratiques de protection des informations, dans les diverses méthodes d'audit et de gestion de la protection des informations. Le CLUSIF[1], à l'origine « sécurité informatique ») a joué le premier un rôle prépondérant en mettant au point en 1984 la première méthode performante : « Méthodologie d'analyse de risques informatiques orientée par niveaux » sous l'acronyme MARION. Sa dernière mise à jour date de 1998 et depuis elle a été dépassée par la mise au point, par le CLUSIF toujours, de la méthode MEHARI (Méthode harmonisée d'analyse de risques). Il s'agit de tenir compte notamment des évolutions technologiques et ce domaine, à la fois dans ses aspects techniques et dans sa dimension humaine, est l'un des plus dynamiques mais aussi l'un des plus problématiques de l'IE. Nous y reviendrons.

Pour les pratiques plus offensives de l'IE, disons que les activités de veille ont été sans aucun doute les prémisses de l'IE que nous connaissons aujourd'hui. Les agences régionales pour l'information scientifique et technique (dans les chambres régionales de commerce) et l'INPI sont sans doute connues par la plupart des entreprises. L'ADIT[2] (Agence pour le développement de l'information technologique) mène depuis 1992 une mission de collecte, traitement et diffusion des informations scientifiques et techniques internationales. Il s'agit d'accompagner le développement des entreprises en leur donnant les moyens d'organiser leur veille technologique et stratégique. Le site web de l'ADIT offre depuis peu un contenu considérablement enrichi via une nouvelle interface. Il permet notamment l'accès gratuit à la base de données de l'agence en texte intégral (exceptées les informations les plus récentes), soit plusieurs milliers de pages d'informations disponibles au format PDF. Ces ressources, associées aux solutions logicielles mises en œuvre, font de ce service une vitrine technologique sur le web. Après avoir formulé une requête en langage naturel, comme « veille technologique en France », l'usager se voit proposer une liste de concepts liés tels « dispositif de veille technologique » ou « méthodologie d'audit de veille ». Une étape rendue possible par l'analyse linguistique préalable des documents ADIT avec élimination des verbes, mots outils, adjectifs, adverbes et reconnaissance des multitermes.

François Jacobiak[3], qui écrit trois ans après le rapport Martre, montre clairement la filiation avec la veille en distinguant la **veille technologique** (« veille à la française ») fortement encouragée par les pouvoirs publics à la fin des années 80, la **veille stratégique**, également encouragée en France qui intègre en outre les données économiques, et la **veille concurrentielle**, plutôt présente dans les pays anglo-saxons, qui travaille prioritairement sur les problèmes de marché et de concurrence. Il ajoute que la veille est une composante essentielle de l'IE.

Un certain nombre de cabinets conseil privés ont également mis la veille à leur programme et la plupart se retrouvent dans la SCIP-France[4], association des professionnels de l'IE.

© Groupe Eyrolles

---

1. www.clusif.asso.fr
2. http://www.adit.fr
3. F. Jakobiak, *L'IE en pratique*, Éditions d'Organisation, 1998.
4. http://www.scipfrance.org

■ Entretien de...
Henri Dou

Henri Dou, docteur d'État en sciences physiques et chimiques, ingénieur en pétroléochimie, a été directeur de recherche au CNRS avant de rejoindre l'Université comme professeur en science de l'information et de la communication. Il a été chargé de mission auprès de la direction du CNRS, secrétaire du Club Rhône Poulenc CNRS, et secrétaire du « Chemical Information Network » de l'Unesco.

Actuellement, il est membre des commissions nationales consultatives en intelligence économique, ainsi que du comité de pilotage de l'intelligence économique en région Provence-Alpes-Côte d'Azur.

Durant sa carrière en science de l'information, il a été un des pionniers de la veille technologique et de l'intelligence compétitive en France. Il enseigne dans plusieurs pays : France, Indonésie, Malaisie, Chine et a été un des promoteurs de l'intelligence compétitive au Brésil[1].

Apport scientifique dans la discipline : 71 thèses dirigées dans le cadre de la veille et de l'intelligence économique, 105 publications, 70 communications et 50 conférences.

Comment voyez-vous le développement de l'IE en France ?

Il est important, avant de parler du développement actuel de l'intelligence économique, de mettre celle-ci en perspective. En effet, c'est vers les années 60 que la *Rand Corporation* aux États-Unis a commencé ses travaux pour éclairer la prise de décision des décideurs. Ensuite en 1986 *SCIP (Society for Competitive Intelligence Professionals)* a été créée, suivit l'*Advocacy Center* puis le développement d'Echelon et de In-Q-Tel. Dans le monde scandinave, c'est il y a plus de trente ans que Stevan Dedidjer introduisait l'intelligence comme pilier central du développement. Il est donc évident que l'intelligence économique en France, même si elle suscite un engouement important, n'est ni récente, ni le fait d'une « innovation française ». C'est simplement une méthodologie, des outils et des domaines d'application que nous avons remis au goût du jour à la suite du rapport Carayon mettant en évidence les carences graves des dix années passées (le rapport Carayon a été remis au Premier ministre M. Rafarin en 2003).

Où va donc l'intelligence économique (attention le terme même est une exception française, au plan international on parle d'intelligence compétitive) ? C'est une question qui est difficile et qui doit être traitée sur plusieurs plans. Globalement, on constate que le nombre de pays qui annoncent clairement des programmes d'intelligence compétitive est de plus en plus important : Inde, Chine, Brésil, Corée du Sud, Australie, etc., outre les pays déjà connus dans le domaine comme les État-Unis, l'Angleterre, le Japon, les Pays scandinaves… On constate aussi que le développement de l'intelligence compétitive, qui peut prendre des dénominations différentes,

---

1. Voir en « Bibliographie » à la fin de l'ouvrage la liste de ses publications.

comme par exemple au Japon le plan de développement en science et technologie, fait l'objet d'un consensus politique global tous partis politiques confondus, ce qui impliquera une forte continuité. En effet c'est un effort constant de longue durée qui permet à l'intelligence compétitive de porter ses fruits.

Peut-on faire une comparaison avec les autres pays ?

On constate, lorsque l'on étudie l'intelligence compétitive dans différents pays, que ceux qui réussissent le mieux sont ceux qui prennent en compte l'influence du temps : il faut aller vite car nos concurrents avancent aussi rapidement. Il faut, parallèlement à l'extension de l'intelligence compétitive, simplifier les procédures administratives, juridiques, commerciales pour permettre d'avancer plus rapidement. En même temps l'intelligence compétitive s'affirme comme une discipline transversale, souvent développée hors des circuits académiques pour être plus liée au développement industriel et économique.

Sur un plan très général, on constate de plus que les pays qui réussissent le mieux dans ce domaine ont su accorder à la discipline intelligence compétitive les budgets nécessaires à son développement, que ce soit au niveau de l'État ou des entreprises. Quelques différences subsistent néanmoins : dans les pays anglo-saxons, l'intelligence compétitive est très orientée business et marchés, dans les pays latins elle est plus centrée vers une intelligence économique d'État et plus centralisée. Et le lien entre intelligence économique et innovation est un lien naturel, rien ne sert de cloisonner, témoins en sont les rapports Beffa (pour une nouvelle industrialisation en France) et Palmisano (Innovate America).

Si nous venons de parler de considérations somme toute classiques, on doit aussi noter que l'intelligence compétitive est un moyen de changer les mentalités et d'accompagner le changement. En ce sens, c'est un bras de levier important sur le plan politique, à condition que les faits, incohérences, et anachronismes mis en évidence soient politiquement résolus.

Au niveau français, il est sûr que les aspects de protection et de sécurité ont été mis en avant de manière trop importante. En effet, si cela est le cas par exemple aux État-Unis, c'est en modifiant les normes que l'on se protège, en mettant en place le « Home Land Security » et non en multipliant les consignes de sécurité basiques comme : ne pas parler dans les avions, bien vider sa corbeille à papier ou protéger son système informatique. Si on compare les deux aspects, on n'est pas dans la même symétrie et on ne joue pas dans la même cour. De même, la Chine sait imposer par sa puissance économique les transferts de savoir-faire qu'elle désire et dans ce cas la notion de sécurité s'efface devant la nécessité de conclure des marchés.

Il me semble que l'intelligence compétitive, en France, devrait être bien plus offensive, tournée vers l'intégration des PME et PMI dans des systèmes économiques plus « musclés » leur permettant d'aller vers l'exportation. En effet, si un des buts de l'intelligence compétitive est, comme le souligne M. Carayon dans son rapport, d'être un facteur de cohésion sociale, celle-ci sera plus facilement obtenue si on sait créer des richesses donc pour le moment (et avec la société dans laquelle nous nous trouvons) favoriser notre balance commerciale en encourageant l'exportation et en s'implantant sur les marchés émergents. Cette nécessité nous conduit alors à un des sujets du moment : intelligence compétitive et pôles de compétitivité. Il est évident que ces pôles, s'ils veulent être compétitifs, se doivent d'intégrer « réellement » les PMI et PME et ainsi d'appliquer certains concepts, méthodes et outils de l'intelligence compétitive. Dans ce cas les pôles ne seront pas là pour constituer une nième structure d'animation, car alors on perdrait son temps, mais pour constituer des structures opérationnelles susceptibles d'avoir des programmes de travail, de R & D, d'assurer leur financement et ensuite de se projeter rapidement vers les marchés extérieurs. Enfin, je pense qu'en France, il faudrait cesser de penser que nous sommes le nombril du monde (entre autres au niveau universitaire et de certaines institutions), pour s'appliquer simplement des méthodes comme le benchmarking, ou l'analyse *SWOT (Strength, Weaknesses, Opportunities and Treats)*. Mais pour cela, il faut quelques moyens. Si on sait les dégager et les octroyer à ceux qui sont réellement les experts du domaine, on progressera. Sinon, dans dix ans on redemandera à Monsieur X de refaire un rapport sur l'état des lieux de l'intelligence nationale appliquée à son développement.

Comment voyez-vous le développement de l'IE dans le contexte européen ?

Sur un plan plus général, nous sommes en Europe, dans l'Union européenne ! À ce titre, on pourrait espérer qu'une intelligence compétitive européenne puisse voir le jour dans quelques années. Cela me rappelle une certaine session de l'IHEDN (Institut des hautes études de la défense nationale) à laquelle je participais, et où j'avais émis l'idée qu'une force d'intervention européenne pourrait peut-être voir le jour. La réponse du général chargé d'animer les débats à cette époque avait été cinglante : il n'est pas question, la souveraineté ne se partage pas ! Et pourtant, cette force existe bien aujourd'hui !

Les définitions reconnues en France et leur évolution

Si la veille a été la première fonction de l'IE à se développer, elle ne recouvre plus à elle seule la discipline et le concept s'est élargi. L'expression a été officialisée d'abord dans les deux rapports publics qui fondent réellement la discipline, et la reprise en a été faite ces dernières années par un certain nombre d'auteurs.

Les rapports publics

Ils ont permis de donner une cohérence certaine à l'IE, en la mettant du coup au niveau d'un véritable enjeu public et politique.

Le rapport Martre

Le « rapport Martre »[1], du nom du sénateur responsable du groupe de travail du Commissariat général au Plan « Intelligence économique et stratégie des entreprises », donne une définition de la discipline : « *L'intelligence économique peut être définie comme l'ensemble des actions coordonnées de recherche, de traitement et de distribution en vue de son exploitation, de l'information utile aux acteurs économiques. Ces diverses actions sont menées légalement avec toutes les garanties de protection nécessaires à la préservation du patrimoine de l'entreprise, dans les meilleures conditions de qualité, délais et coûts.* »

Un peu plus loin les auteurs précisent que ces actions dépassent toutes les opérations touchant plus banalement à la gestion de l'information pour revêtir un aspect stratégique essentiel et concerner transversalement tous les niveaux et toutes les compétences. On peut faire référence au rapport pour les quatre catégories distinguées en fonction des conditions de la pratique de l'intelligence économique et pour découvrir les très nombreuses implications internes et externes pour l'entreprise et son environnement.

---

1. « Intelligence économique et stratégie des entreprises », travaux du groupe présidé par H. Martre, La Documentation Française, février 1994.

Des trois auteurs du rapport, Henri Martre, Philippe Clerc (directeur du service IE à l'ACFCI (Assemblée des Chambres Françaises de Commerce et d'Industrie) et président de l'AFDIE (Association Française pour le Développement de l'Intelligence Économique)), et Christian Harbulot (directeur de l'École de guerre économique), les deux derniers sont aujourd'hui chefs de file de l'IE française.

On peut dire sans doute que ce rapport a permis, en proposant la première définition, de mettre en observation les acteurs et de faire qu'on puisse aujourd'hui s'appuyer sur un commencement de pratique de l'IE. Cette première phase est restée relativement discrète, le message se développant et se répandant davantage à l'intérieur de cercles d'initiés que de manière générale et systématique. Cette étape était cependant nécessaire avant de proposer comme ce fut le cas pour le rapport précédent, des directives concrètes à prendre par les pouvoirs publics en vue de donner une accélération au processus de construction d'une IE française. Ce fut la tâche de B. Carayon.

Le rapport Carayon

Dans son introduction, Bernard Carayon, député maire de Lavaur dans le Tarn, déclare : « *L'IE n'est pas un concept, c'est une politique sociale.* » Cela nous paraît de plus en plus évident à nous aussi, ce qui ajoute à la « complexité » de la question. Tout en apportant un argument à notre point de départ, cette déclaration ne permettra pas de faire l'économie d'un travail de définition et de conceptualisation. Il faudra bien, en effet, que cette « politique sociale » se fasse autour d'un « consensus », terme ô combien à la mode, qui suppose la mise en commun et donc des définitions partagées pour une cohérence.

Une des premières initiatives du « haut délégué à l'IE » auprès du Premier ministre, Monsieur Alain Juillet, à la fin du premier trimestre 2004 est aussi symptomatique : le recensement des formations à l'IE.

Entre la lettre de mission envoyée par le Premier ministre et l'introduction au rapport, nous avons l'essentiel de nos points de départ. Reprenons-les un à un :

- « *La compétition économique mondiale contraint nos entreprises à des efforts permanents d'innovation, de prospection, de qualité et de rentabilité.* » Ainsi commence le Premier ministre. La performance est annoncée comme l'objectif essentiel. Nous sommes dans les SDG « pures et dures » !

- Il poursuit : « *Les acteurs économiques ont besoin d'une information fiable et prospective et doivent pouvoir se prémunir contre des accès non souhaités à leurs propres données.* » Nous avons ici les deux aspects offensifs et défensifs qui rappellent l'*Infoguerre*[1].

- « *L'expression d'intelligence économique n'est encore connue que d'initiés et reste singulièrement ambiguë : sans doute parce qu'elle est souvent comprise dans son acception anglo-saxonne alors même qu'en France elle ne couvre le plus souvent que des méthodes classiques et éprouvées de veille concurrentielle. Voilà l'échec majeur des Français : s'être focalisés sur les moyens et avoir occulté les fins.* » Le rapport Martre[2] donne en effet une définition de l'IE plus soft que les Anglo-Saxons, et, du coup, nettement décalée. Et pourtant, il s'agit bien au fond de la même chose. On pourrait presque dire, de manière « non scientifique » que c'est une question d'esprit. On revient au thème de la « culture » et c'est un point important à souligner : cela veut dire que les aspects qualitatifs vont être primordiaux.

---

1. P. Guichardaz, P. Lointier et P. Rose, *Infoguerre*, Dunod, 1999.
2. « Intelligence économique et stratégie des entreprises », commissariat général au Plan, La Documentation Française, février 1994.

– Rappelons enfin que Bernard Carayon définit en conclusion l'IE comme une « politique sociale ». Il introduit par là le champ de l'analyse socio-économique en y étendant le sujet. Il n'est donc pas étonnant que nous trouvions des travaux sur l'IE qui relèvent des sciences économiques et des sciences politiques.

Il est quand même bien clair qu'il s'agit d'optimiser l'ensemble du système de collecte, production, stockage et exploitation de l'information dans un objectif de performance concurrentielle.

Autres définitions

Une des premières tâches que se sont fixés Alain Juillet et son équipe est de travailler sur une définition que l'on pourrait appeler « officielle ». Compte tenu de ce que nous avons remarqué tout au long des pages précédentes, on peut souhaiter aussi qu'elle soit provisoire. Elle est cependant utile comme point de départ, comme référence afin d'éviter une trop grande dispersion des travaux et des actions. Pour Alain Juillet[1] il s'agit d'abord d'un mode de gouvernance. C'est effectivement important de comprendre que l'IE n'est pas une technique particulière mais qu'elle a une vocation large. Elle est ainsi davantage un esprit et une culture, nous y reviendrons. A. Juillet précise ensuite qu'il s'agit de maîtriser l'information stratégique. Personne ne conteste aujourd'hui le positionnement stratégique de la mission. C'est vrai évidemment d'un point de vue des relations de l'entreprise avec son environnement. C'est vrai aussi, et la stratégie n'en est pas absente, même si l'on en parle moins, des aspects internes. Le partage de l'information dans l'IE est une dimension fondamentale qui fera que tous les acteurs de l'entreprise sont susceptibles de participer. Cela va à l'encontre d'une conception hiérarchisée de la stratégie qui serait l'apanage des dirigeants. Dans sa définition, A. Juillet met enfin l'accent sur l'objectif de compétitivité. C'est donc bien l'environnement actuel et la pression de la concurrence mondiale qui favorisent l'éclosion de la discipline.

Sous ces éclairages préalables, voyons quelles sont les définitions repérables aujourd'hui. En préambule, signalons deux sites : veille.com[2], site très utile où le chercheur peut savoir à peu près tout de l'actualité de l'IE, et Intelligence-Center.com[3] qui se définit comme « La lettre de l'intelligence économique et stratégique ». Ce deuxième site rend compte d'une intervention de François Jacobiak, qui donne une définition de l'IE par items…

Qu'est-ce que l'IE ?

– De l'information analysée de façon à constituer un outil d'aide à la décision.
– Un outil pour alerter les décideurs, pour les prévenir le plus tôt possible de menaces comme d'opportunités de développement.
– Un moyen de diffusion d'évaluations et d'estimations raisonnables du marché de la concurrence.
– Un outil à multiples facettes, adapté à des préoccupations variées (R & D, marketing, achats,…).
– Un moyen pour les entreprises d'améliorer les résultats.
– Un processus, un mode de vie de l'entreprise où l'information critique est accessible pour celui qui en a besoin.

1. A. Juillet, allocution d'ouverture du 1er colloque européen sur l'IE, Poitiers, 27 janvier 2005.
2. « La communauté de l'IE » : http://www.veille.com
3. http://c.asselin.free.fr/

- Un système utilisé par l'immense majorité des meilleures compagnies.
- Un système dirigé par la direction générale qui en fait en permanence la promotion.
- Un moyen de voir ce qui se passe ailleurs, à l'extérieur de la société.
- Un outil d'optimisation des décisions, pour le court terme comme pour le long terme.
- Des réseaux décentralisés et coordonnés.
- Un système d'apprentissage constant.
- Un système qui crée du lien entre donneurs et receveurs de l'information.

Chacun de ces items énonce une réalité, voire une vérité de l'IE, et cela démontre encore une fois le caractère composite de notre objet. Outre le côté plaisant de ces propositions sous forme d'items, on peut sur chacune d'elles engager un vrai travail de recherche. Et pourtant la cohérence du concept d'IE n'est pas entamée par cette diversité. On rejoint l'idée de « culture » qui, de la même manière, ne peut se contenter de concerner un objet unique et monolithique.

François Jacobiak poursuit pour bien baliser le terrain (portrait en creux)…

Qu'est-ce que l'IE n'est pas ?

- Une invention du XXe siècle.
- Un système d'espionnage.
- Une boule de cristal.
- Un logiciel.
- Un tableur, une feuille de calculs.
- Une recherche sur une banque de données.
- Une exploration de l'Internet.
- Un job pour une personne de classe. Sous-entendu un beau parleur. Ce domaine implique une certaine modestie.
- Une compilation de rapports de journaux ou d'émissions de TV.
- Un document papier.

Les auteurs

De nombreux auteurs d'ouvrages ont tout simplement fait référence au rapport Martre, comme Martinet et Marti[1] qui évoquent comme caractéristique principale de « *donner de la valeur concurrentielle à l'information* ».

- Bernard Besson et Jean-Claude Possin sont deux auteurs reconnus dans le « monde de l'IE »[2], et la première définition à retenir est sans doute la leur : « *L'IE est un système collectif d'acquisition de production et de transformation de l'information en connaissances utiles permettant à l'entreprise d'améliorer ses processus de décision, son image, sa capacité d'influence, de créer de la valeur, de saisir des opportunités, de renforcer sa compétitivité, d'innover, de détecter des menaces, de prévenir des risques, d'assurer la sécurité et la sûreté de ses membres et partenaires, d'accroître et de protéger son patrimoine.* »[3]. La définition est complète, quasi redondante, et formulée à partir des objectifs et non des moyens. Elle laisse du coup le champ ouvert aux méthodes et outils.

1. B. Martinet et Y. M. Marti, *L'intelligence économique : comment donner de la valeur concurrentielle à l'information*, op. cit.
2. Voir notamment : B. Besson et J. C. Possin, *Du renseignement à l'IE*, Dunod, 2001, *L'audit d'IE*, Dunod, 2002.
3. B. Besson et J. C. Possin, « Éléments fondamentaux du système d'IE », veille N° 79, novembre 2004.

– Bernard Guilhon et Jean-Louis Levet estiment quant à eux : « *L'IE ne doit pas être restreinte aux pratiques de la veille : elle constitue une approche stratégique permettant à l'entreprise de dépasser des comportements d'adaptation, nécessaires mais insuffisants, en favorisant le développement des capacités d'anticipation.* »[1] Le mot stratégique est important, ainsi que le terme d'anticipation. Nous verrons que Jean-Louis Le Moigne parle de prospective à propos de la modélisation des systèmes complexes.

– Concernant Marc Audigier, Gérard Coulon et Patrick Rassat, citons : « *L'IE est le moyen le plus fiable pour mieux maîtriser l'environnement économique, politique et concurrentiel dans lequel l'entreprise évolue.* »[2] La personnalité des auteurs n'est pas étrangère à une vision « externe » de l'IE. Ils appartiennent tous en effet à l'IHEDN. G. Coulon est général de division (CR), M. Audigier conseiller en IE, sécurité et défense, et P. Rassat professeur à HEC, est aussi associé au cabinet Deloitte et Touche[3].

– Maryse Salles[4] reste elle aussi tournée vers l'externe en retenant les objectifs de décisions et d'action de l'entreprise en relation avec l'environnement à partir du management de l'information. Elle rappelle pourtant la définition de G. Colletis dans le numéro un de la revue *Regards sur l'Intelligence Économique*, en la qualifiant d'originale : « *L'IE est pour une entreprise la capacité à combiner efficacement des savoir-faire et compétences internes et externes en vue de résoudre un problème productif.* » Originale en effet car elle ne présuppose pas une finalité externe, même si celle-ci est incontournable dans une entreprise plongée dans un environnement.

– Nous avons évoqué François Jacobiak, également reconnu comme un spécialiste de référence : ses nombreux ouvrages constituent autant de sources passionnantes sur le management de l'information scientifique et stratégique. Le plus connu[5] porte une définition extrêmement synthétique, quasi jaculatoire : « *L'IE, exploitation systématique de l'information pour des décisions stratégiques.* » On peut penser que le plus court est parfois le meilleur !

– Emmanuel Pateyron écrit en 1998 : « *Les défenseurs de l'intelligence économique ont tendance à mélanger la surveillance et l'écoute de l'environnement avec l'espionnage industriel.* »[6] Pour lui, l'IE ne se distingue pas vraiment de la veille sinon qu'il différencie clairement information et renseignement. Il en reste à l'acception anglaise du mot « intelligence ».

– Pour Nicole d'Almeida[7] : « *L'intelligence économique et le système d'information qu'elle mobilise peuvent être compris comme cette intelligence particulière de l'action, comme la forme moderne de la métisse grecque qui engage la recherche du succès dans le domaine de l'action* » et « *L'intelligence économique n'est pas seulement un art de la gestion de l'information, un art de la guerre (au sens où a été créée en France une École de guerre économique), elle est aussi et surtout un art d'une habileté à comprendre finement et globalement un environnement complexe et à prendre la bonne décision* ». Enfin, l'expression : « *l'intelligence économique est un art et non une science, l'art de la circonstance* » est intéressante et elle nourrira notre débat en deuxième partie car le concept d'art est une référence relativement nouvelle dans les disciplines de gestion, surtout dans la perspective des outils.

---

1. B. Guilhon et Jean Louis Levet, *De l'IE à l'économie de la connaissance*, Economica, 2003.
2. M. Audigier, G. Coulon et P . Rassat, *L'IE un nouvel outil de gestion*, Maxima, 2003.
3. http://www.deloitte.fr
4. M. Salles, *Stratégie des PME et IE*, Economica, 2003.
5. F. Jakobiak, *L'IE en pratique*, op. cit.
6. *Op. cit.*, p. 9.
7. N. D'Almeida, *Les promesses de la communication*, op. cit., pp. 50-51.

La revue *Regards sur l'Intelligence Économique (RIE)*

Nous avons donné beaucoup d'importance au début de l'ouvrage à l'événement constitué par le lancement d'une politique nationale française d'IE, et c'est logique puisqu'elle s'appuie sur un « audit » social national assez exhaustif ; mais d'autres sources nous permettent aussi de cerner une définition de l'IE très actuelle.

Le numéro un de la revue *Regards sur l'Intelligence Économique* propose une définition détaillée, en même temps que large de l'IE, tout en précisant que cette définition est fondatrice et qu'elle constitue le socle du rubriquage de ce nouveau magazine.

Il est intéressant de la décomposer afin de poser à partir de là les questions épistémologiques qui nous intéressent.

« *L'IE est la faculté de compréhension et d'adaptation à l'environnement économique.* »[1] Nous sommes là dans une vision assez traditionnelle de l'IE. Besson et Possin ajoutent dans le même article : « *Gérer les savoirs et les savoir-faire n'a de signification que si l'entreprise est capable de se projeter à l'extérieur pour accroître ses parts de marché, conclure des alliances, protéger des acquis, obtenir des subventions, redresser son image ou éviter qu'elle se détériore.* »[2] La gestion interne est donc le cœur de l'IE qui ne se justifie que de manière téléologique. La parenté avec la stratégie est trop évidente pour qu'il soit nécessaire de la mettre davantage en relief. Il faut cependant relever que la discipline est appuyée sur le management de l'information. Les trois aspects qui sont ensuite déclinés placent l'IE à la fois comme faculté universelle, modèle de management et système productif. Ces trois facettes nous serviront à ouvrir vers la globalité du concept.

Nous arrêterons là car l'énumération n'aurait pas de fin et encore oublierions-nous sans doute quelques auteurs ou points de vue. L'intérêt de cette revue partielle réside essentiellement dans l'ouverture qui suit. Il ne faut pas chercher à s'enfermer dans une définition, mais au contraire ouvrir et montrer les nombreuses pistes et réflexions que nous permet le sujet.

Le site d'une agence de consulting[3] nous donne une série de définitions à partir du concept d'intelligence que nous avons également appréciées :

Intelligence des affaires (Intelligence militaire)	Activité de collecte, d'interprétation et d'utilisation de grandes quantités de données complexes.
Intelligence organisationnelle	Résolution de problèmes en collaboration entre individus et artefacts à l'intérieur et à l'extérieur d'entreprises complexes.
Intelligence du développement (expression très imparfaite en français)	Capacité pour l'acquisition et l'usage effectif des connaissances pour l'apprentissage personnel et organisationnel.
Intelligence existencielle (ou intelligence de l'environnement social)	Adaptation réelle et souple aux exigences de l'environnement, appelant tôt ou tard l'exigence de variété.

Avant, cependant, de passer au débat, qu'il nous soit permis, toute modestie gardée, de donner la définition que nous proposons dans notre enseignement en Master marketing et lors des conférences données sur le sujet : « *Optimisation du management de l'information en vue de l'acquisition d'avantages compétitifs significatifs et durables.* » Si nous nous plaçons apparemment dans

---

1. B. Besson et J. C. Possin, « Pour une définition de l'IE », *Regards sur l'IE*, N° 1, janvier 2004.

2. *Ibid.*, p. 7.

3. http://www.users.globalnet.co.uk/~rxv/index.htm On peut consulter le site pour les développements de ces définitions. On y retrouve une largeur de vue qui exprime bien les contenus possibles de ce vaste champ.

Un bilan multiforme

une optique résolument gestionnaire – en particulier en mettant l'accent sur l'objectif de perfor-mance – il ne s'agit pas pour autant de négliger les apports des autres disciplines, en particulier des SIC sans lesquelles la recherche en IE serait considérablement appauvrie, comme nous le verrons plus loin.

Éléments pour le débat

De nombreux travaux sont en cours qui cherchent à cerner le concept d'IE, comme par exemple le travail de sémantique présenté par Ahmed Silem au colloque de Tétouan (novembre 2004, actes à paraître) où il repère plus de cinquante expressions en travaillant sur la fréquence des mots.

Le seul intérêt d'une définition serait de permettre aux entreprises de rédiger des « fiches de poste » sans souci. Le danger serait de prétendre qu'on a aujourd'hui suffisamment réfléchi à la question et qu'il n'y a plus qu'à agir, autrement dit de « clôturer le champ de recherche ». Nous devons donc, en tant que chercheurs, nous défier de cette tentation. Cela n'est pourtant pas une raison pour renoncer à dire ce qu'est l'IE ; quitte à revenir régulièrement sur la proposition initiale.

Notre vision nous conduit à présenter deux angles d'approche dans le débat : celui qui se place du point de vue de la culture et celui qui évoque la transversalité disciplinaire. La considération de ces deux angles est aussi une manière de rendre compte de la complexité du concept. Nous n'ignorons pas pour autant l'interdépendance tridimensionnelle *stratégie-structure-culture*. Nous voulons seulement souligner ce qu'il faut bien appeler le caractère global et l'interdisciplinarité incontournable de l'IE.

Une culture

Cela veut dire que la discipline ne saurait être enfermée dans un cadre opérationnel précis, que la saisie de ses composantes ne peut s'imaginer qu'au travers de vécus et d'expériences indivi-duelles ou partagées. Autrement dit, nous avons affaire à un concept global où les méthodolo-gies quantitatives sont enrichies et transcendées dans une approche qualitative.

Philippe Caduc, PDG de l'ADIT, déclare dans une interview à *Regards sur l'Intelligence Écono-mique*[1] que l'IE est une culture et prédit qu'il faudra dix années pour que 80 % des PME fran-çaises s'inscrivent dans une telle démarche. Sans doute est-il optimiste !

Emmanuel Pateyron consacre, au cœur de son travail sur la veille stratégique, toute une partie de son ouvrage[2] à la culture, en distinguant culture nationale et culture d'entreprise. Il fait ainsi le lien entre la sphère spécifique de l'entreprise et le milieu public environnant : une belle vision « globale » !

Participant au premier colloque européen de Poitiers sur l'IE nous avons été également frappés par la généralisation de l'évocation du concept de culture à propos de l'IE.

C'était le cas notamment par un responsable de France Télécom à une table ronde qui affirmait « *On touche vraiment la culture* » après avoir dit que démarrer l'IE par les outils (autrement dit le SI technologique) est toujours une mauvaise démarche. Dire que c'est une culture porte des implications importantes en termes de recherche. Sans déflorer le sujet, il faut cependant rappeler ce que porte cette notion : on connaît la formule « La culture est ce qui reste lorsque l'on a tout oublié » ! Nous sommes donc à l'opposé de la notion traditionnelle d'outil de gestion

---

1. B. Fournier-Mickiewicz, « ADIT : une alternative française », *Regards sur l'IE,* N° 2, mars-avril 2004.
2. *Op. cit.*, p. 99-112.

ou de procédure. Il faudra travailler longtemps avant de pouvoir mettre au point les indices ou indicateurs qui rendront compte de cette réalité de façon objective et fiable.

Pour respecter notre but ici qui est d'ouvrir les pistes et non bien sûr de les explorer en détail nous indiquerons deux aspects de cette question, d'abord en abordant le caractère global du concept et ensuite en mettant le point d'interrogation qui s'impose sur les méthodologies quantitatives.

La globalité du concept

L'IE est un concept global parce qu'elle ne peut trouver sa vraie dimension que dans la considération d'aspects multiples internes et externes en interaction.

Les questions se posent et les problématiques se développent d'abord en interne. La richesse cognitive globale de l'entreprise se manifeste dans chacun de ses membres. La « mémoire » (Besson et Possin, 2001) n'est pas l'apanage de quelques personnes spécialisées dans une fonction. Le dispositif d'IE est aussi accessible à tous et la circulation de l'information doit permettre à chacun de prendre peu à peu la mesure de la nouvelle dimension de l'information. À l'image d'un corps biologique, les divers éléments sont en interaction et la performance est globale. Sans doute le système dispose-t-il de nœuds qui structurent l'ensemble mais la communication est à développer à l'initiative et à destination de chacun. Le rôle des collaborateurs en charge de l'IE plus directement s'apparente à une fonction d'animation et de renforcement des capacités individuelles. La hiérarchisation de l'information dans l'organisation suppose qu'à chaque niveau les collaborateurs soient impliqués dans le processus. La fonction d'analyse n'est pas non plus réservée à des spécialistes. Là encore les synthèses et les conclusions seront l'affaire d'experts mais ils ne peuvent travailler que dans une interrelation avec les sources internes d'information et les gisements multiples de connaissance qui composent cette richesse cognitive globale.

Les aspects externes sont aussi d'ordre global. Chaque membre de l'organisation est susceptible de constituer un contact avec l'environnement de l'entreprise et de participer à la gestion des réseaux. Chaque vision particulière enrichit la vision globale qui elle-même construit peu à peu le système d'intelligence de l'entreprise dans la relation avec les réseaux qui l'entourent directement ou indirectement. Les compétences et les connexions de chaque collaborateur avec l'environnement de l'entreprise sont autant de sources d'information et l'émergence d'opportunités ou l'apparition de risques et de menaces peuvent intervenir de multiples manières et de diverses occurrences.

Nous reviendrons sur la globalité du concept à propos des implications liées au caractère incontournable des « approches système ».

La difficulté des critères quantitatifs

Besson et Possin n'hésitent pas à dire que l'IE est « *l'économie de l'immatériel* »[1].

On comprend facilement dès lors que les méthodologies habituelles aux sciences de gestion vont rapidement trouver leurs limites. L'élément humain va devenir en effet prépondérant. Les problématiques de communication sont de plus en plus apparentes et incontournables. Les raisonnements disjoints et les algorithmes sont à la limite de la pertinence. L'obligation de prendre en compte les questions sous leur aspect global va amener à considérer souvent les schémas positivistes comme caduques et incapables d'expliquer les phénomènes, et par là à

---

1. B. Besson et J. C. Possin, *L'audit d'intelligence économique*, Dunod, 2e édition, 2002.

recourir à des paradigmes plus qualitatifs. Sur les mêmes objets nous aurons donc des regards différents et complémentaires. Il ne faut pas en conclure pour autant que les méthodes quantitatives seront forcément dénuées de fondement ; mais seulement qu'elles rendront compte des réalités de manière partielle et limitée.

La performance d'une entreprise pourra s'expliquer par son ambiance (intelligence émotionnelle), par l'histoire de ses membres, par la qualité des relations et le niveau de confiance des rapports humains. Les aspects psychologiques, voire psychanalytiques, pendront une part croissante dans les démarches explicatives et les actions s'appuieront autant sur des informations quantifiées et normées que sur des niveaux de motivation et d'implication. Les aspects sensoriels eux-mêmes tiendront une place croissante. La relativité des objets observés, la relation des observateurs à ces objets deviennent des incontournables. On peut dire en ce sens : à chaque entreprise son IE, parce qu'à chacune sa culture, à chacune son mode de relation et de vie en commun. Les transferts d'expérience ne seront plus possibles de manière simple et, dirons-nous, brutale ; mais seulement par imprégnation progressive.

On peut donner ici une citation d'Erving Goffman : « *Grâce à l'ordre cérémoniel maintenu par l'étiquette, l'aptitude de l'individu à se laisser emporter par la conversation se socialise et se charge d'une valeur rituelle et d'une fonction sociale. Le choix du foyer d'attention principal et des foyers secondaires, et la détermination de l'intensité de l'engagement s'entourent de limitations sociales, si bien qu'il existe des intérêts convenables et d'autres qui ne le sont pas.* »[1] ou encore : « *Dans toute culture, semble-t-il, l'interaction face à face requiert précisément les capacités que l'émoi détruit à coup sûr. C'est pourquoi l'examen sociologique des événements générateurs d'embarras et des méthodes qui permettent de les éviter et d'y remédier peut constituer un cadre d'analyse transculturel.* »

Difficile de donner dans ces conditions les caractéristiques de ce qu'est une « entreprise intelligente » ! On a vu en effet des organisations de très haut niveau de qualification, supérieurement dotées de savoirs et de savoir-faire, dont les performances sont largement entachées par les difficultés de relations internes.

On parle aussi d'intuition dans les anticipations sur le marché, l'environnement économique et les concurrents. On comprend facilement d'ailleurs, dans des phases particulières, souvent évoquées en IE que sont les « crises » et les dispositifs de « gestion de crises » combien les aspects qualitatifs seront importants.

La transversalité ou « transdisciplinarité »

Vers une troisième dimension des champs de recherche

Nous voulons simplement imaginer que les champs actuels de la recherche en sciences sociales, et particulièrement les champs de l'économie/gestion ou apparentés, sont comme conçus en deux dimensions, longueur et largeur. Sous réserve de la validité de cette hypothèse, ou plutôt en la considérant comme un postulat, on peut facilement délimiter les champs en question pour situer une problématique de recherche dans un champ particulier, ce qui veut dire, du fait de la transitivité ainsi posée, qu'elle n'appartient à aucun autre champ (principe du tiers exclu d'Aristote). Les limites du champ sont généralement repérées par rapport à l'objet observé ou par rapport au projet de recherche sur l'objet observé. On saura donc bien si l'on est en marketing en identifiant les questions posées par rapport aux variables du marketing, par exemple les quatre variables du mix qui identifient les rapports de l'entreprise au marché à travers les rela-

1. E. Goffman, *Les rites d'interaction*, Les Éditions de Minuit, 1974, pp. 91-108.

tions qu'elle entretient avec lui. On saura que l'on travaille en GRH car les problématiques sont exclusivement sur l'objet concerné. La finance ne se confond pas avec une autre discipline. Nous voyons déjà que ces sciences plurielles que sont les sciences de gestion pourraient se décomposer en de multiples facettes qui ont chacune leurs démarches propres, leurs méthodes et leurs outils. Il s'agit bien en fait de plusieurs sciences. L'objet entreprise les réunit. Les sciences de l'information et de la communication sont dans le même cas avec des spécificités qui les rendent sans doute originales mais qui ne justifient pas toujours la distinction. Dans les questions de communication d'entreprise par exemple, la logique particulière de chacune a tendance à s'estomper et le croisement des regards enrichit considérablement la réflexion[1]. L'IE accentue encore cette impression d'étroitesse des champs disciplinaires.

Il est en effet irréaliste, pour le moins, de considérer les questions d'information financière comme appartenant à un seul champ possible. Si la communication entre les collaborateurs de l'entreprise conditionne sa performance sur les marchés, voilà que nous ne savons plus si nous sommes en SIC ou en SDG. Les anticipations sur les mouvements économiques appartiennent-elles aux sciences économiques ou au management de l'information ? Et quand l'ingénieur chimiste exerce une fonction de veille technologique pour positionner l'entreprise en précurseur ou en suiveur, selon la stratégie choisie, grâce à la mise au point d'un logiciel de surveillance, et en gérant des réseaux de contacts, est-il en chimie, en stratégie, en informatique ou en communication ?

La protection des informations de l'entreprise relève-t-elle du contenu de ces informations ou des moyens techniques utilisés, ou encore du niveau de qualification et de motivation des collaborateurs ?

À chaque fois les questions qui se posent dans une perspective d'IE touchent quelque chose de global et concernent des champs disciplinaires variés. Et c'est probablement un des principaux défis que représente la recherche en IE. Les origines variées des spécialistes (le mot est incongru !) en IE sont là comme témoignage de la nécessité de développer les travaux en empruntant à plusieurs disciplines.

L'IE de Monsieur Jourdain

Si Monsieur Jourdain, par la plume de Jean-Baptiste Poquelin alias Molière, revenait nous parler, il nous trouverait sans doute bien abscons ! Il ne s'est en fait jamais posé la question de savoir s'il parlait en prose et il faut qu'un « spécialiste » lui fasse découvrir la merveille ! Tels sont sans aucun doute de nombreux dirigeants et managers de bon sens. On sait d'ailleurs qu'un spécialiste chevronné de la gestion n'est pas la garantie pour une entreprise de réussir. On se demande aussi parfois si les questions ne se posent pas de manière plus ardue et plus difficile à résoudre dès lors qu'on veut faire fonctionner ensemble des spécialistes de haut niveau. Et une équipe de recherche en gestion ou en infocom ne sera généralement pas un modèle de parfaite organisation-communication !

Ce qui est nouveau avec l'IE, c'est que justement elle ne prend pas la place d'un système de management ou d'un mode d'organisation. Elle doit venir compléter, irriguer, sensibiliser, sans pour autant ambitionner de révolutionner l'entreprise quand celle-ci n'en a pas besoin. Si c'est une culture, elle doit irriguer sans noyer.

---

1. *Op. cit.* : colloque de Nice, « Les croisements épistémologiques SDG et SIC sur la communication d'entreprise », 6 et 7 décembre 2001.

On dit parfois que l'IE est une révolution : « *L'information doit circuler, c'est une impérieuse nécessité, c'est aussi, le plus souvent, une véritable révolution pour les entreprises !* »[1] C'est en tout cas une révolution douce car on n'a jamais imposé à personne de faire circuler l'information. Les questions de formation, d'implication et de motivation seront essentielles, encore ne seront-elles pas à traiter de la même façon dans toutes les entreprises. L'audit justement devra découvrir le véritable besoin au-delà des pratiques déjà en place de manière spontanée et naturelle.

De manière symptomatique au premier colloque européen de l'IE de Poitiers en janvier 2005, beaucoup d'interlocuteurs ou de conférenciers ont exprimé cette idée d'une aptitude naturelle plus ou moins développée et plus ou moins consciente. C'était également à chaque fois l'occasion de souligner que l'IE n'est pas réservée aux grandes entreprises. C'est ainsi qu'on a entendu Jean-Paul Geneste, directeur de l'ARIST Poitou-Charentes-Limousin déclarer : « *Une personne seule en profession libérale fait forcément de l'IE, de manière informelle… La question est de savoir si on formalise la démarche, à partir de quand, et jusqu'à quel niveau.* » À propos des ARIST, services des chambres régionales de commerce et d'industrie, il est intéressant de souligner le passage de ce qui était des « agences régionales pour l'information scientifique et technique » à l'« accès régional à l'information stratégique et technologique ». Puisque nous sommes dans le débat sur les définitions et sur l'évolution du concept d'IE, cette transformation nous semble significative.

À propos des PME, il nous faut citer le travail de Franck Bulinge[2], qui parle beaucoup de la définition de l'IE et évoque d'ailleurs la difficulté de cerner le concept. Nous nous contenterons ici de citer son intervention sur « veille.com » : « *Concernant la terminologie la mieux appropriée pour qualifier « l'activité de surveillance, de collecte et de traitement des informations stratégiques », il ne me paraît pas évident qu'à partir d'une telle question, et si de surcroît l'on fournit des réponses possibles, on obtienne une vision objective de la représentation que se font de l'IE les PME-PMI. Cette remarque pourrait être de la même manière retenue pour l'enquête de l'IHEDN. Il faut en effet attendre la question Q201 « Quelle serait votre définition de l'IE ? », pour s'apercevoir que les dirigeants ne s'accordent pas explicitement sur l'aspect sémantique du terme, ce qui rend très relatif le référentiel du questionnaire, puisque chacun répond aux questions selon la représentation qu'il se fait a priori de l'IE. Il n'y a donc pas d'enquête idéale, et quand on connaît la « flexibilité » du traitement statistique, il ne nous reste plus qu'à croire en la valeur indicative de leurs résultats. Hors, cette valeur semble confirmée par la convergence des enquêtes (Promis, IHEDN, Larivet, Phanuel et Lévy, pour ne citer que les plus sérieuses ou les plus disponibles) et c'est à partir de cet élément, mais également des témoignages des consultants, que l'on peut envisager « objectivement » un consensus autour de la thèse d'une faiblesse culturelle des pratiques informationnelles dans les entreprises françaises.* »[3]

La conclusion est directement positionnée sur une évaluation des pratiques françaises et cela rejoint bien sûr nos précédentes réflexions.

Le « moteur » de l'IE

Pour ajouter quelques éléments à ce débat nous pouvons tenter un « focus » sur ce qui nous semble central dans la démarche d'IE. Il nous apparaît en effet que l'essentiel du processus IE peut trouver sa source dans une boucle communicationnelle, ce que nous appellerons la « boucle récursive de l'information ».

---

1. B. Besson et J. C. Possin, *L'audit d'intelligence économique*, op. cit.
2. F. Bulinge, « Pour une culture de l'information dans les petites et moyennes organisations : un modèle incrémental d'intelligence économique », thèse de doctorat, décembre 2002.
3. veille.com, mercredi 26 février 2003.

Les figures du cycle informationnel

Les deux premiers schémas viennent de Besson et Possin[1].

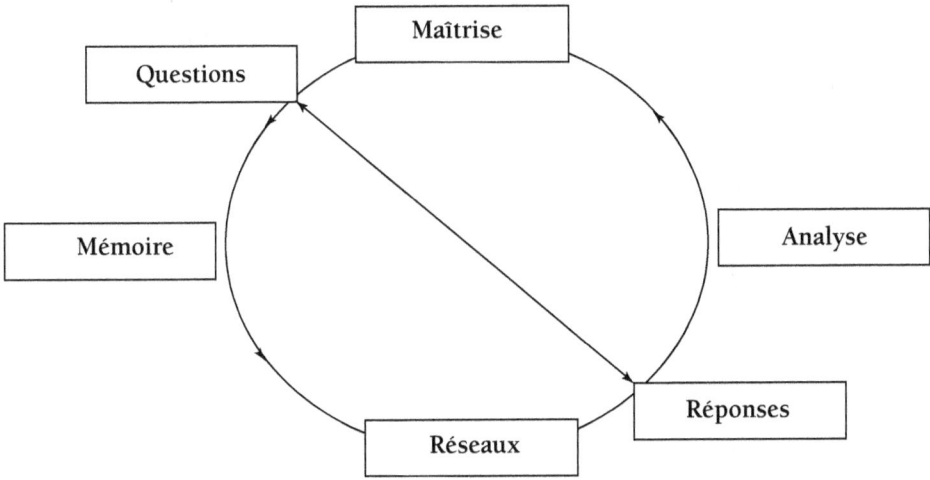

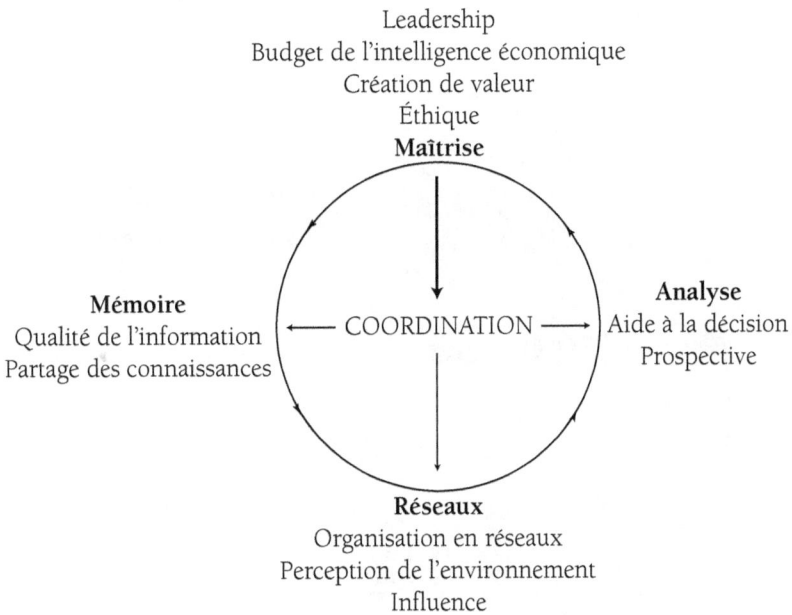

Ces schémas mettent en valeur les quatre fonctions discernées par les auteurs et traversées par le mouvement questions ←→ réponses. Ils ne supposent rien quant à l'essence même de l'information.

Pour Nathalie Boulanger, Sébastien Galland et Hervé Rostaing : « *L'analogie entre le cycle de l'information en entreprise et le processus de groupe expert apparaît clairement dans le schéma suivant. En effet, le groupe de pilotage, en collaboration avec la cellule de veille, fixe initialement des objectifs*

_____
1. B. Besson et J. C. Possin, *L'audit d'intelligence économique, op. cit.*, pp. 12-13.

(identification des besoins). Puis, le groupe expert et la cellule de veille collectent toute l'information disponible selon leurs sources (collecte de l'information). Ensuite, lors des réunions ponctuelles, les membres du groupe expert partagent et analysent les informations identifiées (analyse et traitement de l'information). Enfin, une synthèse des résultats et des propositions du groupe expert est réalisée et diffusée au comité de pilotage et aux managers intéressés (diffusion de l'information pertinente). »[1]

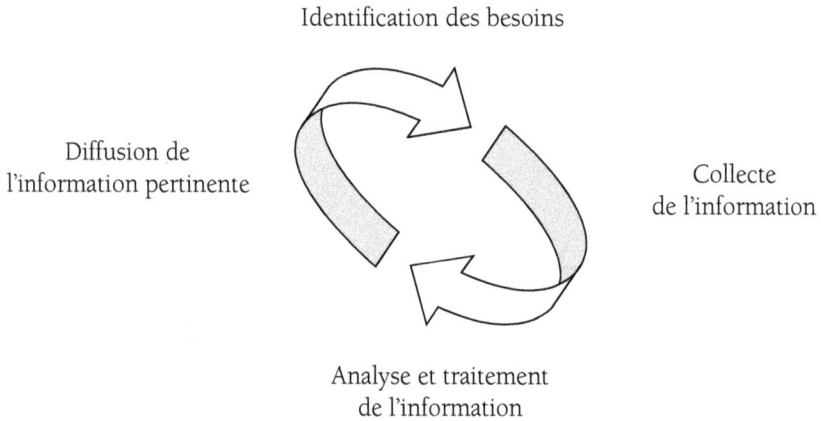

Identification des besoins

Diffusion de
l'information pertinente

Collecte
de l'information

Analyse et traitement
de l'information

Le troisième schéma, assez classique, est emprunté à Nicolas Moinet[2] :

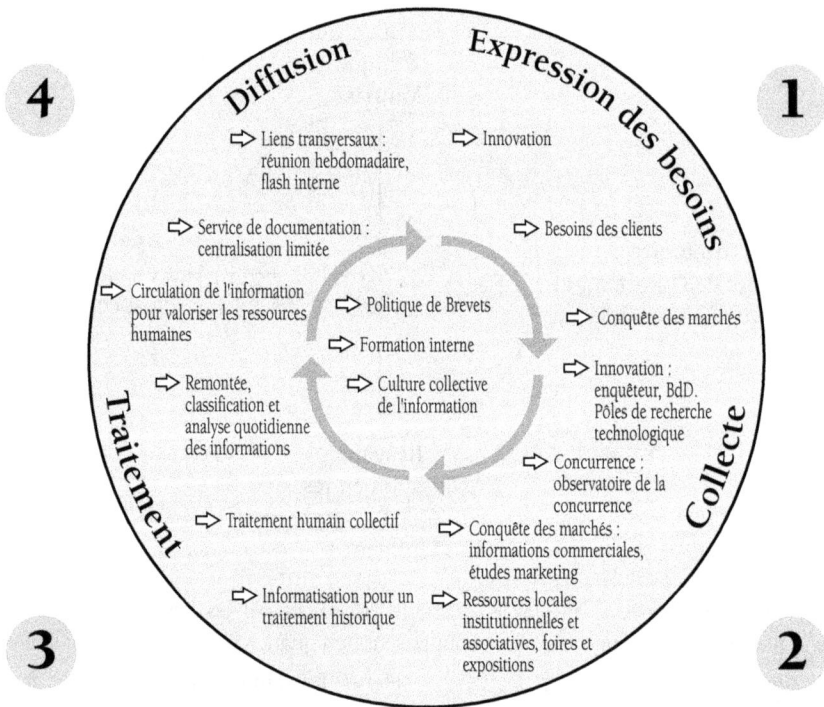

Diffusion

4

⇨ Liens transversaux :
réunion hebdomadaire,
flash interne

⇨ Service de documentation :
centralisation limitée

⇨ Circulation de l'information
pour valoriser les ressources
humaines

⇨ Politique de Brevets

⇨ Formation interne

⇨ Remontée,
classification et
analyse quotidienne
des informations

⇨ Culture collective
de l'information

Traitement

⇨ Traitement humain collectif

⇨ Informatisation pour un
traitement historique

3

Expression des besoins

1

⇨ Innovation

⇨ Besoins des clients

⇨ Conquête des marchés

⇨ Innovation :
enquêteur, BdD.
Pôles de recherche
technologique

⇨ Concurrence :
observatoire de la
concurrence

⇨ Conquête des marchés :
informations commerciales,
études marketing

⇨ Ressources locales
institutionnelles et
associatives, foires et
expositions

Collecte

2

---

1. N. Boulanger, S. Galland et H Rostaing, « L'implication des experts dans un processus de décision », 1er colloque européen d'IE, Poitiers, 27 et 28 janvier 2005.
2. N. Moinet et L. Hassid, « Les PME face au défi de l'IE, le renseignement sans complexe », Dunod, novembre 1997.

Nous remarquons de manière générale une orientation « action » qui laisse de côté des considérations plus approfondies sur le concept d'information en relation avec le système de connaissance.

La boucle récursive

Elle part de la distinction entre donnée et information. Citons à cette occasion la confusion qui existe souvent dans les définitions. Elle nous paraît importante à souligner pour l'avoir entendue soutenir de bonne foi par un brillant candidat à un grand concours public. En substance le candidat disait : « La donnée est une information vérifiée et donc sûre et fiable. L'information elle-même est un message sujet à caution tant qu'elle n'a pas été vérifiée. » Pour nous évidemment, le distinguo est sur un autre plan :

– la **donnée** est le résultat d'une observation mettant en œuvre un objet ou phénomène observable, un moyen d'observation et un observateur. Elle peut se traduire par une mesure technique ou une description précise. Elle peut avoir différentes significations ;

– l'**information** est un contenu qui résulte de la lecture de la donnée mais qui ne se confond pas avec elle. Elle replace la donnée dans un contexte, dans une relation avec le moyen d'observation, l'observateur et dans une perspective qui est la sienne à ce moment-là.

Pour exemple : la température et le thermomètre. Au moment de la lecture apparaît le chiffre. Le lecteur est invité à traduire ce chiffre par une interprétation dans le contexte et la perspective qu'il possède à ce moment précis. Par exemple qu'il fait froid (pour lui, pas forcément pour un autre…), qu'il doit se couvrir (car il doit sortir) ou bien qu'il ne va pas réaliser aujourd'hui ce qu'il avait pensé (par exemple travailler son jardin). Souvent la donnée conduit à une décision ou une action, ce qui signifie qu'elle est interprétée et utilisée.

Nous reviendrons plus en détail dans notre deuxième partie sur ce moteur de l'IE ; mais il nous semble important de dire ici, en conclusion des questions de définition, qu'au cœur du mécanisme existe cette « boucle récursive de la connaissance » que nous définissons maintenant.

La donnée lue et interprétée devient une information qui est, soit mise de côté, sans utilité, soit mémorisée, soit utilisée immédiatement pour une prise de décision ou une action. Les informations ainsi engrangées par l'observateur ou le groupe d'observateurs construisent peu à peu un système de connaissance par le phénomène de l'apprentissage. Celui-ci résulte d'une double démarche de mémorisation et de mise en action. Le système de connaissance suit un processus d'auto-construction, il est structuré et représente lui-même le cadre à partir duquel les données sont lues et interprétées pour devenir des informations. Le phénomène est individuel et collectif.

Claude Rochet nous confirme cette distinction entre information et connaissance : « *La connaissance, à la différence de l'information, traite de l'action… elle traite des croyances et des engagements, elle est fonction d'une position, d'une perspective, ou d'une intention.* »[1]

En simplifiant, on pourrait dire dans cette logique, hormis les questions touchant à la lecture, qu'une information délivrée par un tiers, qui est déjà une donnée lue et interprétée devient *ipso facto*, dès qu'elle est lue par un autre observateur, une donnée. Le cycle est donc transmissible de cette manière selon un processus exponentiel tel que nous le présentions plus haut. Voici une représentation du « cycle informationnel » :

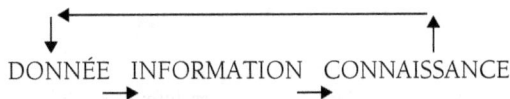

DONNÉE INFORMATION CONNAISSANCE

---

1. C. Rochet, « Éducation nationale : des idées à rebrousse-poil », revue *Panoramiques*, N° 56, 1er trimestre 2002, p. 62.

Nous appellerons ce fonctionnement « intelligence informationnelle », et le schéma : « la boucle récursive informationnelle. »

Nicole d'Almeida[1] nous rappelle J. Arsac : *« Parler d'intelligence économique suppose que l'information a le statut de connaissance : J. Arsac définit l'information comme « la forme qui porte la connaissance », ou comme le fait le dictionnaire des termes officiels qui définit l'information comme « élément de connaissance, susceptible d'être représenté à l'aide de conventions, pour être conservé, traité, communiqué. »*

La connaissance est en même temps l'ensemble des savoirs et des expériences qui va permettre à l'acteur d'observer (« *le mental de l'œil* » en quelque sorte et pour paraphraser E. Morin), d'interpréter (action de réflexion prospective) et d'utiliser pour l'action. Le processus de connaissance est en permanence en auto-construction.

D'autres propositions ont été faites pour définir cette expression. Notre équipe s'est d'ailleurs longtemps appuyé sur la définition de l'*intelligence informationnelle* donnée par Louis V. Gerstner Jr. : *« Today and in the future, companies that succeed will be those that know how to manage knowledge faster than competitors. It isn't a question of getting new information. It's the ability to extract information from your existing business, to see trends and insights faster than your competition. »*[2]. Nous sommes en fait plutôt aujourd'hui sur l'idée que cette définition relève davantage justement de l'IE proprement dite et que la recherche a besoin de référencements plus profonds pour mieux comprendre et mieux agir. Le débat est ouvert !

■ Le cas Inno.com

Inno.com est une société belge spécialisée dans le conseil de haut niveau en architecture des systèmes d'information et plus généralement dans des solutions sur mesure haut de gamme.

Johan Cattersel, son dirigeant, fixe un objectif stratégique original et ambitieux : intervenir dans des entreprises dont la demande porte sur un problème qui n'a encore jamais trouvé de solution. C'est ce qu'il appelle le « café noir ». Autrement dit, si la demande concerne une problématique située au-delà de ce qu'on sait faire, même au plus haut niveau, dans le monde du conseil en informatique actuel, alors on a affaire à un client possible. Sinon, la société n'intervient pas.

---

1. N. D'Almeida, *Les promesses de la communication*, op. cit., p. 45.
2. L. V. Gerstner Jr., IBM Chairman and Chief Executive Officer. http://www.iicfuzzy.com/
   Suggestion : Traduire en français
   http://www.ir2i.com/%20http://www.hyperdictionary.com/dictionary/information

L'architecture d'entreprise ?

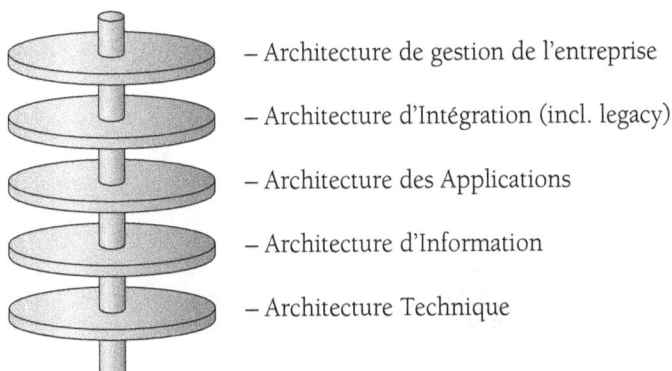

– Architecture de gestion de l'entreprise

– Architecture d'Intégration (incl. legacy)

– Architecture des Applications

– Architecture d'Information

– Architecture Technique

Les aptitudes de communication & intégration

Pour cela, l'entreprise a mis en place un business model unique : les consultants travaillent en liaison avec un « conseil académique » qui constitue en quelque sorte un réservoir de cerveaux au potentiel supérieur. La collaboration avec le monde universitaire permet de suivre les dernières évolutions en technologie et conseil en affaires. L'échange d'expérience se produit dans les deux sens et assure une fertilisation par échange des connaissances entre deux milieux aux compétences complémentaires. Cette collaboration avec le monde universitaire se produit à trois niveaux :

– *structurel* : le monde universitaire est présent dans le conseil d'administration d'Inno.com et le comité consultatif ;

– *projet apparenté* : les universitaires sont impliqués dans la réalisation de projets concrets pour des clients ; où Inno.com fonctionne comme une sorte d'hôpital universitaire ;

– *recherche appliquée* : Inno.com est associé à titre d'industriel pour la mise en œuvre sur le terrain de la recherche fondamentale.

Le conseil académique d'Inno.com se compose de professeurs de diverses universités et écoles de management, et des meilleurs spécialistes dans les domaines d'intervention d'Inno.com. Ensemble, ils représentent une élite intellectuelle, totalisant des années d'expertise dans les affaires et dans la technologie acquise aux niveaux les plus élevés. Il accomplit plusieurs rôles au sein de la communauté d'Inno.com :

– 1. Il agit en tant qu'interface entre Inno.com et le monde universitaire, réalisant des ponts pour l'échange de la connaissance et de l'expérience dans les deux sens et organisant les dispositions pratiques nécessaires pour cette réalisation. En synchronisant tous les efforts de recherche, il assure la fertilisation par échange des connaissances entre deux milieux aux compétences complémentaires.

– 2. Certains problèmes exigent un effort intellectuel considérable pour être compris : le conseil fonctionne alors également comme entité à niveau élevé de résolution des problèmes, discutant des problématiques de la complexité la plus élevée. Quand la société fait face à des choix importants pendant l'exécution d'un projet, le conseil formule son avis après avoir soigneusement considéré toutes les options.

– 3. Des membres du conseil peuvent être nommés comme « gardiens d'un projet ». Ceci signifie qu'ils ont la possibilité, au besoin, d'inscrire des projets à l'ordre du jour du conseil. Le chef de projet d'Inno.com est régulièrement en contact dans ce cadre de manière à s'assurer que toutes les questions sont traitées à temps.

En conclusion, les aides du conseil académique déterminent la stratégie d'Inno.com elle-même en identifiant les opportunités et les pièges possibles des nouvelles directions qu'inno.com peut souhaiter explorer.

Afin de bien visualiser les modalités de conception et de fonctionnement, le mieux est de reproduire la présentation faite des activités du conseil académique par son président Guido Dedente :

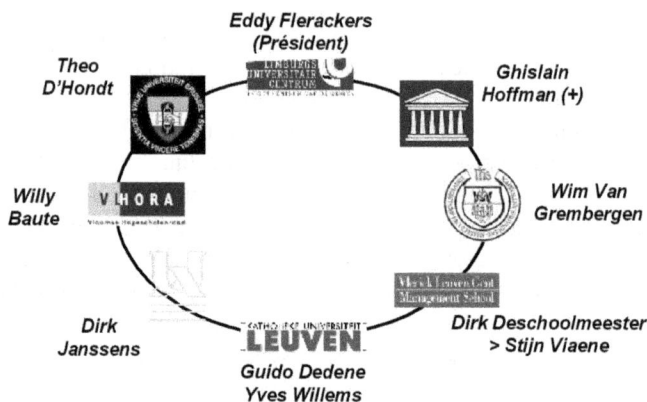

Apprendre à Partager, Partager pour Apprendre

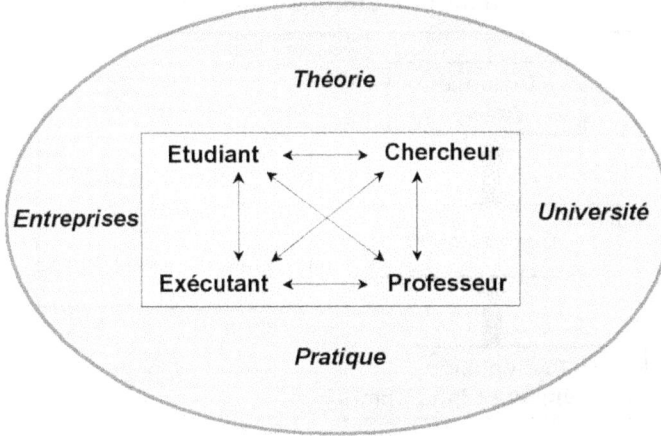

Nous sommes clairement dans un modèle de type « Think Thank », ou en knowledge management.

L'impact du Conseil Académique à long terme

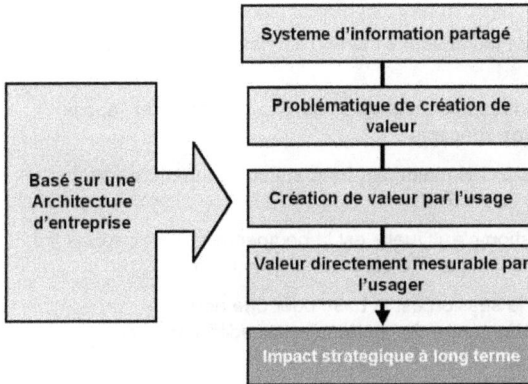

Types de réunions du Conseil Académique

Session Interactive

Session Informative

- *Basée sur un dialogue entre le monde académique et les conseillers Inno.Com (en présence de la clientèle)*
4-5 fois par année

- *Basée sur une présentation des résultats et les projets actuels d'Inno.com*

- *2-3 fois par année*

**Session Interactive:
La dialogue comme fondation**

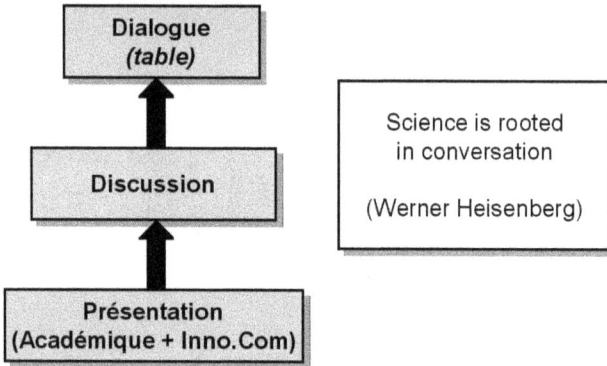

**Dialogue
*(table)***

Discussion

Science is rooted
in conversation

(Werner Heisenberg)

**Présentation
(Académique + Inno.Com)**

**Session Interactive:
Principes d'opération**

• La présentation académique n'est pas un cours ni une leçon !

• plutôt un résumé du progrès dans la recherche et l'application des concepts

• illustré par des exemples concrets ou des démonstrations d' outils ou résultats.

• La question-clé: "Quelle est la pertinence et l'importance des concepts dans le contexte d' Inno.Com ?"

• Parfois la session est la base pour une nouvelle coopération entre des partenaires académiques, ou entre Inno.Com & des académiciens.

La valeur ajoutée du Conseil Académique

• Un concept qui fait la distinction stratégique dans la chaîne de valeur Inno.com

• Des compétences additionnelles aux métiers opérationnels d'Inno.com

• Capitaliser les expériences innovantes sur la frontière de la technologie et de l'usage

• Produire de la connaissance (papiers académiques) à partir de l'expérience Inno.com

• Contribuer au recrutement de chercheurs prometteurs/personnel pour Inno.Com

• Surveillance du développement de connaissance de la technologie et les techniques de la gestion d'ICT.

Innovation: le paradoxe entre raison et émotion...

Excellence opérationelle

Planning	Scénarios pour l'avenir
Exécution	Stratégies

Certitude   Incertitude

SAVOIR

Excellence innovative

Planning	Scénarios pour l'avenir
Exécution	Stratégies

Certitude   Incertitude

SAVOIR

POUVOIR == SAVOIR ??

Ce qui nous permet de dire que nous sommes en IE est le principe de « un coup d'avance » qui devient ici : « un coup plus haut » en quelque sorte. C'est bien le même mouvement.

On peut dire aussi que le modèle d'affaires original d'Inno.com est en lui-même une innovation, produit d'une créativité collective. Ce concept s'est en fait développé au cours de la mise en pratique et a été exposé et formalisé seulement dans les dernières années. Là aussi nous voyons que l'IE est le domaine par excellence de la recherche-action.

■ Entretien de...
Gil Debret

Gil Debret est directeur de la division business intelligence à France Télécom (FT).

Les deux revues spécialisées en IE (*Veille Magazine* en mars 2005 et *Regards sur l'IE* en mai-juin 2005) ont présenté au printemps l'offre de FT en intelligence économique. L'entretien avec Gil Debret est significatif d'une démarche nouvelle et originale en matière d'IE, supposant que l'opérateur de télécommunications est parfaitement placé pour cela par sa spécialité.

Comment êtes-vous venu à l'intelligence économique ?

Je suis « tombé dans l'IE » il y a trois ans en prenant la direction du service créé en 2000 par David Cadé, consolidant huit années d'expérience de l'IE à FT. J'étais jusqu'alors responsable du grand compte Crédit Lyonnais. Le service était intégré à France Télécom pour développer l'IE en interne. Je suis arrivé en septembre 2001 pour développer une offre de prestations de service externe nommée aujourd'hui « Strateasy ». L'ambition est de donner une valeur marchande à cette accumulation d'expérience de manière à la valoriser sur le marché. Nous traitons les problèmes de business à partir de l'observation sur l'IE dans les entreprises. C'est un marché à maturation lente.

Quelle différence faites-vous entre IE et business intelligence ?

Traduit littéralement de l'expression anglophone, il s'agit de : « l'intelligence des affaires. » Le problème est celui de l'ambiguïté d'une expression qui n'a pas encore de définition très assurée. Si l'origine de « renseignement » est claire, l'expression « intelligence économique » revêt encore des significations incertaines.

Est-ce qu'on peut au moins dire à quoi ça sert ?

Sans doute. Il faut se préparer au raccourcissement des cycles économiques et de la courbe de vie des produits. Je ne saurais mieux m'expliquer qu'en vous présentant un schéma qui nous sert dans nos démarches commerciales.

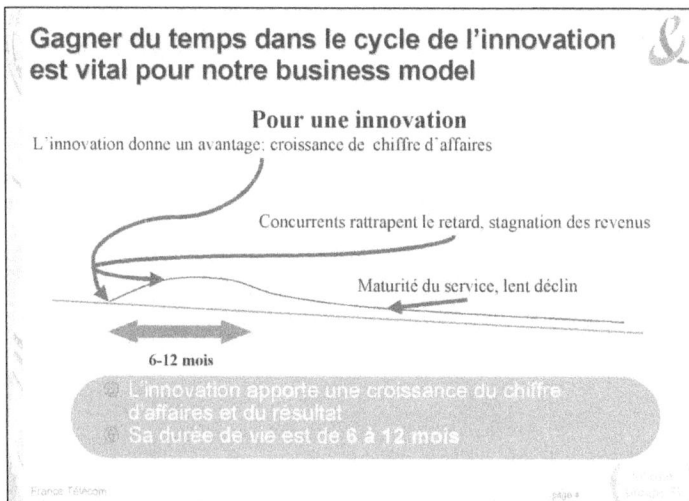

L'intelligence économique est un ensemble d'outils qui doivent permettre à l'entreprise de générer des projets en anticipation sur les besoins actuels du marché de manière à prévenir une obsolescence de plus en plus rapide des « nouveaux » produits ou services. Cette innovation est à rechercher à la fois sur les nouveaux marchés pour les produits actuels et dans la réponse aux besoins actuels non encore satisfaits ou futurs à satisfaire. C'est dans le management du cycle informationnel que se trouve aujourd'hui la meilleure réponse à ces questions.

Comment voyez-vous la place de l'IE dans la politique économique nationale ?

Pour moi la démarche ne doit être sensiblement différente que dans une entreprise. La première urgence en la matière est de savoir là où l'on veut amener le pays. Ensuite on doit gérer l'entreprise « France ». Autrement dit, les stratégies nationales doivent définir un projet sur lequel les acteurs expriment un consensus minimum et à partir duquel sont définis les axes prioritaires et les mesures correspondantes. Les « grandes manœuvres » actuelles pour la préservation de l'indépendance des grandes entreprises peuvent apparaître comme éléments d'une stratégie nationale. Une autre mesure semble bien répondre à ce type de projet, la mise en place des pôles de compétitivité.

Quel est à votre avis l'avenir de la discipline ?

Je ne suis pas particulièrement optimiste. Le succès du concept dépend essentiellement de « l'envie de se battre ». Pourtant, si le marché est encore très faible, comme je le disais, il me semble quand même que cela commence à bouger. Il ne faut surtout pas considérer par exemple que le problème est réglé dans les grandes entreprises et qu'il faut maintenant s'occuper des PME. En réalité, il y a encore beaucoup à faire même dans les grandes entreprises françaises. Pour aller plus loin il faut davantage axer sur les affaires et un peu moins sur les questions de protection de l'information concernant l'innovation. Il me semble qu'on est un peu « plombés » par les spécialistes du renseignement ou de l'espionnage qui ont marqué la discipline en soulignant cet aspect.

Des objets

Les outils composant la discipline s'appliquent à une très grande variété d'objets et nous parlons aussi bien de l'entreprise (applications classiques où il faudra distinguer les aspects de gestion et de contrôle interne, des stratégies d'action externes) que des problèmes de développement économique ou de politique économique territoriale.

La distinction entre objet interne et objet externe

À plusieurs reprises déjà nous avons parlé de cette distinction. Les deux points de vue sont évidemment inséparables puisqu'il s'agit d'un concept global. Il est cependant pratique provisoirement, et utile à des fins concrètes de définition des questions de recherche, de faire cette séparation.

Bien souvent, et nous l'avons souligné, les auteurs ont focalisé sur les aspects externes en se référant à l'histoire de l'IE qui s'est en effet d'abord intéressée à l'environnement de l'entreprise. Appuyé sur l'étude réalisée en quelques années, par l'Institut des hautes études de défense nationale auprès de 1 200 grandes entreprises françaises, le livre de Frank Bournois et Pierre-Jacquelin Romani[1], préfacé par Christian Pierret alors secrétaire d'État à l'Industrie, souligne les

---

1. F. Bournois et P-J. Romani, *L'intelligence économique et stratégique dans les entreprises françaises*, Paris, Economica, 2000. Ce livre est malheureusement épuisé.

questions liées à la compétitivité des entreprises françaises. Les cent cinquante tableaux qui illustrent ce livre sont un panorama des besoins des entreprises françaises en IE vus du point de vue externe.

Le premier champ est celui des stratégies concurrentielles.

Le champ des stratégies concurrentielles

L'externe, c'est évidemment l'ensemble des relations avec les autres agents économiques qui ont un lien avec l'entreprise dans le rapport au marché, en référence si l'on veut avec le modèle de Porter. Emmanuel Pateyron, lui aussi consacre une large part au concept de veille concurrentielle et fait référence à Porter[1].

Nous avons fait néanmoins l'hypothèse que plus généralement l'entreprise gère un faisceau complexe de relations avec beaucoup d'autres entités (forces sociales, réglementation, législation, etc.) sans jamais quitter la problématique concurrentielle : directement ou indirectement, elle s'insère dans le monde socio-économique dans une optique de positionnement stratégique qui réfère constamment à la concurrence. Combat économique ou partenariat c'est une question de point de vue, mais le paradigme de référence reste toujours la concurrence : « *Le combat entre entreprises, loin d'être une guerre au sens propre, ouvre la porte à beaucoup de coopération. Toute entreprise peut devoir travailler, collaborer avec des entreprises qui sont par ailleurs des concurrents sur d'autres marchés.* »[2] Ce rapport à la concurrence se confirme en général pour toutes les organisations auxquelles on peut appliquer les outils et méthodes de l'IE : nous le verrons à propos de l'intelligence territoriale par exemple.

Le benchmarking

Parfois cette discipline n'est pas répertoriée comme une partie de l'IE même si elle est signalée comme proche parent : « *L'IE et le benchmarking sont très proches. Tous deux sont des fonctions qui ont pour but de mener l'entreprise à la première place, d'être le meilleur.* »[3]

Le même auteur nous livre dans son ouvrage une présentation très complète et très structurée du benchmarking[4]. Nous avons là un des nombreux points de contact avec les disciplines traditionnelles de la gestion notamment le marketing. Dans cette revue d'une discipline particulière, l'auteur montre que les stratégies d'entreprise sont légitimes à envisager des alliances avec des concurrents. En ce sens également pour nous, l'IE traite de la guerre économique qui, comme la guerre tout court, produit des phénomènes de coalition, souvent provisoires d'ailleurs.

Sans doute la définition de cette discipline particulière est-elle précise, parfois apparentée au marketing, ou en tout cas développée et enseignée dans ce cadre. Il s'agit cependant à la fois du même objectif global, comme le dit bien F. Jakobiak, et d'une méthode relevant de l'intelligence informationnelle. Nous ne voyons donc aucune raison de ne pas la ranger sur l'étagère des composantes de l'IE. Elle y rejoindra le knowledge management, que l'on a longtemps hésité à ranger là aussi, la sécurité des systèmes d'information et la gestion de la documentation qui est un aspect tout à fait fondamental de l'IE, fonction qui, loin de décliner avec l'IE ne fera que s'enrichir et se développer.

---

1. *Op. cit.*, p. 132.
2. F. Jakobiak : conférence sur le benchmarking en IE, lettre IES, décembre 2001, http://c.asselin.free.fr/
3. F. Jakobiak, *op. cit.*
4. *Ibid.*, pp. 253-266.

D'ailleurs, mettre à part le benchmarking voudrait dire que certaines informations n'appartiennent pas au système d'IE, ce qui serait contradictoire avec le principe même de l'IE qui est de considérer toute information comme potentiellement utile et d'abord en l'éclatant et en créant les liens.

Nous pourrions enfin utiliser un argument paradoxal en signalant que nombre de fois le benchmarking est assimilé à une pratique d'espionnage ! Les spécialistes s'en défendent bien entendu. Il s'agit en fait d'une réelle « fertilisation croisée » qui permet d'enrichir le patrimoine cognitif de l'entreprise. Ces études ne sont pas seulement appliquées aux concurrents mais peuvent concerner tout type d'entreprise dès lors que ses pratiques ont un intérêt pour le donneur d'ordre.

Nous disons que le benchmarking, même s'il possède en propre ses logiques, ses méthodes et ses résultats, est une partie d'excellence dans l'IE.

« *Competitive Intelligence* » et guerre de l'information

Compétition ou guerre ? Nous pourrions rétorquer à F. Jakobiak que la guerre aussi a ses règles, à travers la Convention de Genève. Et c'est assez dramatique de penser qu'une opération destinée à faire violence et mort d'hommes puisse être assortie de « règles du jeu ». Les généraux allemands de la guerre 1939-1945 faisaient tranquillement leurs parties de « Kriegspiel » d'où ils tiraient d'ailleurs souvent leurs propres stratégies sur le terrain.

De plus, nous pourrions dire, nous faisant l'écho de la remarque que nous fit Bernard Carayon : « *Mon combat est pour garder des emplois en France.* » La perte d'une bataille économique ne se paie pas en vies humaines (et encore faudrait-il aller jusqu'au bout du raisonnement !) mais sans aucun doute en souffrances. Les plus apparentes sont médiatisées ; mais combien de misères résultent des échecs d'entreprises ? Ce constat sous-tend la politique publique d'IE qui est aussi un axe de travail considérable et parmi les principaux. La science politique est d'ailleurs pleinement partie prenante au chantier de la recherche en IE.

La guerre économique est en outre une réalité qui se vit dans le déploiement des stratégies et cela n'est pas pour rien que l'héritage militaire est si présent dans le sujet, soit au travers des recherches en gestion (Frédéric Le Roy), soit au travers des meilleurs spécialistes et des instituts qui se sont rapidement inquiétés de ces domaines : l'IHEDN est sans doute le lieu premier de cette préoccupation, et maintenant l'INHES qui en a fait une de ses trois priorités, même si c'est souvent à travers les aspects défensifs qu'elle s'en est préoccupée, ou encore à travers les questions de renseignement. Il reste qu'il s'agit bien d'une problématique de « sécurité économique ».

Dans l'expression « *competitive intelligence* » nous avons effectivement les aspects de compétition par la concurrence. L'IE est un outil de compétitivité au sens de l'innovation, de la performance à gagner de nouveaux marchés en s'appuyant sur les facteurs de compétitivité que sont les produits, les prix, la communication, etc. Dans « guerre de l'information » on entend davantage les aspects d'utilisation de l'information comme une arme, parfois à la limite, ou même hors limite des règles de la concurrence. Il s'agit alors de l'utilisation de la désinformation, de la manipulation d'influence et autres manœuvres qui apparentent clairement le jeu à un combat avec des armes de destruction, voire de destruction massive ! Les aspects cachés du renseignement économique sont présents là aussi.

Nous retrouvons ici Christian Harbulot[1], qui développe de nombreuses réflexions et présente des outils pour la pratique de ce combat.

---

1. Dans son interview : « De la guerre économique à la guerre de l'information. »

Tous les auteurs s'accordent à dire haut et fort que l'IE ne s'entend que des pratiques légales et loyales. L'honnêteté ne doit cependant se confondre avec la naïveté. La défense économique doit compter avec le non-loyalisme éventuel de l'adversaire qui n'est plus alors un concurrent mais carrément un adversaire. C'est vrai aussi des « attaques » menées par les « hackers », au départ relativement rarement à des fins économiques, de plus en plus aujourd'hui.

Les stratégies collectives et le lobbying

Besson et Possin parlent volontiers de « l'intelligence collective ». Un jeu de compétition, et l'on a parlé de la théorie des jeux et de ses développements en relation avec l'IE, suppose différentes formes de relations avec les autres joueurs et en particulier des alliances et des partenariats. L'intelligence collective peut s'entendre à l'intérieur de l'entreprise mais aussi dans les relations avec les partenaires de l'entreprise.

Les stratégies collectives sont classiquement du ressort des SDG. « Stratégies collectives et nouvelles formes de concurrence » titrait l'AIMS[1] (Association Internationale de Marketing Stratégique) à Montpellier en mai 2004. Les questions de recherche des treize communications retenues étaient généralement centrées sur les relations interentreprises et la dualité solidarité-concurrence ou coopération-compétition. On avait affaire à différents secteurs économiques et des ouvertures de recherche très intéressantes. Originale par exemple la stratégie collective qui permet de s'affranchir de l'interdépendance (Pierre Roy sur l'exemple des salles de cinéma), mais pas étonnante pour autant quand on se représente ce que contient un tel accord. On a vu également une approche cognitive, qui nous rapproche des méthodologies qualitatives et des SIC, et on a aussi entendu parler de lobbying.

À ce propos, le sujet de l'influence est bien une partie importante de l'IE, et cela n'a rien de scandaleux ou de sulfureux. Évidemment le concept hérite d'une image dégradée par l'assimilation à la notion de « passe-droit » ou de « pression-chantage ». En réalité nous pouvons expliquer le phénomène essentiellement par deux nouveaux contextes :

– la multiplication des possibilités d'accès à des marchés mondiaux accroît considérablement le nombre de candidats dans les réponses aux appels d'offres publics et privés. Les conditions de réponse, les réseaux de réception de ces réponses et les attentes variées des donneurs d'ordre compliquent singulièrement la tâche des répondants. Il y a dans de nombreux cas des clés d'accès à ces règles et aux attentes cachées des demandeurs, clés qui ne seront disponibles qu'auprès de partenaires spécialisés. Dans certains cas, des dossiers peuvent demander systématiquement des compléments d'information qui doivent être présentés par des cabinets spécialisés bien souvent incontournables. La veille réglementaire et administrative auprès des institutions est également l'apanage généralement de conseils spécialisés. L'exemple de Bruxelles est significatif à cet égard. Les relations entretenues de près avec des décideurs stratégiquement placés, sans pour autant créer un « favoritisme », sont souvent déterminantes ;

– autre point important, la surveillance du cadre juridique et réglementaire. Dans de nombreux cas, et de plus en plus souvent d'ailleurs, les contraintes de la normalisation freinent l'innovation car la réglementation est plus longue à évoluer que les nouveautés produits. Les actions de lobbying consistent alors à développer des réseaux de relations susceptibles de faire accélérer ou évoluer les prises de positions de l'administration sur le sujet concerné. De nombreuses percées économiques sont rendues difficiles malgré les avan-

---

1. http://www.strategie-aims.com

cées scientifiques, du fait de l'inadaptation des normes en vigueur. Nous allons donner un exemple qui est un cas d'étude en cours.

Les biotechnologies ont fait un bond en avant considérable dans les dix dernières années et cela correspond à une période de prise de conscience et de mobilisation contre une agriculture qui recourt à des traitements chimiques dangereux pour les équilibres écologiques à terme, et dangereux à court terme pour la santé humaine. Par précaution, justement parce que les risques sont grands, il existe des procédures lourdes pour l'homologation des produits destinés à l'utilisation en agriculture. Les nouvelles molécules et les solutions alternatives au « tout-chimique » apparaissent depuis quelques années, mais se heurtent à une question « bloquante » : les procédures pour l'homologation sont adaptées au mode d'action des produits chimiques (mesure des taux de destruction des pathogènes), et pas aux modes d'action multiples des autres produits (niveau de défense naturelle des plantes, impact des conditions climatiques…). Il faut donc faire évoluer la réglementation. C'est un travail de lobbying indispensable.

Dans cette direction, de nombreux thèmes sont possibles comme en témoigne aussi cette contribution d'un doctorant de l'UM1[1].

La veille et le renseignement

Le principal auteur français en matière de veille est sans aucun doute Humbert Lesca, avec pas moins de neuf ouvrages, dont deux en coopération. Son équipe « Veille anticipative stratégique – Intelligence collective »[2], travaille essentiellement dans cette optique de la veille. Il a développé l'expression « traqueur d'information » qui reste une des plus significatives de ses apports notamment dans les très nombreux articles publiés par lui-même ou son équipe depuis plus de quinze ans. Parmi ces apports on peut aussi signaler la recherche du passage du concept de « signal faible » à celui de « signe d'alerte précoce » en 2001. On comprend l'idée de dynamique qu'il y a derrière cette réflexion de la place de la veille aujourd'hui dans l'IE.

Il est également impossible de ne pas citer Henri Dou qui est considéré par la communauté de l'IE comme un acteur majeur. Son premier ouvrage en la matière[3] est marqué par son origine dans les « sciences dures ». C'est en effet à partir de là que la veille, pratique qui a été d'abord mise en valeur par les scientifiques et par les industriels sur les technologies, a commencé à se structurer.

Nous reprendrons aussi, pour guider notre discours, quelques citations de Nicole D'Almeida[4] en les commentant :

– « *Le travail de veille : observation des marchés et des concurrents, analyse des évolutions technologiques organisationnelles sont autant de manières de repérer les tendances d'avenir et de construire une stratégie sur la base d'un avenir pressenti, déchiffré.* » Dans ce texte, on voit bien que la veille est un processus finalisé et qu'elle ne prend son sens que dans une perspective définie. Elle suppose donc un travail préalable de réflexion sur cet avenir.

– « *L'information et la capacité à repérer les grandes lignes du présent et les contours d'un avenir proche sont devenues une fiction vitale pour la survie et le développement des entreprises.* » Ici

---

1. A. Kaiel, « Partenariat interfirme et sécurité de l'information », *Cahiers de recherche francophone en sécurité de l'information*, N° 2, 1er trimestre 2003.
2. www.veille-strategique.org
3. H. Dou, *Veille technologique et compétitivité*, Dunod, 1995, 234 pages.
4. *Op. cit.*

apparaît ce travail de discernement du futur qui va permettre la conception et la formulation stratégiques.

En outre, la veille va permettre de déceler des possibilités de changement et des opportunités après la confrontation des informations avec la stratégie ou même les actions opérationnelles de l'entreprise. Ainsi peut-on par exemple considérer les cercles de qualité comme une sorte de veille interne.

- « *Les pratiques de veille reposent implicitement sur une théorie de la valeur de l'information qui conçoit l'information comme facteur de prévision et comme outil essentiel de la prise de décision.* » En dehors d'une estimation de la valeur de l'information, celle-ci ne revêt qu'une utilité « culturelle ». La prise de décision repose donc sur une évaluation, une qualification de l'information. Cette évaluation prend en compte la ou les sources, le contexte, la pertinence et la mesure de cette information, mesure qui suppose une instrumentation. Les instruments de mesure, mesure quantitative ou évaluation qualitative, sont donc essentiels.

- « *La veille technologique est la forme la plus ancienne d'un dispositif de surveillance de l'innovation.* »

- « *La veille financière est un dispositif d'informations concernant les placements et produits financiers disponibles, le mouvement des capitaux et le comportement des investisseurs nationaux et internationaux.* »

- « *La veille réglementaire devient un enjeu de plus en plus important. Elle correspond à une vigilance à l'égard des dispositifs législatifs existants ou en préparation.* »

- « *La veille sociale est le dernier pan repérable d'un dispositif de veille qui ne cesse de s'étendre.* » « *La notion de veille sociale renvoie à l'étude de l'interaction entre le système externe (environnement de l'entreprise marqué par l'évolution des aspirations sociales, des objets du débat social et des négociations des formes de la conflictualité, etc.) et le système interne (groupe social des salariés).* »

- « *Selon C.-I. Lévy-Leboyer, le climat social ne résulte pas d'une somme, de l'addition des satisfactions ou du moral des individus. Il ne peut être compris que par une construction/rétribution, attente/offre.* »

- « *Ces différents domaines d'application de la veille coexistent et se complètent.* »

La veille est donc un processus complexe dont les compartiments, s'ils sont distincts, ne sont pas pour autant disjonctifs et les facteurs internes et externes se combinent pour une construction collective. On rejoint ici « l'intelligence collective » d'Humbert Lesca. L'information ne fait pas l'objet d'une « appropriation » mais bien d'un échange, d'une communication de telle manière que la connaissance est aussi une connaissance sociale à laquelle chaque acteur participe. Nous reparlerons de « connaissance » et de « culture ».

Les questions touchant à la gestion documentaire seront primordiales et cela concerne le système d'information documentation (SID) de l'entreprise. On peut consulter sur ce sujet notamment les travaux de Christiane Volant[1].

L'IE va ajouter des éléments de méthodologie pour activer la mémoire et développer la productivité du système (éclatement de l'information, développement des liens…).

On doit considérer deux aspects fondamentaux de l'IE dans son fonctionnement : le principal complément à la veille, en effet, est le renseignement. Autant la veille peut être une attitude d'alerte relativement passive, autant le renseignement, souvent concrétisé par le lancement et la gestion de

---

1. C. Volant, « Le système d'information-documentation dans les entreprises : perspectives d'évolution », dossier HDR, 1997.

« plans de renseignement » est une attitude « proactive » déclenchée éventuellement par les résultats de la veille d'ailleurs. Nous parlerons alors de processus discontinu opposé au processus continu qu'est la veille. La démarche en discontinu suppose une démarche téléologique directe.

De nouveau chez Emmanuel Pateyron[1] nous retrouvons une distinction, encore plus marquée, entre veille et renseignement. Pour lui ce dernier concept est plus proche de l'espionnage comme nous l'avons vu plus haut.

La performance de l'entreprise en termes de renseignement dépend de l'importance quantitative, de la qualité et de la connectivité de ses réseaux. Nous rejoignons d'ailleurs là en partie les questions précédentes touchant aux stratégies collectives.

■ Le cas Gemplus[2]

La société Gemplus, ainsi nommée parce qu'elle a été implantée au départ à Gemenos, près de Marseille, fut créée pour exploiter les innovations essentielles provoquées par l'invention de la carte à puce de Roland Moreno (premier brevet en 1975). La convoitise suscitée par l'entreprise qui se trouvait dans une situation monopolistique et de leadership mondial du fait de la maîtrise de technologies non imitées ne pouvait faire de doute. L'« affaire Gemplus » commence de manière significative avec le projet de mise en marché d'une partie du capital social. L'enjeu dépassait le cadre d'une stratégie financière d'entreprise bien sûr.

C'est en effet le fonds américain Texas Pacific Group (TPF) qui devient alors le principal actionnaire du groupe qui semble indestructible, même si la bulle spéculative sur les valeurs technologiques représente, avec son dégonflement, une explication non négligeable des catastrophes qui se succèdent pour Gemplus à partir de 2001.

Le hasard de la création du fonds d'investissement de la CIA (In-Q-tel), au moment où la carte à puce se confirme comme une technologie essentielle dans la maîtrise de l'économie de l'information et pour la sécurité des États-Unis, correspond en 2001 à une succession de « *Profit Warnings* » et à une détérioration extrême du climat interne et externe. Pourtant, la société dispose d'un « cash » considérable (après une année 2000 remarquable avec un CA de plus de 1,2 milliard d'euros) qui ne justifie guère les plans sociaux. Dans le même temps des stock-options considérables sont attribuées à Antonio Perez, nouveau PDG nommé par TPF, et à Marc Lassus, le fondateur qui avait laissé sa place avant l'introduction en Bourse à Daniel Le Gal, finalement évincé au profit de Perez en 2000. La crise du management est considérable et les syndicats dénoncent le passage sous contrôle étranger.

En août 2002 est nommé à la tête de l'entreprise l'Américain Alex Mandl, également administrateur de « In-Q-Tel », le fonds de la CIA. Les capacités de recherche développement de Gemplus, au-delà de la maîtrise des technologies, s'exercent dans un des rares domaines où les États-Unis sont en retard : curieuse coïncidence ! N'oublions pas que nous sommes à un an des attentats du 11 septembre à New York. À partir de cette date d'ailleurs, Gemplus communique régulièrement sur les aspects sécuritaires et ses compétences en cryptologie.

---

1. E. Pateyron, *La veille stratégique, op. cit.*
2. D'après les interviews publiées dans *Regards sur l'IE*, N° 2, mars-avril 2004, pp. 10-18. Voir aussi l'ouvrage de N. Moinet, *Les batailles secrètes de la science et de la technologie*, Lavauzelle, 2003.

Comment se fait-il que l'entreprise se soit ainsi laissée « capter » par les États-Unis ? L'interprétation de Nicolas Moinet est que l'argent amené par les Américains, à un moment où le secteur pouvait paraître menacé de crise, a ébloui les dirigeants qui n'ont pas flairé le piège. Marc Lassus lui-même, à son retour de Londres, a été abusé puisqu'il a été remercié par l'entreprise dès 2002.

Pour entrer dans le détail, on remarque quelques éléments encore plus éclairants. D'abord que le CV d'Alex Mandl est très explicite, et ce, longtemps avant la création de In-Q-Tel. Il a en effet été membre du « *Business executives for National Security* ». Ce même BNS avait jugé critique la technologie de la carte à puce pour la sécurité des États-Unis ! Plus subtilement l'homme avait été précédé par Ronald Mackintosh qui fut directeur Europe de CSC (*Computer Sciences Corporation*), dont les collaborateurs étaient largement recrutés parmi les experts de la *National Security Agency* pour laquelle elle travaille.

Le comportement des pouvoirs publics français est également intéressant à observer car il révèle un dramatique désintérêt pour les questions d'indépendance technologique et de puissance économique. Pourtant Gemplus provient d'un essaimage d'une société publique française (Thomson) et a bénéficié à son lancement d'un contrat avec France Télécom. Rappelons que la société a profité aussi des larges avantages fiscaux accordés aux entreprises de haute technologie en création et développement.

Cela montre clairement l'opposition entre deux pratiques de part et d'autre de l'Atlantique : il y a une connivence naturelle aux États-Unis entre les entreprises privées, les institutions publiques chargées de la sécurité et de l'indépendance nationale, et les organismes financiers, eux aussi privés. C'est au contraire le cloisonnement qui prévaut en France et, si la qualité des services de renseignements n'est pas à mettre en cause, ni la qualité industrielle et de R & D en général, la coopération entre des milieux naturellement, parce que culturellement, hostiles s'avère très difficile et, pour le moins, non spontanée. Quelques réactions à partir de 2003 montrent un certain émoi de la classe politique mais beaucoup trop tard pour avoir une influence sur la situation. Le rapport Carayon utilise le cas Gemplus comme un exemple clair de risque majeur de la perte d'indépendance ou de puissance de la France dans ce type de situation.

Aujourd'hui, la société se porte bien et ses dirigeants affirment à l'envi son indépendance. L'avenir passe probablement par la cession des parts de TPF qui cherchera à réaliser une plus-value et la question sera de nouveau posée. Les pouvoirs publics français seront probablement plus attentifs.

■ Entretien de...
Nicolas Moinet

Directeur du Master professionnel intelligence économique et communication stratégique de l'université de Poitiers.

Nicolas Moinet est maître de conférences en sciences de l'information et de la communication à l'université de Poitiers – Institut de la communication et des nouvelles technologies, site du Futuroscope. Il y dirige le Master professionnel *intelligence économique et communication stratégique* et anime l'équipe *intelligence économique* du CEREGE – *Centre de recherche en gestion* – de l'Institut d'administration des entreprises de l'université de Poitiers. Il est l'auteur de nombreux articles sur l'intelligence économique et de plusieurs ouvrages : *Développez et activez vos réseaux relationnels*, coécrit avec Christian Marcon, Dunod, coll. Efficacité professionnelle, septembre 2004 ; *Les batailles secrètes de la science et de la technologie (Gemplus et autres énigmes)*, Éditions Lavauzelle, 2003 ; *La stratégie-réseau (essai de stratégie)*, coécrit avec Christian Marcon, Éditions 00h00.com, coll. Stratégie, 2000 – Traduit au Brésil : *Estratégia-Rede (Ensaios de Estratégia)*, Educs, Brésil, 2002 ; *Les PME face au défi de l'intelligence économique,* coécrit avec Laurent Hassid et Pascal Jacques-Gustave, Dunod, coll. Management-Stratégie, novembre 1997. Mention spéciale du Jury IEC.

Comment voyez-vous la discipline aujourd'hui en France et dans le monde ?

Le champ de recherche « intelligence économique » est éclaté ici et ignoré là.

Éclaté car composé d'îlots présents dans plusieurs disciplines : sciences de l'information et de la communication, informatique, linguistique, sciences de gestion et, dans une moindre mesure, sciences économiques et sciences politiques. C'est à la fois logique, compte tenu de la nécessaire pluridisciplinarité du champ mais dommageable pour l'interdisciplinarité et donc le développement des notions qui composent l'intelligence économique. Aussi n'existe-t-il pas en France de revue comparable à *Competitive Intelligence* aux États-Unis. Chaque chercheur publiera dans des revues reconnues dans sa discipline ou s'attachera à écrire des articles ou des ouvrages de vulgarisation. Cet éclatement a aussi un impact en termes de ressources humaines : équipes trop petites, prédominance des francs-tireurs, incapacité à développer des programmes de recherche d'envergure, etc.

Par ailleurs, Il est ignoré dans de nombreuses disciplines. À ma connaissance, il n'y a rien – ou presque rien – en droit, sociologie, psychologie sociale ou philosophie, là où pourtant l'intelligence économique pourrait trouver de véritables trésors. Peut-on aborder sérieusement le traitement de l'information en omettant de réfléchir aux philosophies de la connaissance ? Peut-on disserter de management des réseaux humains sans faire appel aux études sur l'influence ? Peut-on s'intéresser à la pérennisation d'un dispositif d'intelligence économique sans s'appuyer sur la sociologie des organisations ou la psychologie du changement ? Etc. Bien que l'interdisciplinarité soit vitale pour des sociétés basées sur l'innovation et la connaissance, nos vieilles organisations font de la résistance...

Le champ de recherche « intelligence économique » est donc aujourd'hui victime de la logique disciplinaire et de l'omniprésence des professionnels. Résultat : de nombreux ouvrages d'universitaires ou de consultants paraissent sur la question mais ils sont souvent redondants et fort peu critiques. Ainsi s'attachent-ils plus à expliquer ce que devrait être un système idéal d'intelligence économique qu'à brosser un tableau réaliste des pratiques dans les organisations.

Quels sont les aspects de la discipline qui vous semblent les plus importants ?

L'intelligence économique regroupe des notions aussi diverses que la veille, la sécurité économique, le management des connaissances ou l'influence. Or, la valeur d'une chaîne se mesurant à celle de son maillon le plus faible, il est essentiel de renforcer avant tout nos points faibles. Certes, continuer à améliorer les technologies et méthodologies de veille est important mais un effort particulier doit, à mon avis, être porté sur l'utilisation offensive de l'information et ses parades. Dans une société où la communication est centrale, les organisations sont vulnérables aux déstabilisations informationnelles (rumeurs, désinformation, intoxication…). De même, l'influence est aujourd'hui un axe majeur de l'intelligence économique tant il est devenu vital de mener le jeu à son profit ou du moins de ne pas le subir. Si l'intelligence consiste à *savoir pour pouvoir*, reconnaissons que le premier terme a été privilégié au détriment du second. Ce qui pose évidemment problème dès lors qu'il est également essentiel de faire le lien entre les deux.

Quels développements de la discipline sont, à votre point de vue, à attendre dans les prochaines années ?

Passée l'ère des pionniers, le développement de l'intelligence économique est fortement lié aux capacités de recherche (appliquée bien sûr mais également fondamentale). Or, compte tenu de son caractère novateur et interdisciplinaire, et donc de sa difficulté à s'ancrer dans une discipline reconnue (gestion, information-communication, économie, etc.), l'intelligence économique risque de faire du surplace pendant quelques années. Passée cette phase de transition, deux scénarii semblent plausibles : la dissolution ou la réticulation. La dissolution est plausible en raison de multiples facteurs dont certains ont déjà été évoqués : cloisonnement disciplinaire, prédominance des individualismes et donc absence d'équipe de recherche ayant la masse critique, non-reconnaissance par les grands organismes, manque de financements, etc.

Quels sont les points sur lesquels on doit particulièrement insister dans le contexte actuel ?

La réticulation est le second scénario plausible et c'est donc sur lui qu'il faut insister dans le contexte actuel. Mais cela demande une véritable impulsion publique. Pour faire exister l'intelligence économique, il faut atteindre une certaine masse critique, tant en termes de moyens humains que de ressources financières. On pourrait ainsi imaginer un institut ou une fondation, sorte de maison de l'intelligence économique, dans laquelle des chercheurs auraient toute latitude pour développer de véritables projets scientifiques. Sans délaisser leur laboratoire d'origine, ils trouveraient là des ressources humaines, documentaires et financières. Ce centre pourrait également gérer une revue académique et, à l'instar de la Bibliothèque nationale, devenir une mémoire de la discipline en centralisant les travaux réalisés sur le sujet. Car si l'éparpillement est en partie inévitable, il est la première menace pour la pérennité de l'intelligence économique.

Comment les entreprises françaises et/ou étrangères peuvent-elles utiliser l'IE ?

Perfectibles, les méthodes et outils de l'intelligence économique existent. Le problème est aujourd'hui au niveau de leur appropriation. Dans les grandes entreprises, celle-ci passe notamment par la formation d'élites issues des grandes écoles. De ce point de vue, le référentiel, rédigé en 2004-2005 par une équipe d'universitaires et de formateurs sous la direction d'Alain Juillet, marque un pas important. Mais beaucoup reste à faire tant l'intelligence économique bouscule les frontières du pouvoir et s'attaque à nos barrières culturelles. À un détail près : si le « top management » n'accepte pas d'opérer cette mutation, la pression extérieure risque de lui rappeler ce qu'il en coûte. Ces dernières années n'ont-elles pas vu la disparition d'entreprises longtemps considérées comme de véritables empires ? Ceci dit, rien ne dit que cette mutation se fera naturellement. À un autre niveau, la formation de spécialistes, issus de masters profession-nels en intelligence économique (ex-DESS), reste une nécessité tant les besoins des entreprises s'accroissent. L'intelligence étant collective, les jeunes professionnels ainsi formés viennent compléter un dispositif composé également de cadres expérimentés dont la connaissance de l'entreprise et du métier est une force... mais parfois aussi une faiblesse. Ainsi, une grande entreprise d'armement ne se vantait-elle pas récemment de former uniquement des cadres expé-rimentés à l'intelligence économique ? Mais elle oubliait de préciser que depuis plus de dix ans, son produit phare n'avait pas réussi à remporter un seul contrat à l'étranger. Faut-il lui rappeler qu'il y a quelques années, la déstabilisation médiatique d'Airbus avait été déjouée grâce à un jeune doctorant en intelligence économique (contrat CIFRE – conventions industrielles de formation par la recherche) et que l'innovation vient souvent de la jeunesse ?

En ce qui concerne les PME, l'intelligence économique peut rarement faire l'objet d'un service dédié. Il est donc important d'agir sur plusieurs points simultanément : sensibilisation des diri-geants et du personnel, sans oublier les créateurs d'entreprise, formation approfondie de certains cadres (R & D, Achats par ex.), mise en réseau des acteurs publics et privés, développe-ment du marché privé, en particulier de consultants aptes à faire le lien avec les sources d'infor-mation. De ce point de vue, les actions se multiplient en région, notamment via les pôles de compétitivité.

Dans les deux cas, la recherche peut jouer un rôle important tant par les connaissances générées que par le dispositif mis en œuvre dans le cadre des contrats CIFRE. En permettant à de jeunes doctorants de réaliser leurs thèses en entreprise, non comme seuls observateurs mais bien aussi comme professionnels, ces conventions sont une des clés du développement de l'intelligence économique.

Le management de l'information

Parmi les principaux objets de recherche en IE il ne faut surtout pas oublier les questions touchant au management de l'information. Le sujet ne se confond pas avec l'IE elle-même. La question est en effet plus étroite et recouvre essentiellement des aspects internes et souvent tech-nologiques. Les systèmes d'information (SI) sont évidemment au cœur des questions. Les aspects organisationnels sont de plus en plus importants, et la sécurité de l'information consti-tuerait sans doute à elle seule un champ de recherche.

Les systèmes d'information

De nombreuses disciplines s'intéressent aux SI. Il y a d'abord toutes les publications concernant l'informatique et les aspects technologiques en général. Il n'est pas utile d'aborder la question plus longuement ; même si elle est fondamentale, car la recherche et les progrès qui en résultent sont extrêmement dynamiques. C'est probablement vrai à tel point que les évolutions touchant aux questions humaines et organisationnelles sont plutôt en retard. Les retombées commerciales et économiques en général sont, elles aussi, facteurs de dynamisme du secteur et les professionnels sont très motivés. De nombreuses revues et publications (y compris dans les magazines grand public) concernent ces aspects techniques. Il n'en reste pas moins que les travaux de recherche sur de nombreux sujets sont à développer à partir de là, mais davantage pour observer et expliquer les impacts de ces évolutions technologiques : impacts directs et indirects sur les modes de management, l'organisation, les marchés...

Plus largement, des travaux sont menés aujourd'hui à partir d'approches non directement technologiques, même encore une fois s'il est vrai que les sujets sont de plus en plus transversaux par rapport aux disciplines. En consultant les sommaires de la revue *Systèmes d'Information et Management*[1], on aperçoit déjà une large gamme de thèmes de recherche. La revue *Questions de communication*[2] aborde évidemment des aspects plus liés aux SIC. Nous y avons relevé un dossier intéressant sur les frontières disciplinaires[3]. Les auteurs traitent des processus communicationnels émergeant à l'intersection de plusieurs disciplines. Constatant que le franchissement des frontières n'est aucunement une évidence, ils montrent que le poids de la structuration disciplinaire et des facteurs culturels reste prégnant, tant dans les démarches individuelles que collectives. Ils interrogent des modes de structuration qui complexifient l'usage épistémologique des phénomènes de coupure et de couture en sciences sociales.

La bibliométrie fait partie des outils de l'IE de manière toute particulière. Il s'agit même probablement d'une des disciplines de base : matériau de base de la bibliométrie, l'information bibliographique et de façon plus large l'information textuelle, en fait un outil de choix pour la connaissance de l'environnement d'une entreprise ou d'un organisme. L'application de méthodes statistiques et d'analyses de données spécifiques aux traitements des grands volumes d'information textuelle permet l'élaboration d'instruments d'aide à la décision. Les résultats de telles analyses bibliométriques offrent aux décideurs de nouveaux éléments de réflexion jusqu'alors insoupçonnés. Cette maîtrise des données scientifiques et techniques offre alors un avantage concurrentiel indéniable. Il faut citer ici un ouvrage important composé dans l'esprit de l'IE par un universitaire, *La bibliométrie et ses techniques* d'Hervé Rostaing[4] du CRRM d'Aix-Marseille III.

Il y a beaucoup d'autres revues et publications sur les SI. L'IE est par définition concernée par tout ce qui les concerne !

L'organisation et l'information

Il est de plus en plus clair, mais cela n'avait jamais fait l'objet d'un doute, que les questions d'organisation et d'information sont intimement liées. Nous avons déjà abordé le sujet ; faisons ici un bref rappel pour évoquer l'objet de recherche. Aucun organigramme ne peut se concevoir sans cette dimension et cette union. L'IE ne fait que donner davantage d'importance à ce domaine. *De facto* la recherche en IE va donc cibler facilement sur lui. Les relations à l'intérieur de l'entreprise seront très directement impactées par le développement du système d'IE dans la mesure où le partage de l'information va souvent remettre en question les rapports entre les collaborateurs. On a dit déjà que les modes d'organisation en projets avaient fait leur apparition et s'étaient fortement développés. L'organisation sera touchée à la fois en amont du système d'IE par la nécessité de répondre aux besoins créés par lui, en aval pour accompagner la mise en

1. //revuesim.free.fr
2. //ques2com.ciril.fr
3. B. Fleury-Vilatte et P. Hert, « Frontières disciplinaires », *Questions de Communication*, N° 3, 2003.
4. H. Rostaing, *La bibliométrie et ses techniques*, coédition Sciences de la société/CRRM, coll. « Outils et méthodes », 1996.

action de l'entreprise à partir des décisions prises, et entre les deux pour assurer à l'information sa place comme énergie de base des projets. Les thèmes de recherche sont abondants et urgents !

À propos de l'organisation, il faut souligner les aspects de l'IE qui relèvent de la « gouvernance ». L'IE est en effet un mode de gouvernance pour la maîtrise de l'information stratégique en vue de la compétitivité. On voit bien le lien entre interne et externe ici, et le caractère global de l'IE. Au fur et à mesure que se développent cette fonction et le nombre des participants, s'accroît le caractère hétérogène des équipes. En marchant vers la mutualisation incontournable (c'est le lot des modes d'organisation dits en « projets »), on exclut de plus en plus la possibilité de décisions non collectives. Ainsi apparaissent les dépendances, contre-dépendances, indépendances et finalement interdépendances, dernier moment de l'évolution de l'esprit managérial interne et externe.

Dans le domaine de l'organisation, la surinformation est souvent aussi dangereuse, voire plus dangereuse que la pauvreté. Le concept « d'infobésité » est intéressant à ce point de vue : il y a infobésité lorsque la quantité d'informations disponible est si importante qu'il devient impossible pour les individus ou les organisations d'en extraire rapidement et efficacement l'information pertinente (en anglais : Information overload)[1].

Un dirigeant de société spécialisée dans la sécurité de l'information nous confiait il y a peu que le développement de la messagerie électronique posait à ce point de vue un véritable problème qui relevait quasiment de la sécurité tant il est vrai qu'une information peut se perdre dans une masse trop importante. Les « antispams » sont venus répondre partiellement à cette question mais elle reste posée comme une problématique organisationnelle.

La sécurité de l'information

La langue française est assez pauvre quand elle parle de sécurité de l'information. Cette expression recouvre en effet deux aspects bien distincts : interne et externe. La protection d'une information est une chose, le caractère sûr et fiable de son contenu une autre. Et pourtant les deux sont inséparables.

La question de la sûreté prend tout son sens quand on sait que globalement 80 % des informations sont fausses ! La protection (sécurité) d'une information fausse n'a pas le même sens que celle d'une information vraie. Encore faudrait-il s'entendre sur ce que représente la distinction entre le faux et le vrai dans bien des cas !

En parlant de « sécurité globale », on voit fondre peu à peu la distinction entre « sûreté » et « sécurité ». Si le risque concerne plutôt l'individu (sûreté), il est clair que la sécurité est une construction élaborée face aux menaces.

Sur le sujet, les questions de recherche sont abondantes étant donné l'importance de ce qui est quasiment une discipline à part entière[2]. Les pratiques professionnelles en entreprise sont largement développées étant donné la priorité que constitue ce domaine pour elles ; et les salons, expositions et manifestations diverses sont très nombreux et courus. On peut citer le salon Eurosec par exemple qui se déroule chaque année et réunit le top des responsables et des spécialistes sur le sujet. On doit aussi reconnaître que de plus en plus une part est faite aux réflexions en amont des technologies, cas justement du salon Eurosec, tant il est vrai que l'écart est maintenant significatif entre la performance intrinsèque des outils et les questions d'organi-

---

1. J-P. Pinte, *Les outils de la veille pédagogique, op. cit.*
2. D. Bruté De Rémur, « La sécurité de l'information, une nouvelle discipline en SDG », colloque de Montpellier, mai 2001 et « Un nouveau champ de recherche : la sécurité de l'information », colloque de Nice, 6 et 7 décembre 2001.

sation et de mise en œuvre. La recherche en IE, et plus précisément en sécurité de l'information, possède là un large champ et d'excellentes possibilités de recherche.

Le département « Sécurité de l'information » du centre de recherche en information et communication de Montpellier, qui a donné naissance en 2003 à l'Institut de recherche en intelligence informationnelle, a produit de nombreux travaux sur la question : Yves Barlette sur les questions de sensibilisation des managers ; Christian Ferrand sur la transférabilité des concepts développés en management de la qualité ; Eleni Boursinou sur la prise en compte de la question au niveau des institutions européennes. Les cahiers cités ont également vu des productions intéressantes par Bernard Quinio et Franck Bulinge notamment[1].

Impossible de terminer sur ce sujet sans signaler les nombreuses questions soulevées au-delà des sciences de gestion et des sciences de l'information et de la communication : en santé publique par exemple. La question de la sécurité de l'information médicale a pris une ampleur considérable tant sur les aspects technologiques, et les travaux du CNRS là-dessus sont remarquables[2]. L'IR2i travaille également de très près la question de la sécurité de l'information sur le terrain médical avec Francis Garcia[3].

■ Le cas Navista

Nous avons vu que, dans un grand nombre de cas, la maîtrise relative des technologies par les utilisateurs constituait un problème préoccupant pour la protection des informations notamment, domaine où cet aspect est le plus visible. C'est la question à laquelle s'est attelée la société Navista, assez typique de la démarche d'une recherche systématique de fiabilité par élimination des occasions d'erreurs. Nous allons décrire la démarche.

À l'origine, la détection d'une opportunité...

Le cœur de métier de Navista étant le réseau, les nombreuses interventions concernant la maintenance de parcs informatiques ont montré que, de manière quasi permanente, la source principale des problèmes de la « vie » en réseau est l'ordinateur personnel lui-même.

L'**interopérabilité**, la **compatibilité** et la **sécurité** sont les maîtres mots des réseaux informatiques. L'ensemble des matériels interconnectés doit présenter un **standard commun minimum** pour être compatibles entre eux et ne générer qu'un minimum de pannes. La fiabilité médiocre (liée au hardware et au software) des ordinateurs personnels, le savoir-faire de Navista en matière de **réseau** et d'**intégration** et le haut niveau technique (plus d'un quart des effectifs sont des ingénieurs), ont tout naturellement amené l'entreprise à imaginer un outil puis une architecture informatique complète où les problèmes majeurs liés au réseau sont raisonnés et solutionnés.

---

1. F. Bulinge, « L'équation de la sécurité, une analyse systémique des vulnérabilités de l'entreprise : vers un outil de gestion des risques » et B. Quinio, « Le modèle triadique : un modèle pour la sécurité de l'information », *Cahiers de la recherche francophone en sécurité de l'information*, N° 1, 3e trimestre 2002.
2. Sous la dir. Y. Deswarte (LAAS-CNRS Toulouse), « ORBAC : un modèle de contrôle d'accès basé sur les organisations », *Cahiers de la recherche francophone en sécurité de l'information*, N° 2, 1er trimestre 2003.
3. F. Garcia, « Étude sur la sécurité des systèmes d'information dans le milieu médical en Languedoc-Roussillon », *Cahiers francophones*, N° 2, 1er trimestre 2003.

Face avant du prototype

Le diskless apparaît comme un boîtier fermé de taille réduite : 22 cm x 16 cm x 4 cm. Entièrement construit en aluminium, il ne présente aucun voyant ni aucun contacteur. Le **principe de sécurité** qui est à la base de son idéation a conduit Navista à concevoir le diskless comme une appliance qu'il suffit de connecter au réseau, aucune intervention personnalisée n'est possible sur l'appareil. La façade peut comporter un lecteur de carte à puce (ou un identificateur biométrique selon la version). L'identification au moyen de la carte à puce (ou d'une empreinte digitale) permet au boîtier de se connecter au serveur en chargeant l'environnement de travail propre à l'utilisateur identifié. Ce procédé, associé au mot de passe d'ouverture de la cession, assure un niveau renforcé de sûreté de l'authentification de l'utilisateur.

Face arrière du prototype

Connecteurs : réseau + téléphone IP + modem xDSL + voyants, clavier, souris, écran. Le poste diskless est un concept faisant appel à la technologie du réseau, où le serveur se trouvant au centre de l'architecture concentre et gère les systèmes d'exploitation et les applications hébergées. Le diskless se trouve donc « allégé » du disque dur et de tout autre élément mobile ou mécanique, tout en conservant l'ensemble des fonctionnalités accessible par un poste type PC.

Le diskless est la partie émergée, terminale, visible par l'utilisateur. L'architecture Navista se présente comme une suite d'appliances garantissant la confidentialité des données, la protection contre les intrusions et les virus, la maîtrise de l'utilisation d'Internet, et l'accès aux données et aux applications partagées au sein de l'entreprise.

- Une couche de sécurité intégrée (firewall, VPN chiffré, proxy et antivirus).
- Un répartiteur, contrôleur d'accès pour les diskless.

Le tout connecté à un serveur de données et un serveur dédié aux systèmes d'exploitation et aux applications.

Le système ainsi configuré peut utiliser le réseau Internet, via sa couche sécurisée, pour communiquer rapidement et à moindre coût avec des réseaux distants ayant le même niveau de sécurité ou encore avec des postes de travail isolés équipés du même mode VPN.

Navista définit le diskless comme un terminal **ouvert** et **dépersonnalisé** dont les **fonctions dédiées** peuvent être très variées selon les paramètres affectés à l'utilisateur.

L'objectif est de déployer des systèmes aussi simples que possible, pour réduire la maintenance et le TCO (*Total Cost of Ownership*, ce qui signifie coût total d'un système, c'est-à-dire y compris non seulement les frais d'achat, mais aussi d'entretien, de mise à jour, de formation du personnel...).

Chaque poste de travail est composé des éléments suivants :

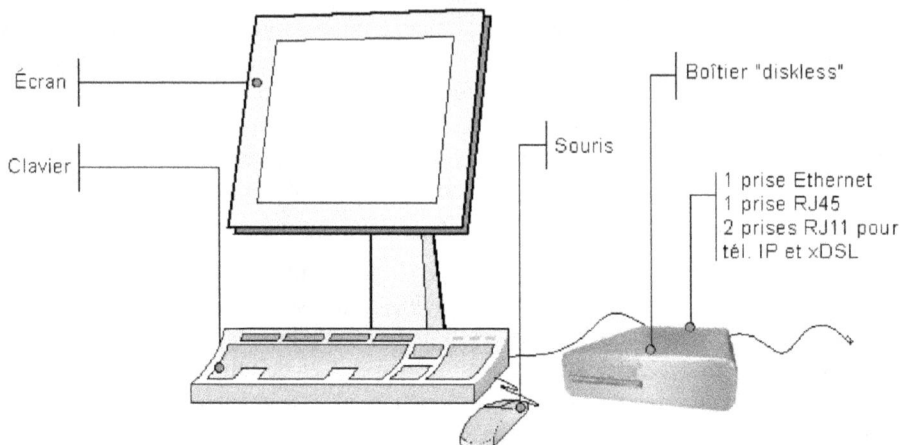

Écran

Clavier

Souris

Boîtier "diskless"

1 prise Ethernet
1 prise RJ45
2 prises RJ11 pour
tél. IP et xDSL

Sans doute la solution Navista n'est-elle pas la seule performante, mais elle est typique d'une démarche sécuritaire. Au fond ici, la sécurité de l'information est prise en compte en amont de l'utilisateur en réduisant au maximum, dans une démarche créative d'analyse de la valeur, tout ce qui peut générer des risques par augmentation de la vulnérabilité. Une telle démarche doit évidemment être déjà un objet d'étude attentive de la part des constructeurs d'ordinateurs ! Il faut aussi ne pas oublier que la question est alors reportée sur les serveurs. Cependant, la sécurité d'un serveur est plus facilement maîtrisable que celle d'un grand nombre de postes individuels entre les mains d'utilisateurs pas forcément compétents ou sensibilisés.

Entretien de...
Bertrand Deroubaix

Bertrand Deroubaix est directeur du service Intelligence économique du groupe Total.

Comment voyez-vous la discipline aujourd'hui en France et dans le monde ?

Incontestablement dans les années 2003-2004, la pratique de l'intelligence économique a évolué favorablement pour les acteurs français dans trois domaines : sa structuration professionnelle, sa visibilité et sa clarification par rapport à des pratiques à la limite de la légalité. En effet, il existe depuis peu une offre de plusieurs cabinets spécialisés et stabilisés tandis que la formation a été développée fortement. La visibilité de l'activité a été quant à elle nettement améliorée principalement grâce à l'action du haut-commissaire désigné par le gouvernement français. Enfin, l'assainissement des pratiques, sous l'impulsion notamment des grands clients industriels est une réalité française et internationale. Dans le monde, cette pratique était déjà fort répandue dans de nombreuses zones, et pas seulement anglo-saxonnes. Hors France, on a donc le sentiment que l'essor de ces pratiques se fait d'avantage dans la continuité du passé.

Quels sont les aspects de la discipline qui vous semblent les plus importants ?

L'aspect électronique, au travers notamment des recherches sur les sites et bases de données Internet, est certes important, et a concouru à la relance de l'activité, mais n'est certainement pas suffisant dans bon nombre de questions. La complémentarité doit être recherchée entre ces sources techniques et des analyses ou informations humaines. Il faut se rappeler en effet que les sources de nature technique ont une fiabilité toute relative car une information fausse ou incomplète peut s'y reproduire un grand nombre de fois, sans gagner en véracité, bien au contraire ! De ce fait, la discipline nécessite à la fois des compétences techniques mais aussi des qualités qui tiennent aux relations humaines, telles que discrétion, discernement, méthodes ou encore recoupements.

Quels développements sont à attendre dans les prochaines années ?

On pourrait assister dans les années proches à la fois à une poursuite des éléments d'inflexion récents, à savoir la structuration d'un tissu de prestataires et la séparation plus complète encore avec des activités plus « grises », mais aussi à une renaissance, en France en tout cas, des mérites des réseaux d'information et des actions plus larges de sensibilisation/formation qui vont avec. Il est certain que la propriété d'informations reste encore trop souvent un élément de pouvoir alors que dans certaines cultures, c'est plutôt le partage et le débat qui sont valorisés ; une formation ou une sensibilisation à ces différences quasi culturelles devrait permettre aux multiples acteurs publics et privés de progresser… sans trahir leur culture !

Sur quels points faut-il insister dans le contexte actuel ?

Le point essentiel à mon avis est que l'activité « d'intelligence » au sens anglo-saxon, permet réellement de capter de manière assez fiable une réalité extérieure aux entreprises, que ce soit le jeu des acteurs ou les attentes des parties prenantes. En cela ces analyses procurent une contribution importante aux stratégies et aux tactiques mises en œuvre dans les économies actuelles

Un bilan multiforme

de beaucoup de pays. Elles peuvent s'exercer de manière tout à fait légale et éthique tout en gardant le plus souvent une efficacité évidente.

Comment les entreprises françaises et/ou étrangères peuvent-elles utiliser l'IE ?

Selon les enjeux, des recherches Internet un peu poussées et éventuellement une investigation toujours réalisée par des professionnels sont aisément accessibles aux entreprises ; l'action actuelle de l'État français facilitera encore ce recours en structurant la profession ainsi que les formations correspondantes. Très concrètement, l'abonnement à certaines bases de données spécialisées par domaine industriel par exemple, ou le recours, sur un sujet critique particulier, à une investigation sous-traitée à un cabinet spécialisé ayant d'une certaine manière « pignon sur rue » peut être recommandé à n'importe quelle entreprise désireuse de se lancer sur un cas pratique. Il faut toutefois garder à l'esprit que ceci ne peut être efficace que si le support de haut niveau dans l'entreprise est acquis et le minimum d'informations internes de base partagées avec les acteurs de cette recherche « d'intelligence économique ».

Les questions de communication

Nous avons parlé d'objets qui se rapportaient beaucoup aux problématiques de gestion et c'est normal, compte tenu des parentés de l'IE avec la stratégie. Nous avons aussi, tout en faisant la distinction entre interne et externe, évoqué des questions de recherche axées notamment sur les relations de l'entreprise avec son environnement. Il nous semble que le parent pauvre actuellement de l'IE est formé de toute la partie concernant purement les questions de communication. L'objet peut être traité du point de vue interne comme du point de vue externe. Mais ce qui nous intéresse particulièrement, ce sont les impacts des TIC qui vont conditionner, ou pas, le développement du système d'IE. Celui-ci en effet apparaît ou se développe grâce aux performances permises par les NTIC. Nous ne pouvons pas faire l'impasse sur les conditions dans lesquelles ces TIC impactent les relations à l'information des individus, soit dans leur rapport individuel, soit à l'occasion des relations de coopération/collaboration.

C'est toute la question de la perception de l'information. Nous proposons de la présenter en ouvrant des pistes de recherche dans des perspectives anthropologiques et éthologiques, démarches originales en sciences de gestion, plus utilisées en infocom. Notre développement sera plus important sur ce point pour pallier le manque de travaux sur le sujet et parce qu'il s'agit probablement de pistes de recherche promises à un bel avenir. Nous évoquerons plus rapidement les outils de la communication et la transmission des savoirs.

Information et perception

« Reality is perception » disait Shakespeare. On comprend bien, sur le plan philosophique, qu'une réalité, qu'elle soit physique ou informationnelle, n'existe réellement qu'à partir du moment où un être conscient en prend conscience. Peut-être cela peut-il aller jusqu'à l'expérience connue de la double fente par laquelle les physiciens démontrent cette réalité surprenante : si le phénomène existe bien lorsqu'il est perçu, il n'existe plus dès lors qu'il n'a pas d'observateur ! Le discours ici tient de la métaphysique et ça n'est pas un hasard si le philosophe Jean Guitton et les frères physiciens Bogdanov dissertent là-dessus[1]. Il n'est alors pas surprenant de trouver dans leur ouvrage les affirmations suivantes : *« De plus en plus nombreux sont les physi-*

---

1. J. Guitton, G. et I. Bogdanov, *Dieu et la science*, Grasset et Fasquelle, 1991.

ciens pour qui l'univers n'est qu'une vaste matrice d'informations. » Ou encore : « *La physique quan-tique démontre que la matière peut émerger du vide dès lors qu'une quantité suffisante d'énergie y est injectée.* » Sur cette démonstration, et en lien avec l'affirmation précédente, comment ne pas donner raison à ceux qui assimilent l'information à la véritable énergie ? Enfin, en reprenant l'expérience de la double fente sur notre problématique de la perception : « *La particule n'existe sous la forme d'un objet ponctuel, défini dans l'espace et le temps, que lorsqu'elle est directement observée.* » On pourrait dire « directement perçue ».

Puisque nous parlons de philosophie, nous pouvons aussi faire référence au « philosophe de la perception », Maurice Merleau-Ponty, qui développe cela dans sa thèse en 1945 en ayant cette jolie phrase : « *Vivre, pour un homme, n'est pas seulement imposer des significations ; mais continuer un tourbillon d'expériences qui s'est formé, avec notre naissance, au point de contact du dehors et de celui qui est appelé à vivre.* »[1]

Nous avons chez ce grand philosophe une inattendue justification de notre travail en considé-rant le lien qu'il fait entre perception et éthologie dans son ouvrage majeur *La structure du comportement*. La démarche est la même et pose la question des rapports entre la conscience et la nature organique, psychologique ou sociale.

Un autre auteur majeur, américain celui-là, nous ouvre la voie, Desmond Morris, dont *Le singe nu*[2] reste aujourd'hui une référence, parmi d'autres ouvrages[3].

Il est impossible de ne pas citer aussi le précurseur de l'éthologie, le psychologue allemand Konrad Lorentz qui est né en 1903 et couvre le siècle de ses découvertes sur le sujet et notam-ment par son ouvrage essentiel pour nous *Les fondements de l'éthologie*[4].

Dans un article de la revue *Clartés*[5], Patrice Henriot commente en disant que « *la perception n'additionne pas des données (visuelles, tactiles, auditives…)* » mais « *livre la structure même de la chose* ». Ainsi Cézanne disait-il que l'on doit « *voir* » dans un tableau « *velouté, mollesse et même odeur des objets* ». Lors du colloque « Communiquer le sensoriel », un chercheur de l'INRA, Gil Morrot, nous a fait l'excellente démonstration qu'olfactif et gustatif étaient intimement liés, à la grande surprise des cobayes que nous étions ! Nous avons, en effet, tous sans exception, attribué les qualités d'un vin rouge à un vin blanc coloré par une substance totalement neutre au nez comme au goût !

Ce constat, encore très limité, suffit à poser une première hypothèse : en matière d'information et de communication, les aspects sémantiques n'ont qu'un rôle limité. On retrouve Abraham Moles et d'autres auteurs qui ont parlé notamment des contextes de la communication. Parmi ces auteurs, Alex Mucchielli[6] part de la « techno-communication », et en reprenant les conclu-sions de Sfez, évoque la forme particulière d'autisme qui menace le pratiquant des NTIC dans ce contexte. Dans le même temps un autre angle de vue apparaissait qui semblait compléter le premier en indiquant une piste de recherche à laquelle manquaient simplement les quelques considérations précédentes.

On a remarqué, en effet, dans une période récente un certain nombre de travaux sur les effets des TIC sur la communication à l'intérieur de l'entreprise et un ouvrage majeur sur le sujet est

---

1. M. Merleau-Ponty, *Phénoménologie de la perception*, Gallimard, 1945.
2. D. Morris, *Der nackte Affe*, Gesamterstellung, EBNER, Ulm, 1967.
3. Voir aussi du même auteur, *Körper Signale : vom Scheitel bis zum Kinn*, Wilhelme Heyne Verlag, 1993.
4. K. Lorentz, *Les fondements de l'éthologie*, Flammarion, 1997.
5. P. Henriot, « La philosophie au XXe siècle », revue *Clartés*, mai 2003.
6. A. Mucchielli, *Les SIC, op. cit.*, p. 61.

celui que Claude Lebœuf a dirigé sur *La fin du groupware*[1] : les auteurs, en prenant différents angles pour examiner l'objet qu'est le rôle des TIC dans l'assistance au travail coopératif à l'intérieur de l'entreprise, tout en saluant le développement de ces « collecticiels », en montrent les nombreuses limites.

Un projet possible serait donc maintenant de reprendre ces pistes en les cantonnant dans le domaine précis de la communication dans l'entreprise en vue de la collaboration à des tâches ou des projets finalisés.

Le besoin de ce travail est validé par une société qui conçoit, réalise et commercialise des solutions de « techno-communication » ou de *groupware* : web-conférences, audioconférences, etc., et qui se pose aujourd'hui la question de la performance de ces outils de manière à les insérer plus efficacement dans les solutions contribuant à une meilleure communication managériale.

On trouvera sans doute ce pari audacieux : comment, en effet, se placer dans un même travail de recherche sur le terrain des SIC d'abord, et des SDG ensuite ? Car nos premières citations reprennent bien des auteurs tantôt fondamentaux, comme les philosophes, tantôt clairement positionnés sur les SIC, comme Sfez, Leboeuf ou Mucchielli.

Nous proposerons une double démarche épistémologique afin de recueillir tout le fruit des méthodologies disponibles en SIC et en SDG. À la jonction de ces deux démarches une représentation de l'objet de recherche sous forme de modèle nous amènera effectivement à la fois à une meilleure compréhension de la réalité de communication sous ce double regard de l'information et de sa perception ; et à la recherche d'une optimisation des performances organisationnelles. Cette recherche d'optimisation n'échappe pourtant pas au paradigme de la complexité telle que nous en parle Edgar Morin : « *Il faut reconnaître des phénomènes comme liberté ou créativité, inexplicables hors du cadre complexe qui seule permet leur apparition.* »[2] Dans la même logique, Jean Guitton et les frères Bogdanov rappellent la phrase de Niels Bohr à celui qui lui expose une théorie nouvelle sur la physique quantique : « *Votre théorie est folle, mais elle ne l'est pas encore assez pour être vraie !* » Il nous faut donc sortir des sentiers battus ! Là encore l'ouvrage dirigé par François Kourilsky[3] cache une clé dans le premier mot du titre : l'ingénierie (in-genium), ce qui est généré du dedans. On retrouve la créativité mais à la condition que l'être humain qui produit cette « ingénierie » ait développé les capacités nécessaires. Si le potentiel « technique » appartient à tout homme, sa mise en valeur dépend du développement *ad hoc* du cerveau et en particulier dans ses aspects neuro-sensoriels. Nous sommes sans complexe dans ce nouvel esprit de l'interdisciplinarité.

Nous avons déjà travaillé sur cette question en ayant pour objectif de prendre date sur le sujet avant que ne commence réellement le travail de terrain. Nous ne sommes ainsi qu'à la phase d'identification de la problématique et des outils et méthodes correspondants.

Des constats relevés dans la littérature

Nous partirons d'abord sur le sujet d'un ouvrage majeur *La fin du groupware ?*

Nous en avons fait quelques citations déjà précédement (p. 12 et 13). Allons plus loin !

1. C. Lebœuf (sous la dir.), *La fin du groupware ? Résurgence d'une dynamique organisationnelle assistée par ordinateur, op. cit.*
2. E. Morin, *Introduction à la pensée complexe*, ESF, 1990.
3. F. Kourilsky (sous la dir.), *Ingénierie de l'interdisciplinarité : un nouvel esprit scientifique, op. cit.*

Dans cet ouvrage, Lorna Heaton indique que l'étude du TCAO (travail coopératif assisté par ordinateur) est un « *défi aux sciences sociales* » qui exige un travail aux frontières de plusieurs disciplines allant des sciences pures (ingénierie informatique) aux sciences sociales « *et même à la philosophie* » ! Maurice Merleau-Ponty est donc bien à sa place ici. L'auteur évoque successivement les aspects visuels et culturels pour pointer les débats en cours en confirmant ainsi notre regard à travers la perception sensorielle.

Toujours dans le même ouvrage, Denis Benoît évoque les effets sur la communication des phéromones et des « *perceptions subtiles* ». Il va même jusqu'à parler de « *sub-ception* » en référence à la perception subliminale. Il entre sur le terrain de l'éthologie également en soulignant avec Pradier que l'attitude scientifique en matière de comportement se limite aujourd'hui à une mise en évidence de la complexité.

Jean-Jacques Deveze, enfin, développe un travail sur le rôle de l'artefact constitué par le dispositif de gestion électronique dans les relations de communication à l'intérieur de l'entreprise. Il pose en hypothèse qu'il contient un potentiel d'auto-organisation et lui applique les principes de la « thérapie brève » de Paul Watzlawick. Il constate au passage que les TIC « *séparent autant qu'elles rassemblent* ». Nous retiendrons de cette contribution des éléments importants pour notre travail.

Quand G. Simondon et J.-Y. Goffi[1] évoquent les trois positions possibles que peut prendre (ou attribuer) l'acteur dans sa relation à l'objet, il s'agit bien là aussi de définir la position de l'objet dans la relation de communication, sinon dans ce cas c'est de la communication de l'acteur à l'objet exclusivement qu'il s'agit. Il n'est pourtant pas interdit de penser que par l'incarnation, la perception de l'objet prend un certain sens qui modifie radicalement la perception par l'acteur de son environnement (on rejoint les développements cités de Maurice Merleau-Ponty). Dans la relation herméneutique le sens de la relation est très différent comme dans le positionnement « arrière-plan » de l'objet. Nous aurons bien sûr à intégrer cela dans l'étude de terrain projetée. Ce positionnement épistémologique nous conduira à intégrer la théorie constructiviste qui postule que « *la réalité ontologique de l'objet ne peut être connue que par le filtre de celui qui l'observe et se la représente* »[2].

Enfin nous nous appuierons sur la méthodologie utilisée et le cadre conceptuel de Rabardel pour l'analyse des jeux d'interaction avec artefact.

Nous nous sommes attardés sur cet ouvrage parce qu'il nous semble pointer l'essentiel des questions que nous nous posons, sans pour autant déflorer notre sujet car les aspects de la perception sensorielle n'y sont évoqués que très discrètement ou indirectement.

Beaucoup d'autres ouvrages sont significatifs dans ce sens et nous en citerons quelques-uns parmi les plus importants.

Walter Baets[3] évoque la méthode des réseaux neuronaux pour tenter de résoudre les paradoxes entre gestion et perception, sachant que chaque acteur ou actionnaire a sa propre perception des données nécessaires pour constituer les connaissances destinées à gérer la mutation. C'est bien une problématique de travail coopératif, et c'est bien les phénomènes de perception qui sont au centre.

---

1. Cités par A. Mucchielli, *Les SIC*, *op. cit.*
2. Citation de P. Watzlawick par F. Colin *in Rencontre de Paul Watzlawick*, *op. cit.*
3. Walter Baets, *L'entreprise apprenante T1*, sous la dir. de J. Mallet, université de Provence, 1996.

Un bilan multiforme

Nous ne pouvons passer sur le colloque de Montpellier concernant la « pragmatique des communications instrumentées »[1]. Martine Broche dit : « *Dans cet espace virtuel du travail collaboratif, les interacteurs ne sont pas présents physiquement ; ils sont exemptés des effets immédiats de la proximité du groupe. L'écran virtuel est un écran providentiel, une protection aux jeux transactionnels et aux relations d'influence que le groupe secrète.* » Claudine Batazzi s'interroge : « *L'Intranet généralisé est-il une perversion de l'avantage financier produit par les NTIC ?* » Et Yanita Andonova d'estimer : « *Les applications des groupwares affectent le relationnel... C'est une limitation de la métacommunication.* »

Dans le même ouvrage on peut retrouver les questions qui sont à la base de notre problématique, par exemple : « *Les impacts sur les structures et les méthodes de travail sont-ils une révolution tantôt bénéfique, tantôt dangereuse, ou bien les effets de nouveaux outils plus performants ?* », « *La production des membres d'une conférence télématique serait moindre que celle d'un groupe de travail en face à face à cause du rapport à l'espace et au temps qui perd de sa pertinence* ».

Pour Éloïse Jacquis et Olivier Hueber : « *La perte d'une logique spatiale engendre une redéfinition de la répartition des pouvoirs entre acteurs de l'organisation et un déplacement des enjeux de territorialité.* » Et pour Emmanuel Koussous : « *L'introduction des NTIC dans l'entreprise a des impacts sur les mécanismes de coordination.* »

Le concept d'artefact, déjà utilisé par J-J. Deveze est aussi évoqué par Carole Groleau[2] de Montréal : « *L'introduction d'Internet modifie les relations et les rapports entre acteurs et le changement des artefacts engendre de nouveaux modèles d'interaction.* » Serge Agostinelli[3] a également longuement travaillé sur cette notion en montrant les enjeux de l'utilisation des ordinateurs dans la communication : « *La situation observée constitue une situation paradigmatique d'inférences des relations entre les connaissances, leur communication, les outils et les attentes des utilisateurs... Il faut écarter l'hypothèse selon laquelle les actions des usagers face aux NTIC seraient intuitives et naturelles... elles sont construites en situation.* » Il confirme par là que les implications des nouveaux outils sur les processus coopératifs relèvent du paradigme de la complexité et font référence aux hypothèses du constructivisme. C'est dans ces mêmes conditions de réflexion que nous comptons travailler.

Enfin, pour montrer de manière définitive l'intérêt de notre projet, nous citerons Langdon Morris[4] : « *Quand nous superposons le chemin vers la sagesse sur la carte du commerce de l'information, les domaines de la compréhension et de la sagesse sont encore pour l'instant au-delà des contours. C'est dans cette direction peut-être que les entrepreneurs du siècle à venir trouveront de nouvelles occasions de s'investir.* » Espérons faire un pas dans ce sens !

Quand on parcourt la toile on rencontre bien entendu des préoccupations rejoignant nos réflexions. Il ne s'agit pourtant pas généralement du même angle d'attaque. Sur les sites américains on trouve de nombreuses références à des recherches appliquées vers des solutions de remplacement des aspects sensoriels par des effets à distance (odeurs, sons...). On constate bien souvent une très forte mortalité des entreprises se lançant de manière un peu hardie dans ce type d'innovation. Le marché ne semble pas prêt. Cela est cependant clairement indicatif d'un besoin en la matière.

---

1. CRIC, « Pragmatique des communications instrumentées », sous la dir. de C. Leboeuf, Montpellier, décembre 2000, L'harmattan 2002.
2. Colloque du LERASS, CARTRES, juin 2001.
3. HDR, juin 2001.
4. L. Morris, *La chaîne de la connaissance, stratégies d'entreprise pour l'Internet*, Village Mondial, 1998.

Sur des sites allemands nous avons trouvé des références intéressantes quoique sous des angles beaucoup plus sociologiques ou psychologiques. Cela mérite un peu d'attention :

- « *Je refuse l'apathie et l'étroitesse d'esprit. Je plaide pour une vue d'ensemble des choses, une approche globale et une coopération à tous les niveaux pour remplacer la compétition entre un réductionnisme (l'examen d'éléments isolés sans les placer dans leur contexte global) et/ou le procédé synoptique. Cette compétition est superflue, vidée de sens et aboutit trop facilement au collectivisme. L'espoir repose sur le fait de ne pas s'isoler de façon apathique, c'est-à-dire sans émotions, sinon d'adapter, à un monde d'objets développé, le potentiel compris dans ce que nous ressentons, saisissons et comprenons.* » [1]

- « *Nous allons montrer que nous sommes tous les jours les créateurs de nouveaux problèmes, que nous sommes sclérosés par la routine dans l'entreprise : nous provoquons nous-mêmes, par exemple, le chaos culturel dont on a déjà tellement parlé, à cause d'une définition peu heureuse de la « cyber-culture ». Nous sommes figés dans nos paradigmes, c'est-à-dire nos manières de penser que nous sommes incapables de modifier parce que nous « savons » déjà tout. [...] Un aspect névralgique de cette tendance est donc l'évaluation négative des effets d'une « culture digitale », de la « cyber-culture » : on la juge dépourvue de référence à un lieu, à un moment dans le temps, elle serait « sans signification », manquant de quelque niveau relationnel que ce soit. Puis, on évoque la gestion insuffisante des informations provenant de tierces personnes qui dominent largement l'âge des médias et de la rapidité des échanges.* » [2]

- « *Le diagnostic est évident : la rapidité des échanges et la culture des médias, surenchérie par l'aube de la cyber-culture, vont susciter un monde toujours plus diversifié, de moins en moins cohérent, de plus en plus perturbant et de plus en plus abstrait. La réaction de l'être humain sera de se spécialiser, de rester sur un terrain sûr, de s'isoler, de refouler des choses, de figer son esprit et d'avoir recours au dogmatisme. Le monde extérieur sera exclu, et, au lieu de rechercher un appui dans son entourage, la communauté et la culture, l'être humain va mettre ces trois piliers entre parenthèses et s'en servir uniquement en tant que « ressource » pour son épanouissement et enrichissement personnel.* » [3]

- « La tendance de notre société de précipiter les personnes dans des situations de solitude n'est pas due aux progrès de la société d'information. Au contraire, une modification de notre société à échelle sociale s'est produite. Ce changement social se caractérise par une forte tendance individualiste, la vie en célibataire (c'est-à-dire de ne pas vivre en couple), la disparition du réseau porteur de la grande famille, la séparation des générations à pratiquement tous les niveaux de la vie, et également au niveau des loisirs. » [4]

- « *En règle générale, la critique de la technologie d'information va dans ce sens : la technologie d'information empêcherait de nombreuses personnes de parler avec les membres de leur famille et avec leurs amis (isolation). Disparition donc des réseaux d'amis, augmentation des états dépressifs et des sensations de solitude. L'aspect-clé serait l'abandon des interactions sociales et des contacts sociaux dans la vie non virtuelle, privilégiant les contacts tellement (illusoirement) faciles à réussir sur Internet. L'individu serait tenté de ne plus chercher une socialisation réelle, liée à des difficultés plus nombreuses. Les utilisateurs enthousiastes de l'Internet seraient amenés à se replier sur eux-mêmes, se contentant d'eux-mêmes avec une tendance narcissique. On peut argumenter autrement :*

---

1. *Cf.* le texte original en allemand sur www.benking.de/verweigerung.html p. 14.
2. *Ibid.*, p. 3.
3. *Ibid.*, p. 4.
4. *Ibid.*, p. 15.

les nouveaux médias ont permis la création de nouvelles structures sociales. Les Community Networks *se sont formés pour être des organismes ayant pour but de promouvoir la communication et le transfert de savoir (d'abord aux EEUU, puis également en Allemagne). »*[1]

En conclusion de ces cinq citations, nous voulons simplement souligner le fait que les questions abordées couvrent un très large spectre au-delà des problématiques soulevées au regard de la communication dans l'entreprise. Il est en effet important de replacer les individus dans un contexte qui n'est pas seulement celui de leur milieu professionnel mais aussi celui d'un tissu social de plus en plus sous les effets de cette « cyber-culture » à la définition encore trop imprécise. Les interactions entre milieu professionnel et milieu social et familial sont très importantes, et davantage aujourd'hui sans doute, puisque l'outil professionnel et l'outil personnel sont bien souvent une seule et même chose, l'observation prenant encore plus de sens sur les ordinateurs portables qui se généralisent.

Une expression très « parlante » nous semble être celle que nous retrouvons régulièrement chez les Américains : celle de « *Global Change* ».

Les questions anthropologiques

Déjà, le fait de parler de culture nous introduisait dans le monde de l'ethnographie, et plus généralement de l'anthropologie.

Nous venons de disserter un bon moment sur la question des rapports entre information et perception et nous n'avons que peu soulevé le voile.

Yves Winkin nous a largement initiés aux relations entre anthropologie et communication[2]. Si nous lui laissons la parole : « *Un de mes fronts de recherche concerne l'anthropologie de la communication dont l'émergence scientifique repose sur de multiples travaux de terrain. Pour ma part, je continue à travailler sur des lieux dits d'« enchantement ». Ces lieux reposent, comme la performance théâtrale, sur la « willing suspension of disbelief » (Coleridge) ; il s'agit, par exemple, des voyages touristiques, des manifestations de relations publiques, sinon des visites de musées et d'expositions »*[3], l'horizon s'élargit. Il ne s'agit pas de dire que l'IE se confond avec ce type de démarche. Mais l'enrichissement est important car la prospective nous amène aussi sur ces terrains.

Plus précisément dans nos travaux nous avons remarqué combien la posture anthropologique pouvait enrichir la réflexion. Nous ne prendrons qu'un exemple : un travail sur la sécurisation du poste informatique du médecin libéral[4]. Le professionnel de santé d'une manière générale répond à une vocation, a été formé, cultive une déontologie et se réclame d'une pratique et d'une attitude dans l'exercice de son métier qui le caractérisent très clairement. Les impacts de cette « équation anthropologique » sont une dimension fondamentale de la problématique. Le même travail avec des dirigeants de PME ou des responsables scientifiques par exemple, prendrait une tout autre tournure. On peut même dire qu'une majorité des données explicatives se trouvent dans cette « équation anthropologique ».

---

1. *Ibid.*, p. 16.
2. Y. Winkin, *Anthropologie de la communication : de la théorie au terrain*, Bruxelles, Éditions De Boeck Université, 1996. Édition dans la coll. Points (Le Seuil), 2001.
3. site web : socio.ens-lsh.fr/winkin/index.php
4. Étude en cours avec l'Union des médecins libéraux du Languedoc-Roussillon.

L'éthologie et la communication

Toute information perçue est susceptible de provoquer un comportement. Cette relation entre l'information/communication concerne à la fois le contenu et la forme, donc la donnée et la communication. Cela vaut pour celui d'où vient l'information comme pour celui qui la reçoit. Nous devons donc travailler dans un jeu de contextualisation et d'interrelations complexes entre les personnes, entre elles-mêmes, avec leurs environnements divers et successifs. L'exemple du clown au nez rouge souvent cité et mis en scène par Claude Leboeuf est très parlant : le message transmis par le personnage sera reçu de manière très différente selon qu'il porte un nez rouge ou pas. C'est tellement vrai qu'au moment où le conférencier en fait la démonstration, l'auditoire ne peut réprimer son rire. Preuve à l'évidence que la proposition est fondée. Dans les comportements humains, le rire est évidemment une caractéristique importante et, juste pour prendre un exemple très proche, les petits (ou les gros !) défauts de présentation ou de comportement d'un enseignant sont systématiquement sources de comportements particuliers chez les étudiants. Voyons seulement, quand elles existent, les « revues des profs » dans les universités ou les écoles : la caricature est toujours très ressemblante !

Comment donc ignorer l'éthologie en matière de communication, et par conséquent ses impacts sur le système d'IE dans l'entreprise ?

Nous pourrions rejoindre les problématiques soulevées par l'École de Palo Alto.

Notons aussi que les questions comportementales sont largement liées aux questions neuro-sensorielles : on sait que certaines formes d'autisme sont d'origine strictement neuro-sensorielle. La qualité de la communication, *a contrario* de l'autisme, dépend donc aussi des questions physiologiques et le champ est immense. Comment en effet ne pas y voir une nouvelle nécessité de l'interdisciplinarité ? « Nous sommes tous des autistes » pourrait-on dire. La thérapie applicable à l'entreprise en matière de communication pourrait s'inspirer, et les premiers pas sont déjà faits (développement des arts…), des méthodes mises au point dans ce cadre[1].

Les outils de communication

Les objets concernés par l'IE sont évidemment plus directement les moyens et particulièrement les nouveaux moyens de la communication. Il s'agit ici d'un « pour mémoire » tant il est vrai que sans doute ce sont les premières idées qui viendront à l'esprit en la matière.

Un travail de bilan détaillé sur le sujet n'entre pas dans notre projet et chacun de ces outils peut faire l'objet d'un travail en lui-même. Nous évoquerons ces outils en deux catégories essentielles : les « bases de données » et l'Internet.

Les bases de données

Elles seront à la base des systèmes d'IE car la mémoire est tout à fait fondamentale.

Le développement du contexte évoqué plus haut a créé de nouvelles opportunités pour le déploiement d'outils de recherche d'information. De nombreux ouvrages en traitent, et F. Jacobiak lui aussi, de manière excellente[2]. Le marché de l'information s'étend en effet et les offreurs de service en la matière sont nombreux. Il y a des bases (ou banques) de données dans la plupart des grands pays industrialisés. On peut y trouver à peu près tout ce que l'on peut

---

1. *Cf.* le site www.auricula.org de C. Nyffenegger.
2. *Op. cit.*, pp. 153-163.

apprendre de l'information publique. C'est l'occasion par exemple de consulter les brevets. Sur ce chapitre il faut noter que cette seule consultation, qui peut se faire de façon très ciblée, est une source remarquable d'informations. Il est seulement nécessaire de faire un minimum d'apprentissage à cette consultation car les procédures peuvent être un peu complexes, surtout sur les bases technologiques, sauf pour les spécialistes bien entendu. Mais les spécialistes ne sont pas toujours en charge de la veille. Il faut aussi remarquer que, si les BDD (Bases De Données) sont des outils très précieux, elles sont généralement muettes en ce qui peut concerner les tendances et la prospective : cela ne constitue pas leur mission. Cela ne veut pas dire qu'on ne peut rien leur demander là-dessus ; mais c'est bien sûr à l'entreprise, au professionnel de l'IE, de faire parler les BDD.

On voit bien que le « marché de l'IE » crée naturellement ses propres outils et c'est une évolution très claire. Là aussi on constate que le besoin va générer l'offre. Au fur et à mesure que les entreprises généraliseront la veille à l'intérieur des systèmes d'IE on verra aussi se développer ce type d'outils.

En prolongeant nos réflexions sur les BDD, la considération des outils bibliométriques vient naturellement. C'est incontestablement une composante importante de la veille, et un complément indispensable des BDD. La bibliométrie en effet est une activité dynamique qui permet un suivi de l'actualité (comptage notamment des citations dans les revues) et donc une analyse prospective, ce que ne fait pas naturellement la BDD. Dans cette discipline, les statistiques et les mathématiques tiennent une place importante : encore une occasion de « croiser les disciplines » ! La thèse d'Hervé Rostaing[1] fait un point très complet sur ces techniques et reste d'actualité.

L'Internet

Il semblerait superfétatoire de développer sur l'Internet qui est un outil encore récent mais tellement populaire qu'il semble que tout le monde le connaisse.

Outil extraordinaire par le rapprochement qu'il provoque et l'élargissement quasiment à l'infini des informations disponibles. Les moteurs de recherche sont maintenant très performants et chacun peut expérimenter, le chercheur en premier, les facilités ouvertes par le web. En matière de recherche le réseau français Renater offre un réseau bien sécurisé entre les établissements universitaires et de recherche.

Il reste pourtant que ce « réseau des réseaux » doit être considéré avec beaucoup de prudence, ce qui n'est pas évident pour tout le monde. Les dangers sont doubles : pour celui qui cherche de l'information et pour celui qui en donne.

Pour le chercheur d'information, la prise de conscience n'est pas encore réelle que le web est un « fourre-tout ». Comme l'auberge espagnole en effet, ne s'y trouve en réalité que ce que chacun y a amené. Il n'y a donc aucun moyen de vérifier les informations ou de s'assurer de leur véracité. Il peut alors être dangereux de prendre « pour argent comptant » les données récupérées de cette manière. C'est d'autant plus vrai qu'Internet est un endroit rêvé pour faire circuler de l'information orientée, voire pour faire de la désinformation. Les « chats » et la totale liberté de parole, le quasi non contrôle de ce qui figure sur les sites ne donnent aucune fiabilité aux informations publiées, même si les « cyber-policiers » s'y intéressent de plus en plus mais nous savons bien qu'il s'agit essentiellement des aspects criminels.

---

1. H. Rostaing, *Veille technologique et bibliométrie*, université d'Aix-Marseille III, 1993.

Il faut aussi savoir que la toile est développée par des hommes ou des communautés d'hommes qui ont leurs propres regards sur le monde et leurs propres cultures. La « sémantique » du web dont parle Robert Marty[1], ce grand spécialiste de la sémiotique à Perpignan, est sûrement un champ d'étude et de recherche passionnant. Par là en effet nous commencerons à développer des grilles de lecture du web qui n'est jamais neutre, quoi qu'il en soit. Les impacts sur l'IE ne sont sans doute pas négligeables. Voici un domaine qui appartient en propre aux SIC.

Pour celui qui donne de l'information, on peut dire deux mots qui resteront triviaux tant la question est à la fois simple et complexe. Les sites web sont à l'heure actuelle un outil de communication externe surtout, mais aussi interne, incontournable. Et pourtant parfois il vaudrait mieux pas de site qu'un mauvais site ! Voilà encore une face de fragilité de l'entreprise d'aujourd'hui. Porte de la communication d'une entreprise, le site est une porte d'entrée comme une porte de sortie. Souvent, et de plus en plus, du premier contact avec elle il donne une image qui restera longtemps imprimée, bonne ou mauvaise, dans l'esprit de l'internaute. C'est la porte de la communication ; mais c'est aussi une porte ouverte pour les concurrents.

Avant de refermer provisoirement le point qui concerne la communication, il n'est pas possible de passer sous silence un objet présent dans toute démarche d'intelligence économique par le partage de l'information : c'est la transmission des savoirs. Nous proposons davantage une énumération des sujets qu'une explicitation de ceux-ci car ils sont en eux-mêmes déjà des domaines de recherche.

La transmission des savoirs

Deux points retiennent ici notre attention : la veille pédagogique et l'enseignement de l'IE.

La veille pédagogique

Comment ne pas appliquer le concept fondateur de l'IE à la pédagogie, science de la transmission des savoirs ?

Une des propositions du colloque de Poitiers de janvier 2005 est justement de creuser cette piste nouvelle d'un enseignement qui s'appuierait sur les méthodologies identifiées en matière de veille.

Nous rejoignons ici les travaux très délicats relevant de la transposition des méthodes pédagogiques aux NTIC. Les nombreux et retentissants échecs d'un e-learning conçu essentiellement comme une transposition simple montrent que c'est la totalité de la pédagogie qui doit être réfléchie pour une réflexion capable de faire table rase des anciennes pratiques. Un « cours en ligne » n'est pas une « nouvelle pédagogie ». L'académie de Montpellier, pilote en la matière, a longuement réfléchi avec l'appui notamment d'un doctorant de l'université de Montpellier 1, Milos Dacian. Celui-ci, en présentant ses travaux devant notre institut, a insisté pour déclarer que c'est un nouveau corps de méthodes qu'il faut créer et tester pour passer à une application véritable des TIC dans l'enseignement.

Alors, pourquoi pas une plate-forme de veille comme outil de base ?

Nous irons vers une relation pédagogique très nouvelle avec une co-construction des savoirs qui se baserait notamment sur des méthodes de recherche de l'information inspirées de la veille.

---

1. Séminaire CRIC, Montpellier, 13 mars 2002.

L'enseignement de l'IE

Dès lors que nous parlons de veille pédagogique, il faut dire deux mots de la problématique de la formation en IE.

Cette problématique est au centre des préoccupations de la politique française de l'IE. Les entreprises ont sans doute besoin de collaborateurs performants en la matière. Pourtant le marché de l'emploi n'est pas prêt à absorber des « spécialistes » en IE. Il apparaît clairement en effet que cette fonction, parce qu'elle est transversale et parce qu'elle relève davantage d'une culture, se prête mal à une formation spécifique et exclusive. La culture générale, et quelques aspects techniques spécifiques peuvent préparer à une réelle compétence. On voit d'ailleurs que les formations sont essentiellement des masters 2, anciens diplômes d'études supérieures spécialisées, qui donnent une formation orientée vers la spécialité qu'à partir d'une base correcte dans des disciplines générales. Les licences IE, coordonnées par Gilles Lejeune (Paris XII), sont les premiers essais de formation à ce niveau. L'avenir nous dira les fruits de cette initiative qui ne pourra probablement pas se développer très vite. Par contre, que les divers cursus prennent en compte l'IE comme une problématique incontournable, c'est un besoin sans aucun doute. Nous savons du reste que le milieu de l'entreprise réclame des compétences précises dans des fonctions précises tout en devenant de plus en plus le milieu de l'interculture et de l'information partagée.

On pourrait presque imaginer l'IE dans le cadre de ce qui s'appelait autrefois « l'instruction civique » !

Une nécessité qui est aussi très présente est celle de la formation continue. Il faut se demander si ce public, déjà expérimenté, n'est pas la première population à privilégier aujourd'hui pour développer la formation. L'expérience est en effet incontournable. Quand nous avons présenté la « boucle récursive de l'intelligence informationnelle », nous avons insisté sur la construction de la connaissance qui est progressive et qui favorise le développement d'un regard sur les données qui en rendent l'interprétation possible. Cela suppose que le système de connaissance soit déjà en partie construit. Le tutorat des jeunes étudiants apparaît donc comme une nécessité. Les premières expériences doivent permettre de conclure sur la performance constatée du système de connaissance d'un individu, qui sera alors suffisamment autonome pour entrer dans le cycle individuellement et de sa propre responsabilité. C'est la lecture des données et son interprétation par l'étudiant (le contenu d'un cours doit être considéré comme un ensemble de données) qui permettront à celui-ci de structurer son propre système de connaissances. Pour cela il doit être en « situation », dans un cadre donné avec un contexte et des objectifs implicites ou explicites. On s'est parfois demandé pourquoi certains étudiants ou élèves ne donnaient leur mesure qu'en situation professionnelle. La réponse est là : hors d'un contexte et d'un système d'objectifs qui donnent « sens » aux « données », l'interprétation est plus difficile, voire impossible pour certains. Et la construction du système de connaissances est « en panne ».

L'IE, dans cette optique et sous cette dénomination plus en « amont » d'intelligence informationnelle, n'est pas seulement un outil pour l'entreprise…

En tout cas il y a là un champ de recherche bien « consistant ».

Le cas du laboratoire LGEI de l'école des mines d'Alès (EMA)

Dr A. Evstratov (2005)

A. Evstratov est un contre-exemple spectaculaire de ce que nous observons malheureusement trop souvent en France : la fuite des cerveaux. Outre la personnalité de l'homme, l'exemplarité tient à la valorisation de l'innovation dans le laboratoire LGEI. Toute la question est : comment faire reconnaître en France cette innovation, et comment la valoriser au mieux.

L'unité de recherche animée à l'EMA par A. Evstratov développe les nanomatériaux innovants pour les applications environnementales et pour les dispositifs de sécurité. Parmi différents axes de recherche exploités par cette équipe, notre attention a été attirée par une thématique tout à fait particulière portant sur de nouveaux phénomènes dans le domaine de la photocatalyse hétérogène. Selon les canons de la physico-chimie contemporaine, cette thématique pourrait être considérée, du moins pour le moment, comme quasiment « officieuse » – tant les chercheurs sont allés loin dans la révision des connaissances de base concernant le mécanisme de la photocatalyse.

Le phénomène de la photocatalyse hétérogène se base sur l'excitation lumineuse d'un solide par les rayons ultraviolets ou visibles dont le résultat se traduit en apparition des porteurs de charge libres (électrons et « trous » électroniques) ayant de fortes capacités à dégrader les polluants présents dans gaz et liquides. À savoir : ce phénomène se réalise à température ambiante, sans aucun apport énergétique complémentaire.

Actuellement il est convenu que l'effet photocatalytique n'existe que dans les structures bien organisées, surtout dans les semi-conducteurs (oxydes et sulfures cristallins). Respectivement, tous les solides désordonnés sont considérés comme inactifs par principe : leurs propres structures électroniques ne favorisent pas la maintenance des porteurs de charge en état libre.

La nécessité apparente de se contenter exclusivement de photocatalyseurs cristallins limite brutalement les domaines d'application de ces produits actifs. Cependant, quelle solution alternative peut être envisagée si nous sommes « limités » par la nature ? Mais peut-être la nature est-elle beaucoup plus généreuse et, comme toujours, c'est nous qui nous limitons nous-mêmes par sa connaissance insuffisante ?

Les chercheurs qui travaillent avec A. Evstratov ont changé les règles du jeu imposées depuis les années 80, quand le phénomène photocatalytique sur les structures cristallines a été relevé pour la première fois. Ils ont trouvé un outil simple permettant de faire marcher les structures désordonnées (amorphes) en tant que photocatalyseurs très efficaces, actifs tant sous l'irradiation ultraviolette que sous la lumière solaire. Le mécanisme physique assurant le fonctionnement photocatalytique des solides amorphes, inconnu pour le moment, a été soigneusement étudié par l'équipe. Deux inventeurs principaux, Dr Evstratov et son collègue, ont breveté le principe de fonctionnement des photocatalyseurs hétérogènes non cristallins en 2004.

Vous pourrez vous demander quelle est la vraie importance de cette démarche. La réponse est assez simple : maintenant, il devient possible de conférer facilement les propriétés photocatalytiques pratiquement à tous les matériaux – à partir de céramiques et métaux, et jusqu'à papier et tissus ! Imaginez, par exemple, une tenue qui protège votre corps contre la contamination biologique parce que les bio-contaminants rentrant en contact avec ce vêtement protecteur sont instantanément dégradés par sa paroi externe chargée en nanostructures photocatalytiques non cristallines chimiquement greffées à la surface du tissu. Grâce aux photocatalyseurs amorphes, ce costume anti-biologique devient envisageable dès aujourd'hui !

Généralement, la photocatalyse hétérogène permet la destruction des molécules de polluants chimiques dans l'environnement, la stérilisation des milieux contaminés par des micro-organismes – bactéries, spores et virus (l'action est due au perçage oxydant des membranes cellulaires de bactéries ou à la destruction d'ADN de virus) et la désodorisation des gaz (l'action est basée sur le mécanisme de dépollution chimique). Les dispositifs photocatalytiques deviennent donc nécessaires pour la purification et le conditionnement d'air dans les habitations, bureaux, ateliers des industries high-tech et agroalimentaires, hôpitaux, compartiments de transports, etc. Leur utilisation pour le traitement des eaux est également envisagée dans une large gamme de cas – à partir des installations mobiles de ravitaillement et jusqu'à la stérilisation des eaux dans les piscines. Par contre, la fonctionnalité et le mode d'élaboration des matériaux photocatalytiques doivent être adaptés à chaque cas particulier, et dans ce sens la solution proposée par les chercheurs du LGEI de l'école des Mines d'Alès paraît vraiment indispensable.

En effet, les nouveaux photocatalyseurs peuvent être caractérisés de la façon suivante :

– l'élément photocatalytique sortant du réacteur de synthèse est élaboré sous la forme « prêt à utiliser » et ne demande aucun traitement complémentaire ;

– la mise en forme est libre (toutes les formes nécessaires sont disponibles) ;

– l'exposition du composant actif aux milieux à traiter est fiable (les problèmes de la destruction physique du produit lors de son utilisation sont résolus) ;

– la fabrication dans les conditions industrielles est facile ;

– l'activité est comparable ou supérieure à celle des produits existants ;

Comme chacun sait, un bon produit n'est pas seulement un produit excellent techniquement, mais un produit qui se vend ! L'équipe d'A. Evstratov avait donc deux objectifs majeurs :

– faire connaître et valoriser le produit. Pour cela ont été organisés des échanges avec les consommateurs potentiels (précision des besoins existants, suggestions d'utilisateurs, etc.) ;

– recenser les secteurs du marché à venir.

L'intervention d'une compétence extérieure, un stagiaire spécialisé en marketing, a permis de mettre au point une approche originale basée sur l'accroche suivante : « Nous n'avons rien à vendre. » Cette démarche portait alors sur la prospection du couple « produit-marché » qui lui-même a de la valeur, et non pas le produit seul ou le marché seul.

A donc été recueillie toute l'information possible, de manière documentaire dans un premier temps, par des entretiens et des réunions avec les utilisateurs potentiels ensuite.

Le caractère extrêmement novateur des matériaux photocatalytiques du LGEI-EMA peut provoquer un échec commercial dû au fait que les utilisateurs ne puissent exprimer une demande, ne connaissant pas même la réalité ni la possibilité de tels produits. Il n'est donc pas possible de les présenter comme une réponse à une demande. Nous sommes dans le cas d'une « innovation par le produit » et la mise en marché en est toujours problématique. Le « coup d'avance » de l'entreprise qui fait de l'IE se trouve de plus en plus devant cette difficulté. L'accélération et le raccourcissement des cycles technologiques et économiques rendent caduques les attitudes réactives et demande toujours davantage des attitudes proactives. Cette innovation illustre parfaitement cela. On s'aperçoit par exemple que les programmes mis en place par les pouvoirs publics ont du mal à reconnaître ces innovations.

Le projet en examen est maintenant rendu à la phase de développement industriel. Au-delà des tests complémentaires et expertises détaillées auprès de laboratoires publics et privés qualifiés, il lui faut passer à une échelle préindustrielle, puis industrielle. Dans ces phases doivent être approfondies les études marketing de manière à ce que le lancement corresponde avec la mise en marché. Ces innovations un peu fondamentales, même si elles ont un débouché potentiel direct, et compte tenu de l'absence d'expérience industrielle par définition, demandent en général des fonds importants. Les pouvoirs publics ont prévu ces cas et des financements sont disponibles en vue d'appuyer des associations de chercheurs et d'industriels afin d'assurer la mise à disposition des ressources nécessaires pour favoriser le transfert de technologie, le développement industriel et la mise en marché.

Compte tenu des atouts de cette innovation dans le domaine économique mais aussi de ses impacts positifs sur la santé publique au moment où les établissements de soins avouent une relative impuissance face aux maladies nosocomiales, on peut être assuré de son succès auprès des institutions. Et bien c'est une erreur car le projet n'a pas été adopté en 2004-2005 ni par la cellule ACI du ministère de la Recherche et des Nouvelles Technologies, ni par le comité stratégique du Réseau national matériaux et procédés (RNMP) soutenu par le ministère de l'Industrie. On pourrait penser que la justification donnée par les comités en question explique clairement les raisons de ce rejet étonnant. Malheureusement, ce n'est pas le cas : la décision de l'expertise RNMP (2005) n'est encore pas motivée, et celle de la cellule ACI du MRNT (2004) caractérise ce projet comme « peu réaliste ». Mais les nouveaux photocatalyseurs désordonnés existent et marchent bien !

Il est clair qu'il s'agit d'un dysfonctionnement du système public d'appui à l'innovation, avant-garde de l'intelligence économique française. En analysant la liste des projets acceptés en 2005 par le RNMP, on peut imaginer une explication qui est celle de la nature des projets effectivement retenus. Ils semblent tous relever de la même spécialité. Il se peut alors, sans remettre en question les compétences des personnalités membres de ces comités, par ailleurs de réputation remarquable, que dans certains cas les chercheurs ne puissent trouver une oreille suffisamment attentive ou compétente. Une bonne manière de remédier à ce problème est sans doute de donner de l'information et en tout cas de motiver les décisions. Au mieux cela aidera les laboratoires innovants à rectifier leurs erreurs, au mieux cela améliorera le mécanisme de l'aide publique à l'innovation.

L'élargissement aux questions macroéconomiques

Une des évolutions les plus intéressantes de l'IE du début des années 2000 est de réaliser le caractère universel de la discipline qui ne se réduit pas à une ou plusieurs catégories d'objets ou d'acteurs économiques mais au contraire est susceptible d'englober l'ensemble des réalités économiques. On parle de plus en plus d'intelligence territoriale et l'on parlera peut-être à partir de premières initiatives, d'intelligence du développement.

Notre ambition est de préciser quelques pistes là aussi dans la mesure où les concepts demandent à être clarifiés et que les travaux démarrent à peine sur ces sujets.

Émergence du management territorial

L'importance et l'intérêt des travaux menés dans un atelier particulier du colloque de Poitiers de janvier 2005 ont révélé à beaucoup combien le concept de territoire méritait d'être examiné sous l'angle de l'IE.

Les concepts

Maryse Salles cherche à définir le territoire comme un système d'information et à lui appliquer les concepts qui lui sont liés[1]. Son angle de vue consiste à décliner les éléments constitutifs de la politique nationale en IE au plan régional. Ce faisant, elle pose le problème du concept d'IE territoriale.

La première question à poser, nous semble-t-il, est celle de savoir s'il faut distinguer une « territorialisation de l'IE » de « l'intelligence territoriale ».

Un territoire est sans aucun doute une entité économique spécifique. Elle se caractérise notamment par le caractère public et collectif des enjeux et des réalités. On peut illustrer l'idée par les développements récents du « management territorial ». On a vu en particulier émerger un « marketing territorial » appliquant peu ou prou les concepts et les méthodes de la discipline au management territorial. Ces outils sont maintenant le support d'actions puissantes et concrètes et nous n'en voulons pour exemple que le réseau Anima, Réseau Euro-Méditerranéen des agences de promotion des investissements. On y annonce explicitement, par exemple dans la partie concernant l'Algérie : « *Opportunités d'affaires et marketing territorial.* » En fait, la démarche est très proche d'une démarche d'intelligence économique : il s'agit de mettre en valeur des éléments de différenciation qui amèneront les investisseurs à intervenir sur le territoire algérien. Les retombées attendues sont bien sûr en termes de valeur ajoutée et de sa contrepartie : les revenus. Ces revenus conduiront à une prospérité accrue du territoire, objectif clairement poursuivi.

La thèse de Valérie Girard[2] soutenue en 1999 définit l'identité d'un territoire et les caractéristiques de ses modèles de management.

Le mémoire de DESS de Bruno Bassou, professeur agrégé de gestion et conseiller auprès du président de l'agglomération de Millau, sur l'application du marketing territorial à la stratégie de « Millau Grands Causses », a également montré la pertinence du concept tant et si bien qu'il a prolongé son travail par un DEA et poursuit actuellement une thèse sur l'intelligence économique appuyée sur le cas de ce territoire.

L'émergence de la discipline IE impacte tout naturellement ce mouvement vers l'application sur le territoire. Pour Jean Maurice Bruneau[3], professeur à l'Institut national des télécommunications, c'est : « *La capacité d'anticipation, la maîtrise du renseignement de toute nature, et l'utilisation organisées des réseaux d'influence et d'actions par des élus et des cadres territoriaux au bénéfice du territoire dont ils ont la charge.* »

L'IT existe donc puisque quelques-uns l'ont rencontrée !

J M. Bruneau avoue aussi que sur ce thème « *c'est le flou qui domine dans l'esprit du grand public* ». On pourrait facilement en dire autant pour l'IE en général !

---

1. M. Salles : intervention au colloque de Poitiers, atelier sur l'intelligence territoriale, 27 et 28 janvier 2005.
2. V. Girard, « Contribution à l'étude du marketing territorial : le cas des projets de ville et d'agglomération française », Université Jean Moulin Lyon 3, 1999.
3. J. M. Bruneau, « L'intelligence territoriale : qu'est-ce que c'est ? », *Veille Magazine*, N° 80, décembre 2004, p. 31.

Pour terminer sur le sujet on peut préciser les concepts qui sont à la base d'une IE territoriale et sur lesquels il faut maintenant travailler.

Le premier est sans contexte celui d'influence. Le métier des élus en l'occurrence est assez proche (restons prudents) de la « gestion de l'influence ». Le débat démocratique, en effet, consiste bien en l'opposition d'influences diverses cherchant à convaincre des électeurs pour que tel ou tel point de vue triomphe sur les autres. La dualité de pouvoir dans les assemblées territoriales procède d'un mode de management particulier où l'exercice de l'influence est une condition de la réussite. Dans la définition de J M. Bruneau, on retrouve effectivement ce dualisme et l'utilisation des réseaux d'influence.

Sans doute sommes-nous ici proches du lobbying et le N° 492 du 21 janvier au 3 février 2005 d'*Intelligence on line*[1] ne fait rien d'autre que de l'intelligence territoriale en titrant « Nouvelle donne pour le lobbying commercial US ».

Nous avons aussi à préciser un autre concept comme évoqué ci-dessus à propos du travail de Maryse Salles. Les territoires sont sans aucun doute dans une hiérarchie spatiale qui en fait une ensemble hiérarchisé à la manière des « Matriochkas » ou « poupées russes ». Une région en France participe à la constitution du territoire national qui est lui-même partie prenante de l'espace européen, lui-même apparenté aux pays membres de l'OCDE, pacte atlantique, etc.

Il faut admettre qu'on puisse alors distinguer ce qui relève de l'intelligence nationale (compétitivité de l'espace national au regard des autres espaces nationaux) de ce qui relève de l'intelligence régionale, doté d'objectifs propres et de moyens propres.

Sans aller plus loin pour laisser le débat ouvert nous proposons de définir deux registres dans le concept d'intelligence territoriale :

– **territorialisation de l'intelligence économique** : il s'agit de décliner au niveau des découpages territoriaux les éléments de la politique nationale ou internationale d'IE. Cela vaut pour les grandes entreprises et les grands groupes nationaux ou multinationaux comme pour les États ;

– **intelligence du territoire** : il s'agit d'une réflexion et d'une action autonome au niveau de chaque zone géographique, portant ou non une identité politique, pour la fixation d'objectifs propres et la mise en œuvre d'actions spécifiques à l'espace concerné, en cohérence avec les politiques engagées par les échelons supérieurs plus vastes.

Nous pensons qu'il y a là un travail de fond important à engager afin de ne pas risquer de confusions conceptuelles et opérationnelles.

Les exemples

Ils sont évidemment nombreux. Nous avons eu l'exemple à Poitiers du projet d'agrandissement du port de Marseille sur la zone de Fos-sur-Mer. L'animateur du projet, Hervé Moine, est doctorant sous contrat CIFRE et son travail est remarquable. À travers ce projet ressort la spécificité d'un travail d'intelligence territoriale, ses larges points communs avec l'IE telle qu'elle est pratiquée en entreprise, ses connexions avec la politique nationale, européenne et mondiale.

On peut évidemment repérer les illustrations de l'intelligence territoriale en consultant les sites développés par les régions françaises ou étrangères pour assurer la promotion des territoires :

_____
1. www.IntelligenceOnline.fr

recherche des tendances lourdes pour la prospective, explicitation des objectifs, lancement de projets, mise en valeur des atouts régionaux, accentuation des identités attractives, etc.

La revue *Regards sur l'Intelligence Économique* consacre tous les deux mois une chronique spéciale à l'intelligence territoriale sous la responsabilité de Béatrice Fournier-Mickiewicz. Les exemples illustrant cette rubrique sont très parlants et ils suffiraient à expliciter au niveau de l'action et des méthodes d'action ce que l'on peut entendre par intelligence territoriale.

Philippe Clerc rappelait quelques précautions à prendre lors du colloque de Poitiers en janvier 2005 : attention à la concurrence entre territoires qui peut aboutir à des comportements non coopératifs dangereux. Attention aussi à ne pas faire de la répétition : l'IE doit rester un outil innovant, y compris sur elle-même ! Attention enfin à ne pas tomber dans le piège qui ferait du territoire l'acteur principal alors qu'il s'agit bien sûr de l'entreprise.

Nous terminerons en rappelant que l'expérience pilote initiée par l'État sur cinq régions pilotes et étendue à trois régions nouvelles depuis 2005, est également une initiative que l'on peut qualifier soit d'intelligence territoriale, soit de territorialisation de l'IE nationale. À cet égard les comités régionaux d'IE sous la responsabilité des préfets de région sont sans doute à classer dans la territorialisation de l'IE tant il est vrai que la responsabilité de l'État à travers les responsables directs est clairement engagée et que les conseils régionaux ne sont pas directement partie prenante.

Entretien de...
Philippe Clerc

Philippe Clerc est responsable du Service intelligence économique à l'Assemblée des chambres françaises de commerce et d'industrie. Il est aussi président de l'Association française pour le développement de l'IE, l'AFDIE.

Comment voyez-vous la discipline aujourd'hui en France et dans le monde ?

Tout d'abord, il convient de noter que le rapport de M. Carayon et la politique publique d'intelligence économique qu'il a inspirée, ont été conçus dans une sorte d'urgence, sous l'extrême pression concurrentielle du marché et des rapports de force internationaux, plus précisément lorsque nous avons découvert les effets de l'offensive des fonds d'investissement anglo-saxons sur des entreprises de haute technologie en France et en Europe. Cela au moment où les experts annoncent le risque imminent de décrochage technologique et de « perte de substance industrielle » de notre économie. Contexte qui rappelle étrangement la situation des Américains qui, à la fin des années 80 et au début de la décennie 90, font le diagnostic de la perte de compétitivité de leur économie et des dégâts de l'offensive japonaise sur un ensemble de secteurs-clés, dont les biotechnologies, mais aussi l'automobile et l'aéronautique. Le résultat en fut un sursaut de patriotisme économique et la mise en place d'une nouvelle politique industrielle « *l'Advocacy Policy* » et d'un dispositif très offensif de l'influence et de guerre économique, dont les fonds d'investissements sont la nouvelle forme.

N'oublions pas, ensuite, que le rapport de M. Carayon représente l'entrée en jeu de la sphère politique sur le thème de la stratégie d'intelligence économique nationale et de ses carences. Ce fait est essentiel. Nous avons besoin de l'acteur politique pour organiser le débat et éclairer la voie sur le rôle de l'intelligence économique comme stratégie de l'État, cela pour entrer dans « la nouvelle grande transformation » du capitalisme. Convenons ici que M. Carayon est bien seul. Ses collègues parlementaires ne semblent guère mobilisés avec lui. Et pourtant, l'innovation réside dans l'affirmation que l'intelligence économique est une véritable politique publique qui offre à l'État, jusqu'au niveau local, la capacité à recouvrer des compétences stratégiques. À ce stade, il faut considérer que cette politique constitue un début de réponse intéressant à la recherche par l'État en crise, de la définition de son nouveau rôle, de « réducteur d'incertitude » pour les acteurs du développement économique, « d'architecte » d'une nouvelle stratégie de conquête et d'influence, fondée sur l'innovation permanente et calée sur les enjeux de la mondialisation.

C'est à partir de cette visée qu'il faut s'intéresser aux initiatives prises, en portant deux regards : l'un sur l'organisation de la gouvernance de cette politique, l'autre sur son contenu. Concernant la gouvernance, la nomination du haut responsable à l'intelligence économique, M. Juillet, par le Premier ministre permet d'identifier la figure emblématique de cette politique, le lieu de la gouvernance, d'animation et d'innovation. Il semble toutefois que la leçon de l'échec de la première politique publique mise en place en 1995 par M. Balladur avec le Comité pour la compétitivité et la sécurité économique et le comité interministériel de pilotage, n'ait pas été retenue. Effectivement, s'il faut se féliciter de la création de délégations ou missions dans les ministères stratégiques, le risque demeure grand « d'abandonner » rapidement l'action opérationnelle d'appui aux entreprises pour une intense activité de coordination, aux coûts de transaction trop importants et au risque de « perte de substance stratégique ».

Dans ce dispositif, le ministère de l'Intérieur porte une importante responsabilité. Il est en effet l'animateur de la politique d'intelligence territoriale, le gardien de la déclinaison locale de la politique nationale d'intelligence et de sécurité économique.

Concernant le contenu de la politique, je reviendrai sur quatre initiatives-clés : la politique d'intelligence territoriale, la définition de briques constituant une stratégie de sécurité économique, la proposition d'organisation de la profession de l'intelligence économique et le référentiel de formation.

L'intelligence territoriale est une avancée majeure et innovante. Ne négligeons pas cependant le risque de surabondance d'orientation en la matière, entre le montage de projets pilotes dans neuf régions expérimentales, la mise en place des stratégies d'intelligence territoriale dans l'ensemble des régions et la dynamique des pôles de compétitivité. Compétitivité et sécurité économique : les enjeux sont essentiels. En effet, en cohérence avec les orientations nationales en matière de sécurité économique (quinze secteurs stratégiques définis par le gouvernement), les préfets de régions ont une mission essentielle de diagnostic des actifs-clés de leur région et d'identification des entreprises sensibles et stratégiques. Ces actions engagées à l'échelle des territoires devraient permettre de corriger le déficit de pilotage stratégique des politiques technologiques et industrielles. Elles vont être consolidées par l'arsenal défensif et offensif de sécurité économique que représente, en premier lieu, l'utilisation de l'article L.151-3 du code monétaire et financier relatif au contrôle des investissements étrangers dans les secteurs de souveraineté de notre économie – un décret devrait être pris prochainement, en second lieu, la très récente création d'un dispositif d'investissement destiné à soutenir les jeunes entreprises de technologies créées dans les quinze secteurs-clés : la création tant attendue de ce fond d'investissement devant permettre de développer et préserver nos savoir-faire les plus stratégiques. Sa force de frappe financière sera-t-elle à la hauteur de l'enjeu ? Quel est le nombre de jeunes entreprises technologiques déjà captées par les investissements étrangers ? Le dispositif n'est-il pas trop orienté, par les fonds qui le composent, vers les industries de la défense ou liées à la défense ?

Les porteurs de cette orientation forte en matière de sécurité économique doivent éviter deux écueils. Le déséquilibre avec la nécessaire ouverture et la compétitivité d'abord, la fracture compétitive ensuite, entre les PME de haute technologie et les PME, si nombreuses des autres secteurs, dont l'activité n'aurait pas le « label » stratégique. L'État porte ici une responsabilité majeure en tant que gardien de la « cohésion compétitive » des territoires. C'est en ce sens que les diagnostic/identification des entreprises du périmètre dit stratégique, doivent impérativement être la préfiguration de la mise en place de dispositifs de connaissance/diagnostic des forces et faiblesses élargis à tous les secteurs pour un état des lieux des actifs (entreprises, savoir-faire) et la mise en œuvre de systèmes d'alerte et de vigilance. Car chacun sait que pour chaque territoire, toute activité créatrice de richesse et d'emploi devient une « pépite ».

Concernant la profession de l'intelligence économique, il était important de travailler sur son organisation, en proposant une concertation avec les professionnels et notamment les cabinets de consultants. L'AFDIE a animé un groupe de réflexion, durant quelques mois, en concertation avec Alain Juillet. Très prochainement, une charte sera présentée, pour être à terme portée par une fédération professionnelle. Cette incitation de l'État est essentielle, au moment où le marché de l'intelligence économique se structure et où la globalisation accroît les risques informationnels et les vulnérabilités.

Enfin, la décision d'écrire, avec un groupe d'experts du monde de l'enseignement, un « référentiel de formation » destiné à délivrer à chaque enseignant ou formateur, sans l'imposer, le socle du contenu indispensable, apparaît d'abord comme une gageure, ensuite terriblement colbertiste, enfin nécessaire, car ce référentiel fait valoir et formalise l'École française de l'intelligence économique.

Quels sont les points sur lesquels on doit particulièrement insister dans le contexte actuel ?

Les faiblesses pointées par Lorenzi et Fontanié, auteurs du rapport « Désindustrialisation-délocalisations » du Conseil d'analyse économique (novembre 2004), sont tout autant celles issues des choix stratégiques de la France en matière de développement industriel, que celles intrinsèques des entreprises.

Très schématiquement, quel est le contenu du rapport ? Un risque imminent de « perte de substance industrielle » – et ses conséquences en termes de puissance économique et d'influence – dû aux insuffisantes réactivité et adaptation de notre tissu économique, à notre mauvaise spécialisation géographique, en particulier sur les marchés émergents ou en ce qui concerne les produits en progression, à une perte continue de positions technologiques.

Face à ces mouvements de fond, la politique d'intelligence économique nationale et territoriale apporte un début de réponse. Le premier est essentiel. Il correspond à la recommandation présentée comme primordiale par les experts du CAE : au service de l'entreprise, « *réduire les incertitudes* », « *analyser et comprendre pour mieux anticiper et agir* », en fait réhabiliter la prospective afin de suivre les tendances, les ruptures technologiques ou de marché, bâtir « *la prospective des marchés émergents* », effectuer des veilles sur la concurrence et les dispositifs d'intelligence économique, sur les comportements stratégiques… La définition du périmètre des actifs sensibles dans les régions, les quinze secteurs stratégiques sur lesquels des moyens plus intensifs doivent être affectés, le dispositif d'investissement récemment créé pour soutenir les jeunes entreprises de ces secteurs sont à ce titre des avancées. Mais le dispositif ne répond encore que partiellement aux questions cruciales et les moyens sont si faibles par rapport à l'enjeu. La cohérence du pilotage demeure floue, la stratégie reste celle du diagnostic. Car enfin, jamais en si peu de temps, nous n'avions eu en France autant de rapports sur l'intelligence économique, l'innovation, l'industrie, la R & D, les pôles de compétitivité, les TIC : autant de rapports comme autant de diagnostics, comme anticorps à l'absence de vision, de stratégie.

Et pourtant, les risques sont amplifiés par les mouvements de la mondialisation et la puissance de feu des concurrents. Celui de la dépendance stratégique n'est pas des moindres. Il est même saillant et appelle l'urgence d'une réponse claire. Progressivement, comme par cycles, le risque enfle. Souvenons-nous. En 1995, la France découvre – entre autres – que le nouvel instrument américain de financement des technologies de pointe, le Nasdaq, aspire, pour capitalisation, nos start-ups les plus innovantes. La riposte en est restée là : fallait-il créer un Nasdaq français, européen ? Question stratégique posée dès cette époque avec l'actuel secrétaire d'État à la Recherche, qui tenait le même poste : disposons-nous de compétences suffisantes pour effectuer l'analyse financière des portefeuilles technologiques, et des capacités des dirigeants à « manager » leur start-up ? Déjà l'alerte courait à propos des cabinets d'audit anglo-saxons – les « *Big Five* », devenus « *Big Four* » – qui expertisaient et conseillaient nos grands groupes. Petit à petit, les instruments de riposte et de surveillance se mettent en place : les secteurs dits « intrusifs » sont définis – assurance, infogérance, sécurité – afin de cartographier plus aisément les vulnérabilités ; le contrôle des investissements étrangers dans les secteurs stratégiques est activé. Que dire de la dépendance que nous avons créée vis-à-vis des États-Unis, en ce qui concerne les moteurs de recherche et les technologies de datamining ? Mais, un risque plus sournois s'ajoute aujourd'hui : celui de la perte de nos capacités d'expertise et de réflexion sur les enjeux de la mondialisation et de la « grande transformation » du capitalisme. Nos expertises et nos prospectives ne vont-elles pas progressivement n'être plus alimentées que par les think tanks européens ou américains ? Non que nous ne disposions pas de think tanks de valeur en France (l'IFRI (Institut Français des Relations Internationales), l'IRIS (Institut de Relations Internationales et Statégiques), Prométhée, le CEPII (Centre d'Études Prospectives et d'Informations Internationales), le Club des vigilants…). Mais il est à craindre que leurs moyens et surtout leurs orientations ne soient pas toujours calés sur les enjeux que nous traitons ici. Quelle réponse est aujourd'hui apportée à cette dépendance qui se crée sous nos yeux ?

C'est alors qu'émerge le concept « d'intelligence territoriale »…

En effet, à la fois l'État et les régions ont vécu la transformation de leur mode de gouvernance locale et de leurs pouvoirs et compétences. Depuis 2004, l'État décline sa stratégie en région à travers des PASER (plans stratégiques de l'État en région) pilotés par les préfets de région. Par ailleurs, la loi d'août 2004 relative aux libertés et responsabilités locales a confirmé que le développement économique était le **domaine d'intervention principal** de la Région, qui élabore un **schéma régional de développement économique**, afin de coordonner les actions et favoriser l'attractivité de son territoire. Cette « entrée en stratégie » est confortée par la politique d'intelligence territoriale. Cela répond à un enjeu de toujours, mais devenu critique. Lorsque la mondialisation conditionne le développement, il faut connaître, analyser, comprendre « pour anticiper et mieux agir », cela avant les autres ou cela avec les autres, si un territoire décide de partager avec d'autres les fruits de la richesse, de la puissance et de l'influence. Le temps d'accès à la connaissance conditionne alors l'attractivité, la puissance et l'influence. Les stratèges territoriaux devront désormais conjuguer le temps réel du diagnostic permanent – analyser les forces et faiblesses des filières, de la R & D, du territoire, traquer les territoires référents et concurrents, diagnostiquer les actifs-clés – et le temps long de la prospective pour prévoir ou créer, voire inventer de nouvelles activités. Pour cela, l'État, la Région devront se doter de compétences de pilotage stratégique et de systèmes d'alerte permanents pour identifier à temps les signaux faibles avant-coureurs d'une rupture – d'activité, technologique, de marché, de consommation. Dans le PASER de la région PACA, on peut lire au chapitre « Promouvoir l'activité économique » : *« Impulser l'intelligence économique dans des secteurs stratégiques de la Région PACA et impulser la démarche d'intelligence économique pour développer un pôle euro-méditerranéen de gestion des risques naturels et technologiques. Les technologies marines et sous-marines semblent déjà constituer un ensemble de technologies et de services constitutifs de nouvelles activités. »*

Deux autres enjeux m'apparaissent majeurs pour l'intelligence stratégique territoriale. En premier lieu, la coopération et les stratégies interrégionales, d'abord à l'échelle nationale entre les savoir-faire méditerranéens et bretons (technologies marines, traitements d'ambiance, dépollution…), mais aussi à l'échelle européenne entre les *clusters* ou districts industriels ou de services, entre le district de Ravenne, la région de Marseille, les Bretons sur les technologies propres et environnementales : partager les savoir-faire, mutualiser des forces et des informations pour prendre des marchés, mutualiser et coproduire des intelligences commerciales, technologiques, organisationnelles. En second lieu, l'intelligence stratégique territoriale doit progressivement intégrer les dynamiques de la gouvernance sociale sur les territoires, aider à coproduire la stratégie de développement, la prospective : les débats publics organisés en temps réel, c'est-à-dire tout au long de l'élaboration et du déroulement des projets structurant le territoire. Le réaménagement de la zone de Fos requiert selon ses pilotes « une intelligence économique territoriale durable », associant les populations aux orientations, tant les enjeux sociaux et environnementaux sont complexes.

Quel sera alors le rôle du réseau consulaire ?

Les chambres de commerce locales et régionales sont les partenaires historiques des collectivités territoriales. Au quotidien, dans un grand nombre de métiers qu'elles maîtrisent, elles articulent leurs actions avec celles de l'État et des collectivités : de l'enseignement et de la formation à l'appui au développement des entreprises du commerce, de l'industrie, des services, du développement des territoires à l'analyse et l'expertise jusqu'à la gestion de ports et d'aéroports. Face à cette importante transformation de la gouvernance du développement local et régional, les chambres se trouvent porter une responsabilité particulière : les CCI sont gardiennes de la dynamique des PME au cœur de la politique publique d'intelligence territoriale. Elles devront veiller à ce que la fracture compétitive ne s'installe entre « les entreprises stratégiques » et les autres.

Mais surtout, elles poursuivent l'apport de leur savoir-faire éminent en matière d'écoute active des besoins des entreprises ; elles enrichissent les dispositifs de connaissance, d'expertise relatifs aux filières, aux territoires ; elles apportent leurs compétences en matière d'information économique, d'étude et de prospective, leurs réseaux de conseillers d'entreprise, de veille stratégique et d'intelligence économique (RESIS pour les alertes sur les tendances de marché par secteur, ARIST pour l'information scientifique et technique, réseau d'experts pays), leurs outils d'animation de communautés d'intérêt et d'intelligence (pour le développement local : ECOBIZ démarche et outil mis en œuvre par la CCI de Grenoble, pour la veille stratégique : logiciel e-novaction proposé par Nice, Cyber-veille proposée par la CCI de Paris, le portail intelligence économique de la CCI de l'Essonne ou le Centre régional de veille stratégique de la CCI de Colmar…), leurs savoir-faire en matière de sécurité économique (propriété intellectuelle, sécurité des systèmes d'information, confiance sur Internet – Chambersign France) ; elles continuent de faire bénéficier les entreprises d'informations élaborées disponibles sur Internet (portail d'entreprise www.cci.fr) et de démarches innovantes (Inoways du réseau des CCI Rhône-Alpes).

À cet égard, le réseau consulaire reste humble. Il sait douter et s'est tôt posé la question essentielle de l'évolution de ses métiers, pour une plus grande performance, pour prendre en compte les évolutions majeures de leur environnement et quelque part, comme toute organisation, pour sa survie ; la révolution des technologies de l'information, son impact sur les modes d'organisation productifs des entreprises, les nouveaux comportements stratégiques sur les marchés (*clusters*), les apports de la gestion des connaissances. La nouvelle gouvernance locale a été un déclencheur-clé, mais aussi et surtout le risque avéré et diagnostiqué de « perte de substance industrielle » et de « décrochage technologique ». Le constat de l'état de cécité collectif vis-à-vis des grandes mutations et de déficit de compétence en matière de pilotage stratégique a constitué une motivation supplémentaire déterminante pour engager un changement de paradigme : passer de l'information économique à l'intelligence collective, passer d'une organisation individualisée, spécialisée par métier, en tuyau d'orgue, à une organisation d'échange et de partage d'analyse et de prospective, passer du développement de l'intelligence économique à la mise en œuvre de l'intelligence stratégique.

Comment les entreprises françaises et/ou étrangères peuvent-elles utiliser l'IE ?

La politique qui est actuellement développée en matière d'intelligence économique est une politique qui s'adresse à l'ensemble des parties prenantes de la société ; les sphères économiques, sociales et culturelles sont interpellées. Une priorité se détache : la cible des entreprises, de toutes les entreprises. Mais M. Juillet ne manque pas une occasion pour le rappeler : chacun est concerné et la large diffusion de l'état d'esprit que représente l'intelligence économique est prioritaire. Les modèles mentaux qui lui sont associés passent par l'éducation.

La politique répond-t-elle à de véritables besoins des entreprises ? Une enquête récente de la chambre régionale de commerce et d'industrie de Bretagne (ARIST Ouest) restituait les besoins des petites entreprises à travers trois déficits en matière d'intelligence économique : déficits de moyens financiers et humains, de savoir-faire organisationnels, et d'outils. Face à ce diagnostic précis, il est encore trop tôt pour évaluer la capacité de la politique à répondre aux besoins. Quant aux régions pilotes, elles débutent les expérimentations et lancent à peine les projets. Toutefois, le colloque organisé le 17 mars 2005 à Marseille par le trésorier-payeur général de la région PACA, en partenariat avec les entreprises, la Région, les acteurs locaux et les CCI, sur le thème de l'intelligence économique et des risques liés à la mer, a montré combien la politique était juste et répondait aux dirigeants de PME, c'est-à-dire à travers des fonctions de fédération des compétences, de « réduction des incertitudes », de défense et de promotion de savoir-faire, mais surtout d'ouverture de nouvelles activités, de nouveaux marchés plus rémunérateurs. L'intelligence économique est ici indissociable de l'innovation. Là, le besoin des entreprises est transcendé. C'est toute une région qui trouve un projet collectif et se mobilise sur un futur à construire. Plus globalement, si l'on considère les perceptions qu'en ont les entreprises, la politique d'intelligence économique est vécue comme éloignée des besoins quotidiens et souvent encore, comme une action certes d'envergure, mais réservée aux grands groupes ou aux entreprises de haute technologie.

Vous avez proposé la création d'observatoires régionaux d'intelligence stratégique (les ORIS). Comment situez-vous cette nouvelle structure ?

Rappelons que les ORIS ont pour vocation, en premier lieu, d'éclairer les politiques publiques d'aménagement du territoire et les choix de développement économique local : adapter et optimiser les projets de développement ou les ressources du territoire, anticiper les restructurations, prévenir les défaillances de donneurs d'ordres clés, décoder les risques de dépendance du territoire ; en second lieu, de bâtir une capacité d'influence pour renforcer l'attractivité du territoire, c'est-à-dire déterminer les ressources technologiques critiques à acquérir ou à maîtriser, disposer de comparatifs de performances et de profils concurrentiels de territoires cibles ; et en troisième lieu, de renforcer l'aptitude des PME-PMI à connaître et comprendre l'évolution de leurs environnements et donc de favoriser la croissance des actifs industriels d'un territoire et assurer leur sécurité face aux nouveaux risques (attaque sur l'image de l'entreprise, du territoire, risque informationnel, déstabilisation, influence).

Piloté par l'exécutif des CRCI (Chambre Régionales de Commerce et d'Industrie), en réseau avec les CCI, l'ORIS est une méthode d'ingénierie de projet, basée sur le management de l'information stratégique. Elle s'appuie sur les compétences du réseau : écoute active, conseil et gestion de projets en matière économique, institutionnelle et sociale des territoires. Elle associe étroitement les parties prenantes (collectivités, agences de développement, branches professionnelles, centres ressources...) des projets ou thématiques concernées. Elle fait également appel à des techniques d'organisation, d'analyse et d'interprétation propres à l'intelligence économique pour disposer des capacités de prospective, d'anticipation et de gestion de crises. Cette méthodologie propose aux parties prenantes, mobilisées dans la résolution d'une problématique stratégique, un cadre structurant d'intelligence collective en favorisant la logique de coproduction. Cet ensemble constitue une véritable chaîne de valeur.

En fonction de la thématique à traiter, les ORIS mobiliseront des groupes d'interprétation pour analyser des alertes et proposer des ripostes, des scénarii, alimenter des prospectives ou des organisations de gestion de crise. Les ORIS mobiliseront les compétences et l'expertise disponibles d'abord à l'échelle locale, mais sur tout le territoire :

- au sein du réseau des CCI (les écoles de commerce et d'ingénieurs, les conseillers d'entreprises, les documentalistes, les experts pays ou sectoriels…) ;
- dans les CRCI (information économique et prospective, ARIST) ;
- dans les réseaux d'expertise répertoriés sur le territoire ou à l'échelle nationale (Résis pour le suivi des tendances de marchés, des ruptures, des innovations) ;
- dans les réseaux, tels que les professions, les collectivités et les réseaux de l'État.
- dans les capacités d'analyse et de synthèse de l'ACFCI.

Ils se doteront progressivement d'outils collaboratifs (plates-formes collaboratives d'intelligence économique…) et de traitement d'information (datamining…), mais surtout le back-office de l'organisation sera irrigué et structuré par « les communautés métiers » de l'Intranet des CCI, CCINET (C'est le nom de l'Intranet des CCI françaises) au sein duquel chaque expert du réseau des CCI figure avec ses compétences.

Pour illustration : la crise de la filière bois. Elle est vécue et analysée dans au moins cinq régions, donc par cinq Chambres régionales (Aquitaine, Champagne-Ardenne, Lorraine, Bourgogne, Franche-Comté). Des CRCI et des CCI investissent dans des études, des diagnostics, des veilles : en Lorraine, la Région a financé un portail d'intelligence économique – Décilor – qui produit de l'expertise sur le sujet. Après examen, ni échange, ni mutualisation. Les ORIS, avec une organisation nationale de traitement d'alerte, mettent en synergie et déclenchent les expertises partagées, produisent l'intelligence des situations… et font baisser d'autant les coûts. Cela vaut pour combien de filières en mutation sur combien de territoires ?

Les ORIS ont donc pour vocation première d'éclairer la stratégie du réseau consulaire en région, tout en étant complémentaires des politiques d'intelligence territoriale et de sécurité économique de l'État et des collectivités territoriales.

L'état « d'intelligence permanente », c'est-à-dire permanence de vigilance et d'interprétation, doit donc permettre de déterminer le périmètre des actifs industriels du territoire à promouvoir et à défendre – secteurs « high-tech » mais aussi traditionnels – de suivre les stratégies des grandes entreprises, mais aussi des PME, des filières, des *clusters*, de suivre les marchés et de faire la prospective des marchés émergents, de déterminer les tendances technologiques et les risques de rupture, les modifications des structures de marché, l'évolution des sciences et techniques… et donc de faire de la stratégie territoriale « en connaissance de cause ».

Vers une intelligence du développement

Plus ambitieux : le projet de repérer et définir une intelligence du développement. Aussi ne nous étendrons-nous pas trop longtemps sur le sujet. Un doctorant de l'UM1, Abdoulaye Barry, travaille sur une thèse à ce propos et ses recherches sur une antériorité du concept n'ont pratiquement rien donné. Nous ne serions pas plus performants. Ce travail est parti de ses expériences de collaboration pour le compte de la Banque mondiale où les échecs des politiques traditionnelles pour l'aide au développement telles qu'elles sont mises en œuvre dans les plans successifs qui ont été imaginés et appliqués en Afrique de l'Ouest, sont patents. Curieusement les mêmes plans ont mieux réussi ailleurs. Nous dirons quelques mots du Forum intelligence économique et développement avant de disserter plus loin

Le FIED

Les principales avancées dans ce domaine sont dues au travail du Forum intelligence économique et développement (FIED[1]). Nous y retrouvons des auteurs connus et cités ici. Une des problématiques soulevées fut en 2002 celle de la fracture numérique, puis Laurent Hassid d'INTELCO et Philippe Clerc de l'ACFCI (Assemblée des chambres Françaises de Commerce et d'Industrie) avaient pour mission de nous dire ce qu'était concrètement l'intelligence économique (IE) et quel pouvait être son apport en Afrique dans le contexte actuel de guerre économique et de société du savoir : « *L'IE consiste en la combinaison des pratiques et savoir-faire de production, d'interprétation, d'analyse et de diffusion de connaissances développées à l'échelle d'un pays, d'institutions et de réseaux.* »

À travers l'exemple du Japon et des États-Unis, pionniers en matière d'IE, ont été mis en exergue les différents avantages de l'IE. Ses objectifs ont pu être ainsi comptabilisés au nombre de trois :

– apporter les connaissances adaptées à la mondialisation, aux stratégies de développement du pays ;

– développer une certaine coopération et des enseignements pour mieux comprendre et gérer son environnement ;

– enfin, mettre en œuvre des stratégies de promotion des modèles culturels, économiques et sociaux d'un pays sans négliger les actions d'influences en faveur de notre stratégie, voire afin de déstabiliser un pays, une économie, une entreprise.

Mais ce FIED ne parle pas que de l'Afrique ou des pays en développement puisque Sophie Dimitouillas et Jérôme Binde y ont également parlé ; la première sur le rôle et la consécration de la société civile européenne au sein des institutions de l'Union européenne et du processus décisionnel ; le second en montrant comment les mouvements mondialistes, la société civile internationale et africaine, peuvent devenir, en l'occurrence, eux-mêmes une stratégie au service du développement africain.

Un sujet qui pourrait paraître « déplacé » a été exposé au FIED 2003 par Jean-Pierre Bernat, responsable de l'IE au CIRAD (Centre de coopération internationale en recherche agronomique pour le développement) : la sécurité alimentaire. « *Quand on évoque ce domaine et les politiques qui suivent, on ne se réfère pas seulement au domaine agricole ou de la recherche pour trouver des engrais plus performants ou des organismes génétiquement modifiés (les OGM) ; il y a tout un environnement économique qui est derrière et qui comprend la concurrence, les changements d'habitudes, l'environnement juridique, l'innovation… En effet, quand on parle de politique de sécurité alimentaire on est aussi dans le domaine de l'intelligence économique (IE). Il s'agit d'un système de veilles qui se déclinent en : veille réactive, proactive, concurrentielle, technologique, commerciale, juridique, macroéconomique, géopolitique et sociétale.* »[2]

Les politiques d'influence sont également au cœur de l'intelligence du développement et là aussi il faut citer un atelier du FIED, encore une fois pionnier en la matière : il s'agit dans cet atelier, pour Michel Clamen consultant à l'UE, de démontrer quel est le poids du lobbying en Europe sur les pouvoirs publics, les décideurs, comment on peut faire changer les lois en connexion satellite avec Cotonou, Dakar et Addis Abeba. M. Clamen arrive à nous montrer que le lobbying est devenu une véritable technique, un vrai métier auquel il faut se consacrer à plein-temps. Il y a des méthodes de management qui permettent de gérer son influence comme on gère un peu

---

1. www.sopel.org
2. FIED, 2003 : www.sopel.org

son image. Le lobbying est un domaine à la croisée de la politique, de l'information, de l'argent qui peut facilement basculer dans la corruption si on n'y prend pas garde. Le plus important encore est l'impact que ces politiques européennes, ces batailles dans le cadre de l'OMC peuvent avoir de manière indirecte tant au niveau des investissements en augmentant les contraintes et en favorisant les délocalisations qu'au niveau du commerce international, tel pour les matières premières nécessaires à la fabrication du chocolat.[1]

Inutile de dire que ces forums travaillent également sur les TIC et leurs applications.

Autres aspects

Les liens avec l'intelligence territoriale sont évidemment importants. On évoque souvent la notion de développement durable et cette composante fait partie du management territorial qui se distingue peu à ce moment-là du développement territorial. Le site Internet développement-local.com illustre bien ces multiples préoccupations dans sa publication en ligne « Les échos du développement local durable ». Était organisée en octobre 2002 une journée sous le titre « IE et développement local ». Jacques Chatignoux se présentait après l'intervention de Christian Marcon : « *Christian Marcon nous dit d'emblée que l'intelligence économique des territoires est peu compatible avec les frontières administratives. Au-delà il affirme qu'une personne seule ne peut pas réussir et invite à l'élaboration de stratégie de réseaux d'acteurs pour : créer, orienter, motiver les liens tissés entre acteurs au service d'un projet. Pédagogiquement, il esquisse l'intelligence économique dans quatre contextes : la stratégie du seigneur, celle du leader, celle encore du démocrate local, celle enfin de l'animateur... Précisant un point d'importance : les gens à fort potentiel seront des acteurs-clés du territoire.* »[2] Concernant André Santini, député maire d'Issy-les-Moulineaux, Chatignoux rapporte : « *A. Santini parle beaucoup d'intelligence humaine et de la nécessité pour faire des affaires (au sens faire venir des industriels dans sa commune) de l'alchimie humaine qui fonctionne lorsqu'il se déplace à l'étranger pour rencontrer les dirigeants de quelques grands groupes industriels ; rappelant au passage (et c'est bigrement important) les règles du savoir-vivre qui font qu'on ne parle affaires que sur le pas de la porte, s'inquiétant d'abord de la santé de votre interlocuteur et de celle de ses proches... »* Et plus loin, plus classique aussi : « *L'intelligence économique c'est de plus selon lui le fait de disposer de façon hebdomadaire d'un tableau de bord sur tout ce qui se passe sur sa commune dans le domaine économique tout en ayant bien sûr un réseau important qui lui permette de suivre l'actualité économique dans les secteurs sur lesquels sont les entreprises implantées sur son territoire.* » A. Santini nous donne une dimension large de l'IE, qui va de l'intelligence émotionnelle et de l'empathie nécessaire dans toute relation, aux tableaux de bord économiques pour un suivi technique rigoureux.

Il faut également citer Philippe Clerc qui oscille entre intelligence territoriale et intelligence du développement. À ce même FIED, il évoque l'importance de la localisation des activités qui a de plus en plus d'impact dans une économie mondialisée : « *Les nouvelles formes d'organisations territoriales (qu'on les appelle* clusters, district *ou* spl) *doivent :*

– *créer des irréversibilités de localisation ;*

– *agir sur le capital social (interaction des réseaux de confiance) et activer des stratégies d'influence ;*

– *mettre en place des systèmes locaux ou régionaux d'intelligence économique et de veille stratégique.*

En fait ce qui manque le plus, ce sont les dispositifs de vigilance sur les territoires. »

---

1. *Ibid.*
2. J. Chatignoux, « Intelligence économique et développement territorial : regard humain, institutionnel, conceptuel, numérique : www.developpement-local.com, 14 octobre 2002.

Une formule souvent employée, dont on peut se demander si elle ne pourrait pas être une sorte de « maître mot » de l'intelligence du développement, qui sert en tout cas de slogan aux mouvements écologistes et alter mondialistes, est : « Penser globalement, agir localement. » Cette formule correspondrait assez bien à l'esprit de l'IE et on la trouve d'application assez large, par exemple dans la recherche médicale clinique ainsi que le présente le docteur Roch Bernier : « *J'essaie de penser stratégiquement. Bien des éléments de mon travail, y compris la médecine de famille, m'ont fait développer cette approche globale des choses. Mais on ne peut pas seulement penser ou observer des problèmes. Il faut agir localement, près des gens, ou encore là où on peut avoir de l'influence, près des décideurs.* »[1] La créativité est au cœur de l'IE et les apports d'autres corps de disciplines sont marquants comme nous le verrons avec L. Von Bertalanfy, biologiste et père de la pensée complexe.

Il nous semble pourtant que cette formule serait dangereuse à prendre comme un absolu car une autre caractéristique de l'IE est le partage de l'information qui implique que l'on peut et doit aussi « penser localement » !

La question qui se pose après ces quelques lignes d'ouverture sur l'intelligence du développement est de savoir s'il existe une spécificité réelle ou bien s'il s'agit seulement d'appliquer des outils, des concepts et des méthodes connus à des problématiques particulières.

Abdoulaye Barry, dont nous évoquions les travaux au début de cette réflexion, explique : « *Devant les données préoccupantes de l'aide publique au développement depuis les années 60, nous voulons explorer les possibilités de sortir de l'impasse en nous penchant sur une intégration des capacités des hommes et des instruments. L'intelligence économique nous ouvre une voie à travers l'examen d'une application de son propre concept dans les programmes de développement du Tiers-Monde. Cette investigation nous permet d'aborder l'intelligence du développement (ID), ou plus précisément l'intelligence du développement international et local (IDIL).* »[2]

À ce bilan riche, il manquerait quelque chose si nous n'évoquions pas les relations entretenues depuis peu par ce nouveau champ disciplinaire, si tant est que c'en est un, avec les disciplines traditionnelles voisines.

1. www.amlfc.com, mars 2000.
2. www.ir2i.com, juin 2004.

Entretien de...
Christian Harbulot

Christian Harbulot est directeur de l'École de guerre économique.

Comment voyez-vous la discipline aujourd'hui en France et dans le monde ?

Si l'intelligence économique est une discipline qui est encore en devenir, le référentiel en intelligence économique, rédigé en 2004-2005 par une équipe d'universitaires et de formateurs sous la direction d'Alain Juillet, est une étape très importante dans la clarification du concept. Avant cette date, il existait une certaine confusion théorique qui nuisait au développement de la discipline, aussi bien sur le plan universitaire que dans le monde des entreprises. Désormais, le référentiel donne une idée précise des différents champs couverts par l'intelligence économique, en ne la réduisant pas à une vision purement documentaire, en établissant un lien entre les notions de développement et d'affrontement économique, et en intégrant le management de l'information à la stratégie globale d'un acteur économique. La transdisciplinarité imposée par la mise en œuvre de ce concept est sans aucun doute l'obstacle le plus difficile à franchir par les universitaires. Mais, à l'image de ce qui s'est passé en médecine au cours des années 90 (le corps médical français, qui s'était longtemps opposé au principe d'une étude globale et transdisciplinaire du corps humain, a dû changer d'attitude sous peine de sombrer dans le ridicule), l'université devra progressivement s'accoutumer à cet exercice de croisement des connaissances.

Dans le monde, la discipline est encore embryonnaire dans de nombreux pays, excepté aux États-Unis, au Japon et dans quelques pays nord européens. En revanche, l'intérêt croît dans la plupart des pays pour des raisons évidentes : compétition durcie par le nombre croissant de pays industrialisés, tensions économiques provoquées par les crises pétrolières et les spéculations autour de l'énergie, diminution des ressources mondiales accentuée par la demande des nouvelles puissances, régénérescence des patriotismes économiques. Il demeure cependant une ambiguïté très importante qui limite la portée de l'intelligence économique : si la nécessité d'étudier l'utilité de l'information dans la dynamique économique s'impose peu à peu, les entreprises se réfugient derrière le non-dit afin de dissimuler leurs actes lors d'un affrontement de nature informationnelle avec la concurrence.

Cette contrainte objective rend la tâche particulièrement difficile aux chercheurs qui étudient les pratiques de management de l'information sous l'angle conflictuel. En effet, ils ne disposent pas d'éléments statistiques de source étatique ou patronale et se heurtent au silence des protagonistes lorsqu'ils cherchent à réaliser des études de cas. Si les guerres militaires laissent des traces visibles (batailles, destructions, témoignages des combattants), les affrontements économiques sont parfois aussi opaques que les manipulations financières en usage dans les paradis fiscaux. L'élaboration du savoir dans cette discipline implique donc une méthode d'enseignement qui prenne en compte ces difficultés dans la recherche. D'autres formes de formulation de la connaissance doivent compléter le traditionnel mémoire universitaire. C'est ce que nous essayons de faire à l'École de guerre économique depuis sa création en 1997. Les exercices de groupe menés durant ces dernières années ont produit des résultats intéressants. Certains ont donné lieu à des études approfondies qui ont eu des retombées dans l'administration et dans certaines entreprises comme Gaz de France.

Quels sont les aspects de la discipline qui vous semblent les plus importants ?

L'histoire de l'humanité est fondée sur le développement et l'affrontement. Or la grande majorité des intellectuels s'est toujours détournée de l'étude de l'affrontement sous prétexte qu'elle ne favorisait pas le progrès humain. Le XXIe siècle s'ouvre sur une vision plus réaliste de la science et de la technologie dans leurs effets sur le devenir de l'homme. Désormais il n'est plus possible d'affirmer que le progrès humain dépend seulement du développement. L'étude du développement ne peut se faire sans l'étude de l'affrontement. La question pétrolière illustre bien cette dialectique. Il n'y a pas assez de réserves pétrolières. Les puissances en ont besoin pour se développer. Elles feront tout pour s'en procurer. L'intelligence économique est une démarche intellectuelle qui ose aborder l'étude théorique et pratique de ces deux champs de connaissance sans réduire au rang de l'anecdote les affrontements de nature géoéconomique, concurrentielle et sociétale.

La volonté d'inscrire l'information au cœur du processus de décision est devenue la mission prioritaire de l'intelligence économique. Cette tendance lourde vient des États-Unis. Les autorités américaines ont pris l'habitude de préparer l'avenir de leur pays sur trente ans et de dresser tous les cinq ans un plan d'anticipation des risques de conflits ou de menaces majeures qui porteraient atteinte à la puissance des États-Unis. Cette démarche a déteint sur le comportement des élites économiques nord-américaines. La prise de décision exprime aujourd'hui la synthèse de plusieurs dynamiques :

– la maîtrise des flux financiers internationaux ;
– l'innovation et la domination technologiques ;
– la conquête de parts de marchés ;
– l'affrontement avec la concurrence ;
– le suivi des politiques d'influence dans les zones géographiques vitales.

Ces cinq domaines sont les plus importants de la discipline. Ils sont le cœur stratégique du management de l'information.

Quels développements de la discipline sont, à votre point de vue, à attendre dans les prochaines années ?

Le développement de la discipline est lié au développement de la recherche. Aujourd'hui, les progrès les plus importants portent sur la recherche appliquée. Les études menées sur le management interne et externe de l'information ont des applications opérationnelles dans des entreprises et dans des administrations. Les chantiers initiés par l'État à travers les pôles de compétitivité et dans les expériences d'intelligence territoriale vont générer des besoins importants en formation et en consulting. Or les intervenants spécialisés en intelligence économique, qui ont une expertise validée par l'expérience, sont encore peu nombreux. Il existe alors un déficit qui sera difficile à combler dans les cinq prochaines années. Il est donc capital que la concertation entre les professionnels de l'intelligence économique et les structures de formation publiques et privées débouche sur des solutions appropriées.

Quels sont les points sur lesquels on doit particulièrement insister dans le contexte actuel ?

La pérennité du savoir est une priorité absolue. Après trente années de tâtonnement pour formaliser le concept d'intelligence économique, on constate dans les différents enseignements à l'intelligence économique une érosion de la connaissance à propos des textes fondateurs. Peu de personnes ont encore en mémoire l'ouvrage de 1973, rédigé par un chercheur du Commissariat général au Plan, Jean-Michel Treille, qui parlait ainsi du rôle de l'information dans le développement économique : « *L'information fait la force du planificateur. Il est, en effet, impossible de prévoir les actions, de mesurer les délais et les moyens si l'on ne connaît pas le terrain, les positions de l'adversaire, les forces dont on dispose et, finalement… le but auquel on veut aboutir. Tout comme dans les activités techniques, commerciales ou militaires, le renseignement devient essentiel.* »[1]

Michel Treille n'est pas un inconnu. Il fut le conseiller du général de Marolles qui proposa en 1974 à Jacques Chirac, Premier ministre, une réforme du Secrétariat général de la défense nationale. Selon les propres mots du général de Marolles, il s'agissait de révolutionner l'usage des sources ouvertes et des sources fermées au plus haut niveau de l'État.

Il en est de même pour les écrits de Jacques Villain[2], pionnier du monde de l'entreprise, qui rédigea à la fin des années 80 l'un des premiers ouvrages de référence en la matière. Les théoriciens de la veille technologique et stratégique comme Henri Dou, François Jakobiak et Humbert Lesca n'ont pas pour l'instant de successeurs identifiés. La faible reconnaissance dont bénéficie l'intelligence économique au sein du monde universitaire, est une des explications de cet état de fait.

Comment les entreprises françaises et/ou étrangères peuvent-elles utiliser l'IE ?

Depuis deux ans, le marché privé français de l'intelligence économique est en progression car il existe des problématiques informationnelles que les entreprises doivent impérativement résoudre. Cet optimisme doit être tempéré dans la mesure où nous sommes encore dans une phase transitoire dans laquelle prévalent le système D et l'émiettement des connaissances. Les entreprises ont de gros progrès à faire en matière de management de l'information. Citons pour exemple une des failles les plus voyantes du comportement patronal. La plupart des cadres qui ont une expérience précieuse pour l'entreprise partent en retraite sans être questionnés sur leurs connaissances accumulées au cours de leur carrière. Cette hémorragie est permanente et ne choque personne. Elle est l'héritage de notre système culturel. Celui-ci privilégie le patrimoine matériel aux dépens du patrimoine informationnel. Il est temps que les décideurs économiques découvrent que nous sommes passés à l'ère de la société de l'information. Les pays, qui accordent aujourd'hui une valeur opérationnelle au management de l'information, progressent plus vite sur les deux versants de l'économie mondiale que sont le développement et l'affrontement. C'est le cas du Japon qui sort d'une crise majeure grâce à ses efforts dans le domaine de la capitalisation de la connaissance. Mais c'est aussi le cas de pays comme la Finlande qui mise sur les technologies de l'information pour dépasser un modèle industriel obsolète.

---

1. J-M. Treille, *Progrès technique et stratégie industrielle*, Éditions ouvrières, 1973.
2. J. Villain, *L'entreprise aux aguets*, Masson, 1990.

■ Entretien de...
Rémy R. Pautrat

Rémy R. Pautrat est préfet de région honoraire, délégué général de « France Intelligence Innovation », président de l'Institut d'études et de recherche pour la sécurité des entreprises.

Monsieur le préfet, pouvez-vous nous dire comment vous êtes venu à l'IE ?

Je suis « né » à l'IE voici vingt ans. À cette époque j'étais directeur de la surveillance du Territoire et à l'occasion d'une mission aux États-Unis, j'ai découvert la « *Small Business Administration* » (SBA), agence fédérale qui est chargée d'aider les PME-PMI américaines sous forme de programmes d'aide, de mise à disposition d'outils et de conseils pour de bonnes pratiques de gestion de l'entreprise, et notamment dans le domaine de l'intelligence économique. Cet exemple de partenariat public-privé au service de l'entreprise m'a paru très intéressant, et il m'a inspiré plus tard quelques imitations.

Après avoir quitté le cabinet de M. Rocard où j'exerçais la fonction de conseiller pour la sécurité, en juin 1991, j'ai eu la chance d'être nommé préfet de l'Essonne, avec une conjoncture difficile pour l'emploi, mais dans un département doté de solides atouts et surtout porté par une volonté partagée par tous les acteurs économiques de développer une vraie dynamique territoriale.

Nous avons trouvé un point d'application à cette stratégie autour du « Généton » d'Évry. En partenariat étroit avec l'équipe de direction de cet organisme, les élus, la chambre de commerce et d'industrie, des entreprises, nous avons façonné une « *Genetic Valley* » qui est devenue le « Génopôle d'Évry », qui doit beaucoup à la démarche d'intelligence économique : mutualiser des connaissances, de l'information, des compétences, pour en tirer un avantage économique, un élément de compétitivité accru pour le territoire.

J'aurai une autre occasion de m'intéresser activement à l'IE en occupant le poste de Secrétaire général adjoint de la Défense nationale en février 1998. C'est à cette époque que le SGDN a proposé au Premier ministre, M. Édouard Balladur, de créer, en prolongement du rapport Martre, un « comité pour la compétitivité et la sécurité économique », composé de six chefs d'entreprises et d'un chercheur, le professeur Luc Montagner. Il s'agissait d'un organisme présidé par le Premier ministre personnellement et chargé de conseiller le gouvernement au plus haut niveau sur la définition et la mise en œuvre d'une stratégie de gestion de l'information, et d'un plan de recherche de l'information ouverte. Car il m'a toujours semblé nécessaire d'assurer un continuum entre le renseignement proprement dit, fermé, et les sources ouvertes.

Ce comité n'a pas été en mesure de fonctionner réellement. Il est tombé en désuétude et a officiellement disparu avec la désignation du haut responsable pour l'IE Alain Juillet, qui a fait suite, elle-même, au rapport fondateur de Bernard Carayon de 2003.

Sur le terrain, dans mes postes préfectoraux et avec de nombreux partenaires de l'État, des collectivités locales et organismes consulaires du monde de l'entreprise, j'ai pu donner un contenu pratique à la démarche d'IE. En Basse-Normandie d'abord, où fut élaboré le premier schéma régional d'intelligence économique, devenu partie intégrante du contrat de plan État-Région. Dans le Nord-Pas-de-Calais ensuite, avec la création du Conseil pour le développement de l'intelligence économique et stratégique, et surtout avec la mise en œuvre du programme de réalisation de l'usine Toyota près de Valenciennes, qui conduisent à créer autour de l'industriel une véritable « *Task Force* » regroupant autour d'un « sous-préfet Toyota », élus, organismes consulaires, services de l'État, etc. qui surent avec succès entrer dans une stratégie de l'action et de partage de l'information qui permit de tenir rigoureusement les délais que nous avait fixés Toyota pour « sortir » sa première Yaris. Cette grande aventure industrielle, qui ramènera l'emploi et l'espoir dans un bassin de vie sinistré, doit tout à cette volonté des hommes de travailler ensemble à un même projet qui est l'essence de l'intelligence territoriale.

L'IE n'est-elle pas une mode ?

Elle n'est pas une mode mais une « culture managériale », un outil très opérationnel au service de l'efficacité et de la compétitivité de l'entreprise et du territoire. Je me souviens du temps, pas si éloigné, où on la comparait à une secte ! Aujourd'hui elle a trouvé sa place et nul ne conteste plus sa profonde nécessité.

La guerre de l'information et la « guerre économique » sont des réalités, auxquelles entreprises et nations s'affrontent au quotidien. La « guerre économique » date des années 60, c'est-à-dire de l'époque où le commerce mondial a commencé à croître plus rapidement que la richesse mondiale, et où les entreprises ont dû développer massivement leurs exportations et conquérir des marchés pour leurs produits et services. Quant à l'information, elle est reconnue désormais comme une véritable matière première. Nous sommes non seulement entrés dans la société de l'information, mais surtout celle de l'économie de la connaissance. La maîtrise des flux d'information, la connaissance, sont devenues des facteurs-clés de la compétitivité, les nouveaux ingrédients de la richesse des nations. Il faut apprendre à les gérer collectivement, les mutualiser pour en faire un avantage économique. De ce point de vue, la France a du retard à rattraper sur ses principaux concurrents qui, pour la plupart d'entre eux, se sont dotés depuis longtemps de vrais dispositifs nationaux d'IE, et la mettent en pratique avec succès.

Le dispositif national et territorial mis en place avec la création du haut responsable pour l'IE, est une avancée significative qu'il faut poursuivre. C'est au général Mac Arthur que l'on prête, je crois, ce propos : « *Toutes les batailles perdues se résument à deux mots : trop tard.* » Il n'est pas trop tard pour nous, mais nous ne pouvons plus perdre de temps pour nous doter d'une vraie culture de l'anticipation et des outils permettant de mieux connaître et comprendre notre environnement concurrentiel. À cet égard le rôle du partenariat public-privé me semble déterminant. Je citais précédemment le cas des États-Unis et de la SBA. Nous pourrions nous en inspirer et mettre plus de moyens publics de formation et d'accompagnement à la disposition de nos PME/PMI afin qu'elles améliorent leurs pratiques en IE et du même coup leur efficacité et leur compétitivité. Trop de PME/PMI ignorent encore bien des aspects de l'univers concurrentiel dans lequel elles évoluent, et ne sont pas assez informées sur leurs marchés, leurs concurrents, les produits. Pour celles qui consacrent une partie de leur CA à l'IE, celle-ci n'excède pas 0,1 à 0,3 % du CA, contre 3 % au Japon !

Former nos entreprises à l'IE et aux exigences de la sécurité économique est une véritable priorité nationale. Il y va de notre rang dans le club des grandes puissances économiques. C'est notre avenir collectif qui se joue dans notre capacité à faire entrer nos entreprises dans cette culture.

Quelle place pour l'IE territoriale ?

On a raison de dire que nos territoires « sont un espace de notre souveraineté qui n'a pas été entamé ». Ils sont le cœur de notre substance productive. C'est là qu'il faut multiplier les réseaux de compétitivité, faisant travailler ensemble autour de stratégies élaborées en commun, des acteurs différents : entreprises, centres de recherche, universités, collectivités locales, institutions publiques, etc. C'est à ce niveau qu'il faut susciter une vraie culture commune de développement. C'est tout l'enjeu des pôles de compétitivité que le gouvernement vient de créer.

Voyez-vous, pour nous au fond, l'IE est un triple levier :

1. **D'abord un levier de performance économique**. Nos entreprises, ne pouvant faire d'impasse sur la maîtrise de l'information, doivent ancrer l'IE dans leur stratégie, et devenir de vrais professionnels de la gestion stratégique de l'information. Les entreprises qui ne seront pas mieux informées sur leurs concurrents que ceux-ci le sont sur elles, sont condamnées à disparaître.

2. **Ensuite un levier pour la réforme de l'État**. L'État ne peut vivre à l'écart de cette mutation historique qu'est l'avènement de cette nouvelle ère géostratégique de l'économie de la connaissance. Il ne peut échapper, lui non plus, à cette « révolution culturelle » qui le conduit à essayer d'avoir toujours un « coup d'avance ». « Veilleur de l'avant », sa mission est de voir loin, pour anticiper les mutations qui s'annoncent, son rôle de stratège prend une dimension nouvelle, on ne lui demande pas d'accompagner les sinistres économiques, avec leurs cortèges de souffrances sociale et humaine, mais de tout mettre en œuvre pour préparer l'avenir quand il en est encore temps. Stratège, il doit être aussi partenaire, épauler plus fortement nos entreprises dont 3 sur 4 se battent sur le front de l'exportation, notamment en partageant avec elles l'information dont elles ont besoin et qu'il détient trop souvent sans la faire circuler alors que la valeur ajoutée est, précisément, dans la circulation de cette information.

3. **Enfin, un levier de développement territorial**. J'ai pu le vérifier sur le terrain, dans les expérimentations que nous avons conduites en partenariat. Le territoire a besoin de projets, de réseaux, et c'est ensemble qu'il faut les porter et les faire vivre. Créer une dynamique de développement territorial est à notre portée, si nous le voulons. Nous avons les secteurs, les outils, c'est la capacité à travailler ensemble qui nous fait défaut. Le changement de culture est non seulement souhaitable, il est indispensable au développement de nos territoires.

C'est toujours cet état d'esprit de culture commune de développement qui a guidé les initiatives prises par les pouvoirs publics en matière d'intelligence territoriale : ce fut le cas pour les expérimentations régionales décidées par M. Nicolas Sarkozy, alors ministre de l'Intérieur pour l'année 2004, et qui seront généralisées par M. De Villepin en lui succédant à la tête de ce département ministériel. Et c'est encore cet état d'esprit qui guide l'action des pôles de compétitivité. La vraie solution gagnant/gagnant n'est pas à rechercher ailleurs que dans cette capacité des hommes à partager, à mutualiser, à organiser l'interopérabilité de nos ressources.

Les rapports aux autres disciplines

L'IE n'invente pas dans le détail et elle reprend des outils et méthodes bien souvent déjà développés et expérimentés. Elle va plutôt fédérer et coordonner. Elle est donc transverse à de nombreuses disciplines auxquelles elle apporte une cohérence globale en relativisant les frontières traditionnelles.

Nous appuierons notre développement sur deux points : d'abord le constat fait dans le travail réalisé avec Didier Lucas sur la recherche doctorale française, et ensuite une exploration « frontalière ».

Le panorama de la recherche doctorale et ses enseignements

Il montre deux disciplines dominantes tout en soulignant une large ouverture.

Disciplines	Nombre de thèses
1. Sciences de l'information et de la communication	65
2. Sciences de gestion	48
3. Sciences économiques	13
4. Pharmacie	08
5. Droit privé	06
6. Sciences appliquées	04
7. Sciences politiques	03
8. Mathématiques appliquées aux sciences sociales	03
9. Sciences et technique	02
10. Chimie	01
11. Informatique	01
12. Linguistique	01
13. Physique et informatique industrielle	01
14. Psychologie	01
15. Sciences biologiques et médicales	01
Total des disciplines concernées	**15**

Tableau extrait de *Regards sur la recherche doctorale française en IE*[1]

Il faudrait reprendre cette étude, arrêtée en 2002, pour actualisation. Si l'on prend le seul exemple des thèses en IE à Montpellier 1, le chiffre est passé en deux ans de 7 à 15 ! Elle reste pertinente malgré tout et l'on peut simplement noter, au vu de la dynamique observable depuis ces résultats, que le mouvement se confirme généralement d'une montée en puissance de la discipline observée à travers la recherche doctorale.

Deux disciplines dominantes

Personne ne s'étonnera de voir apparaître ici les SIC et les SDG ; sœurs parfois ennemies, toutes deux rattachées au tronc de l'économie à l'origine.

Les sciences de l'information et de la communication (SIC)

Sur l'ensemble de la période 1993 à 2002 et pour les 157 thèses figurant dans notre échantillon, nous observons que 41 % des recherches doctorales en IE sont des thèses en sciences de l'information et de la communication. 30 % relèvent des sciences de gestion. Dans la mesure où l'IE étudie les figures et les styles de management de l'information, il n'apparaît pas étrange que les sciences de l'information et de la communication se soient « emparées » de la question. Pourtant la forte atomisation des thèmes de recherche en « infocom », l'absence de réelle épistémologie dans cette discipline auraient pu dissuader des enseignants-chercheurs de poursuivre des

---

1. *Op. cit.*

travaux dans la spécialité, et donc d'encadrer des thèses. Or, le peu d'homogénéité de cette discipline a offert aux chercheurs une importante liberté d'action, consacrant du même coup l'amorce d'une réelle communauté de spécialistes de l'IE.

Nous retrouvons nos réflexions préliminaires sur le contexte actuel où s'observe un mouvement qui fait penser qu'on « invente » l'IE.

L'origine géographique des thèses montre une forte concentration :

Nom des universités	Nombre de thèses
Aix-Marseille III	38
Poitiers	6
Paris X	3
Lyon III	3
Lyon II	2
Montpellier I	2
Nancy II	2
Paris VIII	2
Toulon	2

Universités avec une thèse chacune : Bordeaux III, Marne-la-Vallée, Toulouse III. Nombre total d'universités : 12.

Il y a en tout 17 directeurs de recherche en SIC, et il existe bel et bien des spécialistes qui encadrent un nombre élevé de thèses. Ces directeurs figurent également comme des chercheurs qui consacrent eux-mêmes leurs recherches dans la spécialité qui nous concerne. Ainsi les 14 directeurs de recherche les plus actifs encadrent à eux seuls 74 thèses, soit 47 % des thèses initiées depuis dix ans. Et plus précisément, nous observons que six d'entre eux dirigent 39 % des travaux totaux (62 thèses), avec pour cette catégorie un net déséquilibre au profit des sciences de l'information et de la communication (45 thèses contre 17 en sciences de gestion). Il y a quelques directeurs de recherche de 6e section (SDG) qui encadrent des thèses en infocom.

Nom du directeur de recherche	Nombre de thèses dirigées
Henri Dou (Aix-Marseille III)	25
Pierre Fayard* (Poitiers)	07
Parina Hassanaly (Aix-Marseille III)	06
Luc Quoniam (Aix Marseille III)	05
Eric Giraud (Aix-Marseille III)	03
Jacques Perriault (Paris X)	03
Richard Bouche (Lyon II)	02
Damien Bruté de Rémur (Montpellier I)	02
Ahmed Silem (Lyon III)	02

* (dont 1 direction de thèse à Bordeaux III)

Directeurs de recherche encadrant une seule thèse en IE : David Amos (Nancy II), Jean-Pierre Balpe (Paris VIII), Luc Bouscasse (Aix Marseille III), Jean-Luc Dallemagne (Marne-la-Vallée),

Frédéric Laudet (Toulouse III), Philippe Dumas (Toulon), Louis Laprevote (Nancy 2), Imad Saleh (Paris VIII).

Il apparaît clairement que le creuset principal de la recherche en IE est dans les SIC. Nous voyons marqué ici le rôle central de l'information dans tout processus IE.

Cela ne veut pas dire que la recherche de performance, apanage des SDG, n'a pas sa place et nous allons le voir concrètement.

Les sciences de gestion (SDG)

Le nombre un peu plus faible de thèses en SDG ne signifie nullement une non-pertinence du cadre disciplinaire. Cela porte sans doute comme signification que les développements de la recherche sur ce corps disciplinaire se sont faits attendre, et qu'il émerge maintenant dans un cadre plus clair. Il y a, en effet, des disciplines de gestion qui s'apparentent d'assez près à l'IE, comme la stratégie (management offensif et défensif de l'information), le marketing (veille technologique et stratégique), la GRH (pour le knowledge management). Faisant de l'IE sans le savoir, certains ont pris le parti de le dire.

Nom du directeur de recherche	Nombre de thèses dirigées
Humbert Lesca (Grenoble II)	14
Robert Paturel (Grenoble II)	03
Damien Bruté de Rémur (Montpellier I)	03
Franck Bournois (Paris II)	02
Alain Cotta (Paris IX)	02
Alice Guilhon (Aix-Marseille II et Nice)	02
Pierre Louart (Lille I)	02
Hervé Penan (Toulouse I)	02

Directeurs de recherche encadrant une seule thèse en intelligence économique : Annie Bartoli (Aix-Marseille III), Claude Bensoussan (Aix-Marseille III), Danielle Boulanger (Lyon III), Jean-Jack Cegarra (Lyon III), Jean-Claude Courbon (Paris I), Jean-Louis Gilardi (Nancy II), Jean-Louis Le Moigne (Aix-Marseille III), Dwight Merunka (Paris IX), Albert David (Paris IX), Jean-Claude Papillon (Caen), Miche Rainelli (Nice), Jacques Rojot (Paris I), Ahmed Silem (Lyon III), Ali Smida (Caen), Véronique Zardet (Lyon II).

Ce que nous disions en préambule se vérifie sans doute par la plus grande dispersion des directeurs de recherche : on ne peut pas dire avec la même clarté qu'il y a des spécialistes de l'IE en SDG, mis à part le cas d'Humbert Lesca dont l'image est tout à fait remarquable. Notons au passage que ce dernier fait sa spécialité de la veille, et que de ce fait il est également très sensibilisé à l'information.

Il faudra là aussi creuser davantage le sujet en remarquant que de nombreux chercheurs travaillent sur des champs en gestion qui pourraient s'apparenter facilement à l'IE, voire s'en réclamer. Nous pensons aux travaux de Frédéric Le Roy, déjà cité, qui fait partie des bonnes références pour les chercheurs en IE, qu'ils appartiennent à la 6e section des SDG comme lui ou bien aux SIC.

Pouvons-nous discerner dans ce travail un rapprochement des deux corps des disciplines plurielles sur le thème de l'IE ?

Vers un re-mariage ?

Le regroupement des thèses au sein des « grands thèmes » de notre spécialité est motivé par le souci de restituer directement les tendances qui la caractérisent. Idéalement nous aurions dû procéder à une lecture complète et attentive de l'ensemble des thèses… À défaut, nous avons distingué ces travaux sur la base du titre, des mots-clés ainsi que des axes de recherche des directeurs de thèses. Afin de rendre fidèlement compte de la réalité des thèmes traités, nous avons donc repris les champs généraux qui relèvent de l'IE. Nous avons ainsi retenu vingt thèmes dont certains se complètent sans se recouper totalement (ex : recherches directement dédiées aux problématiques de veille). Nous avons également classé les thèses en fonction de choix prioritaires. Dès lors, chaque thèse ne figure que dans un seul thème – celui qui correspond le plus au « noyau dur » de la thèse.

Tout comme R. Paturel, nous avons en outre distingué les thématiques de thèses de leur terrain d'application, ce qui justifie l'exclusion d'un seul thème dédié au PME. Cela ne signifie pas que ce type d'organisation ne mérite pas d'être étudié. Treize thèses de notre échantillon concernent directement les petites et moyennes entreprises ou les petites et moyennes industries. Pareillement, nous avons exclu les thèses dédiées à l'étude d'une aire culturelle précise.

Quant à la thématique *gestion de la connaissance*, nous l'avons envisagée uniquement lorsque la démarche de KM s'inscrivait directement dans le cadre d'un processus d'intelligence économique. L'interaction très nette entre les problématiques de KM et celles d'IE induit que dans un futur proche, toute étude devra intégrer ces deux spécialités de manière indistincte.

Liste des 10 premiers thèmes	Nombre de thèses
1. Veille technologique et brevets	38
2. Veille stratégique	36
3. Systèmes d'information	11
4. Stratégie et compétitivité	10
5. Veille concurrentielle	07
6. Gestion de la connaissance	07
7. Outils de veille	05
8. Sécurité de l'information	05
9. Bibliométrie	04
10. Droit de l'intelligence économique	03
Autres thèmes	**Nombre de thèses**
11. Intelligence marketing	03
12. Benchmarking	02
13. Intelligence territoriale	02
14. Gestion des réseaux	02
15. Management de l'innovation	02
16. Risques informationnels	02
17. Sécurité économique	02
18. Autres types de veille	02
19. Prospective stratégique	01
20. Divers	10
Total des thèmes	**154**

Loin d'opposer conceptuellement les processus de surveillance et d'analyse aux démarches opérationnelles et stratégiques, le schéma ci-après met surtout en évidence le découplage naturel qui perdure dans les organisations à propos des démarches d'IE. Notre étude des thèses mais aussi des pratiques en entreprises démontre qu'il n'existe pas d'interaction entre les procédés de surveillance des environnements et les démarches opérationnelles qui sont censées être le prolongement direct de la création de sens. Le projet « panoptique » n'a de légitimité que s'il est sous-tendu par des dynamiques de l'action. La création de connaissance ne peut s'affranchir de la finalité ultime, c'est-à-dire générer de la stratégie. Or, l'observation des types de recherche penche très fortement vers le développement de recherche-action où le thésard est chargé de créer des dispositifs de veille et d'en évaluer la performance. Envisagée dans cette seule perspective, l'IE se réduit à une posture statique loin des exigences managériales inhérentes à la mondialisation et l'avènement des technologies de l'information.

– Ce n'est pas une surprise, les deux thèmes majeurs de notre spécialité concernent des problématiques de veille. Les thèses consacrées à la veille technologique ainsi qu'à la veille stratégique représentent 48 % du volume total avec 74 thèses.

– Les systèmes d'information arrivent en troisième position, néanmoins les problématiques abordées concernent très souvent les outils de gestion des dispositifs de surveillance des environnements.

– La stratégie et la compétitivité constituent le quatrième thème le plus prisé. Mais au-delà du rang, car, rappelons-le, il ne s'agit pas de dresser un palmarès mais au contraire d'identifier les thèmes qui sont sur ou sous-valorisés, les thèses qui étudient les politiques stratégiques ou les facteurs de compétitivité ne représentent que 6 % du volume global. Ce chiffre nous semble faible.

Stratégie

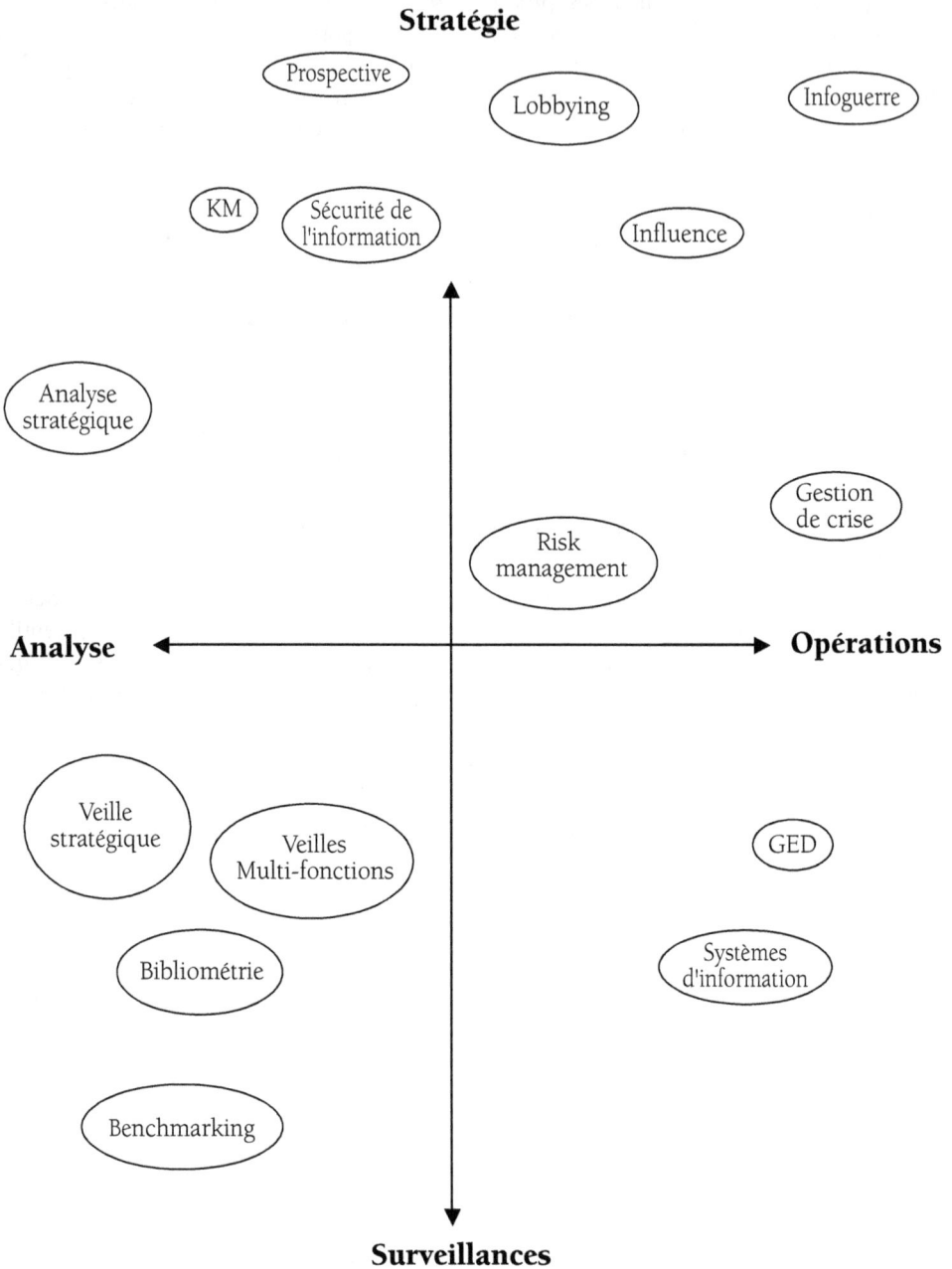

Depuis 1989, la redécouverte des approches stratégiques fondées sur la vélocité[1], la manœuvre et la maîtrise de l'interaction tend à marginaliser les visions « classiques » (positivistes et déterministes) de la compétition, bien qu'il ne s'agisse pas encore d'une rupture paradigmatique de la

---

1. P. Baumard et W.H. Starbuck, « Est-il réaliste d'étudier les mouvements stratégiques d'une firme ? », *in* F. Le Roy, *Nouvelles approches dynamiques de la concurrence,* Vuibert, 2002.

stratégie envisagée comme art, système ou science. Figure pionnière d'un tel débat, l'école de l'interaction dynamique est également celle de la liberté d'action où l'acteur cherche immanquablement à s'affranchir des contraintes de ses environnements. Parce que « l'ouragan mondialiste » induit une complexité croissante et inédite, de nouveaux défis pèsent sur les organisations. Accepter la généralisation de mouvements offensifs et les manœuvres informationnelles propres au durcissement de la compétition, comprendre les stratégies à déployer en environnement fortement concurrentiel, voire hostile, assimiler l'avènement d'un échiquier global où interagissent continuellement les facteurs géopolitiques, concurrentiels et sociétaux ; tels sont les nombreux défis auxquels sont désormais confrontées les entreprises. La forte atomisation des acteurs, la non-territorialité (ou plutôt la dénationalisation) des marchés ainsi que les exigences de la société de l'information soulignent la résurgence d'interrogations profondes concernant la validité des principaux modèles stratégiques. L'avènement d'un échiquier global favorise l'émergence de stratégies cognitives dont les desseins s'apparentent ouvertement à une quête de suprématie stratégique. Ainsi redimensionnés, les conflits économiques nécessitent l'exploration de stratégies de puissance où l'influence et le stratagème se complètent à bon escient. Penser les ambiguïtés de la compétition dans une perspective géo-économique, et développer une intelligence de l'incertitude constitue dès lors l'étape élémentaire vers la concrétisation d'un avantage concurrentiel durable.

Il apparaît clairement que les recherches doctorales doivent intégrer cette complexité et s'orienter vers des thèmes tels que l'infoguerre, la sécurité de l'information, la prospective stratégique, le management de risques informationnels, etc.

C'est sans doute effectivement, sinon un remariage, en tout des fiançailles et tous les chercheurs en IE les appellent de leurs vœux.

La non-exclusivité

Les journées doctorales de l'IE qui se sont déroulées en 2004 nous ont montré une grande variété de disciplines d'origines des chercheurs et d'angles d'attaque sur notre nouvelle discipline. Nous retrouverons cette réalité dans les grands auteurs que nous avons considérés comme exemplaires de la démarche en IE.

Nous reprendrons seulement ici, en premier lieu quelques réflexions faites toujours à propos de la recherche doctorale, avant de souligner brièvement combien la « polycompétence » peut être source de richesse.

Une légitimité universelle

Si nous examinons les autres disciplines concernées dans le panorama de la recherche doctorale, cette légitimité universelle apparaît bien, même si elle ne s'est pas développée comme on aurait pu le penser.

– Les sciences économiques

Nom des universités	Nombre de thèses
Paris IX	2
Grenoble II	2
Nice	2
Paris XIII	1
Toulouse I	1
Paris I	1
Lyon II	1
Poitiers	1
Dunkerque	1
Lille I	1

Nombre total d'universités : dix.

La discipline mère (ainsi l'appelait Robert Bourre au cours du séminaire organisé par le CRIC en juin 2003 à Montpellier) arrive en troisième position, loin derrière les deux dominantes. Cela pourrait paraître étonnant alors que l'expression intelligence économique pourrait faire penser que c'est d'abord en économie qu'on va travailler les concepts et les problématiques.

Notre explication tient à une double logique chronologique. La première c'est justement qu'elle a essaimé dans les sciences plurielles qui ont « récupéré » en quelque sorte, en large partie, les questions microéconomiques et de l'information. C'est vrai en tout cas en ce qui concerne les applications managériales. La seconde est que les pratiques en entreprise (relevant des questions de management) ont précédé les développements de l'action publique qui se situent davantage dans la sphère économique, voire macroéconomique.

– La pharmacie

Toutes les universités avec une seule thèse : Angers, Dijon, Lille II, Lyon I, Montpellier I, Nantes, Paris V, soit sept universités en tout.

Les questions de veille et de protection de l'information sont totalement cruciales dans ce secteur et il fallait bien y trouver des recherches sur le sujet. C'est encore une fois l'expression du caractère transversal de la discipline.

– Le droit privé

Nice : 2, Angers, Lille II, Lyon III, Paris II : une seule thèse chacune, soit cinq universités.

On va retrouver évidemment les questions de protection juridique de l'innovation. On peut sans doute s'attendre à un développement de ce côté. Le faible nombre de travaux recensés ici ne signifie pas, toutefois, que ce domaine soit peu exploré en droit. Cela vient très probablement des critères de sélection choisis. Le droit, en effet, sous la conduite notamment de Michel Vivant, responsable à l'université de Montpellier I du droit de l'information, a traité depuis longtemps de cette question et ses apports sont immenses.

L'intérêt de la poly-compétence

François Kourilsky nous fournit l'argument décisif : « *Il s'agissait bien de voir un problème sous tous ses angles.* »[1].

Nous sommes effectivement dans une logique de démultiplication de l'information et cela concerne tous les aspects de l'information :

- **diversité des objets**. Ils sont tantôt techniques, économiques, politiques, scientifiques dans les diverses disciplines, communicationnels, psychosociologiques ;
- **diversité des sources**. Les origines de données sont aussi bien la documentation, les savoirs, les réseaux, la R & D ;
- **diversité des observateurs**. C'est important puisque la personnalité de l'observateur interfère à l'occasion de la lecture de la donnée et de son interprétation : variété des personnalités, des formations, des contextes.

On voit bien que pour comprendre seulement une partie des phénomènes il faut faire appel à ces diverses références.

Mais au-delà de cela, l'IE va cultiver ces différences. La performance de la fonction vient notamment de cette capacité au croisement des regards. On peut dire que de ce croisement vient le relief, par analogie très réaliste avec le mécanisme de la vision binoculaire. Nous parlerons plus loin de l'importance de la pensée complexe dans notre champ d'investigation, et l'histoire montre la richesse apportée par la rencontre des disciplines variées. C'est fondamentalement une question de créativité, posture essentielle à l'IE.

À la recherche des frontières avec les autres disciplines

Une manière simple de prolonger notre réflexion sur la poly-compétence est de repérer les relations que l'IE a eues, développe encore et doit enrichir avec les autres disciplines. Il s'agit ici davantage de souligner que d'inventer, le constat étant déjà largement réalisé.

Portrait en creux du champ de recherche de l'IE

Là aussi empruntons à la créativité dont les méthodes, exploitant les potentialités largement sous-utilisées, du cerveau humain, nous offrent des ouvertures considérables. Le « portrait en creux » qui utilise aussi ce que l'on appelle en psychologie le « renversement fond/forme », peut nous donner plus de précisions sur les contenus.

Ce qu'elle n'est pas

Les auteurs se sont souvent interrogés dans ce sens tant la description du champ de recherche de l'IE est complexe. Nous allons tenter de donner quelques repères sans prétendre nullement à l'exhaustivité. Il s'agit principalement d'éviter des confusions.

- elle n'est pas de l'espionnage économique ou industriel. Cette connotation, héritée des périodes historiques récentes hérissées de conflits ouverts, reste souvent évoquée. Tous les spécialistes soulignent à la fois le caractère incontournable du cadre légal et l'importance d'une « éthique des affaires » ;

---

1. F. Kourilsky (sous la dir.), *Ingénierie de l'interdisciplinarité : un nouvel esprit scientifique*, *op. cit.*, p. 17.

– elle ne se confond pas avec le domaine strict des systèmes d'information. Sans doute les SI constituent-ils les composantes majeures du dispositif technique et logistique qui structure la fonction IE. Le CIGREF axe maintenant ses travaux sur l'étude des capacités du SI à créer de la valeur. Cela veut dire que l'outil est une fantastique source de progrès et de développement. Pour autant, il reste un outil. L'IE ne peut se réduire à un outil ;

– elle ne peut non plus se réduire à aucune de ses composantes. La veille, par exemple, combien indispensable, ne serait rien sans les capacités d'analyse des informations ; sans le partage de ces informations pour une hausse permanente de la richesse cognitive globale, source de performance ; sans la pensée stratégique qui structure cette information. De même il est illusoire de concevoir un dispositif d'IE qui ne s'appuie pas sur une réelle politique de sécurité de l'information, sécurité qui, prise isolément, ne peut aboutir qu'à l'enfermement.

Il est vrai par contre qu'elle nous conduit à réorienter nos problématiques. En ce sens des travaux qui auraient autrefois trouvé leur place dans des spécialités clairement définies (marketing, stratégie, informatique, GRH, organisation, etc.), en prenant du recul pour une vision plus globale des questions, du fait de la complexification de l'environnement, relèvent aujourd'hui tout naturellement des démarches d'IE. Cela nous introduit au point suivant.

Ce qu'elle emprunte

Elle n'apporte rien d'intrinsèquement nouveau, ce qui fait qu'on en parle parfois comme de la prose du *Bourgeois gentilhomme*. Elle est donc davantage une fédération des approches disciplinaires jusqu'à présent dispersées dans des spécialisations que nous qualifierons hardiment de « appauvrissantes ».

Elle est une réaction contre les excès des démarches positivistes qui ont sans aucun doute été un passage important vers la scientificité ; mais qui sont aujourd'hui largement réductrices, ce qui fait poser à Michel Marchesnay la question fatidique : *« L'économie et la gestion sont-elles des sciences ? »*[1]

Si l'on suit ce raisonnement, on aboutit à une double conclusion : l'IE emprunte tout et en même temps elle invente tout.

– Elle emprunte tout ce qui la compose : stratégie, management de l'information, organisation, outils de protection, gestion de la documentation, etc.

– Elle invente tout dans un mouvement de synergie qui met en valeur les relations entre ces composantes du tout et leur donne une puissance nouvelle. C'est dans ce travail sur les relations que la recherche va produire sa véritable originalité.

La démarche n'est pas nouvelle et ainsi se sont constituées les grandes disciplines sociales, l'économie entre autres. Comment parler d'économie sans comprendre les comportements humains ? Dans une discipline qui est issue de l'économie, le marketing, la question est la même.

Sans doute faut-il voir ici un des problèmes pour les spécialistes à reconnaître l'IE comme originale, et la difficulté à discerner des frontières disciplinaires. Nous verrons plus loin comment « sortir par le haut » de cette difficulté.

1. *Op. cit.*

Pluri-, inter- ou trans-disciplinarité ?

Jean-Louis Le Moigne, qui sera une de nos références, nous ouvre la porte en faisant la distinction entre deux types d'interdisciplinarités :

- l'interdisciplinarité de type « pluri », d'inspiration analytique et holiste privilégiant les transferts méthodologiques d'une discipline à l'autre ;
- l'interdisciplinarité de type « trans » privilégiant la légitimation socioculturelle des connaissances produites et productrices. Elle ne part pas d'une discipline prédéfinie par un couple « objet & méthode », mais d'une attention (un paradigme au sens d'Edgar Morin) caractérisée par un couple « projet & contexte ». Elle privilégie en permanence la compréhension (la modélisation) sur l'explication (le modèle ou la théorie explicative).

« L'interdisciplinarité implique alors un redéploiement de nos paradigmes épistémiques de référence. »[1]

Edgar Morin dont nous reparlerons, tranche lui aussi : « Les disciplines sont justement justifiées intellectuellement à condition qu'elles gardent un champ de vision qui reconnaît et conçoit l'existence de liaisons et de solidarités. Plus encore, elles ne sont pleinement justifiées que si elles n'occultent pas les réalités globales. »[2]

Nous reviendrons dans le second chapitre sur ces grandes réflexions, et nous voulons ici simplement souligner deux points fondamentaux sur les objets et les finalités.

Des objets fédérateurs

Impossible de parler de la veille dans l'industrie pharmaceutique sans parler des molécules et des brevets, donc sans parler de chimie ou de biologie et de droit. Ce seul exemple montre que l'IE est forcément au carrefour de disciplines multiples. La remarque faite plus haut sur la diversité des origines scientifiques des doctorants en IE nous confirme ce point de vue. La section dans laquelle ont été inscrites les thèses en IE ne recouvre pas, loin s'en faut, la totalité des contenus qui sont, au sein d'un même ouvrage, extrêmement variés.

En reprenant les développements précédents on comprend aisément que, en matière d'IE ou plus largement d'information, chaque objet devient potentiellement un point de croisement pour les disciplines qui l'observent. La sécurité de l'information, initialement surtout développée par les informaticiens, et avec beaucoup d'ardeur et de réussite, bute sur les aspects humains quand on se rend compte que près de 75 % des atteintes sont dues au facteur humain. Autrement dit, et c'est une évidence, l'outil n'est performant que dans la main d'un utilisateur compétent, expérimenté et motivé. Tant qu'il s'agit d'objets ou d'action où la compétence est structurée, cadrée, mesurable et maîtrisable, comme en général dans les processus industriels ou techniques, on ne ressent aucun besoin de rechercher à l'extérieur de la technique elle-même les solutions aux problèmes posés. Maintenant le problème est différent : « On ne décrète pas la confiance » disait un homme politique. On ne décrète pas plus la motivation, ni l'implication et on règle rarement de manière technique les interrelations humaines.

Tout se passe comme si le généraliste du management appelait au chevet de l'entreprise ou de l'organisation en général les spécialistes concernés par chacun des symptômes particuliers et qu'il conservait la responsabilité du diagnostic et de la prescription qui résultent inévitablement d'une approche globale, ayant réalisé la synthèse d'un ensemble de données dont l'interprétation varie en fonction des données voisines.

---

1. F. Kourilsky (sous la dir.), *Ingénierie de l'interdisciplinarité : un nouvel esprit scientifique*, *op. cit.*, pp. 26-27.
2. E. Morin, *De l'interdisciplinarité*, pp. 21-29 dans les Actes du colloque « Carrefour des sciences », session plénière du Comité national de la recherche scientifique sur l'interdisciplinarité, 12-13 février 1990, Palais de l'Unesco, publication CNRS. Et *La tête bien faite, repenser la réforme, réformer la pensée*, Le Seuil, 1999, pp. 127-137.

Un bilan multiforme

Les analogies avec les disciplines médicales ou environnantes sont très éclairantes à ce sujet. Il va sans dire que c'est le chercheur en IE qui va rassembler les divers outils dont il aura besoin dans les diverses disciplines et auprès des travaux identifiés.

Citons en dernier exemple les quelques éléments identifiés pour comprendre ce que pourrait être une « intelligence territoriale ». On voit tout de suite que les problématiques relevant de cet aspect de l'IE vont réclamer des outils spécifiques et variés comme la sociologie politique par exemple, au contraire délaissés dans d'autres sujets. Les connexions entre les domaines de la gestion publique et de la gestion privée sont originales également sur ce terrain. Tout cela amène à la nécessité d'une coopération entre les disciplines.

Des finalités spécifiques

Peut-être la spécificité de l'IE dans les rapports aux autres disciplines tient-elle aussi largement aux finalités.

Les considérations, imparfaites sans doute, sur le contexte nous ont donné quelques idées sur les apports de l'IE, entendue comme processus stratégique large, comme démarche globale, voire culturelle (revoir phrase). La loi parle de « sécurité économique ».

L'IE est une démarche pragmatique. Elle ne peut s'imaginer sans intérêt concret ni sans des visées de résultat. Depuis les perspectives publiques, nationales, voire européennes, aussi bien que territoriales et régionales, il est demandé à l'IE de répondre à des enjeux réels et urgents. Les actions se réclamant de l'IE sont toutes marquées par une volonté de résultat à tous les niveaux. Pour ce qui est du management de l'entreprise la chose est trop claire pour mériter de longs développements. Les intervenants de Poitiers[1] sont revenus à plusieurs reprises, notamment en parlant des PME sur le critère majeur qui guide les dirigeants : « Combien ça rapporte ? » Très réelle aussi, guidée par la volonté collective comme les actions publiques, ou plus subtilement par des références éthiques ou philosophiques, la perspective de voir dans l'IE un moyen pour des objectifs humanitaires et sociaux. Le député Bernard Carayon a eu cette phrase très claire lors de notre rencontre : « *Moi, ce qui m'intéresse c'est de sauver des emplois pour la France !* » Deux exemples :

- « *Le véritable enjeu des délocalisations est de relever le défi qu'elles représentent* », écrit Carole Laurent[2]. Et elle ajoute : « *La maîtrise des flux d'information et des savoirs devient un élément décisif de la compétitivité des entreprises. L'intelligence économique, l'audace managériale sont les maîtres mots de ceux qui, sans le savoir parfois, dessinent la France de demain.* »

- « *Les démarches compétences placent le travail humain au cœur de l'économie et des territoires, et proposent de prendre en considération toute la richesse et la complexité du « travail réel », bien loin de la seule description du « travail prescrit. »* Cette réflexion, sous la plume de Vincent Calmettes pour le compte d'un groupe de cabinets privés[3], au nom d'un engagement qui relève d'une éthique forte, est finalement de l'intelligence économique.

Au-delà des aspects utilitaires, dont nous reparlerons à propos de la téléologie des organisations, de très nombreuses questions de recherche concerneront la compréhension des mécanismes et à ce titre les disciplines s'en préoccupant plus que de la performance des outils (nous pensons à la différenciation entre SIC et SDG à ce point de vue) seront très souvent concernées.

---

1. Colloque européen, janvier 2005.
2. C. Laurent, « Faux débats et vrais enjeux », *Dirigeants Chrétiens*, N° 9, janvier-février 2005, p. 17.
3. V. Calmettes, « Le travail humain au cœur de l'économie et des territoires », *Pluralis*, N° 13.

Le cas du Laboratoire d'études et de recherche sur les matériaux (LERM)

Le LERM a été créé en 1988 par un groupe d'ingénieurs et techniciens venant du CERILH (Centre d'Études et de Recherche sur l'Industrie des Liants Hydrauliques), à la suite de la cessation d'activité en 1987 du Centre d'études et de recherche de l'industrie des liants hydrauliques, ex-centre technique de l'industrie cimentière. Il appartient aujourd'hui majoritairement à ses salariés. Il est implanté dans la ville d'Arles depuis 1997, avec le maintien d'une agence à Paris, et emploie une cinquantaine de collaborateurs.

L'épisode qui nous intéresse, pour illustrer comment l'IE est venue « au secours » de l'entreprise, commence en l'année 2000. Une baisse continue des commandes depuis fin 1999 laisse d'abord l'équipe sans réaction. Les dirigeants de l'entreprise sont avant tout des scientifiques et la norme ISO 9001 qu'ils ont mise en place se résume à des considérations purement techniques. En même temps l'entreprise, par son modèle socio-économique, met l'accent sur les aspects humains et cela interdit les solutions « *Cost Killer* » brutales. Il n'y a pas de stratégie commerciale parce que la compétence des personnes semble la source unique de valeur. La prise de conscience tardive et violente conduit à une remise en question de la stratégie mi-2000. Un audit commercial est commandé qui aboutit tout de suite à la création d'une nouvelle organisation avec une direction commerciale en août 2000. De manière spectaculaire la tendance des commandes s'inverse dès le quatrième trimestre 2000 pour ne plus s'infléchir : la partie est gagnée.

En 2002 est créé le site Internet. Grâce à un bon référencement sur les moteurs de recherche, ce site donne d'excellents résultats. Des tableaux de bord sont créés pour le contrôle de l'activité et plus de cinquante indicateurs, répartis sur les différents processus de l'entreprise, fonctionnent. La communication, qui a toujours été active en interne, le devient en externe.

Une première conclusion sur ces événements est intéressante à tirer : l'équipe a tout simplement appliqué à la problématique commerciale le même esprit que celui qui a toujours présidé dans tous les secteurs d'activité. Cet état d'esprit est caractéristique de l'IE qui s'appuie avant tout sur la culture de l'entreprise. La création de valeur prend sa source dans un questionnement. Dans ce cas c'est la question de la survie, sans doute interrogation triviale, mais en tout cas générale, qui affleure en 2000. La réalité de l'entreprise dans le fonctionnement de son moteur informationnel a produit immédiatement et efficacement la réponse. La mise en place de la nouvelle organisation s'est en réalité faite dans l'esprit de l'IE.

Une deuxième conclusion va maintenant nous permettre de relater les effets sur le long terme de cet épisode. L'IE une fois entrée dans l'entreprise et imprégnant sa culture, un nouveau questionnement apparaît, et cette fois non plus en réaction mais en anticipation : « Que se passe-t-il si la crise de 2000 se reproduit ? » La réponse à cette question est double :

– d'abord elle permet de concevoir des « plans de crise » qui feront gagner du temps le jour où il faudra de nouveau réagir à une situation dangereuse ;

– ensuite, et c'est à notre avis le plus important, elle « installe » l'IE dans l'entreprise et c'est sans doute la meilleure anticipation qui fera que probablement le risque que survienne une nouvelle crise sera largement réduit. Il ne s'agit plus de « réagir », ni même de « réduire les risques » ; mais de doter l'entreprise d'une capacité de maîtrise de son futur. La découverte anticipée de l'émergence et de la multiplication des opportunités donne à l'entreprise les moyens de « prendre son destin en main ».

Peu à peu et par étapes se construit au LERM une organisation « intelligente ». La première étape réside en la construction d'un logiciel qui permet d'auditer sur la validité des savoirs actuels. C'est du knowledge management. Cette validité est testée actuellement par le logiciel sur une durée de 3 à 6 mois. L'objectif est de l'alimenter pour l'année prochaine. Cette approche KM donne lieu au développement d'un forum interne qui ressemble à Internet où toutes les informations et connaissances sont partagées et classées. Le classement se fait par thèmes comme par exemple les partenaires (concurrents, clients, fournisseurs, institutionnels…). Le passage à la norme ISO 9001 version 2000 prévoit la mesure de la satisfaction des clients et la mise en place de processus pour répondre.

La deuxième étape a consisté à travailler sur les méthodes de prospective. De manière symptomatique c'est un spécialiste du marketing qui a fait l'étude de départ sur cet aspect. Pourtant le terme marketing tendrait à exclure du champ d'investigation toutes les recherches d'information à caractère exclusivement scientifique ou technique, considérées comme inopérantes pour parvenir à un débouché commercial à moyen ou long terme. Cette acception est trop restrictive et une approche technique de la problématique est incontournable. Ainsi est illustrée la réalité de globalité de l'IE. Pour prendre un exemple, une connaissance relativement fine de la constitution d'un produit comme le béton est nécessaire pour remonter aux différents producteurs. La connaissance de la typologie des essais pratiqués est indispensable pour identifier clairement la concurrence. Le spécialiste du marketing ne peut donc pas imaginer faire son travail sans entrer dans un véritable processus d'apprentissage de l'entreprise dans ses aspects techniques. Le vocabulaire, la vision du métier et la compréhension de l'ensemble du marché sont donc indispensables pour aller au-delà d'une vision « monoculaire ». L'IE n'est pas autre chose que cette vision « binoculaire » permettant la prise en compte du relief en quelque sorte, en faisant apparaître une troisième dimension représentant déjà pour nous, partiellement, la complexité de la réalité dans laquelle se trouve l'entreprise et sur laquelle elle doit agir.

À la base de la réflexion prospective se trouve la mise en place d'un dispositif de veille. Cette information doit être recueillie de manière exhaustive mais en même temps selon un cahier des charges mis au point au préalable. Le risque, cependant, d'un cahier des charges précis est d'enfermer la veille et de passer à côté de signaux qui, pour ne pas concerner directement l'entreprise, seront très importants pour éveiller son attention ou prolonger l'analyse. Le cahier des charges du LERM ne négligera aucune source *a priori*. Il part notamment des sources internes. C'est en effet en interne que se trouve généralement la grande majorité des informations disponibles et non exploitées. Le parti est pris de constituer un guide de recherche de l'information à partir des pistes fournies par les informations disponibles en interne. Le LERM dispose aussi d'une abondante documentation à la fois sur le plan technique et sur le plan économique. Cette exploitation est donc la première démarche.

Il faut aussi déterminer les « déterminants » de l'environnement du LERM, et des signaux sont à collecter en ce sens : pour simplifier, on peut dire par exemple que la démographie est une variable essentielle à considérer. Ce sont d'ailleurs des tendances lourdes qui sont sous-tendues par les réalités démographiques. De la même manière, des informations régulières et précises sur les différents modes de vie et leur évolution, comme sur les cultures susceptibles d'influencer ces modes de vie, constituent très certainement des signaux éclairant le futur et permettant d'anticiper les marchés de demain. Le travail de prospective intègre au commencement ces catégories d'information en repérant les sources correspondantes. Une fois les informations « traquées » et « piégées », le dispositif assure l'analyse, le classement et le partage des informations. Dans le dispositif de travail prospectif, il faut aussi engager une réflexion élargie sur les tendances et les opportunités qui se dégageront. Il ne faut pas confondre ici en matière de prospective la tâche de « prévision », susceptible de permettre l'adaptation de l'entreprise à un avenir qui s'impose à elle, avec celle d'anticipation/création qui liste des opportunités en émergence pour permettre à l'entreprise de « choisir », toutes proportions gardées, son avenir.

Les informations les plus performantes seront bien sûr celles qui seront l'apanage de l'entreprise et lui permettront cette stratégie du « coup d'avance ». Pour cela les sources fermées (les informations grises, c'est-à-dire l'information non publiée) doivent être explorées. Pour recueillir de manière régulière des informations « neuves », le LERM dispose d'un réseau, constitué par des contacts pris et entretenus au fur et à mesure de rencontres diverses. Il s'agit principalement de partenaires ou de clients potentiels côtoyés dans le cadre d'associations professionnelles, clubs techniques ou groupes de travail scientifiques, animés par les dirigeants ou cadres de l'entreprise, permettant d'asseoir à la fois leur notoriété et celle du LERM par rayonnement. Il s'agit aussi, dans le cas particulier du métier du LERM, de spécialistes ayant participé à une action en commun avec le Laboratoire, ou à la rédaction d'un article. L'entretien régulier de ce réseau est primordial et les visites et contacts seront maintenues soit à l'occasion de rencontres à l'extérieur soit de rencontres organisées *ad hoc* par l'entreprise.

Au-delà de ce dispositif permanent, l'entreprise envisage deux approches complémentaires systématiques, tout en sachant que c'est d'abord l'information recueillie par le réseau et le dispositif de veille (processus d'IE en continu) qui donnera valeur aux démarches et approches de l'information relevant d'un processus IE « en discontinu ». Plus précisément, ces approches en discontinu feront appel aux scenarii ou aux dires d'experts.

La méthode des scénarii consiste à élaborer des hypothèses de configuration du futur susceptibles de résulter de la situation observable au moment de leur construction. Ces constructions peuvent être élaborées de diverses manières mais notamment par des séances de brainstorming préparées sur la base de méthodes créatives. L'avancement de la conjoncture permet au fur et à mesure soit d'affiner soit d'abandonner des scénarii, ou bien d'en concevoir de nouveaux. Ces scénarii doivent être suffisamment schématiques pour ne pas mobiliser une énergie telle que leur coût se révèlerait prohibitif.

Le « dire d'experts » est un technique plus lourde et généralement plus coûteuse. Elle vient renforcer le rôle du réseau pour « sous-traiter » l'analyse prospective et apporter ponctuellement un éclairage extérieur original et performant. C'est un travail de « futurologie ». Cela suppose une demande précise et cadrée et donc un travail préalable appuyé par exemple sur les scénarii élaborés en interne.

Le LERM est sans doute un cas particulier tenant au haut niveau technologique et culturel de ses membres. Il reste néanmoins exemplaire et déclinable dans de nombreuses entreprises de toutes tailles avec une adaptation en fonction des métiers et des compétences disponibles.

■ Entretien de...
Thibault du Manoir de Juaye

Thibault du Manoir de Juaye est avocat au bareau de Paris. Ancien auditeur de l'IHESI (Institut des Hautes Études de la Sécurité Intérieure) et de l'IHDEN (Institut des Hautes Études de Défense Nationale), il est en outre rédacteur en chef de la revue Regards sur l'Intelligence Économique, dont il est l'un des fondateurs. C'est cette double compétence, juriste et intelligence économique, qui lui a permis de développer une approche originale de la stratégie juridique des entreprises et d'être un des pionniers de l'intelligence juridique. *Il a rédigé deux ouvrages* : Intelligence économique, utilisez toutes les ressources du droit[1] *et* Le droit pour dynamiser votre business[2]. *Ce livre a obtenu le prix 2005, décerné par l'académie de l'Intelligence économique du meilleur ouvrage d'Intelligence économique. Il est l'auteur de nombreux articles sur l'IE.*

Comment voyez-vous la discipline aujourd'hui en France et dans le monde ?

Je me suis d'abord demandé « pourquoi l'essor de l'IE depuis 2003 ? », alors qu'en 1994, les tentatives s'étaient soldées par un demi-échec, voire un « flop ». Certains expliquent cet échec par le climat politique où une nouvelle majorité ou tendance politique s'empressait de défaire ce qu'avait fait la précédente. À mon sens, le développement de l'IE en France depuis deux ans peut certainement s'expliquer par au moins trois facteurs :

– avec un salaire minimum d'environ 100 euros par mois, sans contrainte de droit du travail, la France ne pourra résister longtemps et sans réaction ; on imagine facilement le cortège de chômeurs, la crise économique… Il faut donc réagir et l'IE est un des moyens de nous tirer de l'ornière. Les pouvoirs publics ont compris que leur rôle était d'aider les entreprises françaises à créer des emplois et en conséquence qu'il fallait les aider à se protéger, à mieux vendre, que cela concourait au bien-être de la nation tout autant si ce n'est plus qu'à celui de la fonction publique ;

– messieurs Carayon et Juillet ont su faire preuve d'un dynamisme exceptionnel, d'un pouvoir de conviction inégalé pour aller porter la bonne parole et ont contribué ainsi à la diffusion de la matière ;

– les efforts de Messieurs Carayon et Juillet ont trouvé un terrain fertile en raison de l'épuisement des modes de management. Les entreprises sont à la recherche régulière de bonnes pratiques, de meilleures méthodes d'efficacité et adoptent des règles de conduites internes qui peuvent durer parfois pendant plusieurs dizaines d'années. La qualité s'est ainsi emparée de toutes les entreprises petites ou grandes.

Puis, les entreprises recherchent de nouvelles méthodes, soit parce que les anciennes ont mal vieilli et ne sont plus adaptées au contexte, soit au contraire car elles sont entrées de manière irrémédiable dans les mœurs. En France, le lancement de l'IE est arrivé au moment où l'on

---

1. T. Du Manoir de Juaye, *Intelligence économique, utilisez toutes les ressources du droit*, Éditions d'Organisation, 2000.
2. T. Du Manoir de Juaye, *Le droit pour dynamiser votre business*, Éditions d'Organisation, 2004.

recherchait à maîtriser la complexité du monde ambiant. En effet, lorsqu'une entreprise commercialisait ses produits dans un périmètre restreint – quelques départements ou le territoire national – elle était en mesure de connaître son environnement ; ce qui n'est plus possible dans un contexte mondialisé où une entreprise peut être mise en difficulté par des produits conçus et produits à des milliers de kilomètres.

Cette impression de complexité a été considérablement renforcée par la masse d'informations à laquelle tout un chacun peut avoir accès.

Au niveau international, nombre de pays émergents cherchent à former leurs cadres, les dirigeants des entreprises de demain. La Chine notamment est avide de se former. C'est la raison pour laquelle elle s'intéresse à l'IE, matière pour laquelle elle est peut-être prédisposée par l'existence de réseaux humains depuis des centaines d'années. De même au niveau étatique, des politiques d'IE se mettent en place dans de nombreux pays, comme ceux du Maghreb, de l'Inde.

Quels sont les aspects de la discipline qui vous semblent les plus importants ?

Pendant longtemps, on a considéré que la principale difficulté de l'intelligence économique était l'acquisition d'informations. Certains considéraient même que l'IE était synonyme de veille. Toutefois, cette époque est maintenant révolue. Les principales difficultés qui se posent déjà sont celles de la validation et de l'exploitation de l'information. Ce sont, sans doute, ces deux domaines qui vont donner lieu à de nombreuses recherches.

Quels développements de la discipline sont, à votre point de vue, à attendre dans les prochaines années ?

L'IE dans les prochaines années va répondre aux besoins territoriaux et s'immiscer dans des professions qui étaient jusqu'à maintenant rétives à ce concept. Le gouvernement français a ainsi lancé au niveau régional une importante politique d'IE pour permettre aux vingt-deux régions françaises une mise en œuvre locale. Y sont impliqués tous les services de l'État. Mais un tel programme oblige à élaborer des méthodologies tant pour les administrations publiques concernées que pour les entreprises bénéficiaires. Par ailleurs, au niveau de l'État, l'administration centrale élabore une politique d'IE inspirée de celle en vigueur notamment aux États-Unis.

Parmi les professions rétives ou indifférentes au concept d'IE, il y a les juristes qui, lorsque la matière a commencé à émerger, ont tenté d'en définir les contours légaux, à la manière de la chanson de Jacques Dutronc « fais pas ci, fais pas ça » ; ils proposaient des réformes de l'État avec par exemple la création de structures copiant l'*Advocacy Center* américain. L'approche était particulièrement réductrice. Or, les juristes avaient déjà une notion de l'information ou tout au moins de son acquisition avec l'exigence d'apporter des preuves pour étayer leur argumentation et constituer un dossier susceptible d'emporter la conviction du tribunal.

Dès lors, l'IE – qui prend alors le nom d'intelligence juridique – va systématiser la remontée de l'information, pour qu'elle puisse être utilisable comme preuve ou qu'elle puisse permettre la consolidation du patrimoine intellectuel et industriel de l'entreprise. Elle va permettre également, pour une entreprise confrontée au contentieux de masse, d'effectuer des analyses quantitatives et qualitatives importantes. En d'autres termes, au classique diptyque de la vocation de l'IE – saisir les opportunités et déceler les menaces – il faut ajouter une nouvelle dimension : prendre des positions juridiques et judiciaires.

Quels sont les points sur lesquels on doit particulièrement insister dans le contexte actuel ?

L'IE est une matière en grande partie pratique, pragmatique, fondée sur l'expérience, qui se développe par mimétisme. Elle a certes été théorisée aux États-Unis et par quelques grands précurseurs. Toutefois, il lui manque un appui, une réflexion universitaire ancrée dans le temps qui permettrait d'en faire une véritable matière autonome.

Comment les entreprises françaises et/ou étrangères peuvent-elles utiliser l'IE ?

Certains consultants, voire des services publics ou parapublics, tentent de faire adhérer les entreprises à l'IE en la leur vendant sur un réflexe de peur : « Si vous ne vous protégez pas, vos secrets vont être pillés, votre savoir-faire divulgué, etc. » Ils proposent alors des prestations sur la sécurisation de l'entreprise en omettant les autres facettes de l'information.

Pour prendre une image triviale, appliquée à une équipe de foot, cette méthode consisterait à ne la composer que d'un goal et de défenseurs. Or, une équipe de foot pour gagner doit avoir des attaquants efficaces, motivés, et surtout tous doivent travailler ensemble, les avants comme les arrières. La situation de l'entreprise n'est pas différente. Il faut bien sûr se protéger, mais également savoir se projeter et avoir un esprit de conquête. C'est ce double objectif que remplit l'IE.

REGARDS CROISÉS

Partie II

Des repères pour la recherche

■ L'originalité de la recherche en intelligence économique nous amène à repenser assez radicalement les cadres traditionnels de nos disciplines.

■ Un chapitre préliminaire, en guise d'introduction au sujet, permettra de poser la question d'une **rupture épistémologique** en germe dans de nombreux travaux.

■ Nous aurons ensuite une démarche en deux temps pour une réflexion approfondie sur les éléments constitutifs du champ ainsi ouvert : d'abord sur **les problématiques** qui forment le contenu de notre champ de recherche ; ensuite sur **les concepts et paradigmes** qui seront les outils de son exploration.

■ Nous proposerons enfin une **réflexion sur quelques auteurs**, choisis non parce qu'ils sont à proprement parler des piliers de la recherche en IE, mais parce qu'ils éclairent à notre avis les développements précédents et permettent de clarifier les démarches.

Cette deuxième partie tente d'ouvrir l'horizon, non pour guider les recherches actuelles ou futures, ce qui est le travail des directeurs de recherche, mais pour donner quelques repères sur la route de la recherche en IE, susciter le goût pour ses objets, mettre éventuellement en garde contre des contresens ou des fausses pistes, et donner quelques indications sur les grands courants de pensée et les auteurs de référence qui pourraient, nous semble-t-il, contribuer à assumer la paternité de la discipline.

Pour cela nous commencerons en guise d'introduction par évoquer ce qu'il faut bien appeler les prémisses d'une rupture épistémologique en cours. Nous évoquerons ensuite dans l'ordre, les problématiques, les concepts et paradigmes, puis les grands auteurs pour finir sur le même thème qu'en introduction et cette fois pour constater la réalité de cette rupture épistémologique.

Vers une rupture épistémologique

Le cadre de la recherche française, dans les deux disciplines principales qui nous concernent évidemment, mais pas seulement, et parce qu'il faut bien structurer les démarches et les formations et permettre les évaluations, présente des rigidités reconnues.

Il est presque trop facile de reprendre sur le sujet le discours d'Edgar Morin à qui on a effectivement demandé une réflexion sur le sujet : « *Nous savons que le mode de pensée ou de connaissance parcellaire, compartimenté, mono-disciplinaire, quantificateur nous conduit à une intelligence aveugle, dans la mesure même où l'aptitude humaine normale à relier les connaissances s'y trouve sacrifiée au profit de l'aptitude non moins normale à séparer. Car connaître, c'est, dans une boucle ininterrompue, séparer pour analyser, et relier pour synthétiser ou complexifier. La prévalence disciplinaire, séparatrice, nous fait perdre l'aptitude à relier, l'aptitude à contextualiser, c'est-à-dire à situer une information ou un savoir dans son contexte naturel. Nous perdons l'aptitude à globaliser, c'est-à-dire à introduire les connaissances dans un ensemble plus ou moins organisé. Or les conditions de toute connaissance pertinente sont justement la contextualisation et la globalisation.* »[1]

Les chercheurs en IE sont en effet mal à l'aise car il leur faut observer des objets sous des angles multiples et pour cela ils ont parfois du mal à se situer, notamment entre les deux grands corps de disciplines que sont les SIC et les SDG.

D'abord, les cadres, larges pourtant, sont encore trop étroits, et ensuite les chercheurs se trouvent de ce fait dans une sorte de quadrature du cercle.

L'étroitesse des cadres traditionnels

Le temps est probablement terminé de ne pas douter de ses références théoriques et épistémologiques. Le cadre institutionnel de la recherche en France est clairement l'héritier d'une démarche de clarification qui a conduit à séparer très nettement les « sections » au sein du Conseil national des universités. Sans doute est-il maintenant nécessaire de souligner que ce cadre est devenu étroit. Pourquoi pas des sections plus larges avec des déclinaisons en disciplines précises sans pour autant appuyer sur les séparations ?

Nous proposons une réflexion sur ce sujet dans deux directions en évoquant le tournant de la recherche en économie et gestion étendue aux SIC.

---

1. E. Morin, communication au Congrès international, « Quelle université pour demain ? Vers une évolution transdisciplinaire de l'université », Locarno, Suisse, 30 avril-2 mai 1997, texte publié dans *Motivation*, n° 24, 1997.

La fin des légitimités

Nous rejoignons Michel Marchesnay[1] dans cette expression très parlante. La démarche positiviste a trouvé ses limites et l'auteur regrette qu'elle reste la référence pour la fixation des canons servant à évaluer les productions scientifiques en économie et gestion : « *Il est à craindre qu'un tel conformisme manifeste plutôt l'absence d'une forte certitude sur la finalité de ces disciplines, sur leur épistémê.* » L'auteur évoque ensuite les grands paradigmes sur lesquels nous reviendrons plus loin et pose la démarche constructiviste comme le tournant fondamental qui met le positivisme en question de manière irrémédiable.

Le chercheur en IE qui n'a pas de véritable légitimité à l'intérieur de sa discipline (ou de ce qu'on peut y assimiler) du fait de la jeunesse des pratiques et des nombreuses acceptions admises en fonction des points de vue et des écoles de pensée, se trouve dès lors dans une position inconfortable. La communauté scientifique lui doit une reconnaissance pour aller au-devant de dangers non négligeables puisqu'il risque tout simplement la « non-reconnaissance ».

Cette fin des légitimités est pourtant attestée : prenons comme exemple typique et en clin d'œil les travaux de Jean-Louis Juan De Mendoza, professeur de psychologie à l'université de Nice, et de Lucien Isräel, médecin cancérologue membre de l'institut, scientifiques heureusement reconnus. Si l'on en croit ces auteurs, les raisonnements algorithmiques du cerveau gauche sont heureusement contrebalancés par les intuitions du cerveau droit. Certes ces conclusions sont encore l'objet de débats, souvent passionnés. En général cependant, la complémentarité des deux hémisphères n'est pas remise en question. Il nous faut donc admettre la possibilité du qualitatif, du spontané et du non déductif. Ou alors il faut nous couper la tête en deux !

Mais la recherche devient plus passionnante alors !

Que l'on songe à toutes les frustrations qui sont induites par les interdictions méthodologiques issues de la posture positiviste. Et si l'on cite souvent les critères rigoureusement quantitativistes des revues américaines, il faut aussi remarquer que ce critère s'applique dans un univers marqué par la créativité. Et puis la partie émergée de l'iceberg cache peut-être une réalité plus diverse importante.

Michel Marchesnay parle alors de construction autonome de la démarche de recherche, aussi bien pour les objets que pour les champs. Cela peut aller jusqu'à l'hyper spécialisation, dont le risque est évidemment l'isolement du chercheur dans son concept et son incapacité à élargir son regard aux environnements successifs qui interagissent avec l'objet étudié. Viennent à son secours la pensée complexe et la systémique qui posent en principe l'inexistence de l'objet hors de la considération du tout qui l'englobe. Sans aller plus loin pour ne pas déflorer le sujet abordé ultérieurement, nous retiendrons que les démarches de recherche, sans pour autant perdre de leur rigueur, et d'autant moins que les sentiers sont peu balisés, se libèrent peu à peu de ces canons stricts. Nous y trouvons une possibilité de développer des recherches originales en IE.

Au-delà de cette avancée vers la systémique on peut aussi remarquer que la démarche scientifique devient plus complexe par le fait que l'observateur ne peut plus se détacher du réel. Reprenons ici un bouquet de citations de J-L. Le Moigne[2] :

- « *La représentation rend interchangeables le percept et le concept.* »[3]

- « *Les idées prennent corps, les notions abstraites deviennent images.* »

---

1. *Op. cit.* p. 25-27.
2. J. L. Le Moigne, *Le constructivisme*, Tome III, l'Harmattan, pp. 29, 31, 35 et 41.
3. D. Jodelet, 1984.

- « *On observe tout en agissant, on agit tout en observant : les deux aspects ne font qu'une forme d'action.* »[1]

- Si la représentation, comme le souligne S. Moscovici (1979), est un effort pour transférer ce qui perturbe notre univers de l'extérieur vers l'intérieur, pour familiariser l'étrange, l'observation participe d'un mouvement inverse « *ayant pour but d'aller au-delà du conventionnel, vers le vrai et au-delà du figuré, vers le réel* ». Le projet de l'observateur structure le regard et re-construit le fait.

- « *De sorte que lorsqu'un auteur constate une adéquation entre sa théorie et les signes qu'il lit, on ne sait jamais avec certitude si c'est parce que le schéma d'interprétation du fait vient de confirmer celui de la théorie ou parce que le signe a été lu à travers le préjugé théorique.* »[2]

Les textes se passent de commentaire...

L'élargissement des références

Le corollaire du point précédent est la possibilité de puiser des outils au-delà d'un champ prédéterminé et fermé. Il est vrai toujours que les grandes avancées originales dans les sciences humaines sont le fait de chercheurs ayant d'abord administré la preuve de leur qualité scientifique selon les canons en place. Pourtant ces ouvertures deviennent aujourd'hui autant de légitimations aux croisements disciplinaires et, sous la pression du contexte, on voit se développer des approches non conformistes.

Le travail de Didier Lucas[3] est assez exemplaire en la matière. Pour présenter une thèse dans la 71e section (SIC), outre une composition du jury pour moitié en SIC et pour moitié en SDG, il prend clairement des références dans les deux corps de disciplines et notamment en management stratégique. Il développe d'ailleurs, lorsqu'il traite des ouvertures en matière de recherche, la transdisciplinarité (qui est un peu comme la trame de cet ouvrage). Une seule citation dans les remerciements qu'il inscrit au début de son travail : « *Le professeur Claude Lebœuf me fit redécouvrir l'interaction en stratégie ! J'ignore si cette recherche serait parvenue à son terme sans les quelques commentaires qu'il me glissa voilà un an à l'issue d'un colloque. Le professeur Silem fut à l'origine de mon « transfert » des sciences de gestion vers les sciences de l'information et de la communication après avoir parcouru son dictionnaire des SIC. Le professeur Leroy me réconcilia avec les sciences de gestion grâce à ses travaux sur les stratégies concurrentielles.* »

Au-delà de ces deux ensembles des « sciences plurielles », de nombreuses disciplines apportent leurs contributions. Les références en psychologie, en psychanalyse même, ou bien en économie évidemment et en sciences politiques sont nombreuses, comme les travaux sur la qualité et la communication artéfactuelle.

Nous plaidons pour l'interdisciplinarité, qu'elle soit exprimée par la transdisciplinarité (conception de représentations riches des contextes considérés, modèles sur lesquels on raisonne de façon ingénieuse et communicable afin d'argumenter des propositions pour l'action humaine et qui privilégient le faire plus que le fait) ou par la pluridisciplinarité (dépassement des courants privilégiant les transferts méthodologiques d'une discipline à l'autre).

1. Ruth Kohn, 1982.
2. Parrain – Vial, 1966.
3. D. Lucas, « Éléments d'appréciation de l'intelligence économique en France : propositions pour un cadre d'action », *op. cit.*

La quadrature du cercle pour les chercheurs

Une bonne manière de ne plus se poser la question de la discipline de référence est de donner la priorité à l'objet de recherche. Mais la question reste posée de la discipline en tant que telle, autrement dit du choix que nous appellerons institutionnel faute de trouver une meilleure expression.

Priorité à l'objet ?

Priorité, cela veut dire que l'appréciation de la pertinence des références ou des postures épistémologiques doit se faire à la seule considération de l'objet de recherche. Didier Lucas[1] s'est posé cette question et a trouvé la réponse que nous reprenons ici : « *Notre recherche doctorale s'inscrit dans un objectif global dont la question cristallise un véritable projet de connaissance. Notre positionnement s'inscrit dans les affirmations de Florence Allard-Poesi et Christine Maréchal[2] : l'objet consiste en une question relativement large et générale. Du fait qu'il implique la formulation d'une question, l'objet de la recherche se distingue également des objets théoriques (concepts, modèles, théories), méthodologiques (outils de mesure, échelles, outils de gestion) ou empiriques (faits, événements), qui ne portent pas fondamentalement en eux une interrogation. Un objet de recherche si partiel et si parcellaire soit-il ne peut être défini qu'en fonction d'une problématique théorique permettant de soumettre à une interrogation les aspects de la réalité mis en relation par la question qui leur est posée.* » Voilà qui légitime et établit notre projet de connaissance selon les principes énoncés par Piaget : « *Un objet de recherche si partiel et si parcellaire soit-il ne peut être défini qu'en fonction d'une problématique théorique permettant de soumettre à une interrogation les aspects de la réalité mis en relation par la question qui leur est posée.* »[3]

Nous retenons cette position comme caractéristique de la recherche en IE dans la mesure où nous pourrons connaître des objets déterminés et pertinents par le regard que le chercheur portera sur eux, alors même que leur nature supposera une variété certaine des références théoriques. Puisque l'information sera dans la plupart des cas un point central du projet de connaissance, l'autonomie du concept en lui-même induit des démarches transversales et interdisciplinaires. L'illustration dans le domaine de la sécurité de l'information est typique puisque l'information qui est à protéger concerne sans distinction une multitude de réalités socio-économiques. Il n'est donc pas possible de définir le champ de recherche par la nature de la réalité concernée.

Est-il possible de privilégier un éclairage disciplinaire particulier ?

Doit-on, autrement dit, faire exploser les frontières disciplinaires ? Disons-le tout net : sûrement pas ! La réponse est d'ailleurs contenue dans la question : comment faire de l'interdisciplinaire sans les disciplines ? La structuration de la pensée suppose, au contraire d'une indifférenciation disciplinaire, une trame : de la même manière que, par analogie, le tissu ne laisse pas apparaître la trame. Celle-ci pour autant ne nuit pas à la liberté du tisserand, au contraire : en assurant la stabilité de la composition elle laisse libre cours à l'auteur de la réaliser. Ainsi la structuration en disciplines relève-t-elle d'une impérieuse nécessité pour assurer aux travaux en IE la mise en relief des objets de recherche.

1. *Ibid.*
2. F. Allard-Poesi et C. Maréchal, « Construction de l'objet de recherche » *in* R-A. Thietart, *Méthodes de recherche en management*, Dunod, 2001, pp. 34-35.
3. J. Piaget (sous la dir.), *Logique et connaissance scientifique*, Gallimard, 1967.

Nous sommes de toute manière dans les sciences humaines et nous pouvons reprendre les inter-rogations illustrant les questions soulevées dans l'apparition des sciences plurielles à propos de la communication interne dans l'entreprise : « *Le juriste peut étudier les arrêts relatifs à l'entrave du droit d'expression dans l'entreprise, l'économiste est susceptible de s'intéresser aux performances comparées des firmes en fonction du budget temps des réunions destinées à informer l'encadrement, le sociologue peut chercher à identifier les groupes sociaux internes à l'organisation en analysant les échanges d'information avec éventuellement l'analyse stratégique du phénomène de la rétention d'infor-mation pour la maîtrise d'une zone d'incertitude, l'historien portera par exemple son regard sur l'histoire de la presse d'entreprise, le sémiologue analysera, entre autres, les dénotations et les connota-tions potentielles dans le message du directeur général destiné aux actionnaires ou identifiera, s'il est greimassien, les éléments du carré sémiotique dans le message publicitaire, l'anthropologue pourrait porter son intérêt sur les rites d'accueil des nouveaux embauchés ou le phénomène d'échange d'informa-tions devant la machine à café alors que les mêmes individus partagent le même bureau, etc. Toutefois cette façon de concevoir la production de connaissances est remise en cause de manière plus accusée avec la naissance institutionnelle, à la faveur du besoin de développement des filières universitaires professionnelles ou technologiques, des sciences de gestion et des sciences de l'information et de la communication au cours des années 70[1]. Sans chercher à faire œuvre de nouveauté académique, et l'exemple de la géographie que relève Bernard Miège[2] l'atteste, ces nouvelles sciences plurielles[3] sont présentées comme des carrefours ou des champs pluridisciplinaires, multidisciplinaires ou encore plus souvent pour les SIC interdisciplinaires, et plus rarement transdisciplinaires[4]. Leur objet est l'étude des phénomènes complexes que sont l'organisation sociale ou entité sociale – entreprise, administration, institution[5] – dans ses différentes fonctions économiques ou dans son fonctionnement général pour l'une, et l'information et la communication pour l'autre. »[6]*

Cette ouverture nous semble aujourd'hui suffisante pour permettre des travaux riches et dont les références multiples seront un gage de décloisonnement effectif.

Les chercheurs en IE sont légitimes dans leur démarche transverse aux disciplines.

---

1. L'histoire de la naissance et de l'évolution des nouvelles sciences est plus entretenue pour les SIC, pour sa dimen-sion institutionnelle, que pour les SDG. Les derniers documents publiés dans cette affirmation identitaire des SIC sont notamment : « recherche et communication », *MEI, médiation et information,* N°14, L'Harmattan, 2001, (voir plus particulièrement Th. Lancien et alii, « La recherche en communication en France, tendances et carences ») ; R. Bourre, *Les origines des sciences de l'information et de la communication, regards croisés,* Presses Universitaires du Septentrion, Villeneuve d'Asq, 2002.
   Pour une analyse moins contingente, cf. les désormais classiques : A. et M. Mattelart, *Histoire des théories des la communication,* Repères, La découverte, Paris, 1995, et B. Miège, *La pensée communicationnelle,* PUG, Grenoble, 1995.
   Pour les SDG, s'il arrive d'évoquer la reconnaissance institutionnelle de la sixième section du CNU, le rôle joué par tel ou tel fondateur, l'histoire est plus souvent celle des différents avatars de la gestion (A. C. Martinet, *Épis-témologies et sciences de gestion,* Economica, 1990, p. 11.) ou des sources des sciences de gestion (J-L. Le Moigne, « État de la recherche en sciences de gestion », *Recherche en sciences de gestion,* FNEGE-ISEOR, 1984).
2. B. Miège, *La pensée communicationnelle,* coll. La Communication en Plus, PUG, Grenoble, 1995.
3. On rencontre quelquefois des appellations au singulier : *La science de gestion* de Beer (Larousse), *La science de l'information* de Y. Le Coadic (Que sais-je, PUF), L*a science de la communication* de J. Lazare (Que sais-je, PUF).
4. A. Mattelart évoque cet aspect plus rhétorique qu'effectif. Il déclare dans l'entretien accordé à T. Lancien et M. Thonon pour le N° 14 (*Recherche et communication*) de MEI. : « *Malgré la rhétorique sur le processus de convergence vers une transdiscipline à l'âge de la complexité, les pratiques de recherche continuent à être fortement cloisonnées.* », p. 18.
5. R.-A. Thietart, p. 1, *op. cit.*
6. A. Silem et D. Bruté de Rémur : « La communication d'entreprise sous les épistémologies croisées en sciences de gestion et en sciences de l'information et de la communication », in « la communication des organisations à la croisée des chemins disciplinaires », L'Harmattan, octobre 2005.

■ Entretien du professeur Ahmed Silem

Ahmed Silem est directeur de l'École doctorale MIF LYON III.

Vous êtes en France un des premiers universitaires à avoir travaillé sur l'IE. Quelles sont les origines de la recherche universitaire sur le sujet ?

Les premiers auteurs sont des Américains. Les deux précurseurs de l'IE telle que nous pouvons la définir aujourd'hui sont Francis J. Aguilar et H. Igor Ansoff. Le premier développe l'idée de la veille généralisée sur l'environnement de l'entreprise, le second met en lumière la pyramide de l'information et des décisions en planification stratégique, et en particulier la problématique des signaux faibles. Ces travaux datent déjà de 1967.

G. Hamel et C.K. Prahalad ont fait ressortir quant à eux le concept de « l'entreprise compétente » qui ne peut être pensée sans référence aux hommes et à leurs connaissances évolutives et cumulatives grâce à l'information.

Pour s'en tenir aux auteurs français, si conceptuellement, l'intelligence économique est d'abord l'intelligence informationnelle. À ce titre il est difficile d'éviter de citer Jean-Louis Le Moigne qui donne en 1973 les bases des recherches sur les systèmes d'information avec *Les systèmes d'information dans les organisations* (PUF). Mais d'autres chercheurs peuvent être considérés comme des précurseurs ou des pionniers en IE lorsque, d'une manière ou d'une autre, ils ont entrepris très tôt des recherches en management et en planification stratégiques. C'est le cas notamment avec Alain. Ch. Martinet et Raymond. A. Thiétart, Michel Marchesnay, etc. D'un point de vue plus ingénierie ou technologique, les auteurs sont plus nombreux dès les années 80. En acceptant d'intégrer les travaux sur la veille dans ceux de l'intelligence économique, il faudrait citer en particulier Bruno Martinet, Christian Harbulot, Robert Paturel, Philippe Baumard. Toutefois Humbert Lesca est, en France à coup sûr, l'un des auteurs qui a le plus pris le relais en fouillant le concept de veille informationnelle tout en proposant une méthode, le cœur de l'IE étant le triple mouvement de recherche, de protection et de gestion de l'information.

Les futurologues ou bien quelques grands penseurs modernes ont été à l'origine d'une vue plus prospective et en ce sens ont favorisé l'émergence du concept d'IE qui s'appuie sur l'idée de « prendre de l'avance » par rapport aux concurrents. Ainsi Alvin et Heidi Toffler – avec son ouvrage *Le choc du futur* en 1971 et tous ses ouvrages postérieurs – nous ouvrent régulièrement de nouveaux horizons. Peter Drucker (1909-2005), lui aussi, a été un visionnaire qui discerne dans *Au-delà du capitalisme* que le savoir et l'information, qui en est le constituant, sont la principale ressource de la société postcapitaliste ou société du savoir. Tous ces auteurs anticipent le futur et sont en ce sens des repères pour nous en intelligence économique.

Y a-t-il une définition académique précise de l'intelligence économique ?

C'est une des questions qui se posent, que l'on retrouve dans un grand nombre de documents qui proposent une litanie de définitions pour différentes expressions connexes. À titre d'illustration il suffira de citer le n° 2864 de la revue *Problèmes économiques* consacré à l'arme de l'intelligence économique, l'article consacré à l'intelligence économique de l'encyclopédie libre sur le web Wikipedia, ou encore les définitions, identiques d'ailleurs, proposées par le site www.martinet-on-line.com. Au-delà des différentes conceptions des auteurs qui n'ont pas toujours la même problématique, il faut surtout être attentif aux pratiques et à l'émergence des réalités dans le monde de l'économie et de l'information. Et à ce titre observer comment se précise aujourd'hui le concept d'IE. Il semble cependant que la définition proposée par le rapport Martre soit la plus fréquemment reprise dans les travaux que j'ai consultés pour une communication faite en novembre 2004 à la réunion internationale de Tétouan consacrée à l'IE.

Existe-t-il à proprement parler une recherche académique en intelligence économique ?

La réponse est incontestablement positive. La recherche en IE existe comme existent les sciences plurielles que nous connaissons, sciences de gestion et sciences de l'information et de la communication. Dans les sections correspondantes il n'existe pas d'unité ; mais bien au contraire une grande hétérogénéité. Il n'existe pas en effet UNE discipline de gestion. Un peu de la même manière, l'IE est une réalité, un fait total et global. Remarquez que la gestion des systèmes d'information se fait aussi bien en 6e section qu'en 27e (informatique). Nous ne devons pas tenir compte de l'ancrage académique qui est un phénomène purement « franco-français ». Avec l'IE l'appartenance disciplinaire n'a pas de sens. Nous jouons le jeu mais le choix de la section d'appartenance est purement contingent.

Le plus gros de la recherche en IE actuellement porte sur les outils de captation et de gestion des documents ; or il est impossible de faire de la gestion documentaire sans faire de l'informatique. On voit clairement d'ailleurs que le développement des moteurs de recherche est essentiellement une question technique.

Si les champs des SDG et des SIC sont « *pluridisciplinaires* », l'IE est, quant à elle, un objet « *transdisciplinaire* ». Elle n'est pas à l'extérieur des disciplines, en ce sens elle n'est pas « *indisciplinaire* » ! Les chercheurs travaillent ensemble sans abandonner leur appartenance académique. Je pense du reste qu'il n'est pas envisageable de créer une section IE au Conseil national des universités. L'IE est par définition « multisectionnelle ».

Des problématiques

Les nombreux sujets déjà traités ou en cours nous permettent de dresser une revue provisoire en les classant selon quelques critères simples et habituels : interne/externe, offensif/défensif, technologique/humain... La variété des approches possibles est considérable.

Dans l'ordre technologique

Technologique ne veut pas dire que nous faisons ici référence aux « sciences dures ». Il s'agit d'objets stables dans leurs définitions et leurs fonctionnalités. Les fonctions « tertiaires » sont, elles aussi, technologiques.

Nous mettrons l'accent sur quelques questions parmi celles qui composent pour aujourd'hui le champ de recherche de l'IE. Les trois directions choisies comme exemples montrent déjà une grande variété : l'informatique, les techniques de gestion et le management de la qualité.

Les outils informatiques et logiques

Les questions technologiques, le traitement de l'information

L'informatique est toujours très sollicitée et se développe probablement dans deux grandes directions : veille et sécurité.

Pour les outils de veille, il s'agit de construire des procédés qui relaient l'esprit humain dans son impuissance face à la démultiplication énorme des sources d'information et du volume offert par chacune d'elles. Cela comprend aussi les outils qui vont permettre à l'information sélectionnée de devenir disponible pour les utilisations stratégiques.

La recherche s'est abondamment penchée sur la question et un premier groupe s'est constitué en 1976 autour de M. Callon, W. Turner et J.-P. Courtial au Centre de sociologie de l'innovation (CSI) de l'École des Mines de Paris, et au SERPIA du Centre de documentation des sciences et techniques du CNRS. Issu de cette famille, Xavier Polanco crée à l'INIST (Institut National de l'Information Scientifique et Technique)[1] en 1991, le Programme de recherche infométrie.

La démarche de ce groupe repose sur la création et l'utilisation d'indicateurs, et la mise en œuvre de techniques d'agrégation de termes qui ont abouti au développement des logiciels comme : Leximappe, Lexinet, Lexitran… Les travaux de l'UNIPS du CNRS, du CEA (C. Fluhr), de l'INRA (M.-A. De Looze), de l'INSERM (S. Mouchet), de l'ORSTOM et de l'OST se rattachent à ce courant, ainsi que la société Madicia.

En 1987, deux associations complémentaires voient le jour. L'ADEST, présidée par M. Callon, développe quatre axes de réflexion : les techniques biblio-scientométriques, l'évaluation des programmes de recherche, les relations entre sciences, techniques et économie, la veille technologique ; la SFBA, présidée par Henri Dou, s'oriente vers les outils et les applications industrielles en veille technologique et information stratégique. Ces deux associations organisent un congrès bisannuel à l'Île Rousse.

Un rapport, produit par la DIST du CEA, intitulé « L'infométrie en 1997 : quel outil pour quel besoin », publié dernièrement, fait le point sur la place de ces outils et méthodes dans une démarche de veille informationnelle.

Le cycle complet de la veille suit le schéma circulaire de l'information développé par Hassid, Pascal et Moinet[2] en quatre phases, et les outils logiciels s'intéressent évidemment aux mêmes phases.

L'expression des besoins est peut-être l'aspect le plus difficile. En effet comme la sagesse populaire le répète souvent : « Pour avoir la bonne réponse il suffit de poser la bonne question. » Ne dit-on pas aussi parfois que les grands esprits connaissent la réponse avant de savoir quelle est la question posée ? Autrement dit, leur supériorité est sur la question qu'ils anticipent, pressentent ou imaginent. Le travail d'émergence et de mise en forme des besoins est donc essentiel. Dans l'expérience qui a été menée sur les PME de l'agroalimentaire du Languedoc-Roussillon (projet « I.M.P.E.R.I.A.L. ») par le pôle technologique « TRIAL » avec l'appui de Laurent Hassid, l'adaptation d'un logiciel sur les besoins spécifiques, et de l'organisme pilote et de l'opération, constitue un des apports principaux aux dires de Serge Pinatel, directeur du pôle.

La collecte est probablement la phase qui est davantage ouverte aux différents automatismes. Cela n'en demande pas moins, ou peut-être justement à cause de ça, un travail colossal. Henri Dou, dans sa présentation du 17 décembre à Montpellier (journée organisée par le MINEFI, haut fonctionnaire à la défense), a fait une démonstration brillante d'un nouvel outil développé depuis dix-sept ans dans son équipe de recherche, sur la veille en Indonésie. Le traitement est évidemment très important et les outils sont les plus développés dans ce domaine. Les systèmes de gestion de bases de données occupent en effet une place prépondérante et leurs progrès sont constants.

---

1. www.inist.fr
2. *Op. cit.*

Quant aux questions de diffusion, là se pose tout le problème du partage de l'information avec des points très délicats : obtenir l'information adéquate en temps et en heure auprès de celui qui en a besoin, et seulement cette information-là. Le développement des intranets est une question incontournable.

On ne pourrait pas citer toutes les applications en cours d'utilisation ou en développement et les professionnels de la veille sont aussi placés sur ce terrain (TÉTRALOGIE de l'IRIT du CNRS, DATAVIEW du CRRM, MIRIAD, NEURODOC, SDOC et HENOCH de l'INIST, SAMPLER de la CISI, TECHNOLOGY WATCH d'IBM, PÉRICLÈS de la société DATOPS et certains logiciels EIS ou aide à la décision, datamining ou knowledge discovery).

De nouvelles approches émergent à l'occasion d'outils en développement et c'est évidemment le cas du web. On va trouver de plus en plus de travaux sur les questions touchant à la maîtrise de l'information sur le web : « *Les outils actuellement proposés pour rechercher une information ne suivent plus la croissance galopante du web.* »[1] nous disait Hervé Rostaing en citant l'estimation de la taille du web à un milliard de pages. Trois ans après, la multiplication de cette taille rend le sujet encore plus pertinent.

La sécurité de l'information est aussi un domaine où les technologies s'investissent considérablement. Nous reviendrons sur le chapitre de la sécurité et c'est pourquoi nous serons très elliptiques ici. Le phénomène connu et bien médiatisé des virus a été à l'origine de la création d'outils *ad hoc*, et tout le monde connaît les antivirus. Dans cet ordre d'idées, les *firewalls* ou pare-feu, outils de tri des accès à l'entrée d'un système, se sont également fortement développés ainsi que les « antispams ». Ces outils sont en constante évolution tant il est vrai que la sécurité n'est d'une part jamais parfaite et d'autre part toujours remise en question par les nouvelles menaces.

Un des aspects qui nous semble encore un peu délaissé est celui des interfaces homme-machine. Il semble en effet que les outils se développent très rapidement mais que l'utilisateur soit plutôt en retard sur le plan de l'utilisation. Cet aspect ne concerne pas forcément l'informatique mais toute la partie organisation et gestion des compétences, ce que nous verrons plus loin ; mais les avancées dans la convivialité des interfaces ne sont pas à négliger.

Nous aurons l'occasion de revenir sur les outils de travail coopératif, et il suffit ici de les mentionner comme une ouverture large dans les technologies informatiques.

Les approches systémiques sur le système d'information : SISE, Datawarehouse

En reprenant deux auteurs qui ont remarquablement représenté les problématiques de management de l'information dans une optique de gestion des relations de l'entreprise avec son environnement, donc dans une perspective d'IE, nous nous appuyons à titre d'exemples sur deux schémas.

Jean Fabrice Lebraty[2], dans le schéma qui suit, montre les trois axes du cycle de l'information. Le premier conduit à la « web intelligence ». L'auteur est très bref sur le sujet mais il est clair qu'il s'agit de la recherche d'informations par Internet. À l'opposé, les outils de travail coopératif, « *groupwares* », mettent en œuvre les processus de communication. L'axe central qui amène aux processus décisionnels ambitionne d'intégrer ces deux circuits dont le développement très rapide est en train de bouleverser les modes de management.

---

1. H. Rostaing, « Le web et ses outils d'orientation. Comment mieux appréhender l'information disponible sur l'Internet par l'analyse des citations ? », juillet 2002, http://archivesic.ccsd.cnrs.fr/sic_00000116.html

2. *Op. cit.*, p. 90.

Si nous ne retrouvons pas ici formellement la distinction que nous proposons entre donnée et information, le schéma ne s'y oppose pas non plus. Nous pouvons noter que les TIC représentent le dénominateur commun, dans ce processus global, tous axes confondus.

Les trois axes du cycle de l'information

Le livre de Christiane Volant[1] sur le SISE (système d'information spécifique de l'entreprise) nous introduit dans le sujet : le système d'information spécifique de l'entreprise est une des dernières évolutions de la modélisation des systèmes d'information documentaire et cette évolution avance de manière évidente vers la prise en compte à la fois de la complexité liée aux multiples interactions repérables entre l'entreprise et son environnement comme à l'intérieur de l'entreprise elle-même, et vers la prise en compte, approche complémentaire voire corollaire, de l'entreprise comme un tout, et donc comme un système, lui-même en interaction en tant que système avec son environnement.

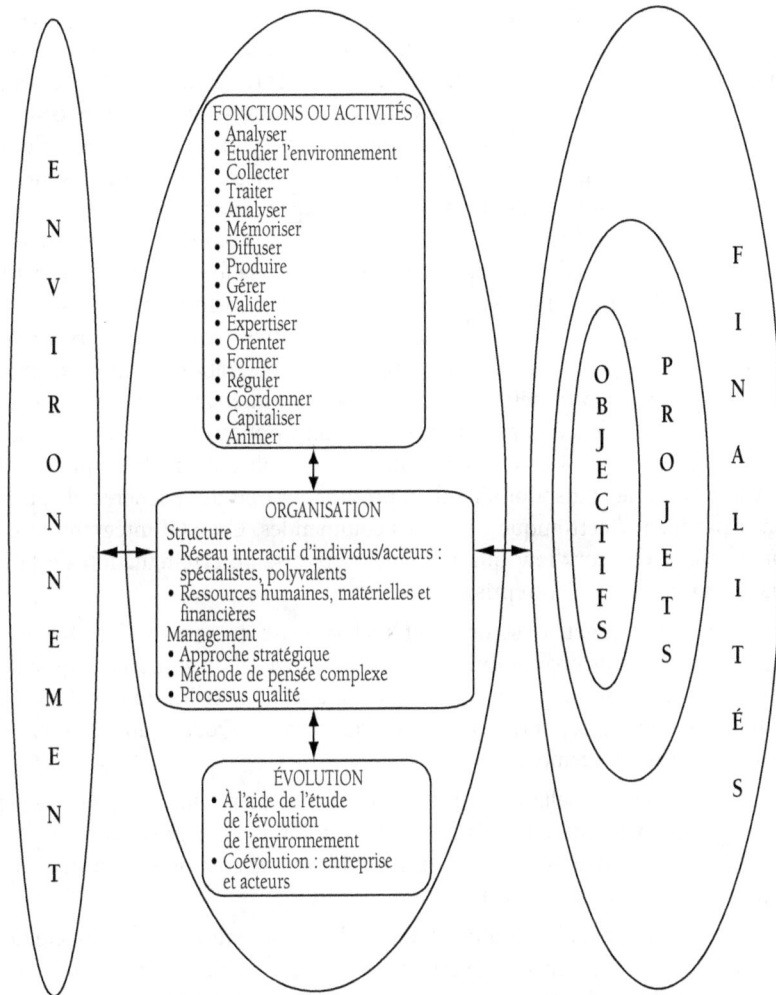

Nous avons en deux figures une vision synthétique de la plupart des problématiques liées aux outils de l'IE.

---

1.   C. Volant, *Le management de l'information dans l'entreprise : vers une vision systémique*, ADBS Éditions, 2003, 106 pages.

La gestion des processus : SIG, processus sécuritaires, contrôles d'accès

Sur les systèmes d'information de gestion, nous aurions bien sûr beaucoup de choses à dire puisqu'il s'agit de travailler sur l'information directement liée au fonctionnement de l'entreprise et à sa performance. Nous pouvons donner quelques repères à propos des SIG, qu'il ne faut pas confondre avec ce que ce sigle représente le plus souvent : les systèmes d'information géographique, une spécialité qui s'est développée notamment depuis le début des années 90. Le développement rapide des progiciels de gestion intégrée (PGI ou plus souvent ERP en anglais : *Enterprise Resource Planning*), lance aussi un défi à l'entreprise d'aujourd'hui. Le CIGREF vise bien en identifiant le SI dans l'entreprise comme une source de création de valeur ajoutée. Le PGI sera d'abord un gisement de productivité : concrétiser une fusion-acquisition, servir de base arrière à la mise en orbite d'une entreprise qui devient « agile », donner consistance à l'entreprise communicante, ouverte (via ses portails) à tous les vents de sa clientèle, de ses collaborateurs, de ses fournisseurs et de ses partenaires. Il doit conduire à une meilleure communication interne : c'est le temps de la collaboration. Un concept fort : partager des intérêts communs, de l'intelligence ; des marchés, des programmes, des connaissances, des ressources, des bénéfices, des risques, des données, des communications… des applications logicielles. Lorsque le PGI intègre le web, il offre des ouvertures exceptionnelles, non sans poser de nombreuses questions : il outille les processus internes de l'entreprise, l'obligeant par sa force structurante à adhérer aux étapes opératoires qu'il implémente. Autant d'atouts qui se transforment en casse-tête dès lors qu'il s'agit de faire coopérer les applications de plusieurs entreprises. Jusqu'alors, les plus courageux investissaient dans les EAI (Entreprise Application Integration s'offrant au prix fort des « connecteurs », applicatifs propriétaires). On dissocie maintenant complètement les aspects fonctionnels des aspects technologiques, ces composants applicatifs et modulaires délivrent via Internet des « services » utilisables par différentes applications. Exemple de fonctions candidates : vérification de la disponibilité d'un produit, gestion des enchères, dématérialisation de la facture et paiement électronique, suivi des commandes. Ces PGI intègrent en général des outils de *groupware* et de workflow qui assurent transversalité et circulation de l'information entre les différents services de l'entreprise.

Comme l'Intranet et l'Extranet, c'est un sujet mal maîtrisé en termes de « business » et de « management ». Peu de gens ont compris ce qu'est un progiciel de gestion et à quoi il sert. Pour ne pas dire que beaucoup ne se posent même pas de questions telles que : « À quel besoin de gestion et de management répond un PGI ? » ou bien : « Quel avantage compétitif peut apporter un PGI pour mon business ? ».

La différence entre les deux appellations ERP et PGI est également, nous semble-t-il, significative d'un écart conceptuel entre une « IE à la française » et l'origine anglo-saxonne de l'expression. La planification des ressources de l'entreprise semble en effet moins large que la « gestion intégrée », qui englobe d'ailleurs plus facilement l'idée d'IE.

Une spécialisation à l'intérieur de certains PGI, appelée « e-procurement », directement héritée du monde anglo-saxon, est destinée à la gestion des achats comme son nom l'indique. Les gisements de VA sont considérables dans cette seule direction et cela montre combien le développement d'Internet offre de possibilités. Même les particuliers vont faire maintenant de plus en plus l'expérience des possibilités d'optimisation de leurs achats (la progression des ventes sur Internet est considérable). Les enjeux en termes d'IE sont exceptionnels.

Nous avons relevé sur le site de l'université de Paris XII, une des universités les plus avancées dans le domaine de l'IE (développement des premières licences IE), un texte qui vaut la peine d'être cité, malgré sa longueur qui en fera une exception dans la pratique des citations pour un pareil ouvrage et même si son style est, pour le moins, direct et d'un auteur anonyme : « *Comment on réalise l'intégration des processus de l'entreprise ? Vous connaissez bien sûr la réponse : avec un progiciel de gestion intégrée et avec un Intranet/Extranet. Pourquoi le modèle d'organisation a changé, pourquoi il est maintenant « orienté client » ? Très simple aussi. Parce que l'environnement a changé. D'un monde tranquille, ayant seulement trois pôles économiques (États-Unis, Europe, Japon-Corée) on est passé à quelque chose de plus complexe où dans la compétition il y a aussi des « petits » comme la Chine, l'Inde, la Russie et une multitude de nouveaux entrants : les « dragons asiatiques », les pays de L'Europe de l'Est, les pays de l'Amérique latine (comme le très dynamique Chili) et les pays de l'Asie centrale avec leurs fabuleuses réserves pétrolières. Ce n'est plus un quelque chose de petit et tranquille, c'est très vaste et chaotique. Il y a des concurrents partout, grands et petits, internationaux et locaux et les marchés sont devenus saturés. Le client est devenu roi, il peut choisir parmi une grande variété de produits. Il y a 10-15 ans les choses étaient encore relativement simples. La demande était croissante selon des lois prévisibles et la problématique principale était de faire des économies d'échelle pour augmenter les marges contributives. Il fallait donc assurer un meilleur rendement pour chaque fonction de l'entreprise. Un système d'information existait pour chaque fonction et il répondait à des objectifs de rendement : des logiciels de MRP pour la production, des logiciels de DRP pour la distribution, des logiciels de comptabilité, des logiciels de ressources humaines. La chaîne de la valeur était orientée vers l'amélioration des produits et l'optimisation des directions fonctionnelles. Et bon, ça ne marche plus ! On peut vous donner plein d'exemples d'entreprises qui n'ont pas voulu comprendre et qui ont vu leur compte de résultats tomber au rouge (comme un grand constructeur d'automobiles et un grand constructeur d'équipements de télécommunications). Monsieur le Roi Client est maintenant très exigeant et, même pire, ses exigences sont en changement continu. Il ne veut pas seulement un prix bas, mais des délais plus courts et une meilleure qualité (ensemble de caractéristiques du produit qui le satisfassent). Et en plus, il faut innover fréquemment pour lui apporter une qualité qu'il ne trouve pas ailleurs. Pour répondre à ce défi, il faut véhiculer une information homogène et enrichie sur les clients : sur chaque maillon de la chaîne informationnelle, de la prise de la commande à l'approvisionnement et à la production, il faut avoir un référentiel de données commun. Également, il faut maîtriser la valeur ajoutée rendue au client. Cette valeur ajoutée est la somme de la valeur ajoutée créée sur les différents processus (productifs, commerciaux ou administratifs). Et dans ce contexte, le progiciel de gestion intégrée est la solution, le support matériel, pour relier le réseau des processus. C'est par l'intermédiaire du PGI qu'on assure le pilotage et la cohérence de ce dernier. C'est pour ces raisons, et non pas pour la réduction des coûts informatiques, que le système d'information d'entreprise évolue d'une multitude de systèmes informatiques indépendants (MRP, DRP, gestion, etc.) au PGI.* »[1]

Encore un mot, et d'importance : l'intégration d'un PGI est une opération délicate et qui peut être coûteuse. Les aspects culturels peuvent représenter des freins considérables et là aussi le parallèle avec l'IE est symptomatique.

Les processus sécuritaires vont revêtir une importance considérable dans la ligne des développements des outils informatiques. Les recherches vont bon train là-dessus, avec encore une fois une progression rapide des technologies qui laisse un peu en arrière les questions d'IE dans la mesure où les professionnels de l'offre devancent toujours les chercheurs. Un travail important sera de reprendre ces évolutions pour discerner les tendances et les problématiques que nous appellerons « problématiques goulots », autrement dit les questions dont la résolution est attendue pour assurer la route aux nouveaux progrès techniques sur le terrain. Il est certain que nous pouvons voir ici des thèmes de recherche tout à fait essentiels. Le salon Eurosec examine chaque année un nombre impressionnant de propositions de communication (plus de 150 pour

1. http://web.univ-paris12.fr/

la 16ᵉ édition de 2005) pour retenir celles qui auront les qualités exigées en matière de performance et d'originalité. Ce salon est en lui-même un croisement disciplinaire. Les organisateurs (XP conseil, filiale de la société Devoteam) ont cette année ouvert les communications de ce salon (trois jours pour 25 sessions), jusque-là strictement professionnel, aux chercheurs travaillant sur la sécurité de l'information. C'est un signe qui ne trompe pas.

Les problématiques de « contrôle d'accès » sont également un sujet fondamental de travail et l'IE, qui doit combiner sécurité et partage, deux principes normalement en opposition, est fortement demandeuse de résultats dans ce domaine. On peut citer les travaux du Laas d'Yves Deswarte à Toulouse sur le sujet[1]. Le français n'a qu'un mot, celui de « sécurité », là où l'anglais en propose deux ; « Security » et « Safety ». Cette distinction correspond à deux approches complémentaires. La sécurité d'une information peut être vue d'une part du point de vue d'elle-même, de son intégrité et de sa disponibilité notamment, et d'autre part de son usage. Dans le deuxième point de vue on retrouve plutôt la notion de sûreté. Les applications sont considérables, par exemple dans le domaine médical (sécurité informatique : « *Security* »/sécurité du patient : « *Safety* »)[2], ou dans les sites constituant des zones « confidentielles défense ». Les outils techniques commencent seulement à apparaître et les recherches fondamentales sont encore à développer.

Les outils et méthodes de gestion

Sensiblement plus traditionnel, ce domaine mérite cependant un coup d'œil rapide, parfois en rappel des développements précédents.

Les processus décisionnels

Un des auteurs qui ont le plus marqué ceux qui s'intéressent aux processus décisionnels est sans doute H. A. Simon. On connaît le grand classique *The new Science of Management Decision*[3]. Il a aussi écrit un article qui nous met davantage encore en relation avec le sujet de l'IE, « Rational choice and the structure of the environment »[4]. Mais nous laissons à Jean-Louis Le Moigne le soin de le commenter pour nous dans son dernier ouvrage : *« Les ultimes « réponses » de H. A. Simon nous valent incidemment quelques mises au point fort bienvenues. Ce dossier enrichit celui que nous avaient livré les précédentes « Rencontres italiennes » de H. A. Simon :* Economics, Bounded Rationality and the Cognitive Revolution[5]. *Ma note de lecture de ce premier dossier[6] se concluait par ces mots : « Il nous faudra peut-être alors parler de « raison organisante », puisque ce livre le confirme à nouveau de façon souvent très explicite, réfléchir sur la rationalité de nos comportements individuels et collectifs, c'est aussi réfléchir sur la complexité de l'organisation, qu'elle soit sociale ou cognitive, naturelle ou artificielle. » Pour une large part, ce nouvel ouvrage poursuit cette riche réflexion, de façon de plus en plus convaincante me semble-t-il, par l'accent mis sur les références et les matériaux empiriques qui étayent notre « intelligence de la décision ». On comprend mieux en le lisant l'insistance mise parfois par H. A. Simon à qualifier les fondements épistémologiques qui peuvent assurer aujourd'hui les savoirs de « L'économique », par le label de « l'épistémologie empirique »,*

---

1. www.laas.fr
2. « Modèles et politiques de sécurité pour les systèmes d'information et de communication en santé et social », colloque du 12 décembre 2002, Paris.
3. H. Simon, *The New Science of Management Decision*, Harper and Row, New York, 1960.
4. H Simon, *Rational choice and the structure of the environment*, Psychological Review, 63(2), pp. 129-138, 1956.
5. H. Simon, *Economics, Bounded Rationality and the Cognitive Revolution*, Éditions E. Elgar, 1992.
6. *In Cahier des Lectures MCX*, avril 1993, Lettre MCX N 17.

© Groupe Eyrolles

décrite par un « système observant », plutôt que par celui de « l'épistémologie expérimentale » prescrite pour un « système observé »[1]*. »*[2]

L'expression « intelligence de la décision » pourrait à elle seule faire l'objet de longs développements.

Patrice Alain Dupré et Nathalie Duhard[3] évoquent l'IE dans la présentation de leurs trois modèles décisionnels (libéral fermé visible en Allemagne et au Japon, libéral ouvert plutôt anglo-saxon, et libéral mixte caractéristique de la France, de l'Espagne et de l'Italie) pour dire : « *Dans ce dernier modèle (ils parlent du modèle mixte) l'IE est moins à l'aise pour se déployer que dans les deux précédents.* » Ils soulignent ainsi une « prédisposition naturelle » du milieu et de la culture anglo-saxons à l'épanouissement de la discipline.

Il reste que les processus décisionnels sont au cœur de l'IE et constituent une des problématiques fondamentales pour de futures recherches.

Les coûts et résultats

Beaucoup d'auteurs s'accordent à dire que l'IE ne se caractérise pas par des coûts spécifiques. D'autres affirment que ceux-ci sont importants et que cela peut constituer un frein à l'expansion de la démarche dans les PME.

Les problématiques liées à l'investissement dans des SI importants soulèvent des questions en termes de ROI, ou retour sur investissement ; éternelle question du gestionnaire qui doit avant tout s'assurer que les outils qu'il utilise pour améliorer la performance de l'entreprise ne coûtent pas plus cher que les gains obtenus. La plupart des praticiens estiment que la mesure du ROI est vraiment difficile. Il y a donc des progrès à faire sur ce plan. Quelques conclusions provisoires sont possibles à l'écoute de ces praticiens, conclusions qui sont autant de pistes de recherche pour des précisions, validations et mesures :

- d'abord l'IE ne se sous-traite pas. C'est une fonction trop « intime » de l'entreprise et qui nécessite une maîtrise pleine et entière. Cela ne veut pas dire qu'on ne peut pas sous-traiter des outils, des fonctions ou des missions (on songe évidemment au renseignement) mais encore faut-il être prudent et s'assurer de la qualité du prestataire ;

- ensuite on peut certainement réaliser des économies au départ par un audit sérieux et précis sur l'information, ses besoins et ses sources : on s'aperçoit généralement que des informations acquises à grands frais à l'extérieur étaient en fait disponibles en interne ! Éviter pour cela le fonctionnement « en silo » : tout est dans le partage et la gestion des connaissances ;

- enfin on peut dire aussi que l'organisation à partir d'une plate-forme extérieure, qui sert de sas en quelque sorte, facilite la protection de « contre-intelligence ».

Où sont les coûts de l'IE ? C'est une question encore sans réelle réponse et l'on n'a pas encore distingué précisément ce qui relève de la fonction IE proprement dite et ce qui peut être affecté à des activités non spécifiques ou carrément distinctes. Les réponses ne seront donc possibles que dans la mesure où l'observation sera possible. C'est souvent une remarque entendue de la part des chercheurs du peu de références encore disponibles pour s'appuyer sur des observations fiables. La conclusion sur ce point précis est probablement que la voie est pour le moment

1. H Simon, *An Empirically Based Microeconomic*, P. Tedeschi, Cambridge University Press, 1997.
2. Fiche de lecture de J-L. Le Moigne mise à jour le 12 février 2003 sur www.mcxapc.org
3. P. A. Dupré et N. Duhard, *Les armes secrètes de la décision : la gestion de l'information au service de la performance*, Gualino Éditeur, 1997, p. 91.

ouverte à l'élucidation des faits davantage qu'à la recherche dans le domaine de la compréhension des mécanismes, voire de l'explicitation si tant est que la démarche en soit pertinente, des phénomènes, encore moins qu'à la tâche de conception et de réalisation d'outils destinés à l'amélioration de la performance. Ainsi, nous allons régulièrement trouver des outils de mesure ou de lecture des faits.

Si l'on doit parler de résultats, le débat reste ouvert de savoir si le rapport de l'entreprise à l'IE doit se mesurer en termes de bénéfices ou en termes différents comme la survie (mais il s'agit bien de maintenir des performances bénéficiaires dans le temps) ou la maîtrise d'une part de marché significative (mais la survie n'est-elle pas à ce prix ?) ou bien davantage dans des indicateurs qualitatifs de type « entreprise citoyenne » ou « entreprise propre ». La performance technologique peut également être un critère pour la quête du leadership ou de la reconnaissance, ceci étant plus facile à concevoir pour des entreprises « high-tech » et donc souvent de petites unités.

Il faut donc comprendre là aussi que la recherche est d'abord attendue sur le plan de l'observation pour la détermination de critères d'évaluation et d'outils de mesure avant d'aller plus loin en termes de conclusion sur la pertinence et le bien-fondé de telle ou telle méthode ou tel ou tel outil de l'IE, ou de l'IE en général.

Est symptomatique la question de l'infogérance, même s'il ne s'agit pas directement de l'IE : de nombreuses entreprises – des plus grandes et des plus performantes en termes de management – sont aujourd'hui dans l'incapacité de conclure clairement sur les performances comparées de l'externalisation ou du maintien en interne des fonctions du SI.

Les liaisons de ces diverses problématiques avec les outils technologiques précédents sont évidentes puisque les résultats doivent intégrer les coûts et les performances par exemple des PGI.

Ces quelques considérations nous semblent suffisantes pour le moment dans notre objectif de « balayer » les diverses pistes qui s'ouvrent dans ces domaines classiques de la recherche en gestion du fait de l'apparition et du développement de l'IE.

Il est intéressant de voir maintenant que l'IE est apparue après la grande vague du management de la qualité. Y a-t-il des connexions entre les deux sujets ? Où sont-elles ?

Les normes et le management de la qualité

Qu'est-ce que cela peut bien vouloir dire : « référentiel » en matière d'IE ? Comment mener un audit qualité ou sur la base de normes en IE ? Finalement, quel est le système de valeur qui porte le praticien en IE ?

La confiance

Un système de valeurs porte l'IE. L'Association française pour le développement de l'IE reconnaît implicitement cette proposition comme incontournable en plaçant l'éthique parmi les onze facteurs composant le modèle de l'IE[1]. On parle aussi souvent de déontologie. Il est en effet impensable de faire fonctionner un système d'IE qui porte fondamentalement sur l'information et doit, pour être performant, générer la confiance, sans l'appuyer sur des références non juridiques qui pourraient représenter un ensemble de principes correspondant à des valeurs partagées.

---

1. AFDIE, *Modèle d'IE*, préface d'A. Juillet, Economica, 2004.

Il faudrait ici citer le livre de Gilles Le Cardinal, Jean-François Guyonnet et Bruno Pouzoulic *La dynamique de la confiance*[1]. Le sous-titre parle de lui-même : « Construire la coopération dans les projets complexes. » Une caractéristique de l'IE est d'intervenir là où les projets sont complexes.

La référence au concept de norme et de qualité est pour cela importante car les notions sont très proches. C'est le domaine du qualitatif et nous voyons bien que l'IE ne peut s'en passer. La « thérapie brève » de Paul Watzlavick[2] notamment nous enseigne que la qualité, et donc la performance des rapports sociaux, repose sur un principe, voire un a priori, de confiance. L'un des auteurs qui contribue à l'ouvrage *Stratégie de la thérapie brève*[3], Heinz von Foerster, donne une synthèse qui nous convient parfaitement : « *Agis toujours de manière à augmenter le nombre des choix possibles.* » Cela pourrait être une synthèse de l'IE ! C'est pourtant un conseil de psychothérapeute… ! C'est sur des points de ce type que l'on peut voir le « grand écart » de l'interdisciplinarité ! Nous y reviendrons à propos du constructivisme.

Dominique Drillon, psychanalyste et docteur en psychologie, écrit : « *Comment une personne va-t-elle se comporter face à une information ? Avant de parler de confiance se pose la question de la pertinence. En effet, pour qu'une information soit prise en compte, il faut qu'elle soit signifiante pour son récepteur. La provenance de l'information va également jouer un rôle déterminant.* »[4] Il évoque aussi le dilemme du prisonnier extrait de la théorie des jeux dont nous présentons ici le modèle : deux hommes se retrouvent en prison à la suite d'un forfait commis ensemble, mais qu'ils n'ont pas avoué. Le juge les convoque séparément pour leur expliquer quelle sera la sentence. « Dans le cas où chacun de vous avoue le crime, je vous condamnerai à trois ans de prison chacun. Par contre, si aucun de vous n'avoue, les preuves retenues ne me permettront que de vous infliger une peine d'un an chacun. Dans le cas où l'un de vous avoue et l'autre pas, je récompenserai celui qui a avoué en le libérant sur-le-champ, tandis que son collègue devra purger cinq ans de prison. Je vous conseille donc fortement d'avouer. » En dehors de toute considération d'amitié, d'honneur ou de loyauté, quel choix chaque prisonnier a-t-il intérêt à faire, sachant que toute communication est impossible entre eux ?

La seule possibilité d'échapper à la prison est que l'un avoue (libération) et l'autre pas !

	B avoue	B n'avoue pas
A avoue	A : 3 ans B : 3 ans	A : libre B : 5 ans
A n'avoue pas	A : 5 ans B : libre	A : 1 an B : 1 an

Le paradoxe s'envole dans sa version itérée. En supposant que ce « jeu » peut être reproduit, les prisonniers peuvent alors très bien avoir intérêt à ne pas avouer afin d'éviter les représailles de leur collègue au « tour » suivant. Le dilemme du prisonnier itéré est particulièrement intéressant en ce qu'il donne naissance à des stratégies coopératives dans une situation où, à première vue, les parties ont intérêt à ne pas coopérer. Nous avons un outil précieux pour comprendre les jeux de coopération et de concurrence[5].

1. G. Le Cardinal, J-F. Guyonnet, B. Pouzoulic, *La dynamique de la confiance*, Dunod, 1997.
2. P. Watzlawick, *Sur l'interaction, Palo Alto 1965-1974, une nouvelle approche thérapeutique*, avec J. H. Weakland, Le Seuil, Paris, 1981. Et *Stratégie de la théorie brève* avec G. Nardone, Le Seuil, 2000.
3. *Ibid.*
4. D. Drillon, « Quelques réflexions à propos de la confiance », *Cahiers francophones de la recherche en intelligence informationnelle*, n° 3, 2e semestre 2003, p. 48.
5. M. Dresher et M. Flood, 1950, cités par F. Liardet le 5 octobre 2004 sur www.pion.ch

En matière de sécurité de l'information nous sommes au cœur du sujet et la norme devient un appui considérable. Christian Ferrand définit bien le concept de confiance dans une optique de sécurité informationnelle : « *La confiance est une construction dynamique dans une relation de travail, d'affaires, civique ou spirituelle. Elle fait appel à des* **valeurs partagées** *: un pacte de confiance va au-delà d'un contrat au sens juridique. En effet, par opportunisme un cocontractant peut exploiter les failles juridiques d'un contrat et ainsi s'exonérer d'obligations contractuelles conformément à l'article 1134[1] du code civil tout en échappant à la sanction prévue par l'article 1142[2] du code civil. Rien de tel lorsque la relation est, en outre, placée sous le sceau de la confiance car par essence elle implique le respect de valeurs communes qui ne nécessite aucune codification formelle. « La confiance est une institution invisible. »*[3] *Toutefois, l'article 314-1[4] du code pénal sanctionne l'abus de confiance. Le XXIᵉ siècle marque l'avènement du tout-numérique et il serait désastreux que la richesse que nous promet ce nouvel environnement soit ruinée à cause de suspicions tenant à l'absence de garantie ou pire aux risques de malveillances et de malversations. Les enjeux du développement de cette nouvelle forme d'économie sont trop stratégiques pour que les politiques prennent le moindre risque : en présentant le projet de loi[5] pour la confiance dans l'économie numérique, en Conseil des ministres le 15 janvier 2003, Nicole Fontaine, ministre déléguée à l'Industrie, déclarait : « Il vise à créer un climat de confiance en fixant des règles du jeu claires pour les fournisseurs et en assurant une protection efficace des utilisateurs. »*

Cette notion de confiance nous semble très importante en IE car elle est fédératrice de ses composantes. Nous sommes en effet toujours devant ce dilemme : rigueur et liberté. Il est classique de dire que la norme est source de liberté dans la mesure où les procédures, à condition d'être regardées comme des aides et non comme des objectifs, sont comme la rampe d'un escalier : elles empêchent la chute. Du coup, tant qu'on tient la rampe on a une certaine liberté et on le sait bien. Dans cette rigueur prend sa source la performance : les normes, composées à partir d'observations concrètes et sur la base des résultats les meilleurs, sont théoriquement le meilleur moyen d'atteindre une performance déterminée. Encore mieux, par exemple dans les nouvelles normes ISO depuis 2000, lorsque la norme inscrit la notion de progression, elle devient dynamique. En matière de sécurité de l'information, les normes sont nombreuses : à partir de 1985, plusieurs opérations d'évaluation de la sécurité ont été lancées sur le continent américain ; TCSEC[6] et CTCPEC[7]. En 1991, la Commission européenne édite les premières spécifications qui s'appelleront ITSEC[8].

À partir de ces expériences, les critères communs pour l'évaluation de la sécurité des systèmes d'information ont été élaborés en 1993. Ils avaient pour objet de développer des tests d'évalua-

1. Article 1134 CC : « *Les conventions légalement formées tiennent lieu de loi à ceux qui les ont faites. Elles ne peuvent être révoquées que de leur consentement mutuel, ou pour les causes que la loi autorise. Elles doivent être exécutées de bonne foi.* »
2. Article 1142 CC : « *Toute obligation de faire ou de ne pas faire se résout en dommages et intérêts, en cas d'inexécution de la part du débiteur.* »
3. K. Arrow, *Social Choice and individual values*, Yale University press, 1963. Traduction française : *Choix social et valeurs individuelles*, Calmann Lévy, 1974, p. 26.
4. Article 314-1 CP : « *L'abus de confiance est le fait par une personne de détourner, au préjudice d'autrui, des fonds, des valeurs ou un bien quelconque qui lui ont été remis et qu'elle a acceptés à charge de les rendre, de les représenter ou d'en faire un usage déterminé. L'abus de confiance est puni de trois ans d'emprisonnement et de 375 000 euros d'amende.* »
5. Projet de loi n° 528 pour la confiance dans l'économie numérique (NOR : ECOX0200175L/R1) déposé à l'Assemblée nationale le 15 janvier 2003.
6. *Trusted Computer Systems Evaluation Criteria.*
7. *Canadian Trusted Computer Product Evaluation Criteria.*
8. *Information Technology Security Evaluation and Certification.*

tion de la sécurité reconnus au plan international. La première version des critères communs a été publiée en 1996 et une contribution (Version 2.0) a été communiquée au comité technique commun de l'ISO[1] et de l'IEC[2] en 1998. Cette contribution a permis d'élaborer en 1999 une norme internationale ISO/IEC 15408.

La norme anglaise BS7799 fournit une série de « bonnes pratiques » en matière de sécurité. Les bonnes pratiques (« *Business Best Practices* ») permettent à l'entreprise de réagir efficacement et rapidement à toute circonstance sans devoir ré-inventer la roue. Avec l'apparition de l'Internet et de l'e-business, les impératifs d'efficacité et de rapidité sont accrus et l'application de bonnes pratiques est devenue essentielle à la compétitivité de l'entreprise, donc à sa survie.

En plus des impératifs internes d'efficacité et de rapidité, les bonnes pratiques répondent à des impératifs externes. Une entreprise qui cherche un partenaire doit avoir une assurance raisonnable de la fiabilité de ce dernier. Cela est particulièrement vrai quand le partenaire potentiel est éloigné, ce qui rend le contact direct impossible.

De là découle la nécessité d'avoir des certificats de bonne pratique qui soient délivrés par une autorité reconnue et qui permettent de s'assurer rapidement que le partenaire potentiel a des pratiques adaptées au métier, qu'elles sont efficaces et qu'elles sont appliquées effectivement. Ce schéma existe dans le domaine de la qualité avec les certifications ISO9000. BS7799 est une démarche similaire dans le domaine de la sécurité informatique : une entreprise qui a la certification BS7799 a été auditée et a été reconnue capable de faire du commerce électronique en toute sécurité avec ses partenaires commerciaux.

On connaît aussi les diverses méthodes mises au point par le CLUSIF pour mesurer la sécurité de l'information, la première étant MARION et la dernière en date MEHARI[3]. Une méthode mise au point aux États-Unis et développée par un institut installé à Barcelone, Isecom[4], complète avec bonheur ce dispositif. Cette méthode est appuyée sur les logiciels « open source ».

La confiance va évidemment être suscitée et développée par ces dispositifs, et encore n'en avons-nous que très peu parlé car ils sont nombreux tant pour ce qui concerne les normes que pour les certifications et pour les institutions et organisations diverses qui gèrent ce dispositif complexe.

La base technologique permet aux partenaires de s'appuyer sur des considérations aussi objectives que possible et c'est le point de départ de la confiance.

Au-delà de la technique, la confiance va aussi couvrir le domaine restant en dehors de la norme ou de la certification. Il est donc évident qu'une déontologie est indispensable au développement de l'IE qui ne saurait donner sa mesure sans le respect de limites dans les pratiques professionnelles.

Les référentiels et l'audit

Référentiel est un des maîtres mots du management de la qualité. À notre connaissance le premier référentiel publié officiellement[5], dans le cadre des « services confiance » de l'AFAQ (Association Française pour l'Assurance Qualité), concerne la sécurité de l'information et, plus

---

1. *International Standardisation Organisation.*
2. *International Electrotechnical Commission.*
3. www.clusif.asso.fr
4. www.isecom.org
5. JO, juin 2001.

précisément, les prestations de sauvegarde à distance des données numériques. Cette fonction de la sauvegarde est sans aucun doute, pour reprendre l'expression de Christian Ferrand, président du CLUSIR (Club de la Sécurité des Systèmes d'Information Régional) Languedoc-Roussillon, « *la première brique de la sécurité* ». Une fois les données à l'abri avec des conditions de restitution/réhabilitation du SI dans de bonnes conditions de rapidité et de qualité, un pas important est réalisé.

Nous prolongeons donc ici les réflexions précédentes. Les normes et les diverses méthodes évoquées sont autant de références qui permettent à la fois l'audit des entreprises et institutions et la confrontation des pratiques en vue de leur progression.

Le modèle IE de l'AFDIE est en soi un référentiel pour toute organisation qui veut travailler sur le sujet Il n'est pas pour autant une norme pouvant donner lieu à certification.

On peut évidemment citer de nouveau Besson et Possin sur l'audit d'IE, et cela est déjà très complet, même s'il reste sans doute de nombreux objets de recherche à travailler. Mais on peut cependant faire aussi quelques remarques complémentaires en évoquant cet aspect des choses.

La première est que l'IE est une discipline particulière dans la mesure où elle touche de près des questions vitales pour l'entreprise. Celle-ci va donc avoir des réticences bien compréhensibles à confier à un partenaire extérieur des responsabilités sur des sujets sensibles. Une des retombées se trouve dans la difficulté que les chercheurs vont avoir à trouver des entreprises acceptant de faire l'objet d'observation pour des publications scientifiques ensuite. La profession des conseils en IE connaît évidemment le même problème. Ils sont du coup, compte tenu de leur proximité avec les clients, quasiment le seul objet d'observation pour les chercheurs.

Le site « veille.net » publie un « code de bonne conduite des professionnels de la veille et de l'intelligence économique »[1]. On y trouve l'ensemble des considérations susceptibles de constituer une base de confiance pour les entreprises utilisant les services de ces professionnels.

Nous voulons aussi parler d'un document très récent (4 février 2005) qui est le « référentiel de formation en IE » publié par le SGDN sous l'autorité d'A. Juillet. Ce document a de multiples intérêts. Il est une synthèse des contenus qui sont plus ou moins directement constitutifs de la discipline. Ces contenus représentent en quelque sorte une « définition développée » qui liste en quelque trente pages les différents sujets qui nous concernent. Il est aussi un état de l'art, photographie à un moment déterminé d'un champ disciplinaire en émergence et le document est donc un repère pour l'observation, voire la mesure, des évolutions ultérieures. Il est enfin porteur d'une représentation de la discipline telle qu'elle est véhiculée par les quatorze personnalités composant la commission qui a été constituée à cette fin.

Le sujet de la norme et des rapports de l'IE avec la qualité n'est évidemment pas épuisé et c'est dans de tels rapprochements que la recherche en IE pourra notamment progresser.

---

1. www.veille.net

Le cas de l'union régionale des médecins libéraux du Languedoc-Roussillon

Le problème soulevé s'est rapidement trouvé résumé dans une approche de normalisation. Les médecins se sont rendus compte il y a 3 ou 4 ans que l'obligation d'informatiser les cabinets médicaux avait bouleversé la pratique des soignants. Les règles liées à la conservation et à la confidentialité des informations concernant les patients étaient en effet mises à mal par les nouveaux équipements.

L'union régionale du Languedoc-Roussillon, prenant conscience parmi les premières de cet état de fait, s'est adressée à l'équipe universitaire qui développait des recherches sur le sujet – département Sécurité de l'information du Centre de recherche en information, (rattaché en 2005 au Groupe d'études sur les sciences de l'entreprise et des marchés). Depuis 2002 la collaboration se développe. Le projet se poursuit avec un financement de l'URCAM pour la CNAM.

La généralisation de la télétransmission et le projet de dossier médical partagé avec échanges d'informations entre les soignants et les établissements rendent tout à fait crucial le sujet avec des enjeux financiers extrêmement importants. La question est si complexe que les tentatives pour aborder le domaine de manière un peu globale se sont toutes heurtées à de réelles impasses. Nous sommes restés sur le problème spécifique du cabinet libéral. Commençons tout d'abord par poser les premières conclusions.

L'introduction dans les cabinets médicaux de systèmes automatisés a eu de multiples conséquences :

- complexification des procédures ;
- augmentation considérable du risque de perte d'information ;
- augmentation du niveau de responsabilité ;
- diminution du rendement.

La sécurisation du système d'information médical doit aboutir à la mise en œuvre de fonctions normalisées, totalement automatisées, faciles à utiliser et limitant la responsabilité du médecin dans un domaine qu'il maîtrise souvent mal.

Les objectifs :

- simplifier et automatiser les tâches réalisées par les médecins afin de réduire les risques dans la manipulation des informations ;
- automatiser et externaliser les sauvegardes ;
- automatiser les procédures de télétransmission ;
- garantir une compatibilité des données (dans le temps) indépendamment des systèmes utilisés ;
- normaliser le format des données afin de faciliter la communication entre médecins, patients et médecins, médecins et pouvoir publics.

Tous ces objectifs se comprennent aussi dans le souci permanent d'assurer la sécurité des informations créées, transmises ou stockées.

Une des premières étapes sera la réalisation d'un cahier des charges contenant les spécifications précises :

– d'une procédure de sauvegarde automatique et externe ;

– d'une application médicale sécurisée et normalisée ;

– d'un format de données unique ;

– des interfaces sécurisées et normalisées pour la communication entre médecins, patients et pouvoir public.

La mise en œuvre de ces solutions sera bien souvent à réaliser comme une action complète dans une phase distincte.

Dans l'attente d'une telle réalisation, il est nécessaire d'améliorer la sécurité des systèmes informatiques existants. L'utilisation d'équipements grand public et l'absence de mesures de sécurité rendent vulnérables les informations qu'ils contiennent. Or des solutions techniques existent mais elles sont rarement mises en œuvre, soit par méconnaissance, soit par refus de payer très cher une intervention (pas toujours justifiée) du fournisseur. Une des idées, comme on le verra, est d'établir un document regroupant un ensemble de consignes pour améliorer la sécurité des systèmes. De plus, un « centre de ressources » pourrait conseiller et aider les médecins en leur apportant ainsi une solution personnalisée et indépendante.

Le succès de telles réformes ne sera possible que par l'implication d'un grand nombre de médecins. Ceux qui ont déjà rencontré des problèmes devraient facilement collaborer. Il faudra que les autres prennent conscience des problèmes de sécurité. Une phase de sensibilisation est indispensable avant d'entreprendre des actions d'envergure.

Un aspect important à noter, et sur lequel nous reviendrons, est celui de la transférabilité des actions mises en œuvre, transférabilité d'autant plus facile que les résultats concrets auront été mesurés et pourront être montrés.

Le projet de travail de recherche appliquée est schématisé comme suit :

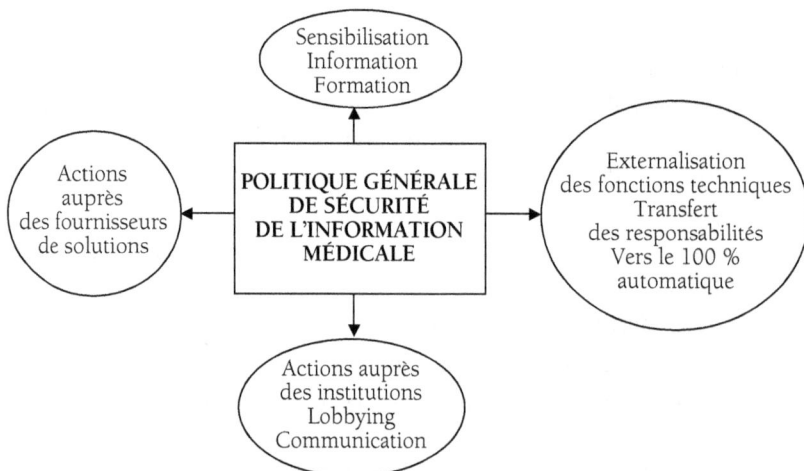

Le temps nécessaire pour mener de manière progressive ce que nous appellerons ce programme général, composé de quatre plans d'action – comme les points cardinaux, nord-sud et est-ouest – vers des résultats à l'importance suffisamment significative, compte tenu de la mobilisation envisagée, a été estimé à environ trois années (comme cela apparaît dans le deuxième schéma).

Les résultats seront clairement mesurables au travers d'indicateurs précis, conçus et mis en œuvre à chaque fois et au fur et à mesure de l'avancement des actions. Le recul pris régulièrement permettra d'apprécier les avancées dans les quatre directions.

Le schéma qui suit (deuxième schéma) présente sous forme simplifiée un exemple d'ordonnancement des tâches et les délais prévisibles dans la mise en œuvre d'un nouveau système d'information sécurisé. Il évoque les actions sur lesquelles nous revenons dans notre troisième point sous forme de propositions d'actions concrètes.

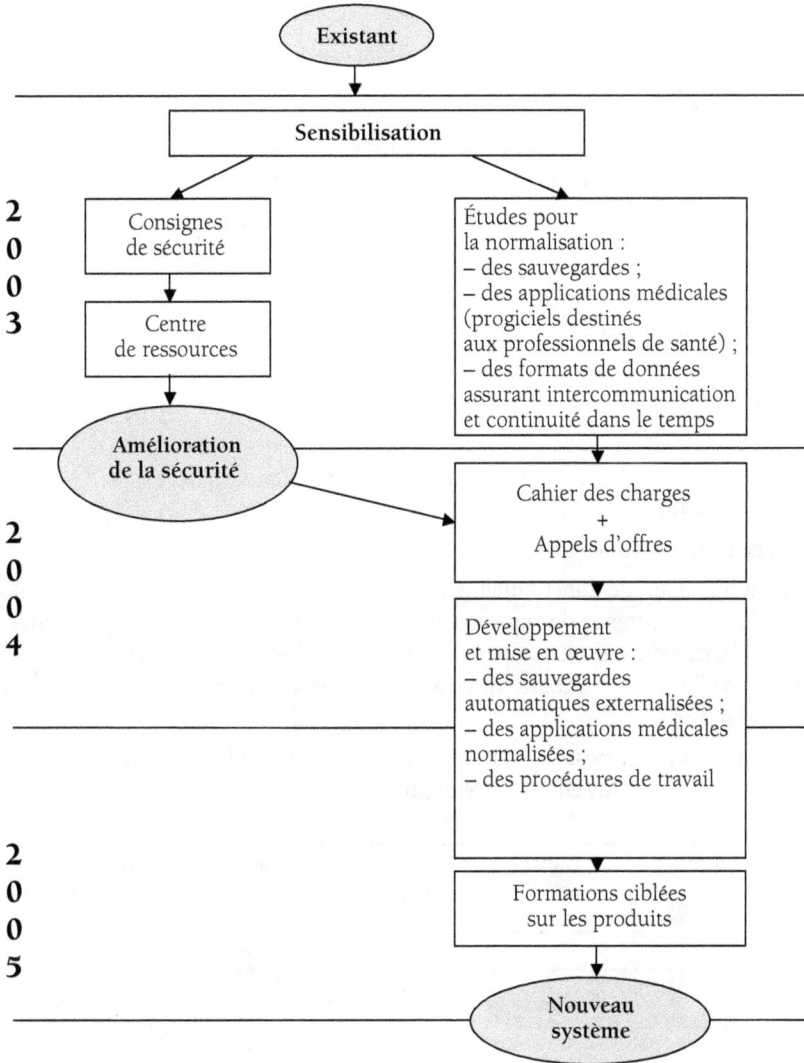

Ce programme a subi divers retards et n'a commencé qu'en 2005. La sauvegarde des données, aussi bien des « données système » assurant le fonctionnement sans faille du système d'information (système d'exploitation, périphériques…) que des données médicales confidentielles dont la protection et la conservation sont rendues obligatoires par la loi, constitue le premier point de fragilité en termes de sécurité de l'information dans les cabinets médicaux. C'est aussi un souci pesant lourd dans les préoccupations du médecin, jusqu'à un possible impact sur sa disponibilité totale à son métier de soignant. La généralisation de l'outil informatique et d'Internet a mis en lumière cette nouvelle problématique, et l'urgence d'apporter des solutions simples et de totale efficacité. L'objectif DMP (Dossier Médical Patient ou « Partagé ») renforce encore le besoin.

Le développement depuis quelques années d'offres de prestation de sauvegarde à distance connaît à l'heure actuelle un moment favorable avec la généralisation de l'Internet à haut débit. Et l'on peut envisager avec réalisme l'élargissement de cette offre vers des petites unités, cas général des cabinets médicaux libéraux.

Une enquête a été conduite au cours de l'année 2002, qui a montré que les questions de sécurité de l'information sur le poste informatique du médecin constituaient une très grave interrogation. Le projet actuellement en cours porte sur la question de la sauvegarde comme la première et incontournable démarche de sécurisation de l'information. Il s'agit de « *définir et optimiser les conditions d'accès à des prestations de service de sauvegarde à distance* », qui, à la fois :

– donnent une garantie optimale en l'état actuel des technologies et des offres disponibles ;

– assurent l'évolution qualitative des prestations en relation avec les évolutions technologiques ;

– allègent les opérations et tâches à la charge du praticien de manière à lui enlever tout souci sur ce plan ;

– garantissent au praticien le strict respect de la loi en matière de conservation des données médicales ;

– protègent la confidentialité absolue des données nominatives ;

– permettent le rétablissement des services informatiques en cas d'interruption pour quelque cause que ce soit, et ce dans un délai de 24 heures ;

– représentent un coût de fonctionnement net (compte tenu des économies réalisées par l'abandon des procédures et des moyens antérieurs) qui ne dépasse pas significativement les avantages apportés qui seront évalués par rapport : à l'amélioration de la qualité des soins grâce à une meilleure disponibilité professionnelle ; et aux gains de temps pour le praticien et/ou son personnel.

Une première question s'est posée à l'automne 2005 : les habitudes de sauvegarde des données chez les médecins libéraux ont-elles évolué depuis la première enquête de 2002 ?

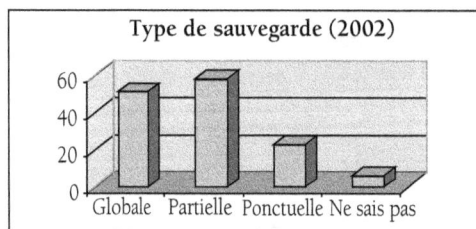

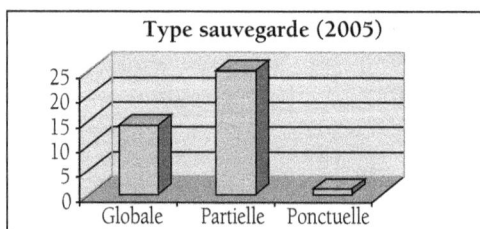

D'après les réponses de notre dernière enquête, il semble que les médecins maîtrisent mieux les données qu'ils manipulent. Ils sont de plus en plus nombreux à ne sauvegarder que les seules données modifiées.

Lieu de stockage copie (2002)

```
100
 50
  0
     Cabinet   Domicile   Autre
```

Lieu de stockage (2005)

```
30
20
10
 0
    Cabinet   Domicile   Autres        □ Série 1
```

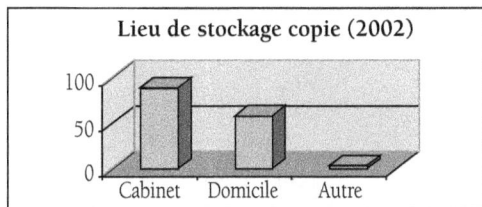

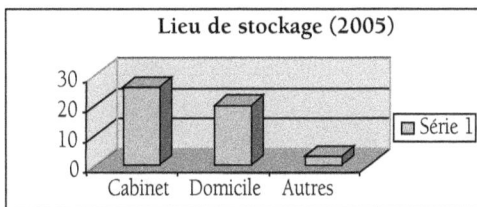

Certaines habitudes sont cependant tenaces. Les copies de sauvegarde sont encore trop souvent stockées dans le cabinet, les rendant vulnérables en cas de vol, d'incendie ou de catastrophe naturelle. Nouveauté : on voit apparaître la notion de sauvegarde externalisée pour deux médecins consultés…

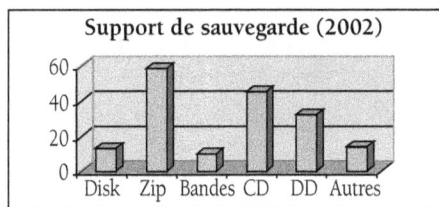

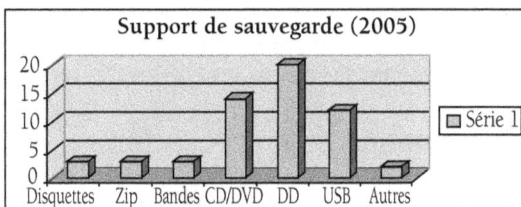

Support de sauvegarde (2002)

```
60
40
20
 0
   Disk  Zip  Bandes  CD  DD  Autres
```

Support de sauvegarde (2005)

```
20
15
10
 5
 0
  Disquettes  Zip  Bandes  CD/DVD  DD  USB  Autres     □ Série 1
```

Au niveau du support, on privilégie toujours les supports locaux rapides d'accès. On voit ainsi arriver en force le DVD et la clé USB. Comme tout utilisateur de l'informatique le médecin suit l'évolution technologique, mais cela soulève une question : qu'advient-il des sauvegardes réalisées il y a quelques années sur les supports de type « zip » ?

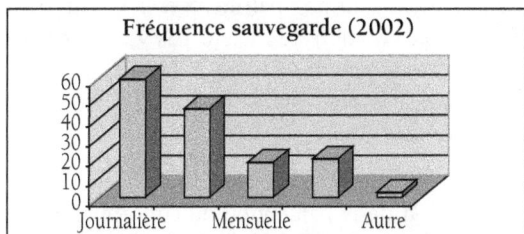

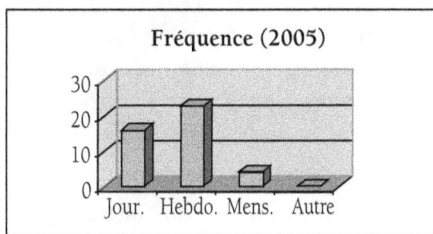

Fréquence sauvegarde (2002)

```
60
50
40
30
20
10
 0
   Journalière      Mensuelle       Autre
```

Fréquence (2005)

```
30
20
10
 0
    Jour.   Hebdo.  Mens.   Autre
```

Un phénomène inquiétant apparaît : la fréquence des sauvegardes se réduit en devenant majoritairement hebdomadaire. Aucune raison rationnelle ne nous permet d'expliquer ce changement de comportement. Il serait intéressant de rechercher les causes de cette évolution.

Des études complémentaires sont en cours actuellement pour tester les différentes solutions et le travail de recherche a consisté notamment à lister de manière exhaustive les offres existantes et à les qualifier. L'équipe est passée ainsi de 61 entreprises repérées à 6 prestataires répondant à un ensemble de critères mis au point en collaboration avec les médecins.

Les expérimentations en cours depuis janvier 2006 doivent conduire à la rédaction d'un cahier des charges permettant aux praticiens de vérifier la qualité des prestations proposées et des prestataires les offrant.

Le document qui a servi de base à l'approche en termes de cahier des charges est le référentiel « service confiance » de l'AFAQ publié en juin 2001 sur les prestations de service de sauvegarde à distance des données numériques.

Il s'agit bien d'une démarche vers la normalisation et la certification.

Dans l'humain

Nous ne saurions oublier ce qui est continuellement notre sujet en fin de compte, à savoir que l'IE est d'abord une problématique générale s'inscrivant dans des relations institutionnelles et fondamentalement humaines.

Nous développerons davantage un premier point qui est peu exploré car la recherche y est difficile, mais elle est aussi passionnante et porteuse d'avenir, ce sont les questions des rapports entre information et perception. Nous dirons aussi quelques mots sur les apports de l'heuristique qui nous amènent à dépasser les logiques traditionnelles avant de revenir évoquer les questions culturelles qui ont déjà attiré notre attention.

L'information et la perception

Citons deux phrases de Ruth Kanter et Pierre Nègre[1] : *« La perception invente et construit la réalité au fur et à mesure qu'elle la découvre. Percevoir c'est se saisir de, recueillir, c'est aussi identifier. La vision est une forme de pensée et, en tant que telle, « coorganisée en fonction de structures et stratégies mentales qui (en) déterminent la cohérence et l'intelligibilité. »*[2] Et : *« L'œil est intelligent »* au sens où la vision est avant tout un phénomène mental.

Il est clair que dans la direction de cette proposition toutes les postures qui ont considéré ou considèrent l'observateur comme absent de la réalité observée ou du moins disposant de l'indépendance par rapport à cette réalité en tant qu'observateur sont non pertinentes. Cela vaut pour la situation du chercheur bien sûr. Et qu'en est-il de la situation de l'acteur ? N'y a-t-il pas de différence alors entre acteur et observateur ? Nous avons la réponse auprès de J-L. Le Moigne[3] : *« De toute façon la différence de perspective dans la vision de la situation par l'acteur et l'observateur provient de leur implication pour l'un et du regard critique pour l'autre. »*[4]

Nous y trouvons une possibilité de développer des recherches originales en IE.

Plus précisément nous nous intéressons ici à l'évolution de la perception de l'information liée aux outils nouveaux de la communication. Mais la remarque de J.-L. Le Moigne s'applique de la même manière.

Les développements qui suivent reprennent pour une large part un article paru sous notre signature en 2003[5] et prolongent l'approche bibliographique exposée plus haut (dans § « Des constats relevés dans la littérature »).

---

1. R. Kanter et P. Nègre, *Les voies de l'observation : repères pour les pratiques de recherche en sciences humaines*, L'Harmattan, 2003, pp. 17 et 25.
2. E. Morin, 1981.
3. *Op. cit.* p. 43.
4. Postic, de Ketele, 1988.
5. C. Nyffeneger et D. Bruté de Rémur, « Information et perception », *Cahiers de la recherche francophone en intelligence informationnelle*, N°3, 2003.

Convaincus que cette question est encore insuffisamment traitée, nous allons poser ici quelques jalons dans cette direction. Il faut d'abord bien comprendre comment se développent les mécanismes de la perception et comment ils conditionnent très directement le mode de fonctionnement humain, bien sûr dans son comportement (premier point) et nous trouverons toute l'étendue de l'éthologie, mais aussi dans ses capacités plus cachées et plus larges en même temps, ce que Daniel Goleman appelle « l'intelligence émotionnelle » (deuxième point). On y retrouve en particulier la créativité, aptitude essentielle et spécifique à l'être humain.

La communication et le sensoriel

Dans le schéma suivant, nous représentons une synthèse de ces mécanismes. On voit tout de suite que les aptitudes sensorielles sont primordiales pour assurer une relation à l'autre, aux autres et à l'environnement d'une manière générale. Nous ne prendrons qu'un exemple très « parlant » en matière d'information : la perception de la relation figure/fond. Cette expérience classique de l'inversion toujours possible entre les deux montre combien la construction en commun d'objets ou de projets est fortement dépendante d'un bon développement de cette faculté chez ceux qui travaillent ensemble sous peine de voir s'édifier, et là aussi les exemples sont nombreux, des barrières d'incompréhension infranchissables. On comprendra mieux en prenant l'exemple de la photographie d'un paysage faite par un opérateur qui a vu la beauté d'un site et qui s'aperçoit avec horreur au développement de l'image qu'une énorme ligne à haute tension barre l'horizon et gâche toute l'esthétique aperçue en réel. C'est que l'œil a pu faire abstraction de ce « détail » alors que la photographie, qui donne toute l'information sans distinction ni choix susceptible d'établir une hiérarchie des objets, impose une équivalence dans ceux-ci. Un trouble de la perception peut avoir le même effet et modifie significativement le sens que l'acteur va donner aux informations. C'est la même chose quand on passe une vidéo ou un enregistrement audio d'un spectacle et que les bruits de fond qui avaient été relativisés dans la réalité ne peuvent plus se détacher des sons importants.

Ce qui est vrai dans le domaine de la vue est aussi important dans le domaine de l'ouïe et de l'écoute évidemment avec la capacité à manipuler un langage, comme, et c'est sans doute là une des découvertes les plus intéressantes à faire, au plan du développement des capacités musculaires, articulaires et tactiles. Un bon développement de l'équilibre physique conditionne, toutes proportions gardées, les capacités à raisonner de l'enfant.

Dans le sujet qui nous intéresse, on peut aisément comprendre l'éclairage qu'apportent ces constatations. La communication à travers les nouveaux médias et donc Internet, prend en court-circuit en quelque sorte les surfaces de perception de l'individu et élimine l'ensemble des éléments de communication non verbale, de gestuelle et de comportement.

Or, nous savons combien ces aspects sont essentiels dans une communication complète et efficace du point de vue des objectifs que se sont fixés, s'il y a lieu, les interlocuteurs. Il s'agit notamment de la perception par chacun des réactions et rétroactions aux messages reçus. Il est quasiment impossible de « lire » ces éléments par l'Internet. C'est sans doute, en résultat, un risque d'appauvrissement de la relation.

On peut aussi facilement comprendre que le développement de la perception neuro-sensorielle ne s'arrête pas avec l'arrivée de l'âge adulte.

Éléments constitutifs du développement de l'enfant (A. Jean Ayres, 1984[1])

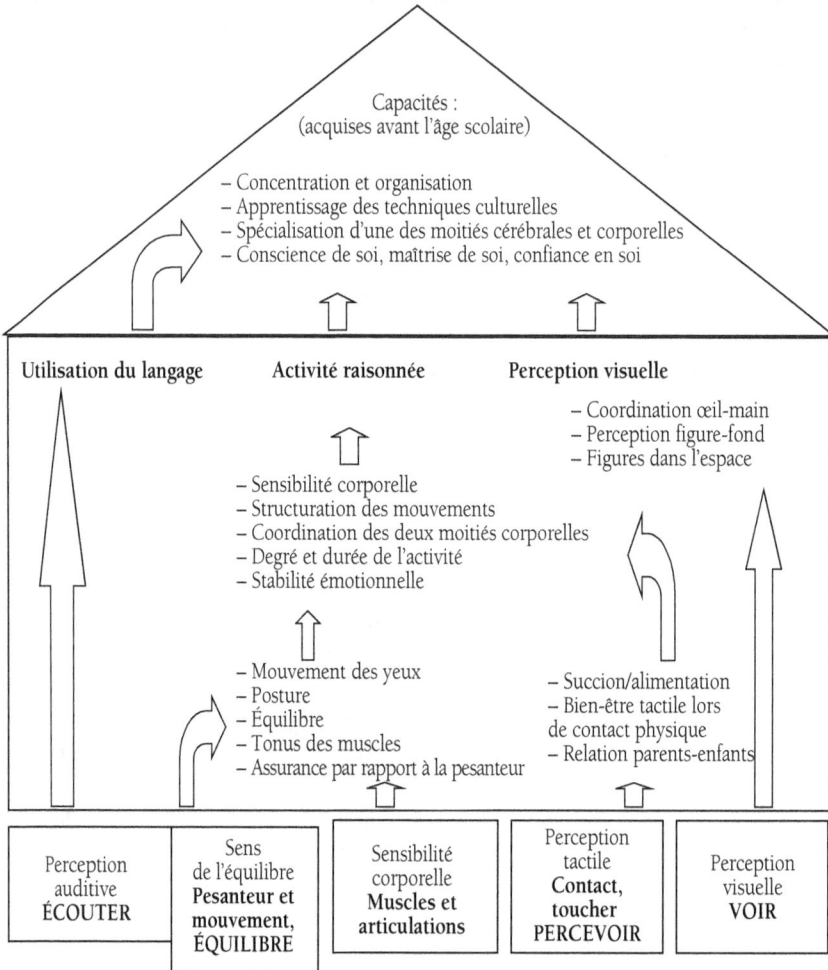

Capacités :
(acquises avant l'âge scolaire)

– Concentration et organisation
– Apprentissage des techniques culturelles
– Spécialisation d'une des moitiés cérébrales et corporelles
– Conscience de soi, maîtrise de soi, confiance en soi

Utilisation du langage   Activité raisonnée   Perception visuelle

– Coordination œil-main
– Perception figure-fond
– Figures dans l'espace

– Sensibilité corporelle
– Structuration des mouvements
– Coordination des deux moitiés corporelles
– Degré et durée de l'activité
– Stabilité émotionnelle

– Mouvement des yeux
– Posture
– Équilibre
– Tonus des muscles
– Assurance par rapport à la pesanteur

– Succion/alimentation
– Bien-être tactile lors de contact physique
– Relation parents-enfants

Perception auditive **ÉCOUTER**	Sens de l'équilibre **Pesanteur et mouvement, ÉQUILIBRE**	Sensibilité corporelle **Muscles et articulations**	Perception tactile **Contact, toucher PERCEVOIR**	Perception visuelle **VOIR**

Le temps croissant passé devant l'ordinateur et la place grandissante que prend la communication par ce média se font au détriment des relations « traditionnelles ». Comment alors ne pas voir le risque de ce que Lucien Sfez appelle le « tautisme »[2], sorte d'autisme provoqué par l'abus de l'usage des TIC.

L'intelligence émotionnelle

Jacques Antoine Malarewicz explique : « *Dans la mesure où les émotions interviennent dans le processus de décision, donc de non-décision, donc de non-changement, elles interviennent également dans le processus de changement.* »[3]

---

1. Document élaboré par C. Nyffeneger, Institut international Auricula, spécialisé dans le traitement des formes d'autisme relevant des troubles neuro-sensoriels.
2. *Op. cit.*
3. J. A. Malarewicz, *Systémique et entreprise*, Village Mondial, 2000, p. 65.

Fortement lié aux questions de perception, ce concept d'intelligence émotionnelle nous conduit à penser que sur ce terrain aussi, la place envahissante des TIC dans les relations de communication n'est pas sans produire des modifications importantes dans les aptitudes et les comportements des acteurs. Dans la figure ci-après nous reproduisons une autre pyramide, présentée par Daniel Goleman[1]. Il est facile de comprendre que cette figure est la suite naturelle de la précédente. Il sera très difficile à un individu de bien gérer cet aspect indispensable, non seulement à une bonne communication mais aussi, et c'est un de nos objectifs, à une bonne performance de la communication, s'il ne s'est pas construit et s'il ne continue pas de se développer harmonieusement sur le plan de la perception.

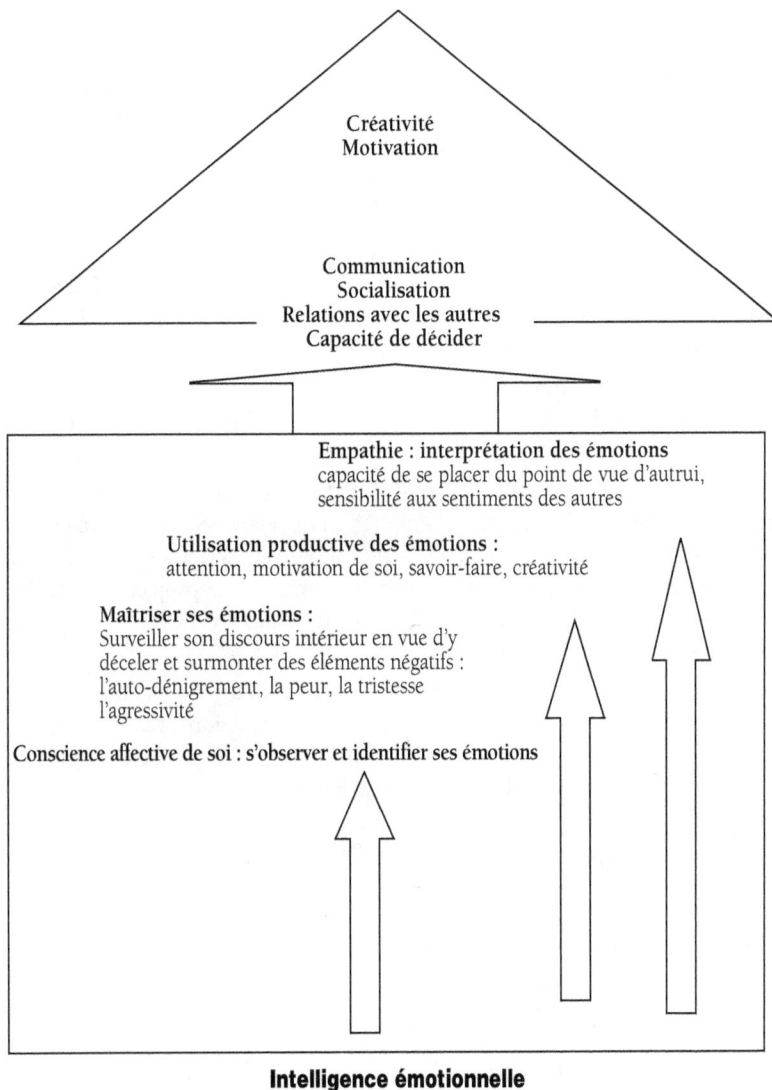

Intelligence émotionnelle

Éléments constitutifs synthétisés par Claudia Nyffenegger d'après Daniel Goleman.

---

1. D. Goleman, *L'intelligence émotionnelle*, Robert Laffont, 1998.

En dehors de la question globale du développement des capacités de la perception sensorielle, nous soulignons que chaque processus de communication a besoin d'un environnement qui lui assure sa réussite. Certes, tout dépend des attentes et de l'intentionnalité de chacun et dans nombre de cas, les objectifs poursuivis seront compatibles avec une utilisation exclusive des TIC et de l'Internet. D'ailleurs nous devrons d'abord illustrer ces aspects positifs en soulignant les apports considérables des nouveaux outils dans le travail de recueil et de traitement des données comme dans la construction des connaissances.

La question de recherche ici est liée au travail collaboratif, c'est-à-dire à des relations de communications destinées, par la volonté des acteurs, à atteindre un résultat concret inscrit dans la formalisation de la finalité de la communication. Dans ces relations interviennent des composantes incontournables du génie de l'intelligence humaine et principalement la créativité. Cette aptitude, bien souvent insuffisamment stimulée, suppose un jeu complexe (cf. Edgar Morin, *op. cit.*) de relations, réactions et rétroactions entre les individus composant le groupe de travail. Les performances observées dans les travaux en groupe (brainstorming par exemple) sont-elles observables avec le même résultat dans les travaux de coopération par l'intermédiaire d'un outil comme Internet ? N'y a-t-il pas une moindre efficacité ? On sait en effet le rôle de l'intelligence émotionnelle dans ces modes de fonctionnement et la question ici est pleinement légitime[1].

Nous avons formalisé notre problématique à travers un projet de modèle qui doit nous permettre une lecture des réalités aussi large que possible. L'objectif étant d'incrémenter ce modèle au fur et à mesure des observations, de leur mesure s'il y a lieu et de leur analyse. Cela pourrait être une grille de lecture, susceptible d'être remise en cause si besoin est.

Les échos du terrain nous montrent que les acteurs soulèvent déjà un certain nombre de questions dans la diffusion des outils de « groupware ». Parmi celles-ci, deux ressortent principalement :

– pourquoi les entreprises utilisant ces outils nouveaux très performants sont-elles à la recherche de performances toujours supérieures multipliant les fonctionnalités du système alors qu'il apparaît en pratique que seules une ou deux fonctions sont réellement utilisées une fois mis en place le dispositif ? Y a-t-il comme une sorte de projection dans l'avenir ? Ou bien les limites culturelles ou plus généralement humaines sont-elles sous-estimées ? Est-ce une question de formation des utilisateurs ?

– comment expliquer que l'utilisation réelle des outils (mesurée en volume de communication) soit toujours assez largement en dessous des prévisions réalisées après étude au moment de la négociation du contrat ? Y a-t-il un frein dans le passage des modes de coopération traditionnels ? D'où vient-il ? Comment le lever ?

Nous partons de l'hypothèse suivante pour présenter ce que nous appellerons le **modèle du « court-circuit Internet » dans la communication.**

Hypothèse :

La communication met en jeu trois espaces de réception de l'individu :

a) *Zone de perception pour l'extérieur, surface sensorielle.*   }   Espace de l'intelligence
b) *Expression du comportement, éthologie.*   }   émotionnelle
c) *Base de données non émotionnelle.*

---

1. D. Goleman, *Vital lies, simple Truths. The Psychologie of self-perception*, Belt Verlag, 1998.

Zone sensorielle

Espace de l'intelligence émotionnelle

Base de données non émotionnelle
(seulement création
d'images mentales préexistantes),
algorithmes, linéarité.

Information
numérique

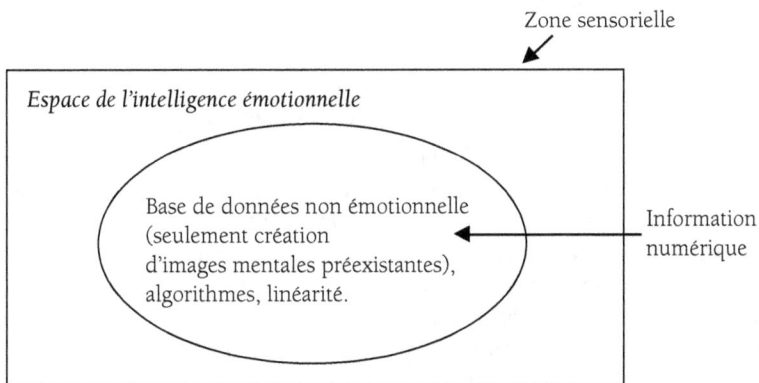

La communication numérisée pénètre directement sur cette zone en échappant partiellement aux deux autres.

Nous formons l'hypothèse que la communication par Internet permet d'accéder directement à la zone centrale qui ne peut alors enregistrer les données périphériques de la communication qui ne ressortent pas de l'écrit dactylographié et numérisé. Si cela relève d'un progrès dans l'échange de la connaissance objective et la rapidité de communication, il y a cependant un manque par rapport à une communication plus « émotionnelle » qui intègre les gestuelles, les mimiques et tout le comportement non verbal. La zone du sensoriel elle-même ne peut rendre compte que d'une perception de surface, de type neuro-sensoriel, qui demanderait à être prolongée et bénéficier d'une attention particulière pour compléter la relation de communication par une « impression émotionnelle » qui révèle, ou non, une capacité sympathique et empathique. Cette capacité seule peut assurer une communication personnalisante et socialisante.

Il y a cependant, à travers la communication Internet, une certaine possibilité de « décrypter la personnalité de l'autre ». Les gains de performance majeurs d'Internet sont à observer sur des tâches de recueil d'information (un seul acteur en jeu au moment de la connexion), ou à travers un objet de collaboration (tâche à accomplir réclamant l'échange d'informations formalisées et structurées).

Pour les relations d'ordre émotionnel (motivation, dynamisation…) les moyens de perception neuro-sensoriels et l'éthologie en général seraient des incontournables.

Jacques Antoine Malarewicz dit aussi que : « *Les entreprises virtuelles utilisent à l'extrême les possibilités actuelles de l'informatique et de la transmission instantanée des informations. Elles ignorent à la fois les contraintes du temps, les faisceaux horaires n'existant plus, et celles de l'espace, la mondialisation des interactions étant ici évidente. Elles privilégient le négoce, la gestion et l'élaboration des informations, généralement sous forme de procédures, en réduisant à l'échelle électronique la relation et l'interaction humaines.* »[1]

Inutile d'en dire davantage sinon pour souligner les nombreuses et passionnantes pistes de recherche qui sont suggérées par tous ces éléments.

---

1. J. A. Malarewicz, *Systémique et entreprise, op. cit.*, p. 97.

Les enjeux et risques sur l'information

La brièveté des quelques lignes qui suivent ne doit pas être mise au compte d'un rôle secondaire qui serait joué par ce sujet, mais seulement au fait que justement très importante, la question a déjà fait l'objet de développements et sera encore largement évoquée plus loin.

Il reste que dans l'humain, et particulièrement sur le sujet de la perception qui touche au sensoriel et au subjectif, il faut mettre en regard ces enjeux avec les réflexions précédentes. Les difficultés ne seront pas évidentes à ressentir car chacun est littéralement « enfermé » dans sa propre perception et doit faire une démarche particulière pour imaginer que l'autre ne dispose pas des mêmes conditions. Et ici il ne peut être question de hiérarchie dans la performance des perceptions : ce sont des différences qualitatives, même si l'on peut souvent les mesurer en unités définies. On sait pertinemment par exemple que d'une langue à l'autre les zones de fréquences utilisées pour la parole peuvent varier considérablement au point même que l'on peut trouver deux langues qui ont des zones distinctes. Jean Fourastié appelait cela le syndrome de « l'R de Garches » suite à un de ses amis américain ne pouvant se faire comprendre du chauffeur de taxi quand il lui demandait de le conduire chez lui à Garches.

Malarewicz prend l'exemple du problème des procédures de sécurité dans le domaine de la haute technologie, centrale nucléaire ou exploration spatiale : « *Jamais aucune analyse rationnelle d'une situation à risque ne parviendra à totalement éliminer toute possibilité d'incident ou d'accident. Le facteur humain est incontournable. L'homme est indispensable pour concevoir et appliquer les procédures – et irréductible à l'équation la plus sophistiquée. Le risque nul n'existe pas. La logique non linéaire et récursive est donc nécessaire dans l'appréhension du fonctionnement de tout système humain.* »[1]

Il est très facile de transposer en reprenant mot pour mot la même remarque sur les questions de sécurité de l'information. Puisque l'IE est d'abord un processus informationnel et communicationnel, nous devons intégrer cette réalité.

Les apports de l'heuristique

Les méthodes de créativité

Henri Bergson[2] montre que l'idée d'ordre et de désordre est relative : « *La réalité est ordonnée dans l'exacte mesure où elle satisfait notre pensée. L'ordre est donc un certain accord entre le sujet et l'objet.* » Cette remarque nous conduit à penser que le désordre est sans doute le lieu de la remise en question. De là à penser que l'IE consiste à trouver ce que nous ne cherchons pas, il n'y a qu'un pas.

Jean-Yves Prax le franchit : il définit la sérendipité comme l'art de trouver ce qu'on ne cherche pas[3]. Ce serait une bonne introduction à notre discours sur la créativité. Nous avons aussi une référence auprès d'Arthur Koestler qui décrit très bien le processus de découverte dans Le cri d'Archimède[4] : « *L'acte de la découverte a un aspect disruptif et un aspect constructif. Il faut qu'il brise les structures de l'organisation mentale afin d'agencer une synthèse nouvelle.* » Ou encore : « *Découvrir c'est bien souvent dévoiler quelque chose qui a toujours été là, mais que l'habitude cachait à*

---

1. *Op. cit.*, pp. 39-40.
2. H. Bergson, *L'évolution créatrice*, PUF, 1986.
3. J-Y. Prax, *Le manuel du Knowledge Management*, Dunod, 2003, p. 76.
4. A. Koetsler, *Le cri d'Archimède*, trad. Georges Fradier, Calmann-Lévy, 1964, p. 88.

nos regards. » Une attitude, ou, si l'on veut, un don : la qualité du praticien en IE de pouvoir « sentir » les choses et se mettre à l'écoute sans a priori concernant ce qu'il peut trouver. C'est ce qu'on appelle l'intuition, le « sixième sens ». Cela ne veut pas dire que la formulation des besoins ne soit pas importante : il n'y a en effet rien d'incompatible entre les deux attitudes, et elles sont même combinées la plupart du temps. Un management performant travaille sur une information fortement aboutie et structurée mais il intègre en même temps la spontanéité comprise comme le fruit de ce travail qui « formate » ou plutôt prépare peu à peu la pensée à la conception de la nouveauté. Ainsi nous disent David A. Thomas et Robin J. Ely : *« Dans les sociétés dotées d'un bon leadership, les organisations peuvent profiter d'un savoir et gagner en efficacité lorsque leurs employés sont incités à utiliser leurs différences pour trouver des idées créatives. Dans certaines conditions, ce management peut conduire à des performances illimitées. »*[1]

Il existe une association française pour le développement de la créativité[2].

Pour cela les méthodes de créativité sont la base d'un mode de pensée et donnent les moyens aux personnes de tirer le maximum de l'information. Elles interviennent à tout moment de la réflexion, aussi bien en prospective où elles s'appliquent naturellement, qu'en stratégie et dans la mise en œuvre.

Les méthodes combinatoires

Elles sont maintenant bien répandues même si elles ne disent pas toujours leur nom. L'exemple de base est le tableau à double entrée. Quand on parle « d'éclater l'information » et de faire des « liens » on utilise une méthode combinatoire : elle permet de découvrir les opportunités nouvelles par rapprochement et les « nouveautés » ainsi rendues apparentes.

Les méthodes associatives

Moins répandues, ces méthodes utilisent le principe de l'association d'idées spontanées. Le cerveau humain est en réalité dans un fonctionnement permanent et chacun peut le constater en « s'écoutant » penser. Mais la plupart des idées ainsi émises sont l'objet d'une censure continue du fait de l'accent mis dans les processus traditionnels d'apprentissage et de formation sur les logiques algorithmiques. Cette censure est aussi provoquée par l'environnement humain et social de l'individu qui est emprunt de codes et de règles, la plupart du temps implicites, qui assurent une grille de lecture unique de la pensée afin de conserver sa cohésion au groupe. En soi ce constat est déjà un vaste champ de recherche. Qu'il nous suffise de dire ici que l'IE y est directement intéressée.

Une des applications des méthodes associatives est la « carte mentale » ou *« mind mapping »*. L'inscription au centre d'un espace d'une question ou d'un problème à résoudre amène la personne ou le groupe à débriefer sa pensée en associant par cercles plus ou moins concentriques et dans tous les domaines de pensée, synonymiques ou homonymiques, toutes les idées produites en partant de la question de départ. L'efficacité de cette méthode est étonnante quand elle est correctement pratiquée.

Les méthodes analogiques

La plupart du temps nous avons un mode de pensée qui assure les associations d'idées à l'intérieur d'un champ bien délimité : on parle de finance et de rien d'autre par exemple. Ou bien

---

1. D. A. Thomas et R. J. Ely, *Apologie de la diversité*, Harvard Business Revue, *Le management des hommes*, Éditions d'Organisation, 2000, p. 127.
2. www.crea-France.com

technologie, et encore un type de technologie… ! Le principe de la créativité par analogie est de considérer que des processus de réflexion, des méthodes ou des démarches utilisés dans des champs différents sont facilement homomorphes. Alors les uns ont sans doute des solutions pour les autres. Nous obtenons fréquemment avec ces méthodes, encore une fois si elles sont pratiquées avec rigueur et cela suppose une formation et un entraînement, des résultats remarquables.

La méthode onirique

Elle porte bien et sans complexe son nom. Le « voyage en absurdie » est une destination très riche ! Il faut simplement savoir revenir sur terre et là encore cela suppose une formation. Ce qui est vrai dans toute méthode l'est encore plus ici : la question culturelle est première. L'expérience acquise auprès de publics variés montre que les esprits sont facilement fermés à ce type de méthode parce que configurés sur des logiques « sérieuses », héritées du positivisme, qui privilégient déduction et algorithmes. Les grands créateurs ont bien souvent été des « rêveurs » et le Pr Nimbus ou le personnage de Tryphon Tournesol sont peut-être des caricatures ; mais bien représentatives d'une réalité. L'IE a évidemment besoin de leurs contributions.

La génération des projets

Il faut évidemment passer de la découverte au projet économique, industriel, commercial… Nous avons ici besoin de méthodes et il y a beaucoup de découvertes à faire et de recherches à mener. Nous présentons simplement à titre d'exemple un modèle que nous avons mis au point avec le groupe Elf-Aquitaine au début des années 90. Nous l'avons intitulé « ABM », pour : « approche besoins marché. »

Le constat simple est celui du raccourcissement des cycles, et pas seulement des cycles technologiques, mais aussi corollairement des cycles économiques et en particulier de la durée de vie des besoins du marché. Constatant que le temps de mise au point des produits correspondait aux besoins décelés sur le marché, il était incompressible alors que les besoins deviennent de plus en plus volatiles, le groupe cherchait une solution pour mieux adapter au marché la courbe de vie des produits. La question devenait cruciale car sitôt le projet lancé il fallait environ quatre ans pour parvenir à la mise sur le marché du produit correspondant, ce qui laissait une année pour assurer le retour sur investissement. Nous avons donc mis au point le processus dont le modèle peut être représenté ainsi.

Les hypothèses sont :

- durée de vie du besoin et des produits correspondants : cinq ans ;
- délai total de la réponse entre étude du besoin et mise en marché : quatre ans ;
- les coûts significatifs dans la gestion du projet commencent à la quatrième année (prototypage).

TEMPS	T-3	T0	T1	T +5
Le besoin	Anticipation par développement d'études créatives et prospectives	Première apparition		Besoin en diminution significative
La réponse	Mise en chantier des projets correspondant aux résultats des études	Choix du ou des projets adéquats	Mise en marché	
Phases	Études avant prototypage	Développement industriel	Fabrication	

L'utilisation des méthodes créatives permet la constitution d'une « projetothèque » qui laisse les projets au stade des études conceptuelles, les plus longues en temps et les moins coûteuses.

L'apparition du besoin permet de sélectionner le ou les projets les mieux ciblés et de les faire évoluer rapidement vers une mise en marché. Dans le schéma présenté ci-dessus, le délai de retour sur investissement est augmenté à quatre années.

Il est intéressant de voir que L'INRA travaille depuis 4 à 5 ans avec un moteur de R & D prospective qui anticipe les besoins à 10 ou 15 ans. Le rapport de Michel Sebillotte sur le diagnostic de l'agriculture française sert de base à cette approche à laquelle participe notamment Jean-Louis Le Moigne.

On peut également citer les formations organisées par Edward De Bono[1] qui permettent d'une certaine manière « d'apprendre à penser » !

Les modes d'ajustement et de coordination

Le développement de la démarche IE suppose de nouvelles exigences en termes d'ajustement. On considère le plus souvent que les démarches IE conduisent à une plus intense participation des équipes en interne et en externe. Cela pose le problème de la régulation, un concept très « complexe » qui ouvre de belles voies de recherche également.

On se doute bien que les ajustements traditionnels doivent être repensés. Il est cependant difficile de dire ce qu'il en est sauf à repérer des pratiques qui affichent des principes un peu à la manière d'un slogan. Un de ces principes doit faire l'objet d'un important travail si l'on veut pouvoir l'utiliser sérieusement, et pourtant dans une première approche il est très séduisant. Il dit : « Il faut passer de l'information distribuée à l'information partagée. » Sur la distribution de l'information on comprend assez facilement : chaque acteur doit disposer de l'information qui lui est nécessaire compte tenu de la tâche qui est la sienne. Ceci s'entend en lieu et en heure. Il s'agit déjà d'une question compliquée à résoudre car dès que l'organisation devient un peu importante et que l'on centralise peu ou prou le SI, l'éloignement des destinataires rend l'objectif difficile. Et puis il faut se poser des questions de fond. Exemple : est-ce qu'une information adressée est équivalente à une information distribuée ? Autrement dit, le fait d'adresser est-il synonyme d'objectif atteint ? Si oui, il est vraisemblable que tous les cas de figure vont se présenter selon la perception qui est faite de l'information ainsi « distribuée ». Un autre principe

---

1. www.edwdebono.com/debono/cort.htm

que l'on peut trouver aussi en IE est celui-ci : « Toute personne de l'entreprise demandant une information à un collaborateur doit systématiquement l'informer de l'usage fait de l'information en question et du résultat obtenu grâce à elle. » Ce principe conduit à la valorisation de l'information. Et l'on comprend naturellement qu'un individu qui tient un autre informé sur un sujet quelconque procède à un partage de l'information. Mais là aussi nous sommes en surface. Allons un peu plus loin : la valeur d'une information détenue à deux est-elle supérieure ? Pour qui ? La valeur de l'information est-elle proportionnelle à son « partage » ? Quelles sont les informations partageables ? Autrement dit y a-t-il des informations partageables et d'autres pas ? On comprend vite qu'au-delà d'une approche opérationnelle simple et parfois simpliste la réflexion a besoin de se développer.

Sur le concept de régulation nous pouvons faire la même réflexion. Qu'est-ce que la régulation ? Peut-on parler d'autorégulation ? Ou au contraire la régulation est-elle une intervention extérieure ? Les relations de l'individu, du groupe, de l'organisation avec son environnement produisent-elles des processus de régulation, d'autorégulation ? Notre « moteur », nous voulons parler de la « boucle récursive informationnelle » développée plus haut, génère-t-il sa régulation ? Toutes ces questions ouvrent des champs de recherche en tant que tels.

Les questions culturelles

Nous avons déjà suffisamment dit que l'IE est fondamentalement une culture. Nous allons passer en revue rapide quatre aspects, revue non limitative, qui nous ouvriront là aussi des pistes pour la recherche.

La sensibilisation et la formation

Sans doute l'initiative publique trouve-t-elle sa pleine justification dans le domaine de la sensibilisation et de la formation. Une remarque souvent entendue est celle-ci : il n'y a pas pour le moment de débouché important aux formations à l'intelligence économique. Pas étonnant dirons-nous en constatant que les dirigeants sont finalement peu sensibilisés à cette approche. C'est le mécanisme de l'amorçage qui va intervenir ici : comment faire candidature sur ce profil auprès de recruteurs qui, ou bien ne connaissent pas le sujet et donc ne le pratiquent pas, ou bien le conçoivent d'une manière différente, hiatus sans doute très possible, voire fréquent dans un contexte où les concepts et les définitions ne sont pas encore bien assis et bien « partagés » (au sens de « l'opinion partagée »). La plupart du temps, les spécialistes se trouvent être d'anciens ingénieurs, économistes ou gestionnaires qui se reconvertissent dans la discipline à la suite d'une prise en compte de la démarche à l'intérieur de l'entreprise.

Ne faut-il pas plutôt alors travailler à sensibiliser les dirigeants ? Voire à les former ? L'initiative prise pour la formation des représentants régionaux de l'État va sans doute dans ce sens. L'enseignement de l'IE ne doit-il pas se faire dès les premières années de la formation avec l'histoire et la géographie ? Il est des pays qui pratiquent systématiquement la sensibilisation, voire la formation à l'IE dans les écoles primaires. La formation continue n'est-elle pas, elle aussi, une carte fondamentale ?

On rencontrera des obstacles et le premier est celui du « détour productif ». Le coût de l'IE n'est sans doute pas un frein réellement. Cependant il existe, soit en monnaie sonnante et trébuchante, soit en temps et en préoccupation. Cet investissement si minime soit-il est toujours à mettre en contrepartie d'un bénéfice, au sens large, pour le dirigeant d'entreprise. La conviction n'est pas encore très forte que le développement de l'IE est source de profits de toutes sortes pour l'entreprise.

Les initiatives publiques et consulaires se sont multipliées. Les créations universitaires et des grandes écoles aussi. La demande doit également être interrogée, voire repérée ou suscitée.

Le référentiel de formation est sans aucun doute un excellent outil pour cette avancée vers une réelle diffusion de l'esprit et des méthodes de l'IE.

L'influence de l'environnement

Puisqu'on parle de culture nous ne voyons pas comment éluder la question de l'environnement. Cet environnement est sectoriel (organisations professionnelles par exemple), ou bien spatial, et les politiques régionales vont jouer un grand rôle, familial éventuellement pour les PME par exemple, pour ne citer que des exemples faciles parmi de multiples facettes. Il est certain, et les approches systémiques vont nous y aider évidemment, que l'entreprise ne peut prétendre fonctionner indépendamment de cet environnement. Il faut ajouter la concurrence, la technologie, le social, la politique, etc.

Il est probable que l'audit d'IE prendra en compte de manière habituelle, s'il est bien conduit, les éléments correspondants. Besson et Possin dans leur ouvrage sur l'audit d'IE[1] indiquent qu'il faut tenir compte parmi les chapitres à examiner de « la perception extérieure de l'image de l'entreprise ».

Un des points les plus importants est d'évoquer le concept de réseau. C'est en effet à travers ses réseaux extérieurs que l'entreprise sera le plus à même de caractériser sa démarche. On peut dire en ce sens que les réseaux font partie du portrait de l'entreprise. Ils ne sont pas l'entreprise mais ils la placent dans un environnement qu'il est possible de choisir, voire de construire. Nicolas Moinet et Christian Marcon nous rappellent qu'à l'origine le réseau est un petit filet à moineaux[2].

Nous sommes dans un contexte, rappelé en partie I, qui permet effectivement ce maillage grâce à des outils de communication extrêmement performants et qui permettent de rapprocher l'entreprise de son environnement en activant les forces et en minimisant les faiblesses.

Les comparaisons internationales

L'expression « IE à la française » laisse supposer que le concept se décline avec des variantes, qui ont plusieurs facettes. La culture, dans ses rapports à l'IE, est évidemment la première. On peut dessiner des cercles concentriques qui permettent de représenter les éloignements culturels d'une entreprise avec ses environnements culturels en spécifiant les relations internationales. Il est en effet différent de faire de l'IE en France en entretenant des relations avec la Chine par exemple, et de s'installer en chine. Dans le premier cas on pratiquera l'IE à la française pour gérer les relations avec la Chine, relations qui devront tenir compte des spécificités chinoises ponctuellement. Dans le deuxième cas, c'est la culture chinoise qui devient l'environnement immédiat de l'entreprise qui devra pratiquer l'IE « à la chinoise ».

Les comparaisons internationales vont constituer aussi de précieux apports pour enrichir les démarches. C'est dans la politique publique de l'IE que ces comparaisons vont porter leurs fruits, et c'est déjà le cas puisqu'elles ont permis de développer cette politique en France au

1. *Op. cit.*, p. 63.
2. C. Marcon et N Moinet, *Développez et activez vos réseaux relationnels*, Dunod, 2004.

regard des pratiques anglo-saxonnes notamment. C'est aussi dans les entreprises à envergure internationale que les concepts et les usages sont confrontés pour donner aux dirigeants des occasions de transpositions et d'adaptation.

On peut citer en exemple les deux contributions spécifiques sur l'IE en Indonésie parues dans *Regards sur l'IE*[1] sous les plumes de Philippe Clerc et Henri Dou. Intéressant notamment de voir comment la coopération universitaire peut constituer un support pour la diffusion d'outils et méthodes, et sans doute aussi, nous y reviendrons, assurer une influence culturelle.

Un terrain important pour les entreprises se situe (mais est-ce encore de l'international ?) à Bruxelles, où elles sont confrontées à la concurrence à l'intérieur de l'Union. Qui plus est les dispositifs d'appui aux entreprises offrent des opportunités d'accéder à des marchés ou à des projets significatifs. Daniel Gueguen nous fait un tableau intéressant de ces manœuvres dans deux articles parus dans RIE[2]. On y parle beaucoup de la « *timidité de la technostructure française* » alors que l'IE y est « *au paradis* ». Le lobbying tient évidemment une place de choix dans ces réflexions.

En Europe plus précisément, les travaux et les avancées réglementaires vont conduire à une harmonisation progressive qui donne force aux outils mis au point plus localement. C'est par exemple le cas sur la sécurité de l'information. Cela commence avec l'OCDE qui joue pour les pays à économie de marché libérale un rôle important en matière de réflexion et de concerta-tion, et qui n'a pas manqué de relever que la sécurité des systèmes d'information constituait un domaine non négligeable au milieu de questions plus habituelles que sont celles du développe-ment, de la croissance et de la répartition des richesses. Exigence nouvelle, non par sa réalité mais par son ampleur, la sécurité de l'information est passée récemment par des modes d'appré-hension en évolution, en lien avec les contextes nouveaux dans lesquels évoluent les entreprises, avant de trouver une relativement stable définition.

Les atermoiements des pays de l'Union européenne en la matière sont compréhensibles puisque le devoir de chacun est de créer sur son espace national les meilleures conditions pour une compétitivité accrue de ses entreprises. Les besoins des entreprises et des personnes seront donc au premier plan.

Les recommandations de l'OCDE (*OECD Guidelines for the Security of Information Systems and Networks : Towards a Culture of Security*) ont servi comme base pour la résolution de l'assemblée générale des Nations unies (A/RES/57/239) en décembre 2002 et ont été également reconnues par le Conseil de l'Union européenne. D'autres initiatives internationales ont vu le jour[3] et les dates sont significatives pour montrer que cette préoccupation est tout à fait récente.

La principale initiative européenne date de l'année dernière, c'est la création de l'ENISA (*European Network Information Security Agency*). Elle a été instituée le 14 mars 2003 par le règlement (CE) N 460/2004 du Parlement européen et du Conseil du 10 mars 2004. Cette agence, située en Grèce, vise à améliorer la capacité de la Commission européenne et des États membres à anti-

---

1. *Regards sur l'IE*, N° 6 et 7, nov.-déc. 2004 et janv.- fév. 2005.
2. D. Guéguen, « Faire de l'IE à Bruxelles : quel intérêt ? » et « L'IE à Bruxelles : méthodologie », *Regards sur l'IE*, N° 4 et 5, 2004.
3. – *OECD Implementation Plan for the Guidelines for the Security of Information Systems and Networks – Towards a Culture of Security*, OECD, juillet 2003.
   – *eEurope 2005 Action Plan, European Commission, endorsed by the Council of Ministers*, janvier 2003.
   – *BIAC/ICC Business Guidance on Implementation of the OECD Security Guidelines in Support of Building a Culture of Trust*, « Information Security Assurance for Executives », Business and Industry Advisory Committee to the OECD (BIAC) / International Chamber of Commerce (ICC), octobre 2003.

ciper les problèmes de sécurité des réseaux et de l'information, et à y faire face. Afin d'accomplir cette mission, l'ENISA se verra attribuer un certain nombre de tâches :

– elle conseillera les États membres et la Commission sur les questions de sécurité et aidera à coordonner les activités visant à assurer un niveau élevé de sécurité des réseaux et de l'information au sein de l'Union. Cette tâche comprend notamment l'analyse des informations sur les risques actuels et naissants en Europe afin de soutenir l'élaboration de la politique de l'UE et les initiatives nationales ;

– elle s'attachera à satisfaire le besoin de sensibilisation accrue à ces questions et aidera à informer les citoyens, les entreprises et les administrations sur les risques liés à l'utilisation d'Internet et des systèmes d'information, et sur les moyens de se protéger des menaces ;

– enfin, l'ENISA remplira certaines tâches portant sur l'évaluation et la gestion des risques et suivra l'évolution des efforts de recherche et de normalisation en étroite collaboration avec le secteur concerné.

De nombreux détails mériteraient d'être évoqués sur la question européenne mais pour le moment il nous suffit de noter que l'IE en Europe, c'est d'abord ces initiatives sur la sécurité de l'information, composante incontournable de l'IE. Les voies de recherche dans les domaines technologiques et juridiques sont aussi nombreuses sur ce sujet.

Les cultures d'influence ou l'influence des cultures

On a beaucoup parlé des réseaux et il en est qui ne sont pas directement de nature économique ; mais davantage culturels ou artistiques. L'exception culturelle invoquée dans les négociations à l'OMC n'est pas un épiphénomène négligeable. La culture est en effet une dimension de l'IE sous deux angles : le premier évidemment est celui des entreprises de la branche artistique et culturelle. La production littéraire et cinématographique ou télévisuelle représente en elle-même une valeur ajoutée considérable. Le tourisme est également, et nous le savons bien dans un pays qui est encore la première destination touristique mondiale, une activité économique-clé dont la contribution positive à la balance des paiements est incontournable. Les réseaux d'influence sont là aussi importants. L'épisode de Vivendi Universal a montré que les stratégies mondialistes à ce point de vue ne sont pas si évidentes. Les effets induits sur de nombreux secteurs sont de même à prendre en considération et, par exemple, les technologies développées dans l'audiovisuel sont autant de forces économiques et d'emplois pour les entreprises nationales.

Mais au-delà des effets directs, on doit aussi se pencher sur les moyens que représentent les influences culturelles pour l'ensemble des activités économiques. Ici vient l'exemple, qui mérite d'être étudié, d'un réseau comme celui de la francophonie. On peut gloser sur l'influence culturelle exercée par la langue anglaise. En réalité, il y a autant d'anglais (langage) différents que de pays où la langue internationale s'est développée, et les linguistes britanniques manifestent aujourd'hui de réelles inquiétudes à ce sujet : où est passée la langue anglaise ? Le français fut et reste pour une part une langue internationale et la « Francophonie » est une institution solide et respectée. Est-elle un vecteur pour les entreprises françaises ? Sans doute facilite-t-elle certaines relations avec les pays membres. Pour autant le sujet n'a jamais fait l'objet d'études réellement scientifiques et les préconisations pouvant en résulter au bénéfice des entreprises de la zone d'influence de la culture française ne sont que le fruit d'intuitions non vérifiées et non systématisées. Il s'agit bien d'IE.

Le concept de francophonie assure une présence culturelle générale qui agit sur les conditions environnementales des échanges économiques. La culture peut aussi porter des courants d'influence plus directement et il faut citer ici de nouveau l'activité de coopération entre le CRRM (Centre de Recherches Rétrospectives de Marseille)[1], laboratoire de l'université d'Aix-Marseille III dirigé par Henri Dou et l'université Unima du nord Sulawesi en Indonésie. Travail de longue haleine qui permet aujourd'hui aux universitaires français de participer activement à la formation des cadres et dirigeants indonésiens à l'IE « à la française ». Le démarrage de la coopération franco-chinoise sur le sujet, à l'initiative notamment de l'IR2i[2] de l'université de Montpellier I, se fait sur des principes assez voisins et des objectifs proches.

En organisation et stratégie

Il nous semble que trois grands axes méritent d'être distingués : les partenariats, les manœuvres informationnelles et les modes d'organisation spécifiques s'il y en a.

L'externalisation et la coopération

Nous voulons ici mettre en valeur quelques aspects qui deviennent plus sensibles du fait, soit du développement de « l'économie de l'information », et les questions touchant à l'infogérance sont typiques, soit de la mondialisation et des nouvelles conditions de la compétition économique. Les coopérations interentreprises doivent tenir compte des nouvelles donnes de l'IE.

L'infogérance

L'infogérance consiste à externaliser tout ou partie des fonctions assurées par le SI. La notion d'externalisation provient de l'anglais « *outsourcing* ». C'est une notion plus large que celle d'infogérance et de sous-traitance, car elle concerne des domaines plus stratégiques et s'inscrit dans la durée. Au sens premier, il s'agit pour une entreprise de confier à des consultants ou des prestataires de services, une partie de ses activités. L'entreprise peut aller jusqu'à confier la gestion complète de ses ressources informatiques à des tiers : on parlera alors d'infogérance ou de *facilities management*. Mais les termes sont très proches et parfois utilisés indifféremment.

Nous reprenons notamment les quelques lignes présentées par Pierre Chaumeton sur le sujet[3]. Il décline six objectifs stratégiques ainsi résumés.

1 - Améliorer la position financière de l'activité

La rentabilité reste – et c'est logique – un but fondamental pour la plupart des sociétés qui externalisent sélectivement ou totalement. L'externalisation va donc apporter des flux de capitaux importants avec le transfert du personnel et des matériels, qui se combinent avec des avantages fiscaux. Cela améliore les marges d'autofinancement et rend possible le rééquilibrage du bilan. On s'aperçoit que l'externalisation représente alors une stratégie financière à long terme, accompagnant un retour à une bonne position financière et concurrentielle, en échange d'honoraires d'externalisation qui peuvent être vus comme un taux d'intérêt. Néanmoins, il est évident que ce positionnement crée des rigidités à la fois dans le système d'information, et par ricochet dans la stratégie de l'entreprise.

---

1. www.crrm.mrs.fr
2. www.ir2i.com
3. *Op. cit.*

2 - Orienter l'entreprise vers ses compétences fondamentales

Les équipes internes se concentrent sur les processus métiers, sur les domaines de l'informatique et du métier créateur de valeurs, et les prestataires sur les applications et les technologies plus routinières. Beaucoup de partenariats (production du datacenter, développement des systèmes distribués de pointe et des applications scientifiques, gestion des télécoms…) sont mis en place pour accompagner une stratégie de diversification dans des domaines dans lesquels la société n'a pas nécessairement les compétences technologiques en interne. L'évolution vers la bureautique généralisée est une opération, qui selon un avis largement partagé, n'aurait pas été possible pour beaucoup d'entreprises sans externalisation.

3 - Disposer d'un « catalyseur technologique » au service de l'entreprise

L'externalisation contribue au renforcement de la flexibilité à travers la technologie pour accompagner une stratégie globale d'entreprise. Elle est alors vécue comme un investissement significatif pour absorber un changement technologique majeur. La direction informatique se concentre sur les applications critiques pendant que le prestataire assure la production, le support, les télécoms et l'évolution vers de nouvelles architectures technologiques.

4 - Faciliter la transition métier et accompagner les changements

Certaines sociétés ont fait appel avec succès à l'externalisation temporaire de leur informatique pendant une période de transition vers une nouvelle technologie type progiciel intégré. D'autres vont plus loin et incorporent l'externalisation du système d'information dans une série de contrats d'externalisation pour accompagner un changement organisationnel majeur. L'externalisation a ainsi été employée dans le cadre de fusions et acquisitions, de start-ups dans de nouveaux métiers, et de privatisations.

5 - Améliorer et innovser dans le but d'obtenir un avantage compétitif

L'innovation dans le métier peut être une source puissante d'avantages concurrentiels auxquels les prestataires externes peuvent contribuer. De nombreuses initiatives financières privées dans le secteur public l'ont démontré avec l'apparition de contrats de co-sourcing avec des mécanismes de partage de bénéfices. Le fournisseur se concentre alors sur les objectifs métier du client, et prend le risque de l'investissement en se rémunérant en fonction des bénéfices réalisés. Actuellement, les contrats basés sur la performance sont perçus par les fournisseurs comme des contrats à haut risque et comptent pour une toute petite partie du revenu global de l'externalisation.

6 - Générer du profit à travers une joint-venture avec un fournisseur partenaire

Certaines sociétés ont créé un fournisseur « dérivé » (*spin-off*) à partir de leur propre système d'information. D'autres ont signé un contrat avec un fournisseur pour vendre un produit ou un service développé conjointement (*value added outsourcing*). Un autre type de montage est l'*equity holding* dans lequel une société et un fournisseur prennent conjointement des parts, afin d'inciter le fournisseur à bien travailler, à sécuriser les relations bipartites, et à tirer profit de l'investissement. Créer des compétences commerciales et marketing sur un marché n'est pas chose aisée, à moins de disposer d'une compétence fondamentale attractive qui fait la différence. Si nous avons voulu détailler un peu plus sur ce sujet c'est parce qu'il nous semble éclairant sur l'importance prise par le SI dans les organisations d'aujourd'hui et en même temps stratégique du point de vue de l'IE. Le fait de confier une telle fonction à une entreprise extérieure n'est pas forcément simple à concevoir à un moment où l'IE va demander une parfaite maîtrise du SI. La recherche devra se pencher là-dessus aussi.

La coopération interentreprises

On voit se multiplier les stratégies collectives, les partenariats d'entreprises, et en même temps la concurrence est plus vive. Les coopérations interentreprises se multiplient du fait de la complexité des opérations industrielles et de la spécialisation des métiers (déjà observée en partie I). Elles obligent à un partage d'informations. Les problèmes qui se présentent là sont loin d'être sans importance et faciles à régler. On peut d'ailleurs y repérer quelques pistes de réflexion et de recherche.

Sur les opérations en commun entre plusieurs entreprises, celles-ci ont besoin d'informations très précises sur les parties relevant de leurs propres responsabilités, mais aussi sur de nombreux aspects touchant aux travaux de leurs partenaires. La solidarité exige la transparence mais les informations ainsi transmises échappent au moins partiellement au contrôle des entreprises qui les fournissent. Il y a des limites juridiques et des mécanismes de protection de la confidentialité ; mais cela ne règle pas tout. Les exemples les plus typiques sont sur les réponses à des appels d'offres aboutissant à la sélection de plusieurs fournisseurs qui n'ont pas forcément en commun une culture ou des pratiques totalement compatibles. Dans ces cas-là les responsables des entreprises doivent définir sérieusement une « politique de sécurité de l'information » en particulier. Les aspects défensifs sont primordiaux.

C'est aussi le cas en maintenance informatique. Le « Forum des compétences banque assurance » se préoccupe des opérations de télémaintenance qui sont maintenant des procédures habituelles et les fournisseurs de services de maintenance informatique reçoivent facilement des autorisations d'accès aux SI des clients pour mettre à jour ou dépanner les systèmes. Les personnes ainsi habilitées n'ont en général pas les statuts qui sont exigés des personnels de l'entreprise pour accéder aux informations correspondantes.

Nous voulons citer enfin le cas relaté dans un article intitulé « Comment pénétrer des centres de communication par l'intermédiaire d'une société de nettoyage »[1]. Quelle entreprise n'a jamais fait appel à ce genre de prestataire de service dont la fonction est banale ou triviale ? L'exemple du nettoyage est connu, ne serait-ce que dans la littérature policière et d'espionnage. Il n'en demeure pas moins vrai.

Dans ces cas de figure et ces exemples apparaissent des menaces qui vont exploiter les vulnérabilités de l'entreprise. L'IE défensive est donc ici en première ligne. Il est en effet illusoire de vouloir systématiquement intégrer toutes les fonctions et de travailler en autarcie complète sauf dans des cas très particuliers. Parmi ceux-ci on aura le cas des entreprises travaillant pour des tâches sensibles de la sécurité publique. La société Fasver, qui conçoit et fabrique notamment des supports pour papiers d'identité, dispose évidemment d'une organisation type « coffre-fort ». Mais c'est une rare exception.

Les solutions sont du côté des « sanctuaires informationnels » qui protègent un petit nombre d'informations sélectionnées comme sensibles à divers points de vue.

© Groupe Eyrolles

---

1. T. Soler, *Regards sur l'IE*, N° 7, janvier-février 2005, p. 48.

La manipulation de l'information, la désinformation

C'est peut-être dans ce domaine que l'IE est la plus populaire.

La décision sous influence informationnelle

Malarewicz cite Gregory Bateson : « *Une information est une différence qui crée d'autres différences.* »[1]

L'information qui crée des différences ! La définition est belle en effet. On entrevoit au travers de cette phrase toute simple une multitude de possibilités :

– détenir une information avant les autres ;

– recevoir une information qui amène à une décision d'action et donc de changement ;

– interpréter une information erronée ou falsifiée ;

– mieux connaître une réalité sur laquelle on dispose d'une information ;

– disposer d'une qualification ;

– connaître d'un partenaire quelque chose de décisif dans une négociation.

Un ouvrage sur les influences multiples dans les affaires nous éclaire sur le sujet grâce à dix contributions dont celles de Christian Harbulot et Didier Lucas de l'École de guerre économique[2]. Ce que l'ouvrage met particulièrement bien en lumière, c'est que l'entreprise contemporaine devient virtuose dans l'exercice de l'influence qui passe par une insigne capacité d'anticipation ou une savante collaboration entre les firmes et les autorités publiques, dans le cadre d'une approche économique globale, incluant les dimensions psychologiques et culturelles. Là aussi, les contributions des différents auteurs apportent les préalables analytiques et les concepts nécessaires à l'assimilation de ces stratégies globales de conquête de parts de marché. À l'ère de l'information et du multimédia, écrit Éric Denécé dans le livre : « *Ceux qui gagnent sont ceux qui imposent leurs concepts et leurs idées en amont des marchés.* » Cette approche est d'autant plus efficace, rapide et durable qu'elle est soutenue par une campagne médiatique, dont l'effet démultiplicateur est sans égal. Ce phénomène décuple les mouvements de mode et provoque l'identification aux milieux qui les ont générés, lesquels deviennent, *de facto*, des références socioculturelles. Les normes socioculturelles conditionnent les comportements et le style de vie d'une nation, lesquels influencent les consommateurs et modèlent l'activité économique. Ainsi, derrière des films, téléfilms, clips, *a priori* sans autre objet que divertir, se profile la promotion du style de vie qui leur a donné naissance. Cela a des impacts énormes en termes culturels, mais aussi politiques, économiques et sociaux. Tout acteur économique souhaitant pénétrer de nouveaux marchés doit donc créer et imposer ses concepts, car ils représentent un avantage concurrentiel. Le *Social Learning* répond à cet objectif : imposer une norme culturelle, définir un référentiel de société. Ce nouveau concept, pas si nouveau d'ailleurs, amène à « formater » les cadres et futurs cadres des entreprises de manière à influencer en profondeur les décisions futures de ces entreprises et à les faire « coller » à un modèle prédéterminé.

L'information habilement distillée est susceptible de provoquer des non-décisions.

Le management des relations avec la presse est primordial. Il ne faut ni en exagérer ni en sous-estimer le poids. François Bernard Huyghe[3] fait une analyse détaillée de ce pouvoir de l'infor-

---

1. *Op. cit.*, p. 32.
2. L. François, *Business sous influence*, Éditions d'Organisation, 2004.
3. F-B. Huyghe, *Comprendre le pouvoir stratégique des médias*, Eyrolles, 2005.

mation par les médias. Il relativise notamment la notion de manipulation, « *notion à utiliser avec prudence* » dit-il, sorte de « tarte à la crème » populaire pour faire de la presse en général le bouc émissaire des accidents socio-économiques.

L'utilisation de l'arme informationnelle

La guerre économique, puisqu'il faut parler d'elle, quoiqu'on en dise, utilise évidemment des armes. Technologie et compétences, habileté des dirigeants, sont les moyens connus et sur lesquels il n'est pas dans notre objectif de parler précisément ici ; même s'il s'agit d'IE. La désinformation est une version éprouvée de l'arme informationnelle. Elle a eu ses heures de gloire en politique et c'est toujours le cas. La guerre froide était essentiellement appuyée sur elle, notamment de la part des pays manipulateurs et dont la performance se trouvait plus ou moins en deçà de celle du ou des adversaires. L'arme a d'abord été interne. Concrètement, et l'anecdote est réelle, il était impossible d'enlever de la tête d'un « vopo » de l'Allemagne de l'est dans les années 70, que son beau-frère qui était venu le voir avec une voiture de qualité, n'était qu'un espion à la solde des gouvernements capitalistes ! Elle a été aussi beaucoup utilisée dans les actions de propagande. Elle est aujourd'hui à la disposition des entreprises et elles ne se privent pas de l'utiliser. On connaît les exemples célèbres de Perrier accusé d'empoisonner la population américaine au benzène et les nouvelles montées de toutes pièces sur le projet de gros porteur concurrent de l'A380 d'Airbus « très avancé » chez Boeing.

D. Lucas développe dans sa thèse[1] une illustration intéressante de ce genre de manipulation médiatique : le cas de Shell versus Greenpeace. La question se posait pour le pétrolier de couler au large de l'Écosse une plate-forme devenue inexploitable. Nous sommes en février 1995. Le mouvement écologiste monte une campagne d'information contre l'opération et « accessoirement » contre la compagnie. Celle-ci développe des études extrêmement poussées qui concluent à la faisabilité du projet dans le respect absolu de l'environnement et communique abondamment sur le sujet. Rien n'y fait, l'opinion publique reste méfiante. À la fin, et devant l'évidence technique, Greenpeace s'excuse officiellement et utilise le rebond de son attitude conciliante pour valoriser son attitude comme « honnête ». Le mal est fait et le vainqueur « aux points » est l'organisation alter mondialiste. La raison de l'échec de Shell, analysé par l'auteur, tient à l'écart entre les deux registres de communication : le discours « savant » opposé au discours « populiste ». Dans l'utilisation des médias grand public, ce sera généralement le deuxième qui l'emportera.

Peu à peu se développent des techniques de prévention de ces problèmes grâce à la surveillance organisée des médias à « rumeurs ». Nous retrouvons Ludovic François : « *Il est capital pour un patron d'apprendre à discuter avec les mouvements contestataires.* »[2] Il faudrait même inventer un nouveau poste dans les entreprises : celui de conciliateur. Tout aussi indispensable : l'anticipation. Une personne, dans chaque société, doit avoir en charge la veille Internet pour prévenir dès qu'une agitation se fait sentir dans les *news groups*, les chats. En somme, tuer la rumeur avant qu'elle ne tue la réputation. Cela s'appelle la « *communication d'effacement* ».

---

1. *Op. cit.*
2. *Op. cit.*

Les modes d'organisation adaptés à l'IE

Il y a parfois ambiguïté sur le concept d'organisation. Qui plus est, comme le dit Henry Mintzberg : « *La plus grande partie de la littérature contemporaine ne fait pas le lien entre la structure d'une organisation et son fonctionnement.* »[1]

L'approche de l'IE ne peut pas faire l'économie d'un débat là-dessus et, même si nous y revenons plus loin, nous devons ici poser quelques jalons conceptuels et théoriques qui nous aideront. Nous commencerons donc par quelques développements avant de traiter les trois points que nous avons retenus pour cette approche organisationnelle, à savoir l'idée d'une information partagée, les ruptures culturelles et institutionnelles et la motivation des acteurs. Nous serons en particulier guidés par la pensée de Jean-Louis Le Moigne que nous retrouverons souvent par la suite.

Malarewicz nous dit : « *Sous la plume de nombreux auteurs, la distinction entre système et organisation n'est pas toujours très claire. De façon générale le terme d'organisation est la traduction pragmatique du système. Autrement dit, la notion d'organisation renvoie à celle de système humain défini par une finalité.* »[2]

Disons-le tout de suite : le mode d'organisation qui se développe parallèlement à l'IE est le « mode projet ». Cette évolution nous semble à la fois claire, explicable, justifiée et éclairante sur le concept lui-même. Nous commençons à partir d'ici à appuyer notre réflexion sur le constructivisme et la systémique, approches parfaitement adaptées à l'IE. Si nous nous référons à la systémique et donc à la notion de système, nous savons en effet qu'elle ne suppose pas *a priori* une organisation, sauf à confondre organisation et système. Mais si nous appelons organisation un système finalisé, alors nous pouvons effectivement comprendre le lien avec l'IE. Nous verrons que de nombreux auteurs sont dans cette optique. Qu'est-ce qu'un projet, sinon la construction de moyens et d'actions coordonnés et cohérents autour d'un objectif à atteindre ? « *Au postulat d'objectivité se substitue un postulat de projectivité : c'est par rapport au projet du système observant (ou de l'« observateur », E. Morin) que se légitimera la connaissance construite.* »[3]

L'information partagée

Le partage de l'information est une expression tant employée qu'elle semble à tout le monde une évidence. Et pourtant. On comprend facilement que l'information détenue par une personne ne lui échappe pas pour autant qu'elle la communique puisqu'elle la détient toujours. Cependant, une information détenue à deux n'a plus la même signification ni la même valeur qu'une information détenue par un seul. C'est surtout vrai pour son détenteur. Il y a donc opposition entre l'intérêt du détenteur et l'intérêt du groupe, qui lui peut bénéficier du partage alors que le détenteur d'origine va se retrouver dans une position moins avantageuse. Mais la coordination des tâches implique la mise en commun des informations dans l'intérêt et pour la performance collectifs.

Nous avons déjà remarqué qu'il faut bannir l'information dite « en silo ».

J-L. Le Moigne : « *Grande est la multiplicité des formes que peuvent prendre les « coordinations » dans une organisation évoluante (entreprise ou marché) par la création et le partage (et non la division) des connaissances. Les économistes n'ont pas souvent réfléchi aux conditions de ces exercices d'« action intelligente » par les membres d'une organisation les incitant sans cesse à « repenser leur travail et à*

---

1. H. Mintzberg, *Structure et dynamique des organisations*, Éditions d'Organisation, 1982, p. 28.
2. J. A. Malarewicz, *Systémique et entreprise*, *op. cit.*, p. 29.
3. J-L. Le Moigne, *Le constructivisme : les enracinements*, tome I, L'Harmattan, 2001, p. 139.

reconsidérer leurs compétences ». Et pourtant, l'observation des comportements montre que ce type de comportement ne présente aucune des caractéristiques de « l'organisation spontanée hayekienne » que prédisent tant de théories économiques usuellement enseignées. »[1]

Le partage de l'information conduit à une connaissance collective et l'IE suppose effectivement cette démarche. Sans doute est-elle l'occasion de voir l'évolution prédite par les penseurs constructivistes.

J-L. Le Moigne encore : « *La connaissance de la réalité n'ayant d'autre réalité que la représentation que s'en construit un sujet, l'interaction « objet et sujet » est précisément constitutive de la construction de la connaissance.* »[2] Le groupe (système) qui construit la connaissance collective est le siège de relations à la fois avec l'objet (entreprise, projet, objectif) et le sujet, c'est-à-dire individus et autres groupes extérieurs à lui au regard de l'objet qui est en même temps une des interfaces des relations.

Ces quelques réflexions parcellaires ne sont qu'un commencement et il est probable que la modélisation du « moteur » interne de l'IE s'enrichira des recherches sur cette question.

Les ruptures culturelles et institutionnelles

Rupture veut dire passage d'un état à un autre, d'une pensée à une autre, d'une culture à une autre. Aucune rupture ne peut se faire « *tabula rasa* » et l'histoire garde longtemps son poids. Nicole d'Almeida note : « *Bien que l'on parle aujourd'hui de la fin du taylorisme (auquel succéderait un management de l'implication et de l'initiative accordant large place à l'oralité), la confiance à l'égard de démarches procédurales ne faiblit pas, bien au contraire. Le souci d'ajuster de façon toujours plus précise le savoir-faire des salariés et les besoins de l'organisation est omniprésent.* » « *La mémoire du geste et la transmission des compétences dans l'univers des organisations productives sont menacées par deux phénomènes qui ne sont pas étrangers l'un à l'autre : la solidification et l'oubli.* » « *L'histoire de toute organisation est faite de mémoire et d'oubli.* »[3]

Nous considérons le concept de projet comme une rupture, au même titre que l'IE est une rupture. C'est une rupture parce que la généralisation des NTIC depuis la fin du XXe siècle est une rupture fondamentale dans l'univers informationnel, c'est une rupture parce que la mondialisation induit des formes de concurrence nouvelles et plus violentes, et c'est une rupture parce que l'entreprise se trouve face à cela obligée à des comportements nouveaux. Elle ne peut prétendre survivre et se développer que dans un management tenace et proactif. C'est aussi une rupture car nous faisons appel dans nos réflexions à des spécialités scientifiques jusqu'à maintenant relativement cloisonnées et que notre démarche amène d'une certaine manière à une remise en cause institutionnelle.

Jean-Louis Le Moigne nous dit encore : « *Une telle discipline, par construction, n'est plus définie par son objet mais par son projet, et les méthodes qu'elle mettra en œuvre ne s'évalueront plus à l'aune de son objectivité, mais à celle de sa projectivité.* »[4] Le même auteur poursuit en étant plus précis : « *L'épistémologie constructiviste est une épistémologie de l'invention, ou plus correctement, de la poïèse : la production originale par le faire (contraste avec la praxis qui sera re-production routinière par le faire). Elle ne vise plus à découvrir le vrai plan de câblage d'un univers dissimulé sous l'enchevêtrement des phénomènes ; elle vise à inventer, construire, concevoir et créer une connaissance projective, une représentation des phénomènes : créer du sens, concevoir de l'intelligible, en référence à un projet.* »[5]

---

1. MCX-APC, note de JLLM sur le site www.mcxapc.org
2. *Op. cit.*, p. 135.
3. N. d'Almeida, *Les promesses de la communication, op. cit.*, p. 33.
4. *Op. cit.*, p. 136.

Pour Nicole d'Almeida : « *Faire des projets : en l'espace de cinquante ans nous sommes passés des projets humains aux projets de sociétés, puis aux projets d'entreprises.* » « *La notion de projet perd son sens collectif et social, historique et politique, elle concerne désormais principalement l'espace économique et engage la réorientation de l'activité productive dans la double dimension temporelle et organisationnelle.* »[1] Et plus loin : « *Au fil des ans, les démarches projet vont évoluer du discours aux actes, des valeurs aux objectifs productifs. Le projet va cesser d'être un discours pour devenir un principe d'organisation et d'efficacité.* »[2]

David Salvetat, qui a présenté ses travaux de doctorat sur l'IE à la journée doctorale du 26 novembre 2004, avait démarré une enquête auprès des entreprises pharmaceutiques dont les premiers résultats montraient que les entreprises considéraient l'IE « *comme activité de moyen terme, et intégrée dans la gestion des projets* ».

Il nous semble que les citations parlent d'elles-mêmes. Nous pensons que l'IE constitue une démarche, une approche du management qui se combine très bien avec ce type de modèle organisationnel, à moins que ce ne soit le modèle qui se combine, ce qui revient au même. Les instances de normalisation ont elles-mêmes consacré le concept de projet : « *Une démarche spécifique qui permet de structurer méthodiquement et progressivement une réalité à venir. Un projet est défini et mis en œuvre pour répondre au besoin d'un client et implique un objectif et des besoins à entreprendre avec des ressources données.* »[3]

Nicole d'Almeida[4] s'intéresse aussi beaucoup au temps et cette notion est tout à fait essentielle en termes d'organisation : « *Selon P. Delams, moderniser signifie travailler sur le temps avant de travailler sur les hommes et sur l'organisation, le temps n'étant pas seulement une zone d'incertitude mais aussi une ressource organisationnelle majeure.* »[5] Elle pose une description qui amène à définir le management de projet comme un modèle organisationnel : « *Conduire un projet consiste donc à coordonner une multiplicité d'acteurs, d'actions et d'informations en interne comme en externe sur un mode autre que celui du décret, sur le mode de la concourance géographique, temporelle, technique et fonctionnelle.* »[6]

La motivation des acteurs

Ce qui caractérisera sans doute la discipline se trouve dans une certaine idée de la flexibilité liée à la capacité d'apprentissage ou d'auto-apprentissage.

Philippe Bernoux, dans une contribution au colloque de Poitiers consacré au professeur James March[7], reprend son idée du changement permanent des organisations en rappelant les quatre conditions posées pour la réussite du changement :

– application des règles considérées comme efficaces (paradoxal dans l'idée que les règles changent elles aussi !) ;

– le conflit, considéré comme légitime, et sa résolution ;

---

5. *Ibid.*
1. *Op. cit.*, p. 52.
2. *Ibid.*, p. 56.
3. AFITEP, *Dictionnaire du management de projet*, Éditions AFNOR, 2004.
4. *Op. cit.*
5. p. 56.
6. p. 60.
7. P. Bernoux, « Influence sur la sociologie des organisations » *in James March, penser les organisations*, Lavoisier, 2003, p. 103.

– la contagion entre les organisations ;

– l'apprentissage organisationnel.

Il apparaît au cœur de ces réflexions que le changement dans une organisation dépend peu du dirigeant et beaucoup plus de l'organisation dans son ensemble ; et cela s'adapte très bien avec la conception d'une intelligence économique ou l'intelligence est d'abord collective. Nous rejoignons l'idée d'une « culture IE », ou du partage.

Le Moigne parle volontiers des processus d'apprenance organisationnelle, et Chris Agyris dit aussi que : « *Le meilleur moyen pour une entreprise de contrôler et de gérer son environnement est de devenir experte dans l'art d'apprendre et capable de s'adapter rapidement* »[1] en citant Lindon (1991) : « *Il en a conclu que la clé de l'efficacité pour un thérapeute n'est pas de suivre telle ou telle théorie, mais d'agir de façon que le patient ait le sentiment d'être véritablement compris. Lindon recommande aux thérapeutes de réduire l'importance de la théorie autant que faire se peut. Le conseil est applicable, il n'est pas actionnable.* »[2]

Philippe Bernoux[3] reparle de la conception « marchienne » : « *L'apprentissage organisationnel est l'adaptation en trois phases : adaptation des objectifs, des règles d'attention et des règles de recherche de solutions… Ceci montre le lien intrinsèque entre la notion d'apprentissage organisationnel et l'hypothèse de rationalité limitée qui se trouve ainsi changer de niveau (passant de l'individuel au collectif) et de dimension (de la statique à la dynamique).* » Nous sommes bien dans cette démarche d'un processus d'évolution permanente (théorie évolutionniste) produit par la construction dynamique et permanente d'un système de connaissances. Si nous voulons positionner l'IE dans cette réflexion, il suffit de dire qu'elle y ajoute le processus continu de recherche et de qualification des données et de l'information. L'apprentissage organisationnel est une caractéristique indissociable de l'IE.

Henry Ford dont nous reparlerons plus loin, disait : « *L'enthousiasme est la base de tout projet.* » Le problème est sans doute que l'enthousiasme ne se décrète pas ! C'est le management organisationnel qui va, sinon le produire, du moins le susciter, l'encourager et assurer aux acteurs le « retour ».

C'est encore Nicole d'Almeida qui nous confirme dans cette optique : « *La notion de ressources humaines est agissante au sens où elle invite à responsabiliser et à impliquer la manière grise, à la fortifier, à l'enrichir par différents moyens (formation, rémunération, gestion de carrière, etc.).* »[4] Il est certain que la réussite d'un système d'IE ne peut se passer de cette participation. Elle en est même le cœur. Une démarche IE bien comprise doit partir de là. Nous avons parlé et nous reparlerons de la gestion des feed-back. Elle est tout à fait essentielle. Cela va probablement plus loin car la systémique ne s'intéresse pas seulement aux actions et réactions ; mais aussi aux rétroactions et le management de l'information doit être conçu comme un retour permanent qui développe à tous les niveaux et chez tous les acteurs la connaissance de manière à accroître en continu la « richesse cognitive globale de l'entreprise » devenue un facteur de performance concurrentielle essentiel.

Là où butent sans doute les outils du management des ressources humaines, c'est dans les modes de rémunération et leur adaptation à la performance informationnelle. Il est en effet assez simple d'assurer la reconnaissance de la performance productive en termes physiques, beaucoup plus délicat en ce qui concerne la compétence et l'engagement professionnel dans le cycle informationnel.

---

1. C. Argyris, *Savoir pour agir : surmonter les obstacles à l'apprentissage organisationnel*, Interéditions, 1995, p. 19.
2. *Op. cit.*, p. 21.
3. *Op. cit.*, pp. 112-113.
4. p. 58.

Entretien de...
L'amiral Pierre Lacoste

Pierre Lacoste est président de la Fédération des professionnels de l'intelligence économique, FÉPIE.

Pourquoi une fédération des professionnels de l'IE aujourd'hui ?

L'intelligence économique s'est développée de manière assez désordonnée et il est nécessaire de mieux éclairer l'opinion et les chefs d'entreprises. Pour cela on peut aborder l'IE sous l'angle des métiers, autrement dit aider les professionnels à répondre à la question : « Quelle est notre valeur ajoutée ? »

En une dizaine d'années nous avons assisté, en France, à une évolution en trois temps et c'est dans le troisième temps que nous devons maintenant travailler. Le premier temps a été celui de la protection. « Attention, on vous pille ! » Ce cri d'alerte a provoqué un premier réveil des esprits, par exemple à partir de l'espionnage industriel (le réseau Échelon…), ou en mettant en lumière des risques encourus en matière de vols d'informations scientifiques, techniques et aussi stratégiques. Le deuxième temps qui a permis de mieux comprendre ce qu'est l'IE, a été celui du développement du concept de « veille » dans le but de rechercher les facteurs de productivité de l'information. La mine d'informations que représente Internet et la puissance des outils informatiques ont été les supports de ce développement. D'ailleurs, certains considèrent encore que l'IE n'est purement et simplement que de la veille, ce qui est inexact. Le troisième temps est celui du partage non seulement de l'information mais aussi de la connaissance. C'est à mon sens le point le plus important.

Pour la fédération il s'agit donc de poser les vraies questions sur le métier, ou plutôt sur les métiers spécifiques de l'IE, autrement dit : « À quoi ça sert ? »

Et comment en êtes-vous venu à vous intéresser à l'IE ?

Mon parcours est une longue histoire ! Depuis l'âge de douze ans je voulais être marin. Je me suis évadé de la France occupée en 1943 pour passer en Espagne où je fus emprisonné. Libéré, j'ai pu intégrer l'école des officiers de marine de Casablanca. Après quelques mois d'embarquement à la fin de la guerre je suis retourné à l'école navale, puis j'ai poursuivi une carrière qui m'a mené en Indochine, en Europe, dans le cadre de l'OTAN, en Algérie, etc. et qui m'a permis de commander plusieurs navires de guerre. J'ai été auditeur, professeur puis commandant de l'École de guerre navale ; j'ai pu approfondir mes connaissances et ouvrir mon esprit, en particulier aux exigences de l'action organisée et réfléchie et de la gestion des ressources dans une vision globale des objectifs à atteindre. De 1968 à 1971 j'ai été membre du « Centre de prospective et d'évaluation » créé par l'ingénieur de l'armement Hugues de l'Étoile qui avait osé poser au ministre des Armées la question fondamentale : « Pourquoi ? À quoi servent nos activités ? » Le général de Gaulle avait décidé et réalisé la création des forces nucléaires stratégiques, mais il fallait expliquer, mettre en forme les conséquences militaires de sa pensée jusqu'à expliciter dans le détail les finalités et les objectifs de la recherche scientifique et technique. J'avais plus spécifiquement pour tâche de définir et de mettre en œuvre une politique d'allocation de ressources budgétaires sur le modèle du PPBS américain, le « *Planning Programming Budgeting System* » de Robert Mac Namara, dans le cadre des « programmes majeurs » de la Défense. En particulier en développant des analyses coûts-efficacité et coûts-avantages, en créant des « tableaux de bord » véridiques, etc. Au même moment on a assisté aux tentatives analogues de « rationalisation des choix budgétaires » pour les appliquer à l'ensemble de la politique budgétaire française.

La nécessité de mettre en cohérence les besoins et les ressources dans le long, le moyen et le court termes, est toujours mon « credo ». De même que la recherche de l'adéquation des ressources aux objectifs demeure à mon sens l'orientation fondamentale qu'il ne faudrait jamais perdre de vue.

Les marins connaissent bien le concept de « *Task Force* » qui réunit temporairement, sous une seule autorité, les moyens adéquats pour l'exécution d'une mission spécifique. Un principe que nous retrouvons aujourd'hui dans les nouveaux modes d'organisation économique, par exemple quand on donne à des « chefs de projet » les moyens de les faire aboutir et qu'ils en assument la pleine responsabilité.

Après avoir dirigé le cabinet militaire de Raymond Barre et commandé l'escadre française en Méditerranée, alors que j'arrivais en fin de carrière, François Mitterrand m'a demandé de prendre la direction de la DGSE. Je l'ai quittée trois ans plus tard ayant déjà dépassé la limite d'âge, à la suite de l'affaire du Rainbow Warrior !

En 1986 André GIRAUD, ministre de la Défense, m'a confié la présidence de la Fondation pour les études de défense nationale ; je l'ai exercée jusqu'en 1989. La recherche stratégique française a connu ensuite divers avatars liés aux changements de majorités, aux conséquences d'une époque troublée par la « cohabitation » et par les inévitables intrigues qui en ont résulté. J'ai surtout regretté la dispersion d'une bibliothèque qui avait été conçue dans un esprit d'ouverture, un esprit opposé aux déplorables « querelles gauloises » qui stérilisent si souvent les meilleures initiatives. Malgré les aspects négatifs de cette période, nous avons vu émerger l'enseignement des nouveaux concepts de défense ; on avait réussi en 1974 à ouvrir pour la première fois des conférences de stratégie à l'ENA, puis à créer des enseignements de défense à l'université, ce qui a beaucoup contribué à mieux informer nos compatriotes en levant quelques-uns des tabous qui avaient jusqu'alors interdit de s'intéresser sérieusement aux affaires « militaires ».

Après 1989 j'ai eu l'occasion de donner des cours à la nouvelle université de Marne-la-Vallée. Son premier président, le professeur Daniel Laurent, avait disposé pour assurer son démarrage d'une plus large autonomie d'action que les autres présidents d'universités, et il a su la mettre à profit pour lancer beaucoup d'initiatives novatrices. Son ancien maître, le professeur Dubois, chimiste de renommée internationale, avait été responsable, dans les années 60, de l'ensemble des recherches, études et développements du ministère des Armées. Il a bien voulu m'aider à créer le Centre d'études scientifiques de défense et participer à des DESS ouverts aux profession-nels aussi bien qu'aux étudiants ; le premier intitulé « information-sécurité », le second « ingénierie de l'intelligence économique ». Le CESD a joué le rôle d'école doctorale au profit de nombreux étudiants en sciences de l'information.

Quelle est alors votre contribution au développement de l'IE ?

J'ai commencé par écrire quelques ouvrages à partir de mes expériences. Le premier *Stratégie navale au présent* a porté sur mon métier d'officier de marine. Le second, *Les maffias contre la démocratie* porte sur un sujet qui me tient toujours à cœur car je demeure persuadé qu'il s'agit là d'un véritable « cancer social ». Il faut, face à ce phénomène très préoccupant, souvent drama-tique, avoir le courage de reconstituer les « défenses immunitaires » du corps social. Et puis, dix ans après l'affaire du Rainbow Warrior, j'ai publié sous le titre *Un amiral au secret*, un livre de mémoires où j'expose les raisons qui fondent mes principales convictions. Enfin, en 2000, nous avons publié, François Thual et moi, un livre d'entretiens proche de notre sujet : *Services secrets et géopolitique* ; nous avons fait une réédition en 2002, après les attentats du 11 septembre aux États-Unis.

Cela fait donc plus de quinze années que j'observe les évolutions des concepts et des pratiques de l'IE, participant à de nombreux colloques et conférences sur le sujet et publiant divers articles ; un des plus récents porte sur « la culture française de l'IE ».

Comment voyez-vous avancer l'IE en ce moment ?

Il est certain que les pratiques de l'IE progressent dans un nombre croissant d'entreprises et même dans certaines administrations françaises. La prise de conscience est incontestable. Au fond il y a peu à peu intégration et assimilation de ces concepts, ce qui se traduit par l'adoption de « bonnes pratiques », car beaucoup d'institutions, beaucoup d'entreprises ont des dirigeants dynamiques et ouverts aux nouveautés. Malheureusement la classe politique et la haute administration sont encore trop souvent « hors jeu », mises à part quelques rares personnalités. Généralement les textes sont bons, mais ils pèchent par défaut d'application. C'est une question d'état d'esprit qu'un exemple permet de stigmatiser : comment travailler en fonction de vues prospectives à long et moyen terme quand les seules échéances qui intéressent vraiment les politiciens sont les échéances électorales sous la pression de l'actualité médiatique ? Les médias sont le reflet de la société, mais ne peuvent remplacer des guides principalement préoccupés par le bien public et par l'avenir des générations montantes. Pourtant il y a longtemps que j'espère un basculement salutaire ; et maintenant, j'en pressens l'imminence. Le développement des pratiques de l'intelligence économique peut y participer car elles offrent un solide fondement aux réformes en profondeur qui doivent modifier nos comportements de citoyens.

Et quel sera le rôle de la FÉPIE ?

Elle s'est mise en place progressivement lors d'une dernière phase préparatoire commencée au mois d'avril 2005 pour préciser les buts, les missions et les moyens. Elle s'est achevée en décembre 2005 par la mise en fonction d'un site Internet qui sera à la fois un moyen d'information et un outil de travail pour les professionnels qui veulent améliorer les résultats déjà acquis et approfondir la concertation, entre eux et avec les autres parties prenantes de l'intelligence économique. On trouvera sur ce site, www.fepie.org, en plus des précisions sur les missions et les structures, toutes sortes de documents et d'informations utiles sur les professions et sur leur environnement.

Des concepts et paradigmes

Les croisements nécessaires entre disciplines jusqu'à aujourd'hui bien distinctes nous permettent d'observer que les appuis conceptuels sont variés selon l'orientation que choisira le chercheur. Les sections spécialisées du CNU dans lesquelles s'inscrivent les projets de recherche ne s'opposent pas lorsqu'il s'agit de travaux en IE, les chercheurs sont à l'aise dans leurs références d'origine. Pourtant, il reste nécessaire de faire le choix d'une orientation principale. Cela signifie que si les frontières subsistent sur les objectifs de recherche, l'appel large aux outils dans des domaines variés est nécessaire. Les épistémologies se croisent (Silem et Bruté de Rémur, 2005) pour former un ensemble cohérent de méthodes et de paradigmes dans une finalité qui semble suffisamment univoque pour demeurer la référence commune. Là encore nous pouvons citer Kourilsky (2002) : « *Les disciplines sont justement justifiées intellectuellement à condition qu'elles gardent un champ de vision qui reconnaît et conçoit l'existence de liaisons et de solidarités. Plus encore, elles ne sont pleinement justifiées que si elles n'occultent pas les réalités globales. »*

L'interdisciplinarité semble la règle de base de la recherche en IE. Dans tous les développements précédents, une des constantes fut la remise en cause des barrières et des frontières disciplinaires. Pluridisciplinaire, l'IE l'est sûrement. Elle fait appel sans complexe aux outils et méthodes les plus variés et nous découvrons à peine la discipline.

Transdisciplinarité ? Rappelons la définition de Le Moigne : *« Elle ne part pas d'une discipline prédéfinie par un couple « objet & méthode », mais d'une attention (un paradigme au sens d'Edgar Morin) caractérisée par un couple « projet & contexte ». Elle privilégie en permanence la compréhension (la modélisation) sur l'explication (le modèle ou la théorie explicative). »* Sans conteste l'IE est également une démarche conduisant à la transdisciplinarité.

Nous allons poser quelques jalons pour ouvrir la réflexion dans ce sens. Chacun pourra au regard de ces lignes prendre ses propres marques en point ou contre-point.

Les références qui ont été longtemps les nôtres sont aujourd'hui dépassées ou en voie de l'être. Cette ouverture nous conduit à confirmer une rupture déjà observée dans les faits.

Le dépassement des références traditionnelles

Nous ne savons pas commencer mieux ce chapitre décisif que par de nouvelles citations de l'ouvrage collectif coordonné par François Kourilsky :

- *« C'est en déplaçant le critère de légitimation des connaissances, en disant donc que ce n'est pas la méthode utilisée qui va légitimer les savoirs, mais l'adéquation des connaissances avec le contexte dans lequel on intervient qui va leur donner sens, en étant très lucide sur le fait qu'ainsi on sera bien obligé de s'interroger autant sur la légitimité morale que sur la légitimité factuelle de son propos. C'est ainsi que Simon va nous entraîner à sa suite. »*[1]

- *« Vigo concluait que la méthode analytique […] nuit à l'ingenium, nuit à l'ingéniosité, nuit à la capacité de l'esprit à relier. Il ajoutait : « L'ingenium a été donné aux humains pour comprendre, c'est-à-dire pour faire. » Voilà, je crois, un argument fort, un argument pivot, pour donner sens à nos actions de production et de transmission de connaissances mais aussi pour nous apercevoir que, dans l'action, nous engendrons des connaissances qui donnent sens à nos actions en cours. »*[2]

- *« Valéry conclut : « Mon système est de représenter et non pas d'expliquer. Je n'ai jamais cru aux explications, mais j'ai cru qu'il fallait chercher sans cesse des représentations (des modèles si vous préférez) sur lesquelles on put opérer comme on travaille sur une carte ou comme l'ingénieur travaille sur une épure… et qui puisse servir à faire. »* Le reste du contexte est le suivant : *« Pour comprendre il me faut faire, et pour faire il me faut comprendre »*[3]

Le lecteur l'aura bien compris : l'IE est une démarche vers l'action. La recherche en IE pourrait prendre ces derniers mots de Paul Valéry pour devise : *« Pour comprendre il me faut faire, et pour faire il me faut comprendre. »* La recherche-action dont nous reparlerons doit donc nous inspirer de plus en plus.

---

1. p. 32.
2. p. 34.
3. p. 36.

Les fragilités

Toute période de changement important se caractérise par une fragilisation. Les mouvements vont dans le sens de la déstabilisation et le chercheur est aujourd'hui, nous en avons de nombreux témoignages, dans une situation inconfortable et souvent mal vécue quand il travaille sur l'IE. Les journées doctorales ont eu notamment pour effet de « rassurer » les doctorants, souvent des personnes déjà expérimentées et professionnellement reconnues, qui ne trouvaient pas de groupe devant qui dialoguer de manière constructive sur leurs projets.

Nous verrons (et nous confirmerons) comment se croisent les épistémologies. Et il nous restera sur ce point à observer quelles constantes sont pour nous aujourd'hui des références solides et établies.

Le dépassement des références habituelles en sciences de gestion

Ruth Kanter Kohn et Pierre Nègre nous donnent un rappel synthétique du positivisme : « *Il aspire à appréhender la réalité du monde : il récuse les jugements de valeur, pour s'en tenir strictement aux faits, conçus comme indépendants du sujet qui les perçoit. Au-delà de l'enregistrement des faits objectifs, l'idéal du scientifique est d'arriver à en produire, ce qui suppose qu'il ait pu recenser et maîtriser toutes les conditions de leur apparition. La science dite exacte se construit en conséquence sur la définition et le repérage de variables et de leurs réseaux de relations, que l'expérimentation permet de valider.* »[1]

On rejoint Descartes qui fut finalement l'inventeur de la pensée disjonctive.

Les sciences de gestion se sont largement appuyées sur ce paradigme qui a permis les grands progrès que nous avons connus depuis plus d'un siècle. Sa remise en cause aujourd'hui vient notamment de la montée des interdépendances dont nous avons parlé en première partie et qui rendent moins efficaces les modèles appuyés sur la pensée disjonctive.

Dans la pensée positiviste le raisonnement est essentiellement linéaire, formé de relations de causalité qui s'expriment sous la forme d'implications univoques : « Si…, alors… » La pensée se trouve en difficulté dès qu'elle doit intégrer la rétroaction du « alors » modificative du « si ». La linéarité ne tient plus. Sans doute de nombreux modèles issus du positivisme ont pu présenter une dynamique intéressante.

Souvent la pensée fait appel à ce qu'il est convenu d'appeler la « théorie énergétique ». Celle-ci repose sur des valeurs traditionnelles et philosophiques très anciennes. Deux grands principes de base animent et servent à comprendre cette science orientale : les cinq éléments et les six diathèses. La théorie des cinq éléments considère que l'univers est formé par le mouvement et la transformation de cinq principes : l'être humain, semblable à l'univers, est régi par les mêmes lois universelles. La façon dont l'organisme réagit à ces forces constitue les diathèses : le yin et le yang. François Jullien, sinologue et spécialiste de la pensée chinoise, nous détaille cette philosophie où : « *Le yin tend à la concentration et le yang à l'expansion.* »[2] Le Tao, ou « voie », résulte de ces deux forces opposées mais complémentaires. Ces forces réagissent l'une sur l'autre et sont en perpétuel mouvement et mutation. Comment comprendre et utiliser les énergies humaines, par un raisonnement logique, c'est le fondement de la théorie énergétique.

---

1. R. Kanter et P. Nègre, *Les voies de l'observation : repères pour les pratiques de recherche en sciences humaines, op. cit.*, p. 53.
2. F. Jullien, *Procès ou création*, Lle livre de poche, essais, 1989, p. 29.

Mais cette pensée qui repose sur l'observation de la nature et de ses alternances à l'infini, a ses limites. Jean-Louis Le Moigne la récuse en citant Grégory Bateson : « *La transformation radicale qu'appelait G. Bateson (1980, p. 209) pour exprimer les sciences de la communication et de l'organisation visait expressément la remise en cause du paradigme énergétique* (« *toute tentative visant à construire un cadre théorique en empruntant à la théorie énergétique relève du non-sens et de l'erreur manifeste* »). » [1]

Encore deux citations du même auteur dans le même ouvrage : « *Edgar Morin (1981, p. 206) a remarquablement mis en valeur cette nécessaire contingence d'une vérité scientifique éternelle, au profit d'une* « *vérité biodégradable* » *qui visera plutôt à assurer la certitude des erreurs et des mensonges : une science négativiste, si l'on veut !* » [2] Et : « *La métaphore de la composition musicale – ou picturale – servira souvent à illustrer ce point : le compositeur – ou le peintre – exercent la même activité cognitive que le concepteur-modélisateur : ils conçoivent un modèle à partir de et en manipulant des symboles… et non pas en analysant ou décomposant d'abord une réalité indépendante d'eux-mêmes qu'ils prétendent représenter.* » [3]

Un mouvement annoncé : le virage des années 70

Pourquoi les années 70 ? Nous pensons que la fin des années 60 marque un vrai tournant qui consacre l'apparition des sciences de gestion, plus pratiques, à côté et dans le prolongement des sciences économiques. On sait aussi que les SIC sont apparues dans ces années de manière officielle et que la création des concours d'agrégation correspondants a marqué la naissance des corps spécialisés dans ces « sciences plurielles ».

Michel Marchesnay, dans le travail auquel nous avons déjà fait référence [4], évoque le dilemme à dépasser et le recours aux « méthodes mixtes ». Il a une phrase qui serait un sujet de débat passionnant (entre lui et Le Moigne par exemple) : « *Les faits n'existent pas : ils sont en réalité construits par le chercheur. Celui-ci se* « *représente* » *en fonction de ce qu'il cherche, de ce qui l'intéresse. Il est donc conduit à éliminer tous les faits qui n'entrent pas dans ses objectifs de recherche, au travers notamment des hypothèses de travail.* » Cette « élimination » nécessaire ferait frémir si l'auteur ne semblait prendre de la distance un peu plus loin avec le paradigme positiviste qui ne pourrait tolérer, parce que contraire à l'intangibilité de l'hypothèse de départ, la démarche qu'il qualifie de « abductive », supposant un aller et retour entre la réalité observée et la formulation des hypothèses. On pourrait reconnaître ici une démarche qui ne dit pas son nom : la « modélisation ». Nous sommes à la porte de la pensée complexe. Marchesnay saute le pas en évoquant l'École sociotechnique de Emery et Trist et la méthode de l'observation participante. Sans dire son nom là non plus : c'est l'évocation de l'ethno-méthodologie. Il insiste à la fois sur l'intérêt de la démarche, sur l'interdisciplinarité exigée par la méthode, et la difficulté à concilier « *observation objective et intervention participante* » [5].

Puisque nous parlions d'un débat Marchesnay/Le Moigne, voici quatre extraits du tome I du constructivisme de J-L. Le Moigne :

– « *Construire dans sa tête, c'est inventer et concevoir les modes d'action que l'on se propose en référence à quelques buts : ce n'est pas en vérité, mais en finalité, que s'élabore et se construit la bonne décision (UNU, 1987). Rien n'est donné, tout est construit, rappelait G. Bachelard en 1938 : l'orga-*

---

1. *Op. cit.*, p. 97.

2. p. 41.

3. p. 207.

4. M. Marchesnay, « L'économie et la gestion sont-elles des sciences ? », *op. cit.*, pp. 44-51.

5. p. 50.

nisation construit, intentionnellement, ses propres processus de décision et les informations (symboles) par lesquelles elle les élabore : la connaissance est représentation (J. Ladrière, 1975), action théâtrale plus encore que chose représentée (représentation diplomatique). Elle se définit par le projet des acteurs et non par rapport à quelque « objet » présumé objectif et indépendant des acteurs. (B. Roy, dir., 1983 ; J.-P. van Gigch, dir., 1987) »[1]

- « Si les communautés académiques tiennent l'économie, la sociologie, la mathématique appliquée, la statistique, et même la cybernétique, pour des sciences de plein rang dont les fondements épistémologiques ont été vérifiés depuis longtemps, ne nous garantissent-elles pas ipso facto le sérieux épistémologique de la science de gestion, surtout lorsque cette dernière ne postule à aucune autonomie et se borne à veiller à la pureté de son pedigree épistémologique ? Entre un échec absolu pour faiblesse épistémologique interne et un échec relatif pour faiblesse des cultures épistémologiques externes, les nouvelles sciences contemporaines doivent savoir tirer parti de l'expérience. Les impasses où s'enfoncent la praxéologie ou la gestiologie par exemple, pour ne mentionner que deux nouvelles sciences particulièrement « proches » de la science de gestion, ne sont-elles pas révélatrices des dangers de cette inculture épistémologique et éthique si fréquente encore dans les communautés scientifiques et plus particulièrement dans celles développant de nouvelles disciplines ? »[2]

- « La gestion étant à la fois l'action de gérer et le résultat de cette action, se définit de façon non disjonctive a priori : elle s'interdit ainsi de respecter l'axiome du tiers exclu qui précisément n'autorise pas la conjonction de l'opérateur et de l'opérande ! »[3]

- « Qu'il nous suffise de dire que, face au retour en force du réductionnisme aujourd'hui, le constructivisme demeure sans doute la seule épistémologie valable de l'innovation créatrice, car lui seul explique comment le savoir peut créer lui-même les conditions et les instruments du savoir. »[4]

Incontestablement, la pensée a beaucoup évolué depuis trente années et l'IE est peut-être au confluent des écoles qui assument aujourd'hui la perte de pertinence des paradigmes classiques positivistes. Cette nouvelle discipline, essentiellement méthodologie d'action, intègre de nombreux concepts qui fondent les réflexions les plus avancées dans les sciences sociales.

La pensée complexe

La complexité n'est pas la « complication ». Celle-ci est plutôt illustrée par le grand nombre d'informations : par exemple les 400 000 textes juridiques français et les 120 000 Européens, ou bien les 40 000 à 50 000 sites web consultables (si l'on consultait dix sites à la minute, il faudrait déjà presque deux semaines de travail...). À ce stade pourtant, déjà, apparaît la complexité par le fait de ne pas pouvoir pour un seul individu posséder une connaissance un tant soit peu exhaustive.

Paradigme développé par E. Morin, sociologue, la pensée complexe part du principe de la non-pertinence de la pensée disjonctive de Descartes ; celui-ci énonce dans Le discours de la méthode : « Et comme la multitude des lois fournit souvent des excuses aux vices, en sorte qu'un état est bien mieux réglé lorsque, n'en ayant que fort peu, elles y sont fort étroitement observées ; ainsi, au lieu de ce grand nombre de préceptes dont la logique est composée, je crus que j'aurais assez des quatre suivants, pourvu que je prisse une ferme et constante résolution de ne manquer pas une seule fois à les observer. Le premier était de ne recevoir jamais aucune chose pour vraie que je ne la

---

1. p. 103.
2. p. 115.
3. p. 125.
4. B. Inhelder et J. Vonèche, préface à « Le constructivisme aujourd'hui », cahier n° 6 de la fondation archives Jean Piaget, Genève, 1985.

connusse évidemment être telle ; c'est-à-dire, d'éviter soigneusement la précipitation et la prévention, et de ne comprendre rien de plus en mes jugements que ce qui se présenterait si clairement et si distinctement à mon esprit, que je n'eusse aucune occasion de le mettre en doute. Le second, de diviser chacune des difficultés que j'examinerais, en autant de parcelles qu'il se pourrait, et qu'il serait requis pour les mieux résoudre. Le troisième, de conduire par ordre mes pensées, en commençant par les objets les plus simples et les plus aisés à connaître, pour monter peu à peu comme par degrés jusqu'à la connaissance des plus composés, et supposant même de l'ordre entre ceux qui ne se précèdent point naturellement les uns les autres. Et le dernier, de faire partout des dénombrements si entiers et des revues si générales, que je fusse assuré de ne rien omettre. »[1] Cette remise en cause repose sur le fait que les relations entre les éléments d'un système (et la systémique est une des expressions de la pensée complexe) sont irréductibles à des rapports univoques. Les relations de cause à effet telles que les entend la pensée positiviste ne sont donc en réalité jamais linéaires et les axiomes classiques encore en vigueur aujourd'hui comme celui du tiers exclu interdisent une compréhension sérieuse des réalités sociales.

Claude Lebœuf aime à répéter que la pensée complexe ne résulte pas d'une démarche « toujours plus et mieux » mais d'une démarche « autrement » : une vraie rupture épistémologique ! C'est l'histoire du clown qui crie « au feu » : il va susciter un grand éclat de rire au lieu de provoquer la mobilisation pour lutter contre l'incendie… et les dégâts risquent d'être considérables à cause de ce « détail » lié au contexte. Claude Le Bœuf se promène régulièrement lors des conférences qu'il donne avec un nez rouge dans sa poche : l'auditoire comprend très bien et très vite, qu'il soit américain, français ou chinois !

Il n'y a pas de sens pour une information hors de son contexte spatio-temporel. L'interdépendance est croissante entre stratégie, action et culture.

Quelques auteurs nous donnent des orientations sur ce sujet :

– Legrand : « L'environnement est un concept bio culturel. Les objets environnementaux sont donc composites, systémiques, évolutifs et sous contraintes… Ainsi, quelles que soient leur échelle et leur apparente simplicité, ils sont probablement durablement inaccessibles aux approches mono-disciplinaires, structuration contingente produite par un processus historique particulier de parcellisation de la science et qui pourrait d'ailleurs avoir à évoluer sous leur influence. »[2]

– Morin : « Parce que l'entreprise, surtout depuis le début des années 80, se trouve confrontée à l'aléa du marché, à l'incertitude, donc à la complexité, elle se trouve du coup plus disposée à utiliser le plein-emploi des qualités mentales, des initiatives de ceux qui y travaillent. C'est très intéressant parce que complexifier est désormais lié à l'efficacité et signifie en même temps humaniser. Il n'y a donc pas que les défis liés à l'environnement, il y a aussi les défis lancés par le nouvel outil organisateur qu'est le réseau Internet qui oblige à procéder à des adaptations. L'important c'est maintenant d'aller vers une confluence entre ce qui se passe dans l'entreprise et ce qui se passe dans le monde de la recherche, dans le monde de l'université, là aussi toutefois de manière inégale et avec des insuffisances. »[3]

– Le Moigne : « La méthode de complexité (selon E. Morin), autrement dit la méthode de modélisation systémique (représentation comme et par un système général d'un phénomène perçu complexe) se justifie par une axiomatique à laquelle le modélisateur doit sans cesse se référer s'il ne veut pas bâtir sur du sable, ou de façon perverse, modéliser analytiquement en découpant et donc en détrui-

© Groupe Eyrolles

---

1. http://perso.wanadoo.fr/minerva/DM/Page_accueil_DM.htm
2. F. Kourilsky (sous la dir.), Ingénierie de l'interdisciplinarité : un nouvel esprit scientifique, op. cit., p. 65.
3. Ibid., p. 123.

sant la complexité, au lieu de la concevoir dans sa potentialité : méthode que l'on reconnaît à sa capacité à faire sans cesse émerger « du nouveau et du sens » d'un processus de modélisation qui sans cesse s'autoproduit. »[1]

Il faut citer aussi comme ouvrage destiné à mettre la pensée complexe au service des dirigeants d'entreprise, le livre de Dominique Genelot *Manager dans la complexité*[2] avec comme sous-titre : « Réflexions à usage des dirigeants. »

Coordonné par Franck Moreau, l'ouvrage collectif *Comprendre et gérer les risques*[3] évoque le caractère incontournable de la pensée complexe dans la gestion des risques informationnels, dimension majeure aujourd'hui : « *L'appréhension des systèmes complexes exige un « changement de regard », une vision renouvelée des processus de prise de décision et, corrélativement, une réflexion sur les rôles qu'y peuvent jouer les systèmes d'information.* »

La pensée systémique

Elle part du principe que les éléments d'une réalité qui échangent entre eux sont réunis par des relations qui interagissent et rétroagissent en permanence. Un discours adressé à une personne va entraîner chez cette dernière une action qu'on peut appeler réaction, qui elle-même va avoir un impact sur l'auteur du discours, lequel va modifier son comportement ou engager une action en fonction de cette réaction et c'est donc une rétroaction. Cet enchaînement continu crée une dynamique qui ne peut être observée sans la prise en compte de tous les éléments constitutifs. La fixation de la frontière pour limiter le nombre d'acteurs/éléments en les regroupant au regard d'une finalité commune, constituant ou définissant ainsi un système, crée *ipso facto* entre ce système et son environnement un ensemble de relations qui sont à concevoir de la même manière que l'on vient de dire.

On peut d'abord citer Malarewicz[4] :

- « *L'approche systémique n'est en rien spectaculaire et elle risque même de devenir tautologique, comme toute théorisation ambitieuse. Elle est relativement facile à intégrer d'un point de vue théorique, alors qu'elle est extrêmement difficile à mettre en œuvre et à vivre.* »[5]

- « *En fait, il faudrait parler d'une approche systémique et communicative. On voit ainsi qu'à côté de la théorie des systèmes, tout ce qui concerne les théories de la communication occupe ici une place privilégiée. Ces deux champs conceptuels constituent le couple fondateur de ce qu'on appelle l'approche systémique.* »[6]

- « *On dit habituellement d'un système, et ceci est une très large définition, qu'il est constitué par un « ensemble d'éléments en interactions dans la poursuite d'une ou de plusieurs finalités spécifiques.* »[7]

- « *Un système se décrit également par l'ensemble de règles de fonctionnements visant une ou plusieurs finalités. Ces règles définissent les relations entre les différents éléments ou les différents sous-systèmes de ce système.* »[8]

---

1. *Op. cit.*, p. 181.
2. D. Genelot, *Manager dans la complexité*, INSEP, 1998.
3. F. Moreau (sous la dir.), *Comprendre et gérer les risques*, Éditions d'Organisation, 2002.
4. J. A. Malarewicz, Systémique et entreprise, op. cit., pp. 13-21.
5. p. 13.
6. p. 17.
7. p. 19.
8. p. 20.

– « *Tout système humain, donc vivant, présente cinq caractéristiques fondamentales qui sont les suivantes : il est en équilibre, il est en déséquilibre, il est autonome, il est dépendant et il est susceptible de recevoir de son environnement des informations à caractère aléatoire.* »[1]

Dans ces lignes apparaissent clairement les caractéristiques d'un système. Son application à l'entreprise fait de la théorie systémique une référence de premier rang pour toute réflexion sur l'IE. Nous dirons même que l'IE ne peut pas se comprendre sans l'appel à ce paradigme. Le système IE suppose en effet un mécanisme de communication où chacun des acteurs se sente impliqué de manière pleine et entière avec un rôle à la fois de pourvoyeur d'information, de destinataire, d'intégration et d'éclatement constant des informations, de telle façon que l'intelligence devient effectivement collective. Nous en parlions à propos de la boucle récursive de l'intelligence informationnelle : elle s'applique aux individus et à tous les groupes d'individus à tous les niveaux.

Citons Jean-Louis Le Moigne : « *Les sciences des systèmes, la systémique, se définissent par le problème de la création d'une interface entre la nature (le monde extérieur) et le projet des concepteurs. Ainsi H. A. Simon définira l'artefact qu'est l'Église du Mont-Saint-Michel, mêlée encore au rocher qui la porte, faire face à la marée galopante, lui résister, attendre... « sur ce drame des forces naturelles, bâtir une œuvre édifiante » (H. A. Simon, 1969-1974-1981). Et cela par le jeu de la modélisation et de la symbolisation.* »[2] Et : « *Le vrai est dans le faire* », disait G. B. Vico (1910-1987). *L'épistémologie de la systémique est manifestement plus à l'aise dans l'hypothèse phénoménologique que dans l'hypothèse ontologique, mais il lui importe plus encore de ne pas avoir à choisir.* »[3]

L'indépendance que l'auteur attribue à la théorie systémique et qui la démarque des démarches traditionnelles (même si la phénoménologie est évoquée comme plus proche) montre bien, eu égard à notre position d'affirmer cette théorie comme indispensable au travail sur l'IE, que nous sommes face à l'émergence d'une discipline nouvelle et originale. Sans doute elle capitalise sur des outils peu à peu développés dans d'autres sphères et sous d'autres bannières, mais la cohérence de la démarche justifie une position globale en vue de sa définition en tant que telle.

Gilles Forestier [4] évoque aussi la pensée systémique dans sa nouvelle conception applicable aux entreprises et institutions. Le système n'est plus composé d'hommes mais de « *structures, règles, relations, correspondances, communications et actions* ». Les hommes sont alors dans l'environnement du système et exercent peu ou prou leur influence sur lui. Ce point de vue est utilisé notamment dans le management germanique qui s'appuie beaucoup sur la systémique.

Les apports des sciences de l'information et de la communication

Elles sont le principal corps de disciplines concerné par la recherche en IE et donc prioritaires.

Les références à l'anthropologie

Depuis qu'Yves Winkin a popularisé le concept d'« anthropologie de la communication »[5], cette perspective est une des principales qui éclairent les démarches de l'IE. Les références à l'anthropologie ne sont pas présentes seulement en infocom et Albert David[6] cite les méthodes ethnologiques à propos des recherches en SDG se réclamant du terrain. Harold Garfinkel explique :

---

1. p. 21.
2. Dans le premier tome de *Le constructivisme : les enracinements*, p. 87.
3. p. 133.
4. G. Forestier, *Ce que coaching veut dire*, Éditions d'Organisation, 2004.
5. *Op. cit.*
6. *James March, penser les organisations, op. cit.* p. 50.

« *J'utilise le terme « ethnométhodologie » pour parler de l'étude des propriétés rationnelles des expressions indexicales et autres actions pratiques en tant que les accomplissements contingents en cours des pratiques techniques organisées de la vie quotidienne.* » Et plus loin : « *Le message qui convient à une compréhension commune est donc la mise en œuvre d'une opération plutôt que l'intersection commune de deux ensembles qui se recoupent.* »[1]

Tout système humain peut rechercher et sélectionner, consciemment ou non, au moins une partie des informations qui lui parviennent. « *La première caractéristique renvoie à la notion d'homéostasie. Selon cette notion, tout système se constitue à partir et autour de règles qui cherchent à lui assurer sa survivance et sa perpétuation* » : ce complément de Malarewicz nous rappelle la capacité intrinsèque du système humain, à l'image de l'homme lui-même, qui l'amène, sauf exceptions, à se conduire « instinctivement » pour sa survie. Adaptation et flexibilité trouvent là sans doute des fondements importants. L'IE est potentiellement un système susceptible d'assurer la survie de l'organisation et dans des conditions propices, on peut imaginer qu'il utilise pour se développer ce terreau favorable de l'instinct de survie de l'organisation.

Malarewicz confirme, concernant l'approche anthropologique, que la posture du chercheur en fait partie : « *L'observateur est impliqué dans ce qu'il observe, il ne fait que projeter sa propre vision du monde.* »[2] Et un peu plus loin : « *Nous construisons nous-mêmes la réalité, avec d'autant plus d'efficacité que nous y sommes inclus. Il n'y a pas de rupture de continuité entre la réalité et nous-mêmes, mais un processus dont il nous est impossible de nous dégager sauf de manière très conceptuelle.* »[3]

Kanter Kohn et Nègre : « *L'ethnologie s'attache à une observation de l'animal ou de l'humain dans son milieu. Elle s'efforce de relever son comportement dans sa vie quotidienne ou dans une tâche suffisamment absorbante pour lui permettre de s'y livrer en toute spontanéité ; elle n'hésite pas cependant à aménager ce milieu pour les besoins de son expérimentation. Elle tend à déboucher sur une analyse causale et fonctionnelle, portant sur l'évolution des comportements et des relations sociales. Elle aspire à l'objectivité et affirme cette exigence dans l'analyse des données.* »[4]

Il y a évidemment une difficulté entre les deux dernières citations qui semblent s'opposer dans le domaine de la recherche de l'objectivité. Dans le premier cas nous avons une subjectivité assumée, retenue par souci du réalisme. Dans le second l'observateur est supposé éliminer les biais introduits par sa propre relation avec l'objet observé. Dans la démarche ethnologique décrite dans sa finalité logique d'objectivité, ne risque-t-on pas de limiter excessivement un champ ou une problématique aux seuls éléments rationnels, explicables et de mettre largement de côté ce qui fait bien souvent la différence : le grain de folie qui est souvent le facteur explicatif décisif ? Malarewicz dit dans son ouvrage déjà cité, qui fait directement référence à l'entreprise : « *L'irrationnel est non seulement ce qui ne s'explique pas selon la raison – c'est-à-dire selon la logique communément admise qui n'a que l'objectivité qu'elle prétend avoir – mais également ce qui est par définition, tour à tour et selon les cas : caché, obscur, inavoué, provoquant, impertinent, honteux, inventif, incompréhensible, puissant ou génial. Il n'en reste pas moins que l'irrationnel est souvent ce qui fait la richesse d'une entreprise, ce qui ne peut s'exporter et se reproduire ailleurs que dans un certain contexte. Nous retrouvons ici la définition même de ce qui fait la complexité d'un système, c'est-à-dire ce qui échappe à toute analyse et ne peut qu'être victime d'un réductionnisme outrancier.* »[5]

---

1. www.mindorg.com/ethnomethodo/Garfinkel02
2. p. 25.
3. p. 27.
4. R. Kanter et P. Nègre, *Les voies de l'observation : repères pour les pratiques de recherche en sciences humaines, op. cit.*, p. 63.
5. p. 106.

« *J'utilise le terme « ethnométhodologie » pour parler de l'étude des propriétés rationnelles des expressions indexicales et autres actions pratiques en tant que les accomplissements contingents en cours des pratiques techniques organisées de la vie quotidienne.* » Et plus loin : « *Le message qui convient à une compréhension commune est donc la mise en œuvre d'une opération plutôt que l'intersection commune de deux ensembles qui se recoupent.* »[1]

Tout système humain peut rechercher et sélectionner, consciemment ou non, au moins une partie des informations qui lui parviennent. « *La première caractéristique renvoie à la notion d'homéostasie. Selon cette notion, tout système se constitue à partir et autour de règles qui cherchent à lui assurer sa survivance et sa perpétuation* » : ce complément de Malarewicz nous rappelle la capacité intrinsèque du système humain, à l'image de l'homme lui-même, qui l'amène, sauf exceptions, à se conduire « instinctivement » pour sa survie. Adaptation et flexibilité trouvent là sans doute des fondements importants. L'IE est potentiellement un système susceptible d'assurer la survie de l'organisation et dans des conditions propices, on peut imaginer qu'il utilise pour se développer ce terreau favorable de l'instinct de survie de l'organisation.

Malarewicz confirme, concernant l'approche anthropologique, que la posture du chercheur en fait partie : « *L'observateur est impliqué dans ce qu'il observe, il ne fait que projeter sa propre vision du monde.* »[2] Et un peu plus loin : « *Nous construisons nous-mêmes la réalité, avec d'autant plus d'efficacité que nous y sommes inclus. Il n'y a pas de rupture de continuité entre la réalité et nous-mêmes, mais un processus dont il nous est impossible de nous dégager sauf de manière très conceptuelle.* »[3]

Kanter Kohn et Nègre : « *L'ethnologie s'attache à une observation de l'animal ou de l'humain dans son milieu. Elle s'efforce de relever son comportement dans sa vie quotidienne ou dans une tâche suffisamment absorbante pour lui permettre de s'y livrer en toute spontanéité ; elle n'hésite pas cependant à aménager ce milieu pour les besoins de son expérimentation. Elle tend à déboucher sur une analyse causale et fonctionnelle, portant sur l'évolution des comportements et des relations sociales. Elle aspire à l'objectivité et affirme cette exigence dans l'analyse des données.* »[4]

Il y a évidemment une difficulté entre les deux dernières citations qui semblent s'opposer dans le domaine de la recherche de l'objectivité. Dans le premier cas nous avons une subjectivité assumée, retenue par souci du réalisme. Dans le second l'observateur est supposé éliminer les biais introduits par sa propre relation avec l'objet observé. Dans la démarche ethnologique décrite dans sa finalité logique d'objectivité, ne risque-t-on pas de limiter excessivement un champ ou une problématique aux seuls éléments rationnels, explicables et de mettre largement de côté ce qui fait bien souvent la différence : le grain de folie qui est souvent le facteur explicatif décisif ? Malarewicz dit dans son ouvrage déjà cité, qui fait directement référence à l'entreprise : « *L'irrationnel est non seulement ce qui ne s'explique pas selon la raison – c'est-à-dire selon la logique communément admise qui n'a que l'objectivité qu'elle prétend avoir – mais également ce qui est par définition, tour à tour et selon les cas : caché, obscur, inavoué, provoquant, impertinent, honteux, inventif, incompréhensible, puissant ou génial. Il n'en reste pas moins que l'irrationnel est souvent ce qui fait la richesse d'une entreprise, ce qui ne peut s'exporter et se reproduire ailleurs que dans un certain contexte. Nous retrouvons ici la définition même de ce qui fait la complexité d'un système, c'est-à-dire ce qui échappe à toute analyse et ne peut qu'être victime d'un réductionnisme outrancier.* »[5]

---

1. www.mindorg.com/ethnomethodo/Garfinkel02
2. p. 25.
3. p. 27.
4. R. Kanter et P. Nègre, *Les voies de l'observation : repères pour les pratiques de recherche en sciences humaines, op. cit.*, p. 63.
5. p. 106.

© Groupe Eyrolles

Des repères pour la recherche

189

Nous avons trouvé aussi une citation d'Erving Goffman qui confirme bien que le chercheur est encombré de sa propre subjectivité, même si l'optique de l'auteur n'est pas forcément la recherche : « *Lorsque les gens vont là où il y a de l'action, c'est souvent en un lieu où ce qui augmente, ce ne sont pas les risques qu'ils prennent, mais le risque de se voir obligé d'en prendre. L'action vient-elle à se déclencher, c'est le plus souvent quelqu'un comme eux, mais quelqu'un d'autre qui s'y trouve mêlé. C'est donc en un lien de spectacle et de jouissance par procuration qu'ils sont arrivés. Le commerce est ce qui achève de mélanger l'imagination et l'action. Il a son écologie.* »[1]

Nous affirmons qu'il y a une anthropologie de l'IE et que, pour cette raison parmi d'autres, les sciences sociales qui sont les nôtres ont à vivre un tournant important dont l'IE est un des points-clés. Tous les facteurs composant l'IE ou sur lesquels elle s'appuie concourent à mettre en valeur l'anthropologie sous diverses formes : créativité, intelligence collective, ethnométhodes, culture, etc.

Le cognitif

À propos des sciences cognitives, Francisco Varela, dont nous reparlerons à propos de l'auto-poïèse, enrichit considérablement notre réflexion en présentant le concept d'énaction[2] : « *Ce n'est que dans les plus récents travaux de certains penseurs continentaux (Heidegger, Merleau-Ponty et Foucault) que la critique de la représentation a commencé. Ils se préoccupent du phénomène de l'interprétation tout entier, dans son sens circulaire de lien entre action et savoir, entre celui qui sait et celui qui est su. Nous nous référons à cette circularité totale de l'action-interprétation par le terme de « faire-émerger ». De plus, puisque cette perspective analytique se préoccupe spécialement de faire prédominer le concept de l'action sur celui de la représentation, il convient d'appeler cette nouvelle approche énaction.* » Et plus loin : « *Le contexte et le sens commun ne sont pas des artefacts résiduels pouvant être progressivement éliminés grâce à des règles plus sophistiquées. Ils sont l'essence même de la cognition créatrice.* »

L'IE est très à l'aise dans cette conception qui correspond assez exactement à sa philosophie : confronter les informations au contexte, faire jaillir de cette relation le ou les projets créateurs du développement de l'entreprise.

La position de J-L. Le Moigne rejoint tout naturellement celle de Varela : « *L'exposé des méthodes cognitives que dégage peu à peu la systémique pour guider le modélisateur dans sa démarche de conception-construction de modèles des phénomènes perçus complexes dans lesquels il intervient, repose sur l'exploration désormais familière du concept de système général et corrélativement d'organisation-information-décision.* »[3] Cela nous convient bien puisque l'IE est avant tout un système organisé en direction de la prise de décision.

Le fort développement du KM entre dans la logique de prise en compte du cognitivisme. Dans tous les cas, les méthodologies passeront moins par les représentations que par les actions, ce qui ouvre une large place à la « recherche-action ».

Le développement des problématiques de communication

Dans la communication nous avons un champ très large qui dépasse largement les limites généralement assignées aux problématiques de communication d'entreprise interne ou externe. Malarewicz nous introduit dans le sujet en évoquant le langage : « *Le langage digital peut être assimilé au langage verbal. Par opposition à tout ce qui concerne le verbal, le langage analogique désigne*

---

1. E. Goffman, *Les rites d'interaction*, Les Éditions de Minuit, 1974, p. 225.
2. F. J. Varela, *Invitation aux sciences cognitives*, Le seuil (points Sciences), 1995, pp. 92 et 98.
3. J-L. Le Moigne, *Le constructivisme T.I*, *op. cit.*, p. 168.

tous les messages non verbaux. Notre culture et notre éducation nous sensibilisent bien plus au langage verbal qu'au langage non verbal. »[1]

Ruth Kanter Kohn et Pierre Nègre nous aident aussi sur ce point : « *Le langage digital possède une logique très complexe et très commode, mais manque d'une sémantique appropriée à la relation. Par contre, le langage analogique possède bien la sémantique, mais non la syntaxe appropriée à une définition non équivoque de la nature des relations (Watzlawick, Helmick -Beavin, Jackson, 1972).* »[2]

Il faut ici avancer quelques pistes permettant de repérer « quelque chose » en rapport avec le « cœur de l'IE ». La mise en valeur, en effet, de réflexions fondamentales qui seront les éléments essentiels d'une recherche sur ce qui nous apparaît comme un véritable « moteur », ou bien, si l'on veut, le point de départ de ce qu'il faut bien appeler la mécanique de l'IE, (même si ce mot est forcément inadéquat tant il est vrai que le phénomène n'a rien de mécanique !) nous tient particulièrement à cœur. Nous reviendrons pour cela sur la sémantique déjà évoquée en première partie en explicitant ce qui fait la richesse et l'originalité de notre objet de recherche : l'intelligence.

Trois citations vont nous aider à « entendre » le mot « intelligence » :

- Kanter Kohn et Nègre : « *La communication avec autrui implique un perpétuel jeu dialectique entre un élan de sympathie qui tend vers la communication, et l'œuvre morcelante et corrosive de l'intelligence qui, ne pouvant travailler qu'in vitro, tend à tuer ce qu'elle prétend aborder par ses voies analytiques (Amado Lévy – Valensi, 1972).* »[3]

- J-L. Le Moigne : « *Newell et H. A. Simon (1972, 1986) ont montré que l'on pouvait toujours représenter un système d'action intelligente par un « système de computation symbolique », donc par un artefact (une machine de turing) dans le second univers naturel.* »[4]

- et du même auteur : « *Le concept d'action intelligente décrit l'invention ou l'élaboration, par toute forme de raisonnement (descriptible a posteriori), d'une action (ou plus correctement une stratégie d'action) proposant une correspondance « adéquate » ou « convenable » entre une situation perçue et un projet conçu par le système au comportement duquel on s'intéresse.* »[5]

Le mot est souvent entendu de manière univoque comme l'aptitude à expliciter des objets, phénomènes ou situations complexes. Les apports de la pensée comme de la pratique anglo-saxonne nous conduisent à enrichir ce point de vue. Il faut en troisième lieu se souvenir que ce mot a également des origines en communication.

Trois sens bien distincts donc, pour un seul mot.

Le premier sens reste fondamental : « comprendre. » Plus que jamais, l'acuité du discernement du manager ou du décideur doit s'exercer sur une masse toujours plus importante de données produites autour de lui ou dans sa direction. Notre monde change, et beaucoup plus profondément qu'on veut bien souvent l'admettre. Un des derniers numéros de la *Harvard Business Revue*, préfacé par Bernard Esambert (2004), s'intitule opportunément « Stratégies dans l'incertain ».

Les Anglais et les Américains ont popularisé le sens de renseignement par leurs services d'espionnage MSI et CIA, ce qui fait souvent confondre l'IE avec des pratiques d'espionnage industriel. Mais au-delà de ces significations habituelles, le mot français désigne aussi la capacité

1. J. A. Malarewicz, *Systémique et entreprise*, op. cit., p. 35.
2. R. Kanter et P. Nègre, *Les voies de l'observation : repères pour les pratiques de recherche en sciences humaines, op. cit.*, p. 106.
3. *Ibid*, p. 95.
4. J-L. Le Moigne, *Le constructivisme T.I, op. cit.*, p. 101.
5. J-L. Le Moigne, *Le constructivisme T.2, op. cit.*, p. 141.

à la relation, sens encore présent dans la « bonne intelligence ». Sans doute pouvons-nous puiser ici une grande richesse dans l'orientation vers la communication.

La combinaison de ces diverses lectures du mot intelligence nous permet de proposer un modèle de l'intelligence économique vue du point de vue de la communication ; à savoir la « boucle récursive de l'IE » déjà introduite. Nous affirmons ici que la fonction IE est une fonction communicationnelle.

La perception du processus communicationnel, popularisé tout d'abord par le schéma classique de Shannon, l'assimile traditionnellement à un « process » qui peut être représenté par la séquence « DONNÉE → INFORMATION → DÉCISION », le réduisant à une linéarité qui ne peut nous satisfaire aujourd'hui. Le cycle de l'information, cœur de l'IE, ne se limite pas en effet à la production et à l'utilisation de l'information. Nous savons, avec la plupart des auteurs qui écrivent aujourd'hui sur le sujet, que l'information, autrement dit la donnée lue et interprétée, conduit à la construction d'un savoir, de la connaissance. Jean Fabrice Lebraty illustre de manière excellente ce « processus informationnel »[1].

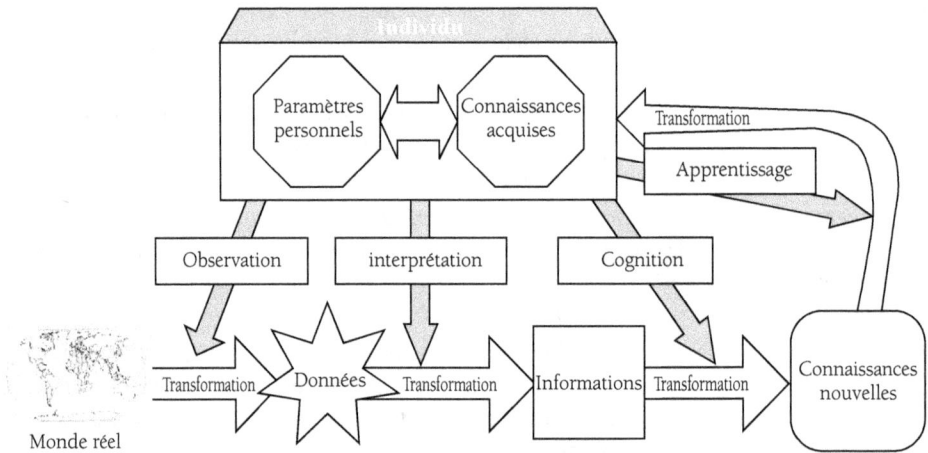

Au mot « transformation » nous préférerons le mot « lecture » qui fait allusion au concept d'alphabet. Nous rejoignons ici Christian Augier[2] quand il dit de manière métaphorique : « *Tout système possède un alphabet qui lui est propre, c'est-à-dire un certain nombre d'éléments primaires et de règles qui constituent le fondement de l'articulation du système. Les relations entre ces éléments sont d'ordre combinatoire et génératrices de sens.* » Nous dirons aussi que cette lecture n'est pas seulement le fait d'un individu mais aussi d'un groupe et d'un moment. En ce sens, le concept de contexte est fondamental.

---

1. J. F. Lebraty, « Comprendre le concept d'information pour mieux appréhender les TIC », 5e colloque du CRIC, « La communication d'entreprise, regards croisés sciences de gestion – sciences de l'information et de la communication », Nice, 6 et 7 décembre 2001.
2. C. Augier, « Pragmatique du sens dans les sondages d'opinion », Thèse de doctorat SIC, UM1, janvier 2005.

Cela veut dire pour nous que chaque entreprise, voire chaque équipe ou groupe à l'intérieur d'une entreprise, voire chaque individu, va porter un regard spécifique sur le monde réel, lire ce réel avec son propre alphabet, le traduire afin de communiquer sur lui, l'interpréter de manière spécifique aussi, traduire cette interprétation, la stocker pour en faire l'apprentissage en vue de la construction de connaissances.

L'IE prend alors une tout autre dimension que celle d'un outil ou d'un ensemble d'outils. Elle se trouve au cœur du système entreprise. Elle « épouse » toute l'entreprise pour ne plus faire qu'un avec elle. Autant d'entreprises, autant d'IE, autant de cultures aussi.

Jean Fabrice Lebraty ouvre lui-même à partir de là des pistes de recherche qui seront sans doute des voies d'exploration passionnantes pour les chercheurs en IE : un premier lot de pistes est pour lui tout ce qui touche à la théorie de l'information. L'information est le point central de l'IE et tout réexamen de ces théories peut se faire sous cet angle. On peut en effet constater que l'asymétrie de l'information est devenue une tautologie dans la mesure où cela fait partie de la définition que nous pouvons lui donner. En deuxième axe général, Jean Fabrice Lebraty, sans pour autant parler d'IE et cela est remarquable (au sens originel du mot), évoque la nécessaire remise en question des questions de stratégie d'entreprise au regard de la stratégie du système d'information. Notons qu'il est professeur en sciences de gestion : quand on voit la préoccupation qu'il a de l'information, on comprend la nécessité du dépassement des cloisonnements disciplinaires.

Les croisements épistémologiques

Sur les champs de recherche

Les domaines et les objets

Les domaines et les objets de la recherche en IE nous ont déjà donné l'occasion de développements abondants. Nous confirmerons ici quelques pistes générales.

Nous avons évoqué les sciences politiques : l'action des pouvoirs publics en effet va prendre une place importante. L'IE « à la française » est d'abord un concept politique et le gouvernement français a clairement annoncé en décembre 2003 une politique interventionniste de l'État. Cela veut dire aussi que l'intervention publique va prendre de nouvelles formes : il est probablement difficile d'imaginer transférer des méthodes d'action publique traditionnelle sur ces contenus. On a déjà eu une petite idée fin 2004 quand l'État français a mis en place les « comités régionaux pour l'IE » sous la responsabilité des préfets et des trésoriers-payeurs généraux. On sait de plus que les pouvoirs publics vont tenter de transférer aux entreprises des méthodes et des contenus largement développés et disponibles dans les trois services publics de renseignement. Le rôle des institutions consulaires est également un objet d'observation extrêmement intéressant. Ces domaines, où l'IE sera une préoccupation constante, n'échappent pas à la recherche dans divers objectifs : compréhension des mécanismes collectifs d'intervention économiques, développement de l'arsenal législatif et réglementaire, formation des personnes, efficacité de la politique publique d'incitation, préconisations d'action et communication en direction des acteurs… On comprend que les croisements entre le droit, la sociologie politique, l'organisation, la communication institutionnelle, et aussi la psychologie, la gestion budgétaire, le contrôle financier et bien d'autres disciplines encore seront au cœur des travaux.

Le management stratégique est en outre, inutile d'y revenir longuement, un domaine privilégié d'étude et de recherche sur l'IE. Les sciences de gestion et les sciences de l'information et de la communication s'y croisent et s'y recroisent. Nous citerons seulement un passage de l'ouvrage de Didier Lucas et Alain Tiffreau, de l'École de guerre économique : « *La maîtrise, le contrôle et la diffusion de l'information ne constituent plus seulement un vecteur de connaissance et d'anticipation, mais une arme offensive, principale matière première de l'économie. Il importe donc de s'appuyer sur l'ensemble des stratégies indirectes disponibles qui permettent un encerclement progressif des intérêts adverses. Cela réclame une parfaite connaissance des mécanismes psychologiques et psychosociologiques des organisations.* »[1]

Beaucoup d'autres disciplines seront intéressées et devront soit utiliser les références théoriques et les paradigmes d'autres sciences, soit leur apporter les leurs.

Nous citerons à nouveau Nicole d'Almeida[2] qui souligne l'importance de la démarche historique : « *La mémoire devient une véritable fonction d'entreprise. À la suite de Saint-Gobain, plusieurs entreprises publiques créent des services d'archives et recrutent pour cela des conservateurs du patrimoine généralement issus de l'École des chartes.* » Dans ces premières phrases, on est frappé par le recours sans complexe à des fins de gestion ou de management stratégique d'une spécialité qui est concrètement et institutionnellement éloignée des spécialités concernées dans ce cas-là :

– « *L'histoire des entreprises présente cette caractéristique d'être fondamentalement au service de l'action présente. Elle est intégrée dans la stratégie de l'entreprise comme un moyen de capitaliser sa mémoire, de restituer les choix passés, de retrouver les conditions du succès.* »

– « *Dans cette perspective d'élagage, l'appel à l'histoire permet d'orienter les choix et devient un para-mètre dans la prise de décision. Il permet de faire comprendre la complexité du développement de l'organisation économique.* »

L'IE est *a priori* intéressée par une démarche de ce type puisqu'elle va directement dans le sens de son action. On parle de stratégie, de choix et de décision, de complexité, de mémoire. Nous sommes bien dans l'IE.

Les lignes suivantes pourraient sembler s'adresser davantage aux spécialistes de la communica-tion publicitaire ou institutionnelle, et pourtant l'IE est bien concernée elle aussi : valeurs, culture, objectifs, partage, avantage concurrentiel…

– « *L'appel au passé s'inscrit dans une stratégie de communication. Dans ce domaine, la visée est à la fois interne et externe. Il s'agit d'une part de constituer un groupe social homogène, d'unifier un ensemble de salariés autour de valeurs et/ou d'objectifs communs.* »

– « *L'ancienneté fonctionne comme un avantage concurrentiel, comme un facteur de prestige et comme un argument publicitaire.* »

Les objets et domaines sont donc très variés et pour cette raison, le chercheur en IE doit se préparer à élargir ses investigations aux disciplines concernées qui pourront lui apporter souvent des pistes tout à fait passionnantes en même temps que très efficaces.

Les problématiques

Les problématiques elles aussi sont un lieu de « croisement épistémologique » et la longue liste que nous avons établie suffit à le démontrer. Il y a toujours plus à dire cependant et nous souli-gnerons ici quelques ouvertures à travers des citations sélectionnées.

Qui dit information dit communication et donc langage : on trouve là des problématiques tout à fait typiques de la communication interne et des conditions à réunir pour un bon fonctionne-ment de la « boucle informationnelle ».

---

1. D. Lucas et A. Tiffreau, *Guerre économique en information : les stratégies de subversion*, Ellipse, 2004.
2. N. D'Almeida, *Les promesses de la communication*, *op. cit.*, pp. 24-25.

On a parlé de désinformation et de manipulation de l'information dans le cadre de la guerre de l'information : « *La rumeur est, dit-on, la plus vieille forme de gouvernement. Il s'agit là d'un type d'interaction très fréquent dans tout système humain.* »[1]

La théorie évolutionniste de James March a été évoquée plus haut et l'IE a notamment pour mission, et des premières, de permettre l'adaptation de l'entreprise aux nouvelles conditions de son environnement économique, concurrentiel ou institutionnel... Il s'agit donc d'anticiper et d'exploiter les nouvelles conditions, ce qui en général suppose un changement d'organisation.

C'est Malarewicz qui accompagne notre réflexion :

- « *La notion de changement ne peut être confondue avec celle de solution. Autrement dit, apporter une solution ne constitue pas un changement, cela peut même être exactement l'inverse.* »[2]

- « *Ainsi, dans toute intervention, les possibilités de non-changement doivent être évaluées au même titre que les possibilités de changement.* »[3]

Le même auteur évoque également avec une vision intéressante l'intervention en entreprise, et nous reviendrons sur cette notion, très utile dans les méthodes. Pour le moment, repérons une proposition de Malarewicz qui nous apparaît comme tout à fait pertinente en IE : « *Plus un système est complexe, moins il faut d'énergie pour y introduire un changement car son instabilité augmente avec sa complexité. Plus un système est simple, plus il faut d'énergie pour y introduire un changement car sa rigidité est d'autant plus facile à assurer que peu d'éléments y interviennent.* »[4] Cette constatation/affirmation est d'autant plus captivante qu'elle va sans doute *a contrario* de ce que l'on pourrait penser au départ et même en y réfléchissant. Les organisations les plus complexes seront donc peut-être les plus aptes au changement, et donc peut-être à un fonctionnement dynamique du système d'IE. Cela irait à l'encontre d'une idée généreuse selon laquelle l'IE s'adapterait très bien aux petites entreprises. Voilà un bon sujet de recherche !

« Dans certains cas, la meilleure façon d'introduire un changement dans une situation est d'y « injecter » de la complexité, c'est-à-dire de nouveaux éléments, de nouvelles informations ou de nouvelles compréhensions, parfois jusqu'à la confusion. »[5]

Ici nous devons faire confiance à la capacité du système, être vivant, intelligence collective, à s'adapter et mettre en place les procédures nécessaires afin de retrouver son équilibre de système homéostatique. Les perturbations introduites par les changements d'environnement ou les changements internes sont autant d'occasions d'observer cette capacité à l'auto-retour, à l'équilibre. C'est un des principes de base de l'IE.

Les méthodes

La remarque générale que nous pouvons faire est que l'IE a jusqu'à présent été marquée par des méthodes clairement repérées dans un corpus disciplinaire spécifique. Principalement en SDG et SIC. Depuis quelques années, ces « boîtes à outils » des sciences plurielles se sont largement enrichies, préparant ainsi l'évolution que nous connaissons et l'arrivée de l'IE. De manière étonnante Corinne Grenier et Emmanuel Josserand, dans l'ouvrage collectif sous la direction de R-A. Thietart[6], ont pris comme exemple un objet de recherche qui touche à l'IE. Nous reproduisons le tableau qu'ils ont imaginé à partir de la distinction « contenu versus processus ».

---

1. p. 44.
2. p. 48.
3. p. 50.
4. p. 55.
5. p. 59.
6. R-A. Thietart, *Méthodes de recherche en management, op. cit.*, p. 105.

L'exemplaire n'est pas seulement intéressant à cause de l'objet, mais aussi parce que ces deux méthodes distinctes, parfois opposées l'une à l'autre par les spécialistes mais qui sont tout à fait complémentaires, sont assez typiques du type de méthode qui convient à l'IE. En effet, le caractère dynamique de l'objet « processus » est incontournable d'une recherche qui traite de l'IE. Pourtant, les contenus sont essentiels dans la mesure où le contenu informationnel est à l'origine des aides à la décision que fournit l'IE.

	Recherche sur le contenu	Recherche sur le processus
Le contrôle de réseaux interorganisationnels	Comment expliquer le contrôle exercé par certaines entreprises sur d'autres au sein d'un réseau ? La recherche sur le contenu du réseau peut consister à décrire les liens qui unissent les entreprises appartenant à un même réseau. À partir de cette description, on est ensuite en mesure de classer les membres en fonction de leur position au sein du réseau. De cette manière, il est possible d'expliquer pourquoi certaines unités contrôlent mieux que d'autres les échanges au sein du réseau.	Comment naissent des accords interorganisationnels et comment se structurent-ils dans le temps ? Pour comprendre ce qui anime les membres d'un réseau, on peut focaliser notre attention sur le processus des échanges, en évoquant la manière dont l'action collective se forme et se transforme au cours du temps. Le travail de recherche consiste alors à reconstituer le processus d'interaction entre les unités, en décrivant l'enchaînement des événements et l'évolution de leurs relations.
La mémoire organisationnelle	De quoi la mémoire de l'organisation se compte-t-elle et sur quels supports est-elle archivée ? Pour comprendre ce qu'est la mémoire organisationnelle, on peut faire l'inventaire des supports de stockage de la connaissance collective : les documents d'archives, les banques de données, la structure. L'ensemble des savoirs contenus dans les procédures, dans les banques de données ou dans les règles tacites donne une indication de la mémoire commune issue de l'agrégation des mémoires individuelles.	Comment se forme et se transforme la mémoire organisationnelle ? La mémoire d'une organisation peut être appréhendée comme un flux de connaissances qui transitent entre les membres qui composent l'organisation. On étudie dans ce cas les différentes phases de transformation des savoirs : l'acquisition, la rétention et le stockage, la restauration ou l'oubli. L'acquisition de nouveaux savoirs s'effectue auprès des autres individus par interaction ou à l'occasion d'un travail en commun.

Un des débats les plus importants porte sur les méthodes d'observation du réel. Les biais principaux se situent en effet à ce niveau et la qualité des outils et méthodes d'observation est essentielle pour la scientificité des recherches.

Kanter Kohn et Nègre parlent évidemment de l'observation : « *L'observation directe, en tant qu'instrument de collecte de données, est subdivisée en observation participante et observation non participante. La première est de type ethnologique, « assez logiquement celle qui répond globalement le mieux aux préoccupations habituelles des chercheurs en sciences sociales » (Mucchielli, 1974), où le chercheur participe à la vie collective durant une longue période, étudiant « les modes de vie de l'intérieur et dans le détail... ». La seconde comporte des profils très différents, leur seul point commun étant que le chercheur ne participe pas à la vie du groupe, qu'il observe donc de l'extérieur.* »[1]

Les mêmes auteurs nous exposent la possibilité de la pratique des études de cas. Cette méthode est également adaptée aux situations complexes rencontrées qui rendent très difficiles les approches purement quantitatives, elle repose cependant sur des critères d'objectivité qui sont généralement reconnus et permettent de travailler sur des objets pour lesquels les méthodes quantitatives sont d'un emploi peu commode ou peu pertinent : « *La tâche des méthodes cliniques est de rendre apparente la logique interne du cas, grâce au recueil de faits se déroulant dans le temps, et à la mise en relation de données de nature diversifiée. On peut alors caractériser le cas. Ensuite, on passe à des classifications de plusieurs cas significatifs.* »[2]

Un autre problème dans la recherche en IE est celui du « terrain » et de sa distinction par rapport à l'observateur. En regardant un terrain, le chercheur va sans aucun doute utiliser un certain nombre de références qui lui permettront de le caractériser.

Nos auteurs continuent : « *Celui qui fait une enquête « fait du terrain » également comme celui qui fait des observations ou analyse un corpus de textes... On voit bien qu'on ne peut pas caractériser le terrain par des conditions physiques ou autres.* » Et : « *Ce souci de sauvegarder des positions contradictoires se retrouve tout aussi bien en sociologie : « Le terrain est humain. L'enquête est à la fois l'objet et le sujet, et on ne peut éluder le caractère intersubjectif de tout rapport d'homme à homme. Nous pensons que la relation optimale requiert à la fois, d'une part détachement et objectivation à l'égard de l'objet et l'enquête, d'autre part participation et sympathie à l'égard du sujet enquêté. Comme le sujet enquêté et l'objet de l'enquête ne font qu'un, nous somme amenés à être doubles. » (Morin, 1967) En fait, l'opposition des rôles de participant et d'observateur qui se joue sur la scène externe, est indispensable mais, précise E. Morin, il s'agit là d'une association intellectuelle qui n'exclut pas la participation affective.* »

La recherche en IE n'échappera sans doute pas à cette difficulté fondamentale.

On peut ouvrir deux autres voies méthodologiques susceptibles d'enrichir les démarches.

La première est relevée chez De La Puente par Kanter Kohn et Nègre : « *L'experiencing est un processus de sentiments ressentis (feelings), qui a lieu dans le présent immédiat, qui est de nature organismique préconceptuelle, qui contient des significations implicites, et auquel l'individu peut se référer pour former les concepts.* »[3] On voit bien que l'observateur joue un rôle fondamental. Il est clair que dans cette démarche, les observations répétées par plusieurs chercheurs sur un même objet ou un objet comparable permettront des enrichissements/validations qui stabiliseront peu à peu la pensée. En ce sens la recherche en IE est un lieu de débats constructifs.

La seconde voie, déjà connue, et celle de la « recherche-intervention ». Elle procède des observations que nous faisions précédemment sur les propriétés homéostatiques des systèmes :

---

1. *Op. cit.*, p. 48.
2. p. 67.
3. De La Puente, 1970.

l'introduction d'un élément va provoquer un changement et l'observation peut alors sans erreur relier l'élément introduit et le changement observé.

Nous retrouvons sur ce point la remarque d'Argyris : « *Il faut que le processus de feed-back aide à former une image plus holiste et plus systémique de la réalité du groupe ou de l'organisation. Cette image est holiste en ce sens qu'elle peut couvrir une part de réalité plus importante que ne le font les opinions existantes des individus ou des sous-groupes. Elle est plus systémique en ce sens qu'elle peut rendre explicites les interdépendances qui résultent d'une configuration auto-entretenue.* »[1]

Une autre occasion de rapprochement entre les disciplines nous est fournie par l'exemple des « connaissances procédurales ». L'article produit par le trio Chanal, Claveau, Tannery[2] est très intéressant et nous semble lui aussi faire un pont entre les disciplines actuelles. Il s'agit ni plus ni moins que d'introduire la complexité et la dynamique dans les opérations de diagnostic en mettant à la disposition des décideurs, non pas seulement des informations, mais des scenarii leur permettant d'avoir une vision au moins approchée des situations vers lesquelles va l'entreprise.

Dans tous les cas, la ou les méthodes que mettra en œuvre le chercheur mériteront un travail approfondi, et derrière les objets et les objectifs de la recherche il est certain que le corps des méthodologies de recherche en IE est encore à construire en référence à toutes ces pistes.

Sur les objectifs

Sans que cela soit une opposition formelle on peut remarquer que les SIC et les SDG se distinguent sur les objectifs des recherches. Les premières accentuent le travail sur la connaissance et les secondes sur la performance.

Accroître la connaissance

Laissons quelques auteurs nous éclairer…

Le Moigne : « *Les constructivismes ouvrent à la modélisation systémique la voie herméneutique de la production de connaissance : si ce phénomène à modéliser est une occurrence choisie téléologiquement parmi d'autres possibles, il n'est plus contraint par quelque nécessité objective. C'est le projet du modélisateur qui, cherchant à interpréter les perceptions qu'il se construit (ou qu'il modélise) du phénomène, va lui « donner sens », le rendre intelligible, le « comprendre projectivement » : ce projet du modélisateur devient la « cause finale » par rapport à laquelle la représentation sera significative.* »[3]

Les finalités de l'organisation ne sont intégrées dans la recherche que pour lui donner sens dans son objectif de production de connaissance. La citation suivante, du même auteur, qui reprend Watzlawick, complète : « *E. Von Glaserfeld*[4] : « *Ne plus considérer la connaissance comme la recherche de la représentation iconique d'une réalité ontologique, mais comme la recherche de manière de se comporter et de penser qui convient. La connaissance devient alors quelque chose que l'organisme construit dans le but de créer un ordre dans le flux de l'expérience.* »[5]

J-L. Le Moigne est ici encore plus clair : « *Le plus puissant sans doute de tous les expérimentateurs en sciences sociales que ce siècle ait connu, Jean Piaget, nous le redit sans cesse, la connaissance est*

---

1. C. Argyris, *Savoir pour agir : surmonter les obstacles à l'apprentissage organisationnel*, op. cit., pp. 108-109.
2. V. Chanal, N. Claveau et F. Tannery, « Le diagnostic interprétatif : un instrument méthodologique pour le chercheur ingénieur en stratégie », AIMS, avril 2004, 21 pages, www.strategie-aims.com
3. J-L. Le Moigne, *Le constructivisme T.I*, op. cit., p. 147.
4. *In L'invention de la réalité, in P. Watzlawick*, 1981-1985, op. cit., p.
5. p. 184.

processus avant d'être résultat, et l'expérimentation est un processus interactif qui construit la connaissance beaucoup plus qu'il ne la révèle : c'est dans cette interaction autonome du sujet et de l'objet que se fonde cette connaissance, et non pas dans la propriété privée du sujet ! Le producteur devient le produit, et ce produit est son propre producteur... »[1] Et : « Piaget, Simon et Morin convergent vers une exposition et une interprétation du raisonnement instrumental qui les conduisent, par des itinéraires étonnamment indépendants les uns des autres, à une méthodologie de la représentation de la connaissance que l'on caractérise correctement aujourd'hui comme systémique. » Enfin : « Nous pouvons reconnaître une épistémologie qui fonde la recherche sur la conception d'un projet de connaissance, et non plus sur l'analyse d'un objet de connaissance. »[2]

Les choses sont sans ambiguïté. L'IE a d'abord besoin de se construire. Les recherches les plus fondamentales iront dans ce sens. Le socle ainsi formé permettra de faire progresser davantage les objectifs de performance.

Améliorer la performance

Argyris en 1995[3] est très affirmatif sur l'intérêt de faire de la recherche en sciences sociales : « Lewin compte parmi « le petit nombre d'hommes qui ont changé le cours des sciences sociales » (Cartwright, 1951, p. VIII) parce qu'il a combiné une double volonté, un double engagement : résoudre des problèmes pratiques et contribuer à édifier une théorie. Il définit les sciences sociales comme étant l'étude de problèmes. Il a été le pionnier de la recherche-action. Il a montré qu'on pouvait mettre l'activité expérimentale au service du changement et que si l'on voulait vérifier la compréhension d'un phénomène, l'un des procédés les plus rigoureux consistait à le modifier systématiquement. Il considérait l'expérimentation comme une forme de gestion sociale. Je partage la conviction de Lewin : au cours de leurs recherches, les spécialistes des sciences sociales doivent élaborer un savoir actionnable valide sans compromettre l'exigence d'une vérification rigoureuse de sa validité. »

Nous sommes dans la configuration de la recherche-action évoquée à propos des méthodes et il est clair dans ce cas que l'action est productrice de connaissance. Ceci complète l'impératif de produire des « savoirs actionnables ». L'IE est évidemment une discipline tournée vers l'action et la recherche sur elle sera donc totalement légitime dans cette perspective.

Le même auteur ajoute : « K. Arrow a réfléchi sur la valeur du processus décisionnel que rend possible l'information et mesure cette dernière à partir d'une loi de probabilité. L'information s'inscrit ici encore dans une perspective probabiliste, elle renvoie au différentiel de gain généré par une décision sans information préalable et une décision prise après information, elle est une valeur ajoutée. » Et : « H. A. Simon recherchera dans les modèles mathématiques une source d'amélioration des processus décisionnels. »[4]

IE et processus décisionnels : c'est une association naturelle et c'est même l'essence de la discipline.

Sur un autre exemple, Nicole d'Almeida est également tournée vers la recherche de la performance : « La maîtrise de la presse est un élément déterminant dans le processus d'installation et de développement de l'entreprise. »[5]

---

1. p. 264.
2. pp. 71 et 75.
3. *Op. cit.*, pp. 22-25.
4. p. 47.
5. N. D'Almeida, *Les promesses de la communication, op. cit.*, p. 165.

Des constantes

Nous allons maintenant repérer des invariants dans ces diverses ouvertures. Ce qui apparaît dans les recherches actuelles en IE c'est une ouverture des frontières disciplinaires, mais au-delà de cette ouverture, des démarches de recherche semblent s'adapter particulièrement bien à notre discipline. L'IE n'est pas par elle-même une discipline originale pour le moment. Elle va fédérer sur elle des approches jusqu'à présent plutôt disjointes dans les divers travaux. Quatre points nous semblent remarquables et nous les passerons en revue à travers des auteurs qui les ont mis en valeur : recherche-action ; contextualisation ; constructivisme ; développement du qualitatif. Ces quatre mots ne sont pas sur le même plan et ne concernent pas une seule catégorie. Leur point commun est d'être pertinents dans leur application à une recherche en IE. Il y en a beaucoup d'autres et le lecteur saura les trouver et les utiliser. Sans prétendre à l'exhaustivité encore une fois, notre intention et de donner des éléments de réflexion de manière à aider le lecteur dans une démarche de recherche sur la discipline.

La recherche-action

L'IE est une démarche pragmatique. Il faut faire du sur mesure et mouler l'IE sur l'entreprise. Il n'est pas question de faire des généralisations avec des modèles conçus *a priori* et/ou largement transposables. L'objectif de l'entreprise est de s'adapter mieux aux nouveaux contestes concurrentiels. Pourtant c'est une discipline nouvelle qui est encore peu explorée et ses définitions ont tendance à montrer une certaine dispersion. Il faut donc concilier le besoin de construire la discipline avec le besoin de la mettre en œuvre.

Les Anglo-Saxons ont tendance à théoriser après avoir mis en œuvre. Les Français font souvent l'inverse avec la construction de modèles *a priori*. Cette démarche-ci est difficilement conciliable avec l'objet IE. Argyris nous confirme : « *Le savoir « actionnable »* (actionable knowledge *ou savoir « être mis en action »*) *n'est pas seulement le savoir que réclame le monde de la pratique ; c'est aussi le savoir qui sert à le créer. Pour être actionnable, le savoir doit être produit de manière que son emploi constitue un test valable de la théorie de l'action qui a servi à le produire.* »[1] L'auteur réconcilie ainsi les deux finalités de la recherche sur l'IE.

Kanter Kohn et Nègre reviennent sur la recherche clinique, et même si elle n'est pas à proprement parler de la recherche-action, elle nous intéresse car elle présente des points communs avec elle et peut y conduire car son complément logique est dans l'intervention : « *En bref, le sens se construit par le dispositif qui l'organise, le suscite, le recueille, le met en forme, l'analyse. La scientificité, en ce cas, résulte non de l'effort vers la transparence pour laisser advenir le sens, mais dans la reconnaissance et l'adaptation de la construction intellectuelle mise en place. « Dans une recherche clinique, l'exigence de scientificité ne se traduit pas dans la valeur de la méthodologie construite a priori et mise en œuvre telle quelle au cours de la recherche proprement dite ; le projet scientifique consiste au contraire à rendre compte avec une rigueur de plus en plus grande des conditions dans lesquelles les affirmations et les significations produites sont élaborées.* » (Durning, 1985). »[2]

Et enfin, plus loin : « *L'instrumentation est inséparable de la méthodologie et de l'objet de recherche* », (si bien que) « *en interposant entre la conception, l'élaboration par le chercheur et les résultats, un appareillage seul à même de produire des résultats dans des conditions déterminées, les sciences déve-*

---

1. C. Argyris, *Savoir pour agir : surmonter les obstacles à l'apprentissage organisationnel, op. cit.*, pp. 15 et 16.
2. p. 214.

loppent une théorie et une pratique opératoires qui font partie intégrante de la recherche (Naville, 1966). »[1]

Nous voulons insister ici sur cette idée que nous reprenons à notre compte de manière toute spéciale en ce qui concerne l'IE, discipline naissante, donc discipline encore à la recherche de son épistémologie. Cela ne veut absolument pas dire que les recherches en IE développées jusqu'à ce jour sont non pertinentes parce que sans références et sans base théorique solides. En général, elles sont particulièrement affûtées sur ce terrain car elles sont tenues d'emprunter les références des sciences sociales au sein desquelles elles ont choisi d'évoluer. Ces emprunts ne se faisant pas naturellement, ils se sont justement croisés sur les objets de recherche et ont commencé à dégager des outils et des méthodes adéquats. Les journées doctorales lancées à partir de 2004 ont montré des phénomènes d'éclatement des problématiques entre plusieurs champs de recherche. Voici une phrase significative, relevée dans le compte-rendu de la journée doctorale du 21 novembre 2004 : « *De façon plus générale, on note le risque que la recherche en IE abordant à la fois la problématique des réseaux, celle de l'information et celle de la connaissance, très transdisciplinaire, n'apparaisse trop large. L'accent doit être mis sur le fait que la structure en réseaux vise à l'action, à une performance, plutôt qu'à la pure description de la circulation de l'information (ce qui serait plutôt le domaine de l'infocom).* »[2] C'est bien une problématique d'épistémologie.

Pour Argyris[3] l'action est indissociable du concept d'apprentissage : « *Le terme « apprentissage » représente aussi un concept d'action. Apprendre n'est pas seulement avoir une nouvelle intuition ou une idée neuve. Nous apprenons dans l'action, nous apprenons quand notre action est efficace, nous apprenons quand nous détectons et corrigeons une erreur. Comment savons-nous que nous savons quelque chose ? C'est lorsque nous sommes capables de réaliser ce que nous affirmons savoir.* »

Nous sommes de nouveau dans le cadre de la recherche-action. L'IE est sans aucun doute un domaine privilégié pour cette posture qui sera faite d'allers et retours constants entre terrain et modélisation.

Le contexte

Nous allons évoquer ce concept qui semble largement répandu, mais dont les sens sont encore peu réfléchis. Il n'y a pas eu, à notre connaissance, de travaux spécifiques sur le contexte et il y a sans doute là un travail utile à mener qui n'est pas notre objet ici. Nous ferons donc l'économie d'une définition qui pourrait être contestable, nous contentant de l'utiliser dans son « sens commun » et reçu par tous.

L'apprentissage est vu par Malarewicz[4] comme un accès à la maîtrise du contexte : « *Apprendre c'est accéder au contrôle d'un contexte englobant les contextes jusque-là contrôlés. Dans ce mécanisme de contrôle, à l'évidence, de nouvelles informations deviennent accessibles. Désapprendre c'est oublier, en les abandonnant, les habitudes de pensée et d'analyse qui prévalaient jusque-là à une situation donnée. Désapprendre est plus difficile qu'apprendre car c'est lâcher prise par rapport à des certitudes et face à une représentation du monde qui a apporté non seulement un confort mais également un enrichissement.* »

Kanter Kohn et Nègre rappellent aussi l'importance du contexte : « *Tout ce qui se présente à la vue ou à l'oreille est potentiellement pertinent... Ce qui serait trivial pour l'un peut avoir la plus haute*

---

1. p. 219.
2. 2e journée doctorale de l'IE, INHES, 26 novembre 2004. Compte rendu réalisé par S. Perrine et F-B. Huyghe, http://www.ir2i.com
3. C. Argyris, *Savoir pour agir : surmonter les obstacles à l'apprentissage organisationnel, op. cit.*, p. 17.
4. J. A. Malarewicz, *Systémique et entreprise, op. cit.*, p. 62.

signification pour l'autre (Woods, 1990). »[1] Et : « *Même les faits ne sont pas des perceptions simples, mais des perceptions hautement élaborées, créées par des êtres humains… Les faits sont des choses dans leur intelligibilité articulée… Un même fait est au centre de nombreux processus intellectuels, tels qu'enregistrer, rapporter, juger, douter, etc., et si ceci n'était pas le cas, discourir n'aurait pas de sens (Ashworth, Giorgi, de Koning, 1986).* »[2]

Pour donner une dernière citation sur le contexte, nous empruntons ces lignes à Jean-Louis Le Moigne[3] : H.A. Simon nous propose depuis un demi siècle de méditer sur la conception de la « rationalité procédurale » : il commente deux paraboles qui illustrent les deux conceptions extrêmes de la rationalité de la décision : « *celle de l'ivrogne cherchant la nuit sa clé sous un réverbère alors qu'il sait qu'il l'a perdue devant sa porte… parce qu'ainsi il dispose d'une méthode scientifique assermentée pour résoudre algorithmiquement son problème ; et celle de l'empereur qui veut faire dresser une carte complète de son empire à l'échelle 1/1, persuadé qu'ainsi, disposant d'une information complète, il pourra prendre, fût-ce en tâtonnant, des décisions dont il aura anticipé toutes les conséquences possibles. Paraboles qui permettent à H. A. Simon de bien mettre en valeur les deux faces de la rationalité : le contexte et le projet. La méthode s'exerce dans un contexte, et toute méthode algorithmique de résolution n'a de légitimité ultime que dans ce contexte. Elle s'exerce en référence à quelque fin souvent intermédiaire mais nécessairement explicitable, en particulier dans la phase "intelligente" du diagnostic (problem finding) : toute description symbolique initiale (la carte ou le modèle) est nécessairement intentionnelle, téléologique, et le processus cognitif de modélisation est aussi raisonné que le processus cognitif de résolution, qu'il soit de type algorithmique ou de type heuristique ("Search").* »

Le texte se passe de commentaire. Lorsque nous examinons un objet de recherche en IE il y a de bonnes chances pour que nous soyons dans un contexte non reproductible du fait des spécificités de l'entreprise étudiée, de son environnement du moment, des conditions d'action des acteurs concernés, etc. Les premiers pas de la recherche sur une discipline carrefour comme l'IE doivent se faire avec une grande prudence et il faut s'armer de patience avant de voir apparaître des « constantes » indépendantes si tant est qu'elles existent.

Le constructivisme

Il en a été largement question tout au long de nos références. La recherche-action est bien intégrée dans ce paradigme et nul doute que l'IE, discipline « en construction » elle-même, ne soit un champ favorable pour vérifier sa pertinence. Les entreprises sur lesquelles nous travaillerons auront sans doute à élaborer leurs propres solutions par des voies à déterminer « sur mesure ». L'impact des acteurs, dirigeants et collaborateurs, est fondamental.

Selon l'approche « constructiviste » de Watzlawick[4], la réalité est une construction mentale qui guide nos conduites. Dans son célèbre livre *Une logique de la communication*, il expose sa théorie de la communication. Assimilant la famille à un système, il montre que pour comprendre la communication entre des personnes, on ne peut se baser sur des notions individuelles comme la motivation ou la personnalité. De plus, chaque comportement répond aux autres qui, eux-mêmes, répondent à leur tour, dans une spirale sans fin. C'est l'étude de l'individu dans son contexte, donc de la communication dans le système, qui permet au thérapeute de comprendre et d'agir pour changer l'interaction pathologique. En somme l'approche systémique considère qu'il n'y a pas d'individu malade en soi, mais des systèmes induisant des pathologies.

© Groupe Eyrolles

Le Moigne[1] reprend le concept en citant Moscovici : « *L'homme est non pas « possesseur » ou « révélateur », mais créateur et sujet de son état de nature.* » La science ainsi entendue n'a pas pour idéal l'approche asymptotique de quelques vérités immanentes (le progrès) : elle se veut édification (conception, construction) par l'humanité, « *de son état naturel ; la nature, pour la science, cesse de n'être qu'une donnée (naturelle) pour devenir une œuvre (artificielle)* ».

Il ajoute : « *L'épistémologie constructiviste, dans les formulations duales de J. Piaget et de H. A. Simon, qui s'explicite ainsi vers 1968 – c'est-à-dire au moment où la science des systèmes se développe en discipline originale à partir de la « vague » Théorie générale des systèmes – va désormais constituer le socle concurrent (ou complémentaire) des épistémologies positivistes jusqu'alors trop exclusives : les nouvelles sciences y trouvent et trouveront dorénavant les axiomatiques et les logiques qui leur permettront d'expliciter les procédures de validation de leurs énoncés enseignables.* »[2]

L'IE est un objet de choix. Cela s'explique par la rencontre des éléments de contexte évoqués en première partie, qui ont fait émerger des problématiques peu à peu originales, et la disponibilité de nouveaux paradigmes de référence.

Le qualitatif

Les méthodes de recherche en SDG ne sont plus étrangères au qualitatif comme elles le sont longtemps restées. Dans l'ouvrage réalisé sous la direction de R-A. Thietart[3], les méthodes qualitatives sont présentées au même titre que les autres. Philippe Baumard et Jérôme Ibert sont les auteurs de ce chapitre qui rappelle notamment que les recherches qui ont pour but la vérification d'hypothèse ou les tests de théories sur le terrain sont plutôt orientées vers le quantitatif alors que les démarches cherchant à élaborer des hypothèses ou des modèles nouveaux emprunteront plutôt au qualitatif. Cette distinction se trouve un peu inopérante au début des recherches en IE. Il est vraisemblable que les outils quantitatifs seront difficilement utilisables de manière pertinente tant que des modèles suffisamment robustes n'auront pas vu le jour. L'information est un concept suffisamment universel, nous le verrons, pour que les manifestations observables de sa réalité à multiples facettes découragent les chercheurs qui pourront facilement par différents algorithmes démontrer tout et son contraire.

En reprenant Argyris[4] : « *Lawrence et Lorsch (1967) montrent que les organisations efficaces qu'il leur a été donné d'étudier présentaient un juste équilibre entre différenciation et intégration, et que le point précis d'équilibre variait en fonction des demandes de l'environnement. Le comportement des dirigeants était une condition cruciale de l'établissement du juste équilibre. Il était nettement influencé par leur orientation cognitive émotionnelle, laquelle était pour chacun d'eux la résultante de son orientation fonctionnelle, de sa perception temporelle, de ses relations interpersonnelles ainsi que de la qualité et du degré de formalisation de la structure de l'organisation.* » La complexité de la problématique pour évaluer « l'efficacité » des organisations est telle sous ce point de vue que l'utilisation de méthodes quantitatives semble facilement vouée à l'échec.

Nous ne voulons pas dire pour autant que les méthodes quantitatives n'ont aucun rôle ni qu'elles n'en auront aucun, mais il faut reconnaître une très grande difficulté à les utiliser dans des contextes nouveaux et changeants comme ceux qui nous ont conduits à ce travail, et sur les objets choisis.

---

1. J-L. Le Moigne, *Le constructivisme*, tome I, *op. cit.*, p. 44.
2. p. 79.
3. R-A. Thietart, *Méthodes de recherche en management*, *op. cit.*, pp. 94-99.
4. *Op. cit.*, p. 46.

La rupture

Les notions touchant à la relation entre les disciplines sont délicates à traiter car les uns et les autres défendent, généralement à juste titre, les caractères spécifiques de leurs domaines. En IE pourtant, il est impossible d'échapper à une confrontation. Les juxtapositions de disciplines n'apportent pas toujours, au-delà des enrichissements par fertilisation croisée, les solutions attendues. Nous aurons donc à envisager de nouvelles perspectives dans les relations interdisciplinaires qui évitent le piège de la simplification qui devient complication.

Nous proposons de faire ce constat en deux temps : d'abord celui de la confirmation, un peu sous forme de bilan des réflexions précédentes, et puis en envisageant quelques pistes pour dépasser cet état de fait en ouvrant de nouveaux horizons.

La rupture épistémologique consommée

La diversité des origines scientifiques des chercheurs montre largement que nous avons quitté une posture mono-disciplinaire traditionnelle. Il est clair aussi que les diverses disciplines en question ont opéré des rapprochements qui sont les prémisses d'une interdisciplinarité particulièrement exemplaire et originale en IE.

La diversité des origines scientifiques

Dans la recherche doctorale française, nous observons de façon frappante cette diversité des origines scientifiques. Pour mémoire, le panorama montre une très forte domination des deux corps de sciences plurielles SDG et SIC, avec un avantage aux SIC. Cela n'a rien d'étonnant étant donné les deux axes majeurs sur lesquels se sont penchés les doctorants : l'information (veille, manipulation,…) et la stratégie. Une enquête approfondie et patiente serait très instructive afin de déterminer par quels chemins intellectuels passent les spécialistes de l'IE.

Les deux journées doctorales de 2004 et la première en préparation de 2005 montrent plus de détails même si les huit doctorants qui ont été sélectionnés pour le moment ne sont pas quantitativement représentatifs. Leurs parcours personnels montrent une très grande hétérogénéité.

La variété tient d'abord aux formations d'origine : immunologiste, ingénieur télécom, psychologue du travail, informaticien-gestionnaire, cursus universitaire classique en infocom ou gestion. La variété est aussi visible dans les origines professionnelles : gros opérateur téléphonique, grande compagnie nationale, consultant, enseignant chercheur, avec un écart important dans les âges des candidats.

Les premiers enseignements à tirer de cette diversité nous semblent se confirmer, à savoir que l'IE n'est pas une spécialité mais une synthèse. Cette synthèse est accessible par diverses voies qui peuvent être autant de spécialités différentes : technologie, gestion, information, droit, sociologie ou psychologie. Ce constat pourrait avoir des conséquences importantes au niveau du dispositif de formation. L'enseignement de l'IE pourrait s'appuyer sur des contenus et des méthodes variés et intervenir auprès d'auditeurs ayant déjà acquis des bases dans ces contenus. L'enrichissement pouvant alors provenir d'une approche pédagogique privilégiant la « fertilisation croisée » par interrelations dans les groupes d'auditeurs.

Le référentiel élaboré par la commission réunie par A. Juillet et publié début 2005 est compatible avec cette conclusion puisqu'il n'a été fait aucune allusion aux prérequis et que les contenus ne présupposent pas de formation particulière en amont.

Il sera très intéressant qu'un chercheur s'implique dans une étude sur la population des praticiens de l'IE. À notre connaissance en effet, il n'existe aucun travail sur le métier d'assistance conseil en IE. L'occasion serait ainsi donnée d'identifier des pratiques sous l'éclairage des formations et expériences passées, et peut-être d'identifier les éléments d'un code de « bonnes pratiques ».

Pour ce que nous connaissons aujourd'hui de la profession, beaucoup de prestations de service en IE concernent la veille et la sécurité de l'information. Les métiers de l'informatique sont très présents. Certains cabinets ont développé eux-mêmes des logiciels spécialisés en vue de constituer des outils pour la gestion de projet en IE.

La convergence épistémologique entre disciplines

Les outils et les méthodes communs

Quand Daniel Bougnoux écrit l'introduction de l'ouvrage *Textes essentiels* en SIC, il n'hésite pas à titrer « Naissance d'une interdiscipline »[1].

Le « remariage » est déjà évoqué par les auteurs de référence en management qui présentent de plus en plus à égalité les paradigmes positiviste et constructiviste : ainsi Véronique Pierret et Martine Séville, dans l'ouvrage coordonné par Raymond Alain Thietart, *Méthodes de recherche en management*[2], nous donnent l'introduction à ce point en faisant référence à trois paradigmes possibles en sciences du management : le positiviste, l'interprétativiste et le constructiviste. Les trois références sont donc légitimes. Certes l'IE a le choix. Pourtant quelque chose doit aller plus loin : y a-t-il une démarche préférable ?

Disons-le tout net : l'IE est un système trop complexe pour que les démarches positivistes ne soient par trop limitées pour avoir une chance de validité sur le terrain. Les simplifications extrêmes qui en résultent sont maintenant à la limite de leur utilité en recherche. La pensée disjonctive cartésienne, qui reste l'attitude classique du chercheur positiviste, ne peut plus rendre compte du réel ni fournir les guides efficaces de l'action comme ce le fut un temps, quand le niveau de développement économique et social permettait de travailler sur des concepts brutaux tirant leur efficacité de la découverte récente des sciences sociales et d'objectifs sociétaux simples et quantitatifs.

Il faut donc penser que l'IE deviendra une discipline majeure qui prendra le relais des grands corps traditionnels en les dépassant. À défaut elle passera de mode !

Ces réflexions n'empêchent pas que l'IE s'apparente à ces grandes disciplines du management, vu du côté gestion comme du côté information et communication. Elle s'appuie sur un triangle qui est évoqué dans le CR de la 2e « doctorale » :

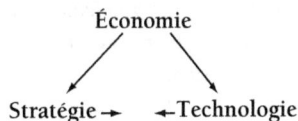

Au cœur de ce triangle : le moteur informationnel et la boucle récursive de la connaissance. Le management de l'information est destiné à la prise de décision.

---

1. D. Bougnoux, *Sciences de l'information et de la communication*, op. cit., p. 9.
2. R-A. Thietart, *Méthodes de recherche en management*, op. cit., pp. 13-24.

Jean-Louis Le Moigne nous donne en quelques mots de quoi nourrir notre réflexion à propos de la décision et dans le sens d'un croisement des épistémologies : « *La science de la décision (organi-sationnelle) étudie non seulement les modalités de détermination rationnelle de choix de solutions multi-ples susceptibles d'affecter une situation décrite, bien que tenue pour variable, en référence à quelques groupes de normes explicites, mais aussi les processus d'élaboration de ces modalités et de ces normes et les transformations possibles de ces processus. Cette définition implique une définition conjointe de l'environnement de la décision (ou du processus de décision) que l'on entend habituellement par une organisation sociale. La légitimation d'une science de la décision implique donc celle, corrélative, d'une science de l'organisation et d'une science de l'information.* »[1]

Chris Agyris : « *Malheureusement, dans la littérature, les perspectives positivistes et les perspectives interprétatives sont polarisées d'une façon que je considère inutile et contre-productive. J'essaie de montrer que les distinctions entre approches objective et subjective s'évanouissent pour peu qu'on prenne au sérieux l'intervention en vue de produire un savoir actionnable, et qu'il en va de même des affirma-tions suivant lesquelles les chercheurs « humanistes » seraient en quelque manière plus proches de leurs sujets et plus ouverts à leur égard que ne le sont les chercheurs objectifs.* »[2]

L'auteur marque son intérêt pour la recherche-action ou plus précisément l'intervention. Il faut préciser ici que l'intervention se distingue de l'action en termes de recherche par le fait qu'elle va privilégier l'objectif de recherche par l'observation des effets produits, alors que la recherche-action est centrée sur un objectif de résultat ce qui fait que l'observation des effets de l'action sont en quelque sorte une retombée. Il est des cas où la distinction ne doit pas être aussi évidente.

Malarewicz évoque les problématiques de motivation des acteurs : « *Il ne suffit pas de construire, de provoquer ou d'établir un changement, il importe également de « prévoir » des mécanismes de recon-naissance qui permettront aux personnes qui sont supposées changer de recevoir quelque chose en retour.* »[3] Il ajoute plus loin : « *Intervenir dans une situation, ou face à une situation, c'est d'abord et avant tout la redéfinir par l'utilisation d'une technique spécifique qui est ce qu'on appelle le recadrage.* »[4]

Nous sommes là aussi dans une logique de recherche-action.

Il n'y a pas que l'action, il y a aussi la formation et Jean-Louis Le Moigne s'appuie sur Bachelard : « *G. Bachelard avait, dès 1934, souligné cette interdépendance ; le nouvel esprit scientifique appelle une épistémologie non cartésienne et donc d'autres méthodes pour bien conduire sa raison que l'analytique et le réductionnisme. C'est une nouvelle rhétorique que les nouvelles épistémologies suscitent pour assurer la recherche scientifique contemporaine dans sa production d'énoncés enseignables.* »[5]

Enfin, pour lui la modélisation permet justement de prendre du recul pour intégrer l'ensemble des éléments d'une problématique : « *Le terme modèle signifie, dans ce contexte, un schème simplifi-cateur qui met en évidence les lignes de force d'une problématique. Ses articulations sont solidaires les unes aux autres, la modification d'un élément influence l'ensemble. Une telle mise en forme implique un point de vue qui distingue l'essentiel de l'accessoire.* »[6]

---

1. J-L. Le Moigne, *Le constructivisme*, tome II, *op. cit.*, p 53-54.
2. *Op. cit.*, p. 78.
3. J. A. Malarewicz, *Systémique et entreprise*, *op. cit.*, p. 70.
4. p. 119.
5. J-L. Le Moigne, *Le constructivisme*, tome I, *op. cit.*, p. 70.
6. p. 80.

Les démarches téléologiques

Dès lors que le système est doté d'une finalité, il est question d'organisation. Il en est de même pour la recherche et si le positivisme qui intègre souvent ce que l'on appelle le déterminisme, est trop rigide et s'appuie donc sur des schémas incapables de rendre compte des réalités complexes, le constructivisme nous apparaît sensiblement plus réaliste et considérablement mieux adapté dans sa conception « téléologique ». C'est aussi la conception de Malarewicz : « *Sous la plume de nombreux auteurs, la distinction entre système et organisation n'est pas toujours très claire. De façon générale le terme d'organisation est la traduction pragmatique du système. Autrement dit, la notion d'organisation renvoie à celle de système humain défini par une finalité.* »[1]

Ainsi Le Moigne dans le même ouvrage : « *Les constructivismes se reconstruisaient (P. Watzlawick, 1988) et on pouvait à nouveau souligner la pertinence et l'actualité de l'hypothèse téléologique, antithèse réfléchie de l'hypothèse déterministe souvent « sectaire » sur laquelle repose, depuis Laplace et A. Compte, les épistémologies positivistes. (A. Demailly, J-L. Le Moigne, 1987.)* »[2] Et de nouveau Le Moigne dans le même traité sur le constructivisme : « *Ce n'était pas la causalité qu'introduisait H. A. Simon, mais la possibilité et donc le projet, le choix en situation contingente : quand tout est possible, rien n'est déterminé, et l'on peut choisir ! L'hypothèse – ou le postulat – téléologique (ou projectif) devient ainsi une hypothèse alternative plausible au postulat déterministe.* »[3]

Une dernière citation de J-L. Le Moigne nous le montre quasiment sur une définition de l'IE : « *La science de gestion se définit par son projet, qui est celui de la représentation intelligible des interventions des acteurs au sein des organisations ; représentation intelligible qui postule une téléologie, autrement dit une capacité du système représenté-représentant à élaborer en permanence quelques finalités : représentation qui s'auto-évalue par la qualité de l'adéquation des modèles du comportement du système ainsi construits aux projets que ce système élabore. Adéquation par les raisonnements intentionnels, par les argumentations que le système considéré peut mettre en œuvre. Adéquation qui est invention des solutions possibles (ou innovantes, actions créatrices, actions intelligentes donc).* »[4]

L'IE autopoïèse

Le terme **autopoïèse** vient du grec *auto* (soi-même), et *poïèsis* (production, création). Il définit la propriété d'un système à se produire lui-même (et à se maintenir, à se définir lui-même). Le terme fait référence à la dynamique des structures en équilibre instable, c'est-à-dire des états organisés (appelés structures dissipatives) qui restent stables pour de longues périodes en dépit de la matière et de l'énergie qui passent à travers.

La théorie de l'autopoïèse a été formulée en 1963 au Chili par Maturana, neuro-scientifique Chilien et Francisco Varela (son disciple à l'époque). Varela utilise en français l'orthographe *autopoïèse*, par exemple dans *Autonomie et connaissance* (traduit sous sa supervision). Selon lui : « *Un système autopoïétique est organisé comme un réseau de processus de production de composants qui :*

1. Régénèrent continuellement par leurs transformations et leurs interactions le réseau qui les a produits ;

2. Constituent le système en tant qu'unité concrète dans l'espace où il existe, en spécifiant le domaine topologique où il se réalise comme réseau. »

---

1. J. A. Malarewicz, *Systémique et entreprise, op. cit.*, p. 29.
2. p. 107.
3. p. 113.
4. p. 144.

L'exemple canonique d'un système autopoïétique et l'une des entités qui ont motivé Varela et Maturana à définir l'autopoïèse, est la cellule biologique. La cellule eucaryote par exemple est faite de composants biochimiques variés, comme les acides nucléiques et les protéines, et est organisée dans des structures limitées comme le noyau de la cellule, diverses organelles, une membrane de cellule et le cytosquelette. Ces structures basées sur un flux externe de molécules et d'énergie « produisent » les composants qui, à leur tour, continuent de maintenir la structure contenue, ce qui permet la croissance de ces composants.

Un autre exemple frappant est le grand point rouge sur Jupiter qui est essentiellement un tour-billon gigantesque de gaz dans la haute atmosphère de cette planète. Ce vortex a persisté beau-coup plus longtemps (de l'ordre du siècle) que la moyenne de temps que n'importe quelle molécule de gaz a passé dedans.

Un système autopoïétique est à comparer avec un système « allopoïétique » comme une usine de voitures, qui utilise des composants bruts pour fabriquer un véhicule (une structure orga-nisée) qui est autre chose qu'elle-même (une usine)[1].

Pourquoi voyons-nous en ce concept une application possible à l'IE ? L'IE s'appuie sur le cycle informationnel. L'entreprise est un système ouvert qui reçoit de l'information. Ses membres, acteurs de l'organisation, sont autant de capteurs potentiels de cette information. Le système IE transforme cette information en connaissance finalisée qui vise d'abord à assurer la survie de l'organisation. Plus il y a d'informations au contact des acteurs, plus ceux-ci, dans une démarche téléologique de traitement de l'information, sont susceptibles de produire et de mettre en œuvre des solutions capables d'assurer survie et développement pour l'entreprise. La créativité dont nous avons parlé est un processus qui n'a pas de raison de s'arrêter et qui produit d'autant plus qu'il dispose de plus de matière informationnelle. Il est aisé de comprendre que le système est autopoïétique. La disparition d'une entreprise est fondamentalement due à une interruption du cycle d'innovation-création, soit par fermeture à son environnement, soit par inadaptation à celui-ci. L'IE est le processus continu d'adaptation de l'entreprise à son milieu multiforme.

Sortir par le haut

La reprise de cette expression imagée est une provocation qui serait indispensable si la recherche était enfermée dans un champ clos. Le développement des recherches en IE a montré l'inverse. Pour autant, toutes les questions ne sont pas résolues. Nous restons en effet sur des séparations formelles et l'interdisciplinarité, appelée de vœux unanimes, est difficile à faire passer dans les faits. La recherche est un métier délicat qui doit par définition prendre des risques et se trouve, de ce fait, un peu toujours sur le qui-vive. Il est donc important, si l'on veut que la connaissance progresse sérieusement, de s'assurer que les avancées ne sont pas en contradiction avec les démarches précédentes, sauf à élaborer une thèse originale si fortement étayée que le débat soit réellement possible. Le temps est en général, pour les sciences sociales en tout cas, un bon allié : la preuve, il s'est écoulé 60 ans entre Bachelard et Morin et encore plus entre Bertalanffy et Le Moigne.

Si le champ se trouve par trop limitant, cela veut dire qu'il faut quitter l'horizontal et sortir effec-tivement par le haut. Nous devons donc réfléchir sur le concept de champ.

---

1. fr.wikipedia.org

Le concept de champ sécant

L'universalité du concept d'information

Serge Perrine a l'habitude d'utiliser l'image de la flamme de la bougie pour montrer que l'information, à la différence des biens physiques, n'est pas additive. On ne peut utiliser avec pertinence un outil inadéquat, autrement dit dont le caractère principal est l'additivité, (nous parlons de la monnaie), pour mesurer les coûts et les valeurs en matière d'information : toute l'économie est à revoir !

Nicole d'Almeida[1] reprend Escarpit sur le sujet :

- « *Le livre de R. Escarpit considère que « la communication est un acte et que l'information est son produit ». La communication y est présentée comme le transport d'une entité mesurable appelée arbitrairement information.* »[2]

- « *L'information, conformément à l'étymologie du terme, suppose une mise en forme, une construction de structure et de signification. L'information n'est pas le fait en lui-même mais la mise en forme du fait.* »

- « *L'information ne s'oppose pas à la communication comme l'objectif au subjectif, comme l'individuel au collectif, comme la connaissance à l'action.* »

Si l'information n'est pas le fait en lui-même et que les champs de recherche sont définis par rapport aux faits, la démonstration est faite que la conception traditionnelle du champ de recherche est caduque dès lors que l'information devient l'objet principal. C'est le cas en intelligence économique. Nous y reviendrons dans le point suivant et il nous importe préalablement de nourrir une définition de l'information.

Le même auteur reprend dans le même ouvrage : « *Parler d'intelligence économique suppose que l'information a le statut de connaissance.* » Et « *J. Arsac définit l'information comme « la forme qui porte la connaissance »*, ou encore : *Le dictionnaire des termes officiels définit l'information comme « élément de connaissance, susceptible d'être représenté à l'aide de conventions, pour être conservé, traité, communiqué.* »[3]

Nous avançons donc progressivement vers un concept qui appuie notre position de remise en question de la conception traditionnelle de champ de recherche.

Toujours Nicole d'Almeida comme guide :

- « *L'information utile est l'information donnée et utilisée au bon moment.* »

- « *La valeur de l'information dépend donc tout d'abord de la place qu'elle occupe dans un système d'interprétation et d'intention. En dehors de ce cadre, l'information a un sens mais n'a pas de pertinence.* »[4]

On pourrait évidemment citer de multiples auteurs et tout le livre de N. d'Almeida. Nous en resterons là, qui sont les principaux points sur lesquels nous voulons appuyer une thèse en deux constats et une conclusion qui est la suivante.

1. L'information est un produit et l'IE s'intéresse à l'information en tant que telle. Autrement dit, l'IE est neutre (relativement bien sûr puisque les acteurs du système IE ne le sont pas) au regard des contenus. Si c'est une information financière qui est recueillie, elle sera mémorisée, stockée,

---

1. N. D'Almeida, *Les promesses de la communication, op. cit.*, p. 44.
2. p. 44.
3. p. 45.
4. p. 49.

traitée, éclatée, partagée, diffusée par un certain nombre de moyens technologiques et organisationnels de manière à permettre aux décideurs qui vont l'utiliser de prendre les décisions optimales en T0. Les mêmes moyens avec la même efficacité travailleront sur des contenus différents de la même manière en général.

2. L'information concerne des objets variés et il n'y a pas de classement en fonction des objets mais en fonction de l'utilité stratégique de l'information. Il n'y a pas d'IE spécifiquement commerciale, financière ou technologique. La nature de l'objet sur laquelle porte l'information est donc indifférente et au contraire leur variété et la mise en contact des diverses données pour créer liens et relation est une des méthodes particulières de l'IE qui font son efficacité et son originalité. Nous sommes donc, comme déjà dit et démontré, transdisciplinaire.

Une conséquence directe de ces deux constats est la conclusion que de toute façon un praticien de l'IE sera par définition non compétent dans tous les domaines concernés. C'est notre point suivant.

Un esprit plus qu'une compétence

Quand on dit que l'IE est une culture nous sommes au cœur de notre sujet : quel consultant en management stratégique, ayant eu une solide formation au management, n'a pas fait le constat qu'il a beau être ignorant dans les domaines techniques, il finit par en savoir suffisamment pour les intégrer dans ses démarches stratégiques. Au bout de quelques années il en sait souvent plus que beaucoup d'autres et sa « culture » technologique devient un appui pour ses analyses et ses prescriptions, sans qu'il soit évidemment spécialiste en rien. Il s'agit donc surtout d'un état d'esprit. Nous avons maintes fois constaté que nous étions à même de proposer des solutions techniques là où les spécialistes de technologies concernées avaient échoué. Nicole d'Almeida nous donne une confirmation : « *Bien que le produit information soit spécifique et se distingue des autres biens, il constitue un véritable marché structuré par le mécanisme de l'offre et de la demande.* »[1]

Il y aurait des spécialistes du marché de l'information ? Cela concerne l'IE nous semble-t-il !

Malarewicz nous confirme aussi : « *Le changement d'état d'esprit est un changement de vision. Il s'agit de se donner une perspective différente. C'est ce qui fait que le consultant est un interlocuteur qui peut être précieux car, par définition, il voit ce qui n'est pas nécessairement perçu de l'intérieur. Il ne voit pas mieux, il voit différemment. Dans certains cas, changer d'état d'esprit c'est changer de paradigme. Par la notion de paradigme peuvent être décrites ces évidences, ces certitudes qui n'appellent aucune critique et aucune remise en question et qui permettent d'aborder toute situation, quelle qu'elle soit, de la même manière.* »[2]

À titre caricatural il énumère des paradigmes correspondant à la notion dont il parle :

« 1. **Les paradigmes individuels** :
- Le passé détermine le présent.
- Les choix de vie doivent être définitifs.
- Le destin se joue entre certitude et incertitude, entre confort et inconfort, entre déterminisme et liberté.
- L'expérience de vie se transmet entre les parents et les enfants.

1. p. 149.
2. J. A. Malarewicz, *Systémique et entreprise, op. cit.*, p. 51.

2. **Les paradigmes professionnels** :
- Il existe pour chaque entreprise une forme idéale de management.
- Le consensus est à rechercher avant toute décision.
- La vie émotionnelle n'est pas du domaine de l'entreprise.
- Le projet résume l'avenir.
- L'organisation résume la réalité.
- Le changement est simple, direct et explicable.
- *La compréhension des problèmes précède leur résolution.* »[1]

Il est bien évident que dans la plupart des cas nous nous inscrivons en faux. Il reste que bien souvent des dirigeants et des acteurs de l'entreprise fonctionnent à partir de ces axiomes. L'IE est sans doute une remise en question de ces positions, grâce à quoi l'entreprise sera davantage prête pour affronter son environnement.

La remise en question de la pertinence du concept traditionnel de champ disciplinaire

Vers un champ en trois dimensions

Si l'on retient l'hypothèse d'un champ défini par analogie comme une surface (analogie suggérée par le nom « champ »), cela veut dire qu'on se trouve dans un espace en deux dimensions. C'est d'ailleurs facilement compréhensible sur la base de l'axiome du tiers exclu d'Aristote. Justement cet axiome est remis sérieusement en cause par la pensée complexe. Nous avions présenté ce concept de champ sécant lors d'une communication à Nice en décembre 2001. Il s'agissait de la sécurité de l'information. L'extrapolation est facile : toute la discipline axée sur l'information (nous ne parlons pas de communication) suppose que le concept s'applique aussi bien à l'IE dont la sécurité de l'information n'est que l'aspect défensif d'ailleurs.

Malarewicz énumère des représentations possibles d'un système :
- « La représentation territoriale ;
- La représentation verticale et hiérarchique ;
- La représentation horizontale et cachée ;
- *La représentation relationnelle.* »[2]

On pourrait facilement les traiter par analogie pour un champ de recherche qui n'est autre qu'un système composé d'éléments en relation les uns avec les autres et en interrelation. Dès lors il est possible de partir du principe traditionnel d'une représentation territoriale qui se trouve aujourd'hui complétée par une représentation en plan sécant donnant une image en trois dimensions de la recherche en sciences sociales.

Nous voulons compléter par deux réflexions, à la fois pour stabiliser et pour élargir les perspectives de recherche en IE.

Le paradoxe de la conciliation avec la nécessaire référence mono-disciplinaire

Cette avancée n'est pas contradictoire, on l'a compris, avec les références traditionnelles. Elle est au contraire très complémentaire. De la sorte, il est pertinent pour une démarche de recherche

1. pp. 173-174.
2. pp. 90-91.

de se situer clairement et délibérément dans un corps disciplinaire choisi, que ce soit les SIC, les SDG, l'économie, la sociologie politique…

Le concept de compétence unique

Ce concept, cher à Serge Agostinelli, rejette le principe de généralisation et privilégie l'idée qu'à toute combinaison (système) d'un acteur au moins, dans une situation (action située), engagé dans un contexte (contextualisation), correspond une réalité absolument et irréductiblement spécifique.

Pour nous l'IE est probablement une discipline (ou assimilée) dans laquelle ce concept pourra trouver une vérification tangible.

Pour donner au lecteur une vision plus concrète et historique de l'intelligence économique, nous avons pris le risque de faire une revue des auteurs nous semblant les plus marquants dans l'histoire et jusqu'à aujourd'hui.

Quelques auteurs de référence

On pourra s'étonner de ne pas trouver des auteurs connus pour être des précurseurs de l'IE comme Aguilar par exemple, dont nous avons déjà parlé. Il ne s'agit pas pour nous de faire ici une « revue des auteurs en IE ». Outre qu'il y aurait là un autre travail, sans doute passionnant, il nous semble que les nombreuses et copieuses citations faites tout au long de notre ouvrage sont suffisantes pour que le lecteur trouve les références nécessaires à un approfondissement ou à des travaux personnels plus spécialisés.

Nous présenterons d'abord des précurseurs de manière à confirmer ce que nous savons déjà, c'est-à-dire que l'IE dans son concept n'est pas une idée neuve même si l'expression et son développement sont davantage d'actualité aujourd'hui. Nous verrons ensuite que l'évolution de la pensée ne s'est pas faite d'un coup mais au contraire, dans une logique combinant continuité et rupture. Notre sélection s'attachera enfin à prendre pour cible des auteurs, fameux ou moins fameux, qui ont amené un apport qui nous est apparu comme significatif de ce qui constitue aujourd'hui la pensée de l'IE.

Les précurseurs

L'histoire est toujours riche pour celui qui veut la regarder à la fois de près et en prenant le recul nécessaire pour discerner les mouvements significatifs. On faisait déjà de l'intelligence économique au xve siècle ; le voyage de Christophe Colomb, dont la date a été retenue symboliquement pour marquer le passage du Moyen Âge aux temps modernes. La puissance de Venise à la fin du Moyen Âge est due sans aucun doute à une véritable politique de développement et de préservation du patrimoine informationnel comme en témoigne cette interdiction d'émigrer faite aux ouvriers verriers de Murano. Et déjà jean Bodin disait : « *Il n'est de richesse que d'hommes* », postulat qui n'a jamais été aussi vrai qu'aujourd'hui, à tel point qu'on pourrait se demander si la période intermédiaire n'a pas été par certains aspects un accident de l'histoire de l'humanité ! Toute galéjade mise à part, le mercantilisme et le colbertisme sont clairement des doctrines qui n'ont rien à se reprocher face aux politiques économiques actuelles. L'excessive simplification est sans doute venue d'abord avec les physiocrates.

Il y a des précurseurs anciens et d'autres plus récents…

Aux époques précédentes

Il était facile de trouver entre le XVIIIe et le XIXe siècles deux représentants d'une pensée proche de l'IE. Le choix est sans doute un peu personnel, mais nous savons que la posture du chercheur ne peut pas être objective… alors : assumons !

Charles Maurice de TALLEYRAND-PÉRIGORD (1754-1838)

Nous voulons faire ici un clin d'œil à l'histoire. Il nous semble que, s'il y a un personnage historique particulièrement représentatif de l'IE « à la française », ce doit être Talleyrand. Il a été exceptionnel à plusieurs points de vue qui peuvent faire de lui ce personnage. D'abord il fut toujours à la fois en accord avec son temps et parfaitement intégré dans les différentes situations et les régimes variés qu'il a connus, et l'histoire de France a rarement connu époque plus troublée que celle qui s'écoula de 1775 (il a 21 ans) à 1838, année de sa mort. Nous avons indiqué dans la première partie que l'IE naissait dans un contexte. C'est bien le cas ici. Ensuite, et peut-être de façon paradoxale, il fut un réel visionnaire. Loin de se faire dépasser par les événements il donna toujours l'impression d'en être à l'origine, réussissant remarquablement à utiliser ses réseaux et ses informations pour aller jusqu'à donner l'impression qu'il maîtrisait presque le cours de l'histoire. Il fut l'un des tribuns les plus écoutés de la Révolution française, le conseiller fidèle de Napoléon qu'il quitta en pleine gloire de celui-ci alors que rien ne semblait présager sa chute. Il servit à l'égal les deux régimes monarchiques et resta jusqu'à sa mort le dernier recours des puissants quand ils étaient à bout de leurs raisonnements. Il fut sans doute aussi celui qui joua avec une parfaite habileté de l'information et des réseaux. Il resta finalement celui qui avait raison. Quelques citations relevées dans le *Talleyrand* de Jean Orieux[1] nous permettent d'illustrer :

- le 26 décembre 1805, à Presbourg, l'Autriche accepte un traité de paix. C'est Talleyrand qui le dicte et il écrit à Napoléon : « *J'ai l'honneur d'adresser à Votre Majesté le traité que nous avons signé. Jamais la France n'en a dicté, jamais l'Autriche n'en a signé de pareil.* »[2] ;

- il avait aussi un solide sens des affaires et le baron allemand de Gagern disait de lui : « *Ses complaisances doivent être payées, non en tabatières ni en brillants comme de coutume ; mais en argent comptant !* »[3] ;

- il avait aussi l'intelligence politique de penser que parfois il vaut mieux ne pas se presser. Il dit à son successeur aux affaires étrangères de Napoléon : « *Quand vous aurez eu à traiter un peu de temps les intérêts de l'Europe avec l'Empereur, vous verrez combien il est important de ne pas se hâter de sceller et d'expédier trop vite ses volontés.* »[4] Nous faisions remarquer plus haut[5] que, si la vélocité est une chose nécessaire, l'IE ne s'identifie pas forcément avec la précipitation ;

- quant à ses talents de visionnaire, les voici également illustrés : le 11 juin 1830, de son château de Valençay, il écrit, lui qui a participé à la Révolution française : « *Notre révolution n'en est qu'à sa quarantième année, ainsi je ne puis en aucune manière en voir la fin et je doute même que la génération suivante la voie… Nous entrons dans de nombreux hasards.* »[6] Cela nous rappelle nos considérations sur le contexte de turbulences… ;

---

1. J. Orieux, *Talleyrand*, Flammarion, 1970.
2. p. 439.
3. p. 448.
4. p. 469.
5. p. 60.
6. p. 734.

– même ses ennemis lui reconnaissaient beaucoup de talent : Montlosier, monarchiste légitimiste pour qui Talleyrand représentait le scandale total, disait qu'il était : « *L'homme qui avait le plus contribué à fonder le droit public en Europe.* »[1] ;

– le roi Louis Philippe, enfin, lui fit un bel hommage en le réclamant d'urgence à Paris après sa démission en 1834 : « *Je suis impatient de vous entendre… je sens le besoin d'avoir l'assistance de votre expérience… J'aime à vous répéter combien vous comptez pour moi…* »[2]

Ferdinand de LESSEPS (1805-1894)

Dans un autre ordre, l'homme qui a le plus renouvelé l'esprit d'entreprise dans le sens de l'IE est probablement Ferdinand de Lesseps. Même si sa ruine financière ne lui a pas permis de connaître la gloire de l'ouverture du canal de Panama, il est sans doute le premier entrepreneur moderne à avoir allié la prouesse technologique et la vision prospective. Il reçut le surnom de « Grand Français », bel hommage d'un pays en reconnaissance là aussi d'un homme à l'influence mondiale. En 1858, il fonde la compagnie universelle du canal de Suez avec une concession « *pour le percement de l'isthme de Suez, l'exploitation d'un passage propre à la navigation, la fondation de deux entrées suffisantes et l'établissement d'un ou deux ports* ». La concession est consentie par l'Égypte contre l'avis de l'Angleterre pour 99 ans. Sa nationalisation en 1956 par le Raïs égyptien NASSER y met fin avec un peu d'avance sur la date prévue. C'est aujourd'hui la société Suez-Lyonnaise Des Eaux. Les documents concernant le canal représentent plus de 1 500 mètres d'épaisseur ! Si Ferdinand de Lesseps et ses successeurs directs avaient connu le traitement informatisé de l'information ils auraient sûrement apprécié ! Trait génial de Lesseps : il a fait prendre durant le percement et la construction du canal des centaines de photos, performances techniques à l'époque, et la plupart sont en bon état de conservation. Voilà une préoccupation de l'information qui rejoint notre estimation de « l'intelligence économique » de F. de Lesseps !

On peut noter aussi une belle réussite d'intelligence économique en 1956 quand Nasser nationalise le canal : prévoyant l'issue de la crise longtemps avant celle-ci, les armateurs grecs Onasis et Niarchos ont fait fabriquer des tankers géants qu'ils ont, sitôt le canal bloqué, rempli de pétrole et lancé autour de la terre par le cap de Bonne-Espérance en direction des pays occidentaux : l'origine de fortunes immenses. C'est aussi l'illustration que l'on peut gagner économiquement aussi bien sur le côté positif d'un projet que sur les leçons à tirer d'un événement nuisible !

Les contemporains

Qu'il nous soit permis de choisir dans nos références innombrables deux noms. Il s'agit, rassurez-vous, d'un économiste, non contesté car non contestable, et d'un industriel pour lequel on peut sans doute dire la même chose. Tous deux ont marqué leur époque (qui précède de peu la nôtre) et pourraient revendiquer quelque paternité sur l'IE.

Joseph SCHUMPETER (1883-1950)

Le choix de Joseph Schumpeter est appuyé par tout ce qui fait son œuvre et nous allons évoquer quelques points très caractéristiques qui nous permettront de voir en lui sans doute un des

---

1. p. 743.
2. p. 776.

pères de l'IE. Il ne s'agit évidemment pas de faire une revue de son œuvre. On peut consulter notamment *La théorie de l'évolution économique*[1] et *Capitalisme, socialisme et démocratie*[2].

Sa pensée est originale et, en remettant en cause la théorie de Walras, il ne se rattache à aucune école de pensée précise. Il se préoccupe d'unir plusieurs disciplines pour expliquer les problèmes économiques de son temps : il allie ainsi la statistique, la sociologie et l'histoire. Il demeure l'un des plus grands économistes de son temps par la subtilité de ses analyses et la hauteur de ses vues.

Il présente le concept de « destruction créatrice » en expliquant ainsi que les mouvements économiques sont cycliques et que l'innovation joue le rôle principal dans l'évolution économique. Il définit le concept de « grappes d'innovations » qui explique le caractère discontinu de la croissance. Il insiste sur l'aspect qualitatif des cinq formes d'innovations que sont le nouveau produit, la nouvelle méthode de production, le nouveau marché, la nouvelle matière première, et la nouvelle organisation. Il montre que c'est l'action volontaire de l'entrepreneur qui modifie les conditions technologiques de la production et de la distribution. Il met en lumière les contradictions qui vont faire évoluer le capitalisme en montrant que les transformations sociales sont à l'origine des nouveaux équilibres, eux-mêmes toujours provisoires.

Henry FORD (1863-1947)

Pourquoi Henry Ford, et pas Louis Renault ou André Citroën ? Il nous semble que le symbole de l'industrie moderne est bien dans la première fabrication en série d'une automobile, la Ford « T ». C'est la première fois qu'un produit important par sa taille, ses fonctions, son coût, jusque-là réservé à une très courte élite, devient populaire par le seul fait de l'innovation introduite dans le processus de fabrication.

Curieusement, il nous semble qu'Henry Ford serait assez facilement un représentant de l'IE « à la française » c'est-à-dire pas trop rapide ! Mais là n'est pas la question puisque aussi bien il était Américain d'ascendance irlandaise. Ce qui en fait un homme de l'IE, c'est qu'il a mis dix années en effet avant de créer la compagnie qui porte son nom (1903) alors que l'automobile commençait déjà un bon développement. Il était pourtant bien précurseur et ses travaux et expériences n'étaient pas en retard. Il a simplement attendu que le marché soit déjà préparé. Le 16 juin 1903, il lance la première Ford et en octobre 1908 la Ford « T ». Il est, du coup, un formidable précurseur. Loin de s'arrêter à sa passion d'ingénieur, il va plus loin que le produit et intègre complètement dans sa réflexion la donne économique et sociale. Il rafle du coup la moitié du marché. En 1914, autre révolution : H. Ford annonce la paye à 5 \$ par jour, à comparer avec la moyenne de 2,34 \$! Il est ainsi resté dans l'histoire avec cet argument : « Les collaborateurs de l'entreprise seront les premiers consommateurs de nos produits. » Nous rejoignons Schumpeter.

Une autre preuve de son « esprit IE » : en 1915 il conduit une délégation de 179 personnes dont une majorité de chefs d'entreprises pour tenter d'obtenir la paix en Europe. Il s'intéresse par là à tous les domaines de l'environnement de l'entreprise.

1. J. Schumpeter, *La théorie de l'évolution économique*, Dalloz, 1912.
2. J. Schumpeter, *Capitalisme, socialisme et démocratie*, Payot, 1942.

Les pensées préparant la rupture

Vers le holisme

Le holisme est un retour. La totalité d'un phénomène ne peut s'appréhender de manière simple ni sans la considération du tout. La compréhension de la réalité économique et sociale doit évidemment s'appuyer non seulement sur les objets étudiés mais encore sur les relations qui les mettent en interdépendance dans un ensemble. Nous retrouvons bien l'idée de système. Nous avons choisi deux auteurs qui ont marqué et marquent encore leur temps.

Kenneth ARROW (né en 1921)

Le Nouvel Économiste du 10 mars 2000[1] a interrogé les chercheurs en économie pour sélectionner le « meilleur économiste du XXe siècle ». C'est Kenneth Arrow qui est le vainqueur de cette compétition, et cela seul justifierait notre choix. Mais ce qui est intéressant c'est que justement cet auteur nous amène à une évolution de la pensée économique assez typique qui correspond bien aux nouveaux cadres dans lesquels l'IE voit le jour. Il a su ainsi mêler préoccupations empiriques et théoriques, approche mathématique et non formalisée, en ce sens il va dans la même direction qui intègre la notion de système complexe.

Le nom de Kenneth Arrow est associé à la construction la plus importante, la plus sophistiquée et la plus controversée de la théorie économique, à savoir une théorie qui prétend explorer sous quelles conditions un équilibre général de tous les marchés est possible.

Le paradoxe de Arrow ou la « démocratie impossible » montre l'incompatibilité dans un raisonnement simple de deux valeurs ou objectifs classiques et incontournables en démocratie : les décisions collectives et les objectifs individuels[2]. Nous sommes désormais dans une première approche de la complexité.

Thierry Granger[3], en rassemblant une sélection d'articles de K. Arrow, nous amène à réaliser que de tout cela l'auteur aurait fait un remarquable ouvrage sur l'économie de l'information.

Dans tous ses travaux nous retrouvons quelques caractéristiques qui nous font admettre facilement Arrow comme une référence en IE :

– asymétrie de l'information ;

– dimension sociale incontournable dans la théorie des jeux ;

– irréductibilité de la diversité.

Il nous semble aussi que l'œuvre de K. Arrow se caractérise par un caractère empirique assez exceptionnel qui est souligné par une modestie constante qui donne l'impression que l'auteur ne se prend pas au sérieux, allant jusqu'à se remettre en question lui-même bien souvent. La pratique de l'IE montre des responsables prêts à remettre en question profondément leurs convictions d'un moment, sachant que toute réalité est en construction, fragile et provisoire et de toute manière incertaine.

Une dernière citation : « *La logique et les limites du comportement concurrentiel idéal en incertitude nous obligent à reconnaître le caractère incomplet de la description de la réalité fournie par le système*

---

1. D. Laurens et C. Talbot, « Les nouveaux papes de la pensée économique », *op. cit.*
2. K. Arrow, *Social Choice and individual values, op. cit.*
3. K. Arrow, préface Kenneth J., éd. et prés. par T. Granger, trad. de l'américain sous la dir. de T. Granger, Dunod, 2000.

des prix impersonnels. »[1] On retrouve toujours cette incertitude qui devient une des questions majeures à laquelle l'IE est amenée à tenter de répondre.

Michael PORTER, (né en 1947)

Il suffirait de citer la trilogie de M. Porter : *Competitive Strategy*, *Competitive Advantage*, et *The Competitive Advantage of Nations* pour comprendre que l'auteur est une référence incontournable. Son ouvrage majeur reste *Choix stratégiques et concurrence*, publié en 1980, qui traite les questions d'intérêt vital pour les dirigeants d'entreprises, et présente un ensemble complet de techniques d'analyse qui permettent de cerner un secteur d'activité et de prévoir le comportement des concurrents : manœuvres subites ou nouvelles entrées sur le marché.

Tout le monde connaît le modèle de Porter. La question n'est pas ici de le commenter ni pour le louer ni pour le condamner ; mais de reconnaître qu'il est une vraie vision d'IE. Nous présentons ci-après une application que nous avions faite à une entreprise fournissant des prestations de service de sauvegarde à distance des données numériques[2]. On y retrouve, appliquées à un acteur de l'intelligence économique, les caractéristiques des cinq forces auxquelles est soumise l'entreprise.

Fournisseurs --------->   Concurrents   <----------------------- Clients

Nouveaux entrants -->   du secteur   <-- produits de remplacement

Patrick Dudouit fait une application également très intéressante au développement de l'Internet sous l'angle de la question suivante : « L'Internet est-il un outil stratégique ? » :

« 1. *Action de l'Internet sur l'arrivée de nouveaux concurrents* : l'Internet est un moyen d'accéder à de nouveaux marchés et de gagner de nouveaux clients pour une entreprise. En revanche, c'est également une opportunité pour des concurrents de pénétrer sur le marché de cette même entreprise.

2. *Action de l'Internet sur la menace de produits de substitution* : *l'Internet ne peut pas agir directement sur l'introduction de produits de substitution. En revanche, il peut prévoir l'apparition de ces produits.*

3. *Action de l'Internet sur la stratégie de négociation des clients* : *grâce à l'Internet les clients élargissent le choix de leurs fournisseurs. Mieux informée, il devient plus facile à l'entreprise de négocier.*

4. *Action de l'Internet sur le pouvoir de négociation des fournisseurs* : *l'Internet est un outil défavorable au fournisseur car il diminue son pouvoir de négociation. En revanche, il lui appartient de mettre en place une cellule de veille concurrentielle réactive sur son marché pour rééquilibrer son pouvoir de négociation.*

5. *Action de l'Internet sur la compétition avec les concurrents existants* : *en élargissant le champ concurrentiel, l'Internet optimise les règles du jeu de la concurrence. Le bénéfice pour l'entreprise se traduira en termes d'économies d'échelle et d'avantages concurrentiels.* »[3]

Chacun des cinq points ainsi décliné devient une analyse IE.

---

1. *Op. cit.*, p. 137.

2. D. Bruté de Rémur, « Interview de Gilles Danan, PDG de Back Up Avenue », revue *Cybergestion*, 2002.

3. www.surfandbiz.com/web/cinq-forces/

Modèle de Porter appliqué à Back Up Avenue

ENTRANTS POTENTIELS

Barrières à l'entrée :

- économies d'échelle très sensibles (procédures automatiques, capacités de stockage extensibles, coûts essentiellement fixes) ;
- passage incontournable par la certification à partir de mai 2002 ;
- investissements assez lourds, partenariat IBM ;
- accords passés entre BA et les fournisseurs d'accès… le service est vendu par eux… ils doivent être attentifs à l'image et à la qualité ;
- coûts de transfert importants (chargement logiciels, restauration totale pour une nouvelle sauvegarde totale…) ;
- constat de 0 entrant dans la période récente.

Conclusion : fort avantage aux offreurs présents. Attention cependant : marché neuf et très rapidement extensible !

Menace de nouveaux entrants

FOURNISSEURS

Pour :
- logiciel maison ;
- partenariats bouclés ;
- essentiel des services en accès libre ou illimité (Internet, électricité, …) ;
- coûts de transfert quasi-nuls (changement de fournisseur d'accès…).

Contre :
- menace non négligeable d'intégration par l'amont, d'autant plus que l'un des fournisseurs est concurrent par les services assurés (IBM) ;
- marché oligopolistique et très concurrencé des fournisseurs de matériel qui se tournent vers l'infogérance.

Pouvoir de négociation ?

RIVALITÉS CONCURRENCE

Pour :
- peu d'offreurs (peut-être en tout sur le marché mondial une dizaine de concurrents) ;
- une longueur d'avance avec la certification ;
- marché reposant beaucoup sur confiance et image de marque ;
- marché en très forte croissance (X 2 en 5 ans).

Contre :
- prédominance des coûts fixes qui conduit à une marche vers le monopole naturel avec une concurrence par les prix exacerbée ;
- technologies disponibles ;
- augmentation par paliers des capacités.

Pouvoir de négociation ?

CLIENTS

Pour :
- marché extrêmement dispersé : PME et TPE ;
- nombre réduit de fournisseurs ;
- coûts de transferts importants ;
- solutions de rechange (en interne) plus coûteuses et moins performantes ;
- pas de risque d'intégration vers l'amont : la tendance est à l'infogérance.

Contre :
- *services relativement indifférenciés sous réserve de certification.*

Services substituables

PRODUITS DE REMPLACEMENT

- Il n'y a pas de produits de remplacement sauf le plan interne de sauvegarde en général plus coûteux et moins efficace.
- L'évolution du rapport qualité/prix est à la hausse très fortement (avancées technologiques dans les TIC) . Cela peut être un risque (maintien de technologies dépassées) ou un avantage si BA maintient une capacité de développement et de R & D.

Cette méthode atouts/attraits s'appelle aussi méthode des experts. Elle permet à l'entrepreneur et au créateur de start-up de mesurer le potentiel stratégique de son entreprise sur un marché considéré et de hiérarchiser les marchés avec les savoir-faire. Autrement dit, elle facilite le choix des marchés stratégiques de l'entreprise. L'avantage de cette démarche est de construire quelque chose et d'avoir un fil conducteur pour donner des priorités à l'entreprise.

Ces auteurs ont marqué dans les sciences économiques et de gestion, et nous avons maintenant à montrer comment les deux auteurs ou groupe d'auteurs suivants ont définitivement donné les moyens à la pensée scientifique de faire le pas décisif.

Un nouvel esprit scientifique

La pensée d'Edgar Morin constitue en France la référence première vers les disciplines intégrant le paradigme de la complexité et la systémique, cadres nécessaires à la formulation d'une réflexion scientifique sur l'IE. L'École de Palo Alto en Californie, ensuite, nous apporte des outils nouveaux et indispensables venant des SIC.

Edgar MORIN (né en 1921)

Citons Edgar Morin : « *L'intelligence est l'aptitude à s'aventurer dans l'incertain, l'ambigu, l'aléatoire en recherchant et utilisant le maximum de certitudes, de précisions, d'informations. L'intelligence est la vertu d'un sujet qui ne se laisse pas duper par les habitudes, les craintes, les souhaits subjectifs.* »[1] Nous sommes dans un monde de rupture et non de continuité. Pourquoi nos modèles de management ne devraient-ils pas appréhender ce qu'est la rupture ? Et sans faire la part belle aux apôtres du postmodernisme, il est devenu urgent de consacrer ces réflexions qui transformeraient la pensée et accompliraient cette capacité à nous projeter vers les incertitudes et leurs complexités. La maîtrise de l'information passe immanquablement par le télescopage de nos ambitions et de nos craintes.

Parce qu'il est devenu difficile de continuer à penser le sens de l'histoire en termes de finalité émancipatrice, notre société rendue cloisonnée nous empêche de générer ce projet d'équilibre et de performance où la recherche scientifique hexagonale retrouverait le rang qui lui est dévolu. Pour cela la pensée d'Edgar Morin est ici fondamentale. Une autre citation : « *La réforme de la pensée enseigne à affronter la complexité à l'aide de concepts capables de relier les différents savoirs qui sont à notre disposition en cette fin de XXe siècle. Elle est vitale à l'heure de l'ère planétaire, où il est devenu impossible, et artificiel, d'isoler au niveau national un problème important. Cette réforme de pensée, qui elle-même nécessite une réforme de l'éducation, n'est en marche nulle part alors qu'elle est partout nécessaire. Au XVIIe siècle, Pascal avait déjà compris combien tout est lié, reconnaissant que « toute chose est aidée et aidante, causée et causante ». Il avait même le sens de la rétroaction, ce qui était admirable à son époque –, « et tout étant lié par un lien insensible qui relie les parties les plus éloignées les unes des autres, je tiens pour impossible de connaître les parties si je ne connais le tout comme de connaître le tout si je ne connais les parties ». Voilà la phrase-clé. C'est à cet apprentissage que devrait tendre l'éducation. Mais, malheureusement, nous avons suivi le modèle de Descartes, son contemporain, qui prônait lui le découpage de la réalité et des problèmes. Or, un tout produit des qualités qui n'existent pas dans les parties séparées. Le tout n'est jamais seulement l'addition des parties. C'est quelque chose de plus.* »[2]

---

1. Citation reprise dans « Regards sur la recherche doctorale française en IE », *op. cit.*
2. Interview d'Edgar Morin par Anne Rapin, *Sciences Humaines*, N° 28, juillet 1997.

La pensée disjonctive est un appauvrissement et Edgar Morin remet les choses dans l'ordre. L'IE ne peut se comprendre et se pratiquer sans cette remise en question fondamentale.

Un des appuis de la pensée d'Edgar Morin reste l'idée d'une capacité des systèmes, dans tous les domaines, à s'auto-organiser, à s'adapter à leur environnement en s'autorégulant et en « s'autore-régulant ». Le système, défini par ses objectifs et sa finalité, fonctionne à partir d'informations recueillies sur son environnement. On est tout proche d'une description de l'IE comme une fonction de régulation de l'entreprise.

Paul WATZLAVICK né en 1921 à Villoch (Autriche) et l'École de Palo Alto

Vers 1950, à Palo Alto, dans l'école d'un village de la banlieue de San Francisco, un groupe de chercheurs entourant Gregory Bateson, anthropologue britannique, va devenir célèbre pour la thérapie systémique (1959) inspirée des principes de la cybernétique et de la théorie des systèmes avec un double souci d'interdisciplinarité et de théorisation. Une vision synthétique des problèmes complexes est envisagée ; l'essence de la communication résidant dans les processus relationnels.

Palo Alto forme un groupe de recherche original sur les questions de communication. L'Autrichien Paul Watzlavick, considéré notamment en France comme le chef de file de cette école, prône une vision opposée à la psychologie traditionnelle[1]. Les deux axiomes de l'École de Palo Alto sont d'abord celui de l'existence dans toute communication d'un double aspect de contenu et de relation (communiquer sur la relation devient une « métacommunication »), et ensuite d'une hiérarchie traduisant soit l'égalité (symétrie), soit une complémentarité haute, soit une complémentarité basse. Ces apports sont importants pour saisir que l'intelligence économique n'est pas seulement un outil ou un ensemble d'outils destinés à améliorer le processus de décision stratégique ; mais aussi, et grâce à cela, une réflexion sur la communication à l'intérieur comme à l'extérieur de l'entreprise. Comme Edgar Morin, Jean-Louis Le Moigne et tant d'autres avant et après eux, l'École de Palo Alto travaille beaucoup sur les interactions[2]. Une fois n'est pas coutume et nous sortirons du sérail scientifique pour chercher une référence significative : la profession de foi d'un prestataire de services en médiamétrie et management de l'information. Il annonce haut et fort qu'il puise toute son inspiration dans les principes de l'École de Palo Alto, en regrettant d'ailleurs son audience insuffisante en France. La citation suivante souligne la possibilité de passage rapide en IE d'une recherche fondamentale à l'application en entreprise. C'est d'ailleurs aussi totalement vérifié avec la thérapie brève de P. Watzlavick[3].

Voici donc ce que dit ce prestataire sur son site : « *Plus l'environnement est mouvant, plus la concurrence est dure, plus il devient indispensable de « tout savoir, plus vite, mieux et avant les autres ». Mais ceci est un rêve, à moins de posséder des outils et des méthodes de premier ordre. Les informations sont généralement nombreuses, trop nombreuses, et, si elles ne sont pas analysées, ordonnées, et préparées pour l'action, il est difficile d'en repérer l'intérêt pour l'entreprise. Il ne suffit pas de recueillir, de façon plus ou moins automatique une somme gigantesque de données pour être informé. Les données,*

---

1. P. Watzlawick :http://www.google.fr/search?q=cache:2W_c9XRJMgYJ:site.ifrance.com/manipulation/logique.htm, Le Seuil, 1974. Et http://www.google.fr/search?q=cache:2W_c9XRJMgYJ:site.ifrance.com/manipulation/changements.htm, Le Seuil, 1980.

2. P. Watzlawick et J H Weakland, *Sur l'interaction, op. cit.*, et http://www.amazon.fr/exec/obidos/search-handle-url/index=books-fr&field-author=Weakland%2C%20John-H./171-2868088-8785855

3. P. Watzlawick, *Stratégie de la thérapie brève*, Le seuil, 2000. www.amazon.fr/exec/obidos/search-handle-url/index=books-fr&field-author=Watzlawick%2C%20Paul/171-2868088-8785855 et www.amazon.fr/exec/obidos/search-handle-url/index=books-fr&field-author=Nardonne%2C%20Giorgio/171-2868088-8785855

une fois organisées, triées, classées, deviennent des informations. Mais les informations elles-mêmes remplissent les tiroirs et les rayons des bibliothèques, telles des encyclopédies du savoir, sans rien apprendre à l'utilisateur sur le comportement qu'il peut et doit avoir à partir de là. Pour nous, une veille concurrentielle doit enrichir l'entreprise, ses cadres et ses employés d'une connaissance nouvelle (connaissance au sens de « informations organisées pour faciliter l'action »). La veille concurrentielle, à l'usage des dirigeants, du marketing et des ventes, n'est qu'une forme du management des connaissances. Elle est l'observation des meilleures pratiques, des processus de réussite, aussi bien dans sa propre entreprise que chez les autres. »[1]

Il est original de citer ce type de texte, réputé non scientifique. Le but est seulement de montrer que nous sommes toujours dans le concret.

Un petit choix d'auteurs repères

On a cité beaucoup d'auteurs étrangers. La pensée française sur le sujet est sans doute extrêmement riche et originale comme nous l'avons vu avec Edgar Morin.

Ces auteurs ont précédé la recherche en IE, et nous allons maintenant cerner le sujet d'un peu plus près, sans pour autant proposer des auteurs qui ont directement écrit sur l'IE, mais qui préparent très bien notre réflexion.

Holisme et systémique

Nous avons vu le retour du holisme avec Arrow. Au-delà la pensée macroéconomique qui pourrait sembler naturellement aller vers le holisme, il y a eu construction récemment de modèles et de théories qui vont dans le même sens. Nous citerons deux auteurs qui sont là aussi significatifs. Ils ne sont pas les seuls.

Ludwig von BERTALANFFY (1901-1972)

La principale qualité de Bertalanffy pour nous, c'est qu'il soit biologiste ! À la première journée doctorale de l'IE l'un des intervenants était un immunologiste. L'histoire nous montre clairement que le paradigme systémique s'est peu à peu développé à partir de la diversité des disciplines.

Son ouvrage majeur est probablement la *Théorie générale des systèmes*[2]. Publié pour la première fois en 1950, cet ouvrage est sans doute le premier qui pose les bases de la posture systémique. Il s'oppose au réductionnisme du schéma classique en expliquant les interactions qui structurent les réalités sociales. En ce sens il hérite du structuralisme et on peut dire que celui-ci est en train alors de donner peu à peu le jour au paradigme de la complexité. L'angle de vue est organiciste et remet fondamentalement en cause le raisonnement linéaire de causalité. Il sonne le glas du positivisme. Sa spécialité de biologie lui permet de transférer sur les phénomènes les plus variés de l'organisation sociale une vision holistique qui ne réduit pas la réalité à un assemblage de parties élémentaires. Avec Le Moigne nous verrons que le modèle de la biologie va aussi nous conduire au constructivisme, cette science nous montrant chaque jour comment la variété des objets et des phénomènes est infinie, la nature construisant sans fin de nouvelles formes et de nouvelles capacités d'adaptation et d'évolution. Les réalités technologiques et sociales dans leurs

---

1. www.estat.com/
2. L. von Bertalanffy, *Théorie générale des systèmes*, Traduit de l'allemand par J-B. Chabrol, Dunod, 1993.

combinaisons à l'infini nous montrent la même chose. Le raisonnement scientifique devient pluridisciplinaire. À son nom est souvent associé celui de Joël De Rosnay[1] et son concept génial de « macroscope ». Il faut arrêter de disséquer un objet pour examiner une à une ses composantes, même si cela n'est pas sans intérêt : la totalité de l'objet est d'une nature différente de la somme de ses parties. Le chaos cache une organisation et nous avons aujourd'hui la possibilité de pénétrer ce chaos et d'en découvrir la réalité complexe grâce aux capacités de traitement de l'information que nous fournissent des ordinateurs de plus en plus puissants. Ce que pressent Bertalanffy sans le vérifier devient accessible. Ce que Rosnay appelle « *le troisième infini* » devient un champ d'investigation à la portée des nouveaux moyens de collecte, de traitement et de calcul qui sont maintenant à notre disposition.

L'IE est un champ privilégié de travail pour ces nouvelles postures de recherche : nous sommes devant l'infiniment varié et la multiplication des combinaisons à perte de vue ouvre un univers de possibles sans cesse croissant pour des regards prospectifs nouveaux, en vue de décisions et d'actions sans cesse renouvelées. Il ne s'agit plus de réduire l'incertitude mais de mettre celle-ci à profit pour y découvrir des stratégies nouvelles où chaque élément ne peut se comprendre et se prendre en compte que dans des interactions multiples et à la richesse sans fin.

Jean-Louis LE MOIGNE (né en 1931)

Jean-Louis Le Moigne est ingénieur de formation. Il a consacré sa vie à pratiquer et enseigner les « sciences de l'ingénieur ». Non seulement celles relevant de l'application des sciences d'analyses, telles que les enseignent depuis plus d'un siècle en France les « grandes écoles d'ingénieurs », mais aussi celles d'avant, les « sciences du génie », que Léonard de Vinci – qu'il cite souvent – avait si bien illustrées, et que réouvrent depuis une quarantaine d'années les technologies et les sciences de l'information : modélisation, systémique, cybernétique, informatique, gestion des organisations, etc. Comme tel, il a ressenti tout de suite l'espèce d'ostracisme que faisaient peser sur ces activités la plupart des institutions représentant des disciplines depuis longtemps inscrites au Panthéon des sciences : mathématiques, physique, astronomie et autres. « *Vous vous bornez, disent ces spécialistes aux chercheurs en sciences d'ingénierie des systèmes complexes, comme aux ingénieurs, notamment aux informaticiens, à appliquer avec des outils plus puissants qu'auparavant les découvertes que nous faisons, nous qui avons le privilège d'être véritablement au contact du réel et de le déchiffrer à votre usage.* »[2]

Alors Le Moigne pose les bases d'une réflexion nouvelle, reprenant les avancées antérieures de Morin et Bertalanffy parmi d'autres en affirmant : « *Il est désormais évident que nulle part on ne peut affirmer l'existence ontologique d'un réel indépendant de l'observateur. Partout il apparaît que l'observateur ne peut être objectif. C'est en fait un acteur qui construit par son action et en utilisant ses instruments sa propre représentation du monde, se trouvant en retour immédiatement modifié par cette construction. Ceci s'entend aux plans collectif et individuel.* »[3]

Le risque est évidemment de ne plus pouvoir considérer le monde que dans une vision anarchique, voire anarchiste. Jean-Louis Le Moigne ne renonce pas à modéliser le complexe. Il est président de l'Association du programme européen « Modélisation de la complexité »[4]. On retrouve chez Christiane Volant[5] un emprunt important à Le Moigne quand elle veut définir les

---

1. J. de Rosnay, *L'homme symbiotique*, Le Seuil, 1995.
2. Revue *Automates Intelligents*, 2004.
3. J-L. Le Moigne, *Le constructivisme, modéliser pour comprendre*, L'Harmattan, 2003.
4. www.mcxapc.org
5. C. Volant, *Le management de l'information dans l'entreprise vers une vision spécifique*, ADBS éditions, février 2001.

conditions de conception et de management d'un SISE. Cela nous intéresse pour montrer combien les travaux de cet auteur donnent corps à notre réflexion : le SISE est en effet sans aucun doute le lieu de l'IE. Christiane Volant reprend chez Le Moigne l'idée qu'un système pour être « organisé » doit être « finalisé ». On retrouve la filiation Bertalanffy/Le Moigne dans la conception d'un système complexe qui n'en est pas pour autant inaccessible ni incompréhensible : au contraire, il s'agit bien de *« comprendre pour faire, et pour cela faire pour comprendre »*.

Nous allons finir en parlant de l'information et de la communication proprement dites.

Nous voulons maintenant en venir à deux auteurs qui nous semblent intéressants pour expliquer l'IE de l'intérieur.

Sur l'information et la communication

Le premier de ces deux auteurs est un spécialiste de la documentation et travaille sur les aspects pratiques de l'information. Le second un grand théoricien de la communication. Nous les citons ici pour illustrer deux facettes pour ainsi dire opposées : l'une plutôt quantitativiste et touchant à l'information proprement dite, l'autre plus orientée vers la communication et prête à faire voler en éclats les cadres rigides de la pensée académique.

Yves François LE COADIC

Deux apports d'Yves François Le Coadic nous intéressent. Le premier est celui de la définition du besoin d'information[1]. André Tricot, de l'IUFM de Toulouse, présente le besoin d'information en explicitant neuf définitions qui détaillent la problématique. Il y fait référence notamment à Le Coadic. Christiane Volant, également spécialiste de cette discipline, s'appuie facilement sur cet auteur. La définition citée par Tricot[2] de l'American Library rejoint la préoccupation du spécialiste de l'IE : « *Être compétent dans l'usage de l'information signifie que l'on sait reconnaître quand émerge un besoin d'information et que l'on est capable de trouver l'information adéquate ainsi que de l'évaluer et de l'exploiter.* » Besson et Possin[3] parlent de manière paradoxale de la « *culture de l'ignorance* ». Il est, en effet, inutile de se contenter de ce que l'on sait. Le progrès se réalisera dans ce que l'on ne sait pas. Cette posture n'a l'air de rien mais elle remet en cause énormément d'attitudes classiques qui sont contre-créatives car elles ne présupposent pas que la solution peut se trouver ailleurs que dans la somme des connaissances accumulées. Il y a là une logique du « toujours plus » qui est à la base d'une approche concrète de l'IE.

Y. F. Le Coadic nous a intéressé aussi par son commentaire à propos de la pauvreté de la recherche française : « *Il est, dans l'Évangile selon Saint Matthieu, une parabole qui dit que, « à tout homme à qui l'on donnera, il aura du surplus ; mais à celui qui n'a pas, on enlèvera même ce qu'il a. » Ce principe est tiré de la « parabole des talents »*[4]*, que l'on retrouve dans Saint Luc*[5] *sous l'appellation de « parabole des mines ». Bien que l'interprétation de ce passage réclame une optique spirituelle, puisqu'il s'agit des dons de l'Esprit Saint, elle est confirmée dans sa lettre au niveau des nations et des individus (on sait que le milliardaire s'enrichit plus vite que le pauvre). Sa validité a été cons-*

1. Y.-F. Le Coadic, *Le besoin d'information : formulation, négociation, diagnostic*, ADBS, 1998.
2. www.docsdocs.free.fr
3. B. Besson et J. C. Possin, *Du renseignement à l'IE*, *op. cit.*
4. Mt, 24, 14-29 Bible de Jérusalem, p. 1450.
5. Lc, 19, 11-26, Bible de Jérusalem, p. 1510.

tatée aussi dans le secteur de la science, de la recherche scientifique et dans celui de l'information scientifique. Cet effet s'est érigé en principe dit « principe de Matthieu », et s'est formalisé dans des lois dites biblio-info-scientométriques. »[1] Nous pouvons en effet constater avec lui que « l'argent va à l'argent, le succès au succès, etc. » dans une sorte de spirale rappelant les mécanismes cumulatifs de la science économique. En créativité on a un principe plus ou moins similaire qui dit : « Quantité d'abord. » L'IE est en tous points conforme à ce principe car toute information est potentiellement utile et l'on doit en principe de départ se préoccuper davantage de la quantité que de la qualité.

Après l'information, la communication.

Abraham MOLES

Sans doute la meilleure manière de présenter A. Moles est-elle de laisser la parole à l'un de ses admirateurs, le Québécois Pierre Léonard Harvay, professeur à Montréal : « *Moles n'appartient à aucune école. C'est un rebelle. Il participe avec quelques autres intellectuels à l'éveil d'une nouvelle science, ouverte sur la complexité, sachant intégrer aussi bien les incertitudes de la transdisciplinarité que la cohérence méthodologique du structuralisme et de la cybernétique. C'est un révolutionnaire de la pensée peut-être bien davantage que certains individus qui se prétendent politiquement engagés. Cybernéticien, il a dû cacher l'identité véritable de ses approches sous des appellations comme « psychologie sociale » ou « sciences du comportement », à une époque où la sociologie critique était souveraine. Son parcours scientifique et intellectuel est unique dans le champ des intellectuels de ce temps. Docteur ès sciences (Sorbonne, 1952) puis ès lettres (Sorbonne encore en 1956), ingénieur en électronique, il soutient des thèses qui s'étendent de la physique du son à l'esthétique de la perception des messages sonores et visuels. Infatigablement, il publie, livre sur livre, article sur article. Loin des salons parisiens où sévissent des débats sur la valeur épistémologique du structuralisme, Moles préféra continuer à ériger ses conceptions élargies et originales des sciences de l'homme. Ses champs d'intérêts sont nombreux, et souvent à contre-courant de la psychanalyse et du marxisme qui constituaient les passages obligés régentant les publications et les carrières, dans la France des années 50 et 60. Qu'on songe simplement aux sujets de ses diverses publications : théorie de l'information, sociologie des communications, design, urbanisme, théorie des systèmes, musicologie, objets sonores, labyrinthes, théâtre, micropsychologie, théorie des actes, psychologie de l'espace. Au colloque de Strasbourg d'ailleurs, les ateliers s'appelaient « Mosaïques », selon l'expression qui l'a rendu célèbre, et qui rendait compte du caractère pluriel des domaines de recherche dans lesquels il a œuvré, et dont la diversité des parcours intellectuels des participants témoignait. »*[2]

Intéressé par l'épistémologie et la créativité, Moles a appliqué les principes heuristiques de la combinatoire à beaucoup de ses travaux. Il aborde l'esthétique par les mathématiques, la sociologie par la cybernétique, mais n'hésite pas à formuler une définition subjective du bruit dans un traité d'acoutisque pourtant orienté vers l'énoncé de lois physiques à destination d'un public d'ingénieur : *Le bruit est un son qu'on ne veut pas entendre !*

Il s'appuie fondamentalement sur l'analyse structurale et la phénoménologie. Il est donc extrêmement pragmatique et fuit la simplification abusive, source de mutilation. Profondément humaniste, il répétait souvent : « *L'homme est la mesure de toute chose.* »

Même si A. Moles n'a pas créé d'école de pensée, et peut-être justement à cause de cela, il est un archétype de la pensée en IE. Les chercheurs en IE peuvent s'en réclamer facilement. Au-delà en

---

1. *Le monde,* 13 juin 1997.

2. www.comm.uqam.ca

effet des deux approches qui l'ont rendu célèbre : la notion de l'imprécis[1] et la théorie de la distanciation. Pour cette dernière, laissons la parole à Jean-Luc Michel : *« Le seul « dépassement » possible des deux entités que sont la distanciation et l'identification (étendue à la projection, voire au transfert, tant psychologique que plus tard, psychanalytique) ne pouvait venir que d'une conception* **dialectique** *: ce fut la modélisation du « **dipôle tournant** ». À un pôle la distanciation, à l'autre pôle la triade identification/projection/transfert, et l'hypothèse de base : l'être humain ne cesse d'osciller d'un pôle à l'autre, en fonction de son « profil », de son histoire personnelle, du contexte, etc. La représentation dipolaire apporte du dynamisme, de la diversité, et surtout une liberté épistémologique plus que jamais nécessaire pour sortir des théories de l'aliénation médiatique (Adorno, Marcuse, Debord, Popper) ou de leur contraire moins usité, c'est-à-dire des théories « libératrices » qui affirment que les médias nous libèrent.*

*La fécondité de cette approche, relativement originale dans le champ des sciences humaines et sociales, fut immédiate. C'est ainsi que des typologies de la distanciation, de l'identification, de la projection et du transfert furent dégagées et progressivement systématisées en distinguant par exemple des identifications de contact, dites « médiées » (au « père », au « maître », à l'acteur, etc.), médiatisées (par un média électronique et/ou interactif) et abstraites (à une idée, par exemple celle de liberté ou de justice). Des mesures de profils d'identification ou de distanciation retrouvèrent d'autres travaux sur les profils d'apprentissage ; des travaux purement pédagogiques antérieurs, notamment avec le concept de survision, se trouvèrent expliqués et élargis ; et surtout une compréhension plus large des phénomènes distanciateurs émergea avec la différenciation entre une distanciation de premier niveau, commune à tous les êtres humains, appelée « **distanciation critique** » et une autre, plus difficile à mettre en œuvre, plus complexe, appelée « **distanciation dialectique** » qui, lorsqu'elle sera mieux connue et comprise, permettra de définir de véritables programmes d'entraînement à la distanciation et par là d'échapper à l'aliénation médiatique. »*[2]

Ces concepts et ces cadres théoriques sont autant de matériels de travail pour le chercheur en IE. Ils sont en même temps au titre même de l'auteur le signe de la nécessité de sortir des sentiers disciplinaires classiques et de travailler en empruntant les outils, méthodologies et concepts, dans tous les autres champs disponibles.

---

1. F. Kourilsky (sous la dir.), *Ingénierie de l'interdisciplinarité : un nouvel esprit scientifique*, *op. cit.*, pp. 94-95 et 98.
2. www.Communicance com, décembre 1995.

Conclusion
L'affranchissement des paradoxes

Il nous faut reconnaître sincèrement qu'à l'issue de ce travail il nous apparaît que celui qui reste à faire est beaucoup plus important que celui-ci. Nous ouvrons une porte et nous invitons les lecteurs – et spécialement les chercheurs en sciences sociales – à s'emparer de ces matériaux, en nombre et en qualité limités, afin de les améliorer et de les compléter pour que notre discipline s'appuie sur de vrais concepts, de vraies théories et des méthodologies adaptées.

Pour nous, l'IE permet un dépassement des clivages qui va conduire à des progrès significatifs de la connaissance et répond à des interrogations jusqu'à aujourd'hui en attente. Elle participe à la remise au centre de l'humain et, à ce titre, dépasse sans doute le simple caractère de discipline scientifique en accédant au statut de culture.

Parlant de l'humain on peut risquer de l'anthropomorphisme. Comme le dit Miermont : *« Pour appréhender la vie de l'esprit, il vaut mieux se projeter dans une perspective « éco-éthno-anthropologique » qui tienne compte des aspects matériels, énergétiques et informationnels des processus mentaux. Car, depuis l'organisation de la cellule et du corps jusqu'à la construction de la personnalité et des organisations sociales, on constate que chaque détail de fonctionnement interagit au sein de systèmes très vastes. Le système nerveux, le langage, la mimo-gestualité, l'émotion, la connaissance, la relation, etc. deviennent des manières partielles d'appréhender la complexité des situations concrètes.*

L'intelligence de la complexité des niveaux d'organisation et de leurs enchevêtrements hiérarchiques permet de concevoir une ingénierie de l'interdisciplinarité qui modifie en profondeur les domaines et les frontières des sciences de l'homme, qui deviennent ainsi à même d'éviter les impasses des cloisonnements traditionnels. L'esprit émerge ainsi de multiples trames et circuits qui mettent en relation une personne, ses systèmes fonctionnels et organisationnels et son milieu de vie. Il surgit de ce qui relie la personne, le couple, la famille, l'entreprise, la société et l'humanité entière à l'écosystème planétaire.

La « projectivation » concerne cette capacité de l'esprit humain à concevoir des systèmes d'interaction, d'auto-organisation, de délibération, de décision en fonction des finalités à atteindre. »[1].

Et aussi Larsonneur, dans le même ouvrage :

– *« L'interdisciplinarité s'avère un puissant antidote à la névrose et à l'ankylose qui guettent les organisations trop longtemps figées sur des logiques de fonctionnement devenues inadaptées face à l'évolution de leur environnement. »*[2]

– *« Je voudrais considérer l'entreprise un peu comme un organisme vivant. Si vous acceptez cette analogie, l'interdisciplinarité jouerait au fond le rôle des articulations. Cela crée de la mobilité, cela donne des degrés de liberté, c'est une dynamique et donc aussi une capacité d'auto-adaptation. Si l'on peut pousser plus loin cette analogie entre le vivant et la dynamique des organisations, l'inter-*

---

1. F. Kourilsky (sous la dir.), Ingénierie de l'interdisciplinarité : un nouvel esprit scientifique, op. cit., pp. 94-95 et 98.
2. p. 106.

disciplinarité pourrait peut-être avoir quelque chose en commun avec l'utilité des articulations entre les parties d'un système. »[1]

À l'heure des interrogations profondes qui assaillent la communauté de l'intelligence écono-mique, il nous semble utile de poser un regard sur les fondements de cette discipline qui – quoi que l'on en dise – tarde encore à trouver sa pleine expression dans les principales sphères de notre société. L'intelligence économique est morte, vive l'intelligence économique ! Entre conti-nuité et rupture, tel pourrait en effet être le projet que nous appelons de nos vœux. Continuité de l'action gouvernementale et administrative en faveur du décloisonnement global, combats de tous les instants contre les clichés, mythes et autres représentations qui perdurent, poursuite des actions de fond destinées à une meilleure appréhension de la discipline et des métiers par les organisations – et notamment celles de taille moyenne. Cependant, une réelle césure s'impose tout autant, césure envisagée afin de pallier les vides structurels, les dysfonctionnements organi-sationnels ainsi que les déficiences publiques et privées. Il s'agirait en quelque sorte de faciliter définitivement l'émergence des questionnements fondamentaux qui constituent les socles inalié-nables de l'intelligence économique.

Entre l'impulsion fondatrice d'Henri Martre, la très précieuse enquête de l'Institut des hautes études de défense nationale[2] et le rapport de Bernard Carayon, près d'une décennie s'est écoulée. L'heure semble venue de dresser un bilan avec la mise en perspective des franches réussites, des succès rela-tifs voire mitigés, mais également des échecs patents. Certes l'intelligence économique figure *au cœur* des réflexions de certaines entreprises. Il convient toutefois de fortement nuancer une propension à l'autosatisfaction collective. En effet, « ce projet de connaissance » visant à l'optimisation de la compétitivité et de la performance des firmes n'a pas encore atteint tous les objectifs souhaités. Souvenons-nous du rapport du Commissariat général au Plan... Il s'agissait « *d'ajuster les stratégies en fonction d'une nouvelle grille de lecture intégrant la complexité croissante des réalités concurrentielles à l'œuvre sur ces différents échiquiers mondiaux, nationaux et locaux* ». Cet art du management de l'infor-mation destiné à « *la compréhension permanente des réalités des marchés, des techniques et des modes de pensée des concurrents, de leur culture, de leurs intentions et de leur capacité à les mettre en œuvre* » générait incontestablement du sens. Dans la foulée de son officialisation, d'aucuns procédaient même à l'éloge de l'intelligence économique comme vecteur de nouveaux modes de pensées et d'actions managé-riales. Or, les indicateurs qualitatifs et quantitatifs tendent à démontrer que nous sommes encore très loin des exigences initiales. Plutôt que de se réfugier derrière les statistiques microéconomiques qui expliciteraient à bon compte le recul de la compétitivité globale de la France, peut-être serait-il opportun d'interroger les racines et les représentations que les différents projets en matière d'intelli-gence économique ont cristallisées dans l'inconscient collectif. Nous serions-nous tous trompés, doctrinaires, théoriciens et praticiens, dans l'étude logique de la valeur et de la portée de notre discipline ? Finalement, les managers doivent-ils chercher à réduire les incertitudes ?

Pour nous, c'est exactement l'inverse : le monde d'aujourd'hui, dans ses incertitudes, plein de dangers sans aucun doute, est aussi un foisonnement continu d'opportunités et de défis. L'intel-ligence économique est la réponse adéquate et opportune. La solidarité des acteurs publics et privés autour des concepts et méthodes qui la fondent doit permettre le sursaut qui démentirait le discours lénifiant du déclin français et de l'impuissance européenne.

---

1. p. 108.
2. Cette vaste étude réalisée auprès des 2 000 plus grandes entreprises françaises constitue à ce jour le travail quantitatif et qualitatif le plus accompli à propos des pratiques de l'intelligence économique. F. Bournois et P-J. Romani, *L'intelligence économique et stratégique dans les entreprises françaises*, Economica, 2000.

Bibliographie

ABOU EL KALAM, A., « Modèles et politiques de sécurité pour les systèmes d'information et de communication en santé et social », *in Rapport LAAS No 02181*, 3ᵉ congrès des doctorants de l'École doctorale systèmes, Toulouse (France), 22-23 mai 2002, pp. 58-63.

AFDIE : *Modèle d'IE*, préface de JUILLET, A., Economica, Paris, décembre 2004.

AFITEP : *Dictionnaire du management de projet*, Éditions AFNOR, 2004.

AGUILAR, F. J., *Scanning the Business Environment*, Mac Millan, New York, 1967.

AGUILAR, F. J., *General Managers in Action*, University Press, New York, 1992.

ALLARD-POESI, F. et MARÉCHAL, C., « Construction de l'objet de recherche », *in* THIETART, R.-A., *Méthodes de recherche en management*, Paris, Dunod, 2001.

ALMEIDA (d'), N., *Les promesses de la communication*, PUF, Paris, septembre 2001.

ANSOFF, H. I., « Management Strategic Surprise by Response to Weak Siganls », *California Management Review*, XVIII, pp. 21-33, 1975.

ARGYRIS, C., *Savoir pour agir : surmonter les obstacles à l'apprentissage organisationnel*, Interéditions, 1995.

ARROW, K. J., *Social Choice and individual values*, Yale University Press, 1963.

ARROW, K. J., (préf.), éd. et prés. par Thierry GRANGER, traduit de l'américain sous la dir. de Thierry GRANGER, Paris, Dunod, 2000. 292 pages. (Théories économiques).

AUDIGIER, M., COULON, G. et RASSAT, P., *L'intelligence économique un nouvel outil de gestion*, Maxima, 2003.

AUER, F., *Comment se protéger de l'espionnage, de la malveillance et de l'espionnage économique*, Secret Consulting, 1997.

AUGIER, C., *Pragmatique du sens dans les sondages d'opinion*, Thèse de doctorat SIC, UM1, janvier 2005.

BARTOLI, J. A. et LE MOIGNE, J-L. (dir.), *Organisation intelligente et système d'information stratégique*, Economica, 1996, 270 p.

BATES, C. S., « Mapping the environment : an operational environmental Analysis model », *Long Range Planning*, 1985.

BAUMARD, P., *Stratégie et surveillance des environnements concurrentiels*, Masson, 1991.

BAUMARD, P. et HARBULOT, C., *Intelligence économique et stratégie des entreprises : une nouvelle donne stratégique*, Vᵉ conférence internationale de management stratégique, 1996.

BAUMARD, P. et STARBUCK, W. H., « Est-il réaliste d'étudier les mouvements stratégiques d'une firme ? », *in* LE ROY, F., *Nouvelles approches dynamiques de la concurrence*, Paris, Vuibert, 2002.

BERGSON, H., *L'évolution créatrice*, PUF, 1986, 370 p.

BERNOUX, P., « Influence sur la sociologie des organisations », *in* MARCH, J., *Penser les organisations*, Lavoisier, 2003.

BERTALANFFY (von), L., *Théorie générale des systèmes*, traduit de l'allemand par CHABROL, J-B., Dunod, 1993, 328 p.

BESSON, B. et POSSIN, J-C., *Du renseignement à l'intelligence économique*, Dunod, 2ᵉ édition, 2001.

BESSON, B. et POSSIN, J-C., *L'audit d'intelligence économique*, Dunod, 2ᵉ édition, 2002.

BESSON, B. et POSSIN, J-C., *Pour une définition de l'intelligence économique*, RIE, N° 1, janvier 2004.

BESSON, B. et POSSIN, J-C., *Intelligence économique et économie de l'information*, RIE, N° 2, 2004.

BESSON, B. et POSSIN, J-C., *Éléments fondamentaux du système d'intelligence économique*, Veille N° 79, novembre 2004.

BIAC/ICC : Business Guidance on Implementation of the OECD Security Guidelines in Support of Building a Culture of Trust, « Information Security Assurance for Executives », Business and Industry Advisory Committee to the OECD (BIAC)/International Chamber of Commerce (ICC), octobre 2003.

BOUGNOUX, D., *Sciences de l'information et de la communication*, Textes Essentiels, Larousse, 2000.

BOULANGER, N., GALLAND, S. et ROSTAING, H., *L'implication des experts dans un processus de décision*, 1er colloque européen d'intelligence économique, Poitiers, 27 et 28 janvier 2005.

BOURCIER-DESJARDINS, R., MAYERE, A., MUET, F. et SALAUN, J-M., *Veille technologique, revue de littérature et étude de terrain*, CERSI, Villeurbanne, décembre 1990.

BOURNOIS, F. et ROMANI, P.-J., *L'intelligence économique et stratégique dans les entreprises françaises*, Paris, Economica, 2000.

BOURRE, R., *Les origines des sciences de l'information et de la communication*, Regards Croisés, Presses Universitaires du Septentrion, Villeneuve d'Asq, 2002.

BRANDENBOURG, A.-M. et NALEBUFF, B.-J., « Ne vous trompez pas de jeu : utilisez la théorie des jeux pour modeler votre stratégie », in Harvard Business Review, *Les stratégies de l'incertain*, Éditions d'Organisation, 2000.

BRUNEAU, J.-M., *L'intelligence territoriale : qu'est-ce que c'est ?*, Veille Magazine, N° 80, décembre 2004.

BRUTÉ de RÉMUR, D., *La sécurité de l'information, une nouvelle discipline en SDG*, colloque Montpellier, mai 2001.

BRUTÉ de RÉMUR, D., *Pour une réforme de l'impôt sur les sociétés*, thèse de doctorat d'État, UM1, septembre 2001.

BRUTÉ de RÉMUR, D., *Un nouveau champ de recherche : la sécurité de l'information*, Colloque de Nice, 6 et 7 décembre 2001.

BRUTÉ de RÉMUR, D., « Interview de Gilles Danan, PDG de Back Up Avenue », revue *Cybergestion*, 2002.

BRUTÉ de RÉMUR, D. et WEN, H.-J., « La guerre de l'information en République Populaire de Chine », in *Risques et Informations, Risques et Management International*, N° 4, L'Harmattan, novembre 2005.

BULINGE, F., *L'équation de la sécurité, une analyse systémique des vulnérabilités de l'entreprise : vers un outil de gestion des risques*, ISDM, 2002.

BULINGE, F., *Pour une culture de l'information dans les petites et moyennes organisations : un Modèle incrémental d'intelligence économique*, thèse de doctorat, décembre 2002.

CALMETTES, V., *Le travail humain au cœur de l'économie et des territoires*, Pluralis, N° 13, éditorial, 2004.

CARAYON, B., Rapport de la mission confiée par le Premier ministre, 2003, à consulter sur le site www.bcarayon-ie.com

CHALENDAR (de), J. et LAMOUR, P. (1974), *Prendre le temps de vivre*, Le Seuil, 1974, 119 p.

CHATIGNOUX, J., *Intelligence économique et développement territorial : regard humain, institutionnel, conceptuel, numérique*, www.developpement-local.com, 14 octobre 2002.

CHOMETON, P., *L'externalisation*, Working Paper IR2I, 2004.

CERCOR, « Les recherches sur les communications organisationnelles en débat », colloque de Rennes, décembre 2001.

CHANAL, V., CLAVEAU, N. et TANNERY, F., *Le diagnostic interprétatif : un instrument méthodologique pour le chercheur ingénieur en stratégie*, AIMS, avril 2004, 21 p., www.strategie-aims.com

COULON G., AUDIGIER, M. et RASSAT, P., *L'intelligence économique un nouvel outil de gestion*, Maxima, 2003.

DESWARTE, Y. (dir.), *ORBAC : un Modèle de contrôle d'accès basé sur les organisations*, Cahiers de la recherche francophone en sécurité de l'information, N° 2, 1er trimestre 2003.

DOU, H., *Veille technologique et compétitivité pour le développement des entreprises*, Dunod, 1995, 234 p.

DOU, H. et MANULLANG, S., *Competitive Intelligence, Technology Watch and Regional Development*, MUC Editor, Jakarta, Indonesia, décembre 2003, IIBN 979-98236-0-9.

DOU, H., *Intelligencia Competitiva*, Chapitre Tratamento dos patentes, Kira Tarapanof editora, Brésil, 2005, seconde édition.

DOU, H., *Veille technologique en formulation*, Les Techniques de l'Ingénieur, J 2 260, 2005, pp. 1-15.

DOU, H., *Veille technologique – Méthodologie et collecte d'information*, Les Techniques de l'Ingénieur, AG 2 050 1, 2004, pp. 1-16.

DOU, H., *Veille technologique – Application au suivi des brevets*, Les Techniques de l'Ingénieur, AG 2 051 2, 2004, pp. 1-9.

DOU, H., LEVEILLÉ, V., MANULLANG, S. et DOU, Jr. J-M., *Patent Analysis for Competitive Technical Intelligence and Innovative Thinking*, Codata Electronic Journal, Data Science Journal (CODATA), paper N°DS38, 2005.

DOU, H. et CLERC, P., *Regards sur l'IE, l'intelligence économique en Indonésie*, RIE, Partie I, novembre-décembre 2004.

DOU, H. et CLERC, P., *Regards sur l'IE, l'intelligence économique en Indonésie*, RIE, Partie II, janvier-février 2005.

DOU, H., HADI-KUSUMA, I., DOU, Jr. J-M., et MANULLANG, S., *Developing Competitive Technical Intelligence in Indonesia*, Technovation, pp.995-999, 2004.

DOU, H. et MANULLANG, S., *Competitive Intelligence and Regional Development within the Framework of Indonesian Provincial Autonomy*, Education for Information, N° 22, juin 2004.

DOU, H., *Benchmarking R & D and companies through patent analysis using free databases and special software : a tool to improve innovative thinking*, World Patent Information, Vol. 26, Issue 4, décembre 2004, pp. 297-309.

DOU, H., *Le début de l'intelligence économique en France – Quelle intelligence économique pour les PME*, Constructif, N 8, 2004, www.constructif.fr

DRANOVE, D. et GANDAL, N., *Surviving a standards war : lessons learned from the Life and Death of DIVX*, Centre for Economic Policy Research, juin 2003.

DRESHER, M. et FLOOD, M., cités par LIARDET, F., le 05 octobre 2004 sur www.pion.ch

DRILLON, D., *Quelques réflexions à propos de la confiance*, Cahiers francophones de la recherche en intelligence informationnelle, N° 3, 2e semestre 2003.

DRUCKER, P. et NONAKA, I., *Le Knowledge Management*, Éditions d'Organisation, 1999.

FLEURY-VILATTE, B. et HERT, P., *Frontières disciplinaires*, Questions de Communication, N° 3, 2003.

FOURNIER-MICKIEWICZ, B., *ADIT : une alternative française*, RIE, N° 2, mars-avril 2004.

FORESTIER, G., *Ce que coaching veut dire*, Éditions d'Organisation, 2004, 320 p.

FRANÇOIS, L. (dir.), *Business sous influence*, Éditions d'Organisation, 2004.

GALLAND, S. et ROSTAING, V., *L'implication des experts dans un processus de décision*, 1er colloque européen d'IE, Poitiers, 27 et 28 janvier 2005.

GALLAND, S., BOULANGER, N. et ROSTAING, H., *L'implication des experts dans un processus de décision*, 1er colloque européen d'IE, Poitiers, 27 et 28 janvier 2005.

GANDAL, N. et DRANOVE, D., Surviving a standards war : lessons learned from the Life and Death of DIVX, Centre for Economic Policy Research, juin 2003.

GARCIA, F., *Étude sur la sécurité des systèmes d'information dans le milieu médical en Languedoc-Roussillon*, Cahiers francophones, N° 2, 1er trimestre 2003.

GENELOT, D., *Manager dans la complexité*, INSEP, 1998.

GERSTNER, V. L. Jr., IBM Chairman and Chief Executive Officer, www.iicfuzzy.com

GEUS (de), A.-P., « Planifier c'est apprendre », in Harvard Business Review, Éditions d'Organisation, *Les stratégies de l'incertain*, 2000.

GIRARD, V., *Contribution à l'étude du marketing territorial : le cas des projets de ville et d'agglomération française*, université Jean Moulin Lyon 3, 1999.

GLASERFELD (von), E., « Introduction à un constructivisme radical », *in L'invention de la réalité*, WATZLAWIK P. (dir.), Points, essais, 1988.

GODET, M., *Veille prospective et flexibilité stratégique*, Futuribles, septembre 1985, pp. 3-9.

GODET, M., *Manuel de prospective stratégique*, tomes I et II, Dunod, Paris, 2001.

GODET, M., *Le choc de 2006*, Odile Jacob, 2004.

GOFFMAN, E., *Les rites d'interaction*, Les Éditions de Minuit, 1974.

GOLEMAN, D., *L'intelligence émotionnelle*, Robert Laffont, 1998.

GOLEMAN, D., *Vital lies, simple Truths. The Psychologie of self-perception*, Belt Verlag, 1998, 295 p.

GUEGUEN, D., *Faire de l'IE à Bruxelles : quel intérêt ?*, RIE, N° 4, 2004.

GUEGUEN, D., *L'IE à Bruxelles : méthodologie*, RIE, N° 4 et 5, 2004.

GUILHON, B. et LEVET, J-L., *De l'IE à l'économie de la connaissance*, Economica, 2003.

GUILHOU, X. et LAGADEC, P., *La fin du risque zéro*, Eyrolles, Les Echos Éditions, 2002, 313 p.

GUITTON, J., BOGDANOV, I. et BOGDANOV, G., *Dieu et la science*, Grasset et Fasquelle, 1991.

HAMEL, G. et PRAHALAD, C. K., « La course pour le futur », *in Les stratégies de l'incertain*, Harvard Business Revue, Éditions d'Organisation, 2000.

HARBULOT, C., *La machine de guerre économique*, Economica, 1992.

HARBULOT, C. et BAUMARD, P., *Intelligence économique et stratégie des entreprises : une nouvelle donne stratégique*, V^e conférence internationale de management stratégique, 1996.

HARBULOT, C., *La main invisible des puissances*, Ellipse, 160 p., juin 2005.

Harvard Business Revue, *La chaîne de valeur*, Éditions d'Organisation, 2000.

Harvard Business Revue, *Le management des hommes*, Éditions d'Organisation, 2000.

HENOCQUE, B., *Appropriation des messageries électroniques dans les entreprises en réseau*, Presses Universitaires de Bordeaux, 2002.

HERT, P. et FLEURY-VILATTE, B., *Frontières disciplinaires*, Questions de Communication, N° 3, 2003.

JAKOBIAK, F., *L'IE en pratique*, Éditions d'Organisation, 1998, 300 p.

JAKOBIAK, F., *Conférence sur le benchmarking en IE*, lettre IES, décembre 2001.

JUILLET, A., Allocution d'ouverture du 1er colloque européen sur l'IE, Poitiers, 27 janvier 2005.

JULLIEN, F., *Procès ou création*, Le livre de poche, essais, 1989, 327 p.

KAIEL, A., *Partenariat interfirme et sécurité de l'information*, Cahiers de recherche francophone en sécurité de l'information, N° 2, 1er trimestre 2003.

KANTER, R. et NÈGRE, P., *Les voies de l'observation : repères pour les pratiques de recherche en sciences humaines*, L'Harmattan, 2003.

KOETSLER, A., *Le cri d'Archimède*, trad. Georges Fradier, Calmann-Lévy, 1964.

KOURILSKY, F. (dir.), *Ingénierie de l'interdisciplinarité : un nouvel esprit scientifique*, L'Harmattan, 2002.

LAFITTE, M., *Sécurité des systèmes d'information et maîtrise des risques*, Paris, Revue Banque Éditions, 2003, 127 p.

LAGADEC, P. et GUILHOU, X., *La fin du risque zéro*, Eyrolles, Les Echos Éditions, 2002, 313 p.

LAMOUR, P. et de CHALENDAR, J., *Prendre le temps de vivre*, Le Seuil, 1974, 119 p.

LANCIEN, T. et al., « La recherche en communication en France, tendances et carences », *in Recherche et communication*, MEI, médiation et information, N 14, L'Harmattan, 2001.

LARIVET, S., « Proposition d'une définition opérationnelle de l'IE », *Cahier du CERAG*, N 04-00, mars 2000.

LAURENS, D. et TALBOT, C., *Les nouveaux papes de l'économie*, Le Nouvel Économiste, N°1147, mars 2000.

LAURENT, C., *Faux débats et vrais enjeux*, DC, N° 9, janvier-février 2005.

LAZARE, J., *La science de la communication*, Coll. Que sais-je ?, PUF, 1993.

LE CARDINAL, G., GUYONNET, J-F., POUZOULIC, B., *La dynamique de la confiance*, Dunod, 1997, 246 p.

LE COADIC, Y., *Le besoin d'information : formulation, négociation, diagnostic*, ADBS, Paris, 1998.

LE COADIC, Y., *La science de l'information*, coll. Que sais-je ?, N° 2873, PUF, 2004.

LE MOIGNE, J.-L., *État de la recherche en sciences de gestion*, Recherche en sciences de gestion, FNEGE-ISEOR, 1984.

LE MOIGNE, J.-L. et BARTOLI, J. A. (dir.), *Organisation intelligente et système d'information stratégique*, Economica, 1996, 270 p.

LE MOIGNE, J.-L., *Le constructivisme, les enracinements*, tome I, L'Harmattan, 2001.

LE MOIGNE, J.-L., Fiche de lecture mise à jour le 12 février 2003 sur www.mcxapc.org

LE MOIGNE, J.-L., *Le constructivisme*, tome III, l'Harmattan, 2004.

Le ROY, F., *Doctrines militaires et management stratégique des entreprises*, thèse de doctorat en sciences de gestion, Montpellier, 1994.

Le ROY, F., *Les conditions de l'application de la stratégie militaire au management*, RFG, N° 122, 1999.

LE STANC, C. et PRUM, A., *Les droits en France du créateur d'information*, Revue Internationale de Droit Économique, 1989.

LEBOEUF, C. (dir.), *La fin du groupware ? Résurgence d'une dynamique organisationnelle assistée par ordinateur*, L'Harmattan, 2002.

LEBOEUF, C. (dir.), *Pragmatique des communications instrumentées*, décembre 2000, L'harmattan, 2002.

LEBRATY, J.-F., « Comprendre le concept d'information pour mieux appréhender les TIC », V[e] colloque du CRIC : *La communication d'entreprise, regards croisés sciences de gestion – sciences de l'information et de la communication*, Nice, 6 et 7 décembre 2001.

LESCA, H., *Veille stratégique : comment sélectionner les informations pertinentes*, V[e] conférence internationale de management stratégique, 1996.

LEVET, J-L. et GUILHON, B., *De l'IE à l'économie de la connaissance*, Economica, 2003.

LORENTZ, K., *Les fondements de l'éthologie*, Flammarion, 1997, 426 p.

LUCAS, D. et TIFFREAU, A., *Guerre économique en information : les stratégies de subversion*, Ellipse, 2004.

LUCAS, D. et BRUTÉ de RÉMUR, D., *RIE*, N° 3, mai-juin 2004.

LUCAS, D., *Éléments d'appréciation de l'intelligence économique en France : propositions pour un cadre d'action*, projet de thèse de doctorat, UM1, 2005.

MALAREWICZ, J. A., *Systémique et entreprise*, Village Mondial, 2000.

MALAREWICZ, J. A., *Réussir un coaching grâce à l'approche systémique*, Village Mondial, Paris, 2003.

MALLET, J. (dir.), *L'entreprise apprenante*, tome I, université de Provence, 1996.

MARCHESNAY, M., *L'économie et la gestion sont-elles des sciences ?*, papier de recherche pour l'Équipe de Recherche sur la Firme et l'Industrie, UM1.

MARCON, C. et MOINET, N., *Développez et activez vos réseaux relationnels*, Dunod, 2004.

MARÉCHAL, C. et ALLARD-POESI, F., « Construction de l'objet de recherche » in THIETART, R.-A., *Méthodes de recherche en management*, Paris, Dunod, 2001.

MARTINET, A.C., *Analyse de l'environnement : planification et management stratégiques de la grande entreprise*, thèse d'État en sciences de gestion sous la direction de WICKHAM, S., Paris IX, 1975, 317 p.

MARTINET, A.C., *Épistémologies et sciences de gestion*, Economica, 1990.

MARTINET, A.C. et SILEM, A., *Les besoins des PME en information externe*, Enseignement et Gestion, automne 1981.

MARTINET, B. et MARTI, Y.-M., *L'intelligence économique : comment donner de la valeur concurrentielle à l'information*, Éditions d'Organisation, 2001.

MARTINET, B. et RIBAULT, J-M., *La veille technologique concurrentielle et commerciale*, Éditions d'Organisation, 1989.

MARTINEZ, G. et SILEM, A., « La revue de presse et l'information dans la PME : information et système d'information de la PME », 27 p., 5ᵉ journées nationales des IAE, Grenoble, novembre 1980.

MARTRE, H. (Rapport), « Intelligence économique et stratégie des entreprises », commissariat général au Plan, La Documentation française, février 1994.

MATTELART, A. et MATTELART, M., *Histoire des théories de la communication*, repères, Paris, La découverte, 1995.

MATTELART, A., *Histoire de la société de l'information,* repères, Paris, La découverte, 2003, 124 p.

MATTELART, A., entretien accordé à LANCIEN, T. et THONON, M. in *Recherche et communication*, N° 14, MEI, 2002.

MEAD, M., *The study of culture at a distance*, Chicago, 1953.

MÉRINDOL, V., « Le management des connaissances au service du management public : les acquisitions de la défense britannique », *Revue de management public,* N° 3, septembre 2004.

MIÈGE, B., *La pensée communicationnelle*, coll. La Communication en Plus, Grenoble, PUG, 1995.

MINTZBERG, H., *Structure et dynamique des organisations*, Éditions d'Organisation, 1982.

MOINET, N., HASSID, L. et PASCAL, J.-G., *Les PME face au défi de l'IE, le renseignement sans complexe*, Dunod, 1997.

MOINET, N. et MARCON, C., *Développez et activez vos réseaux relationnels*, Dunod, 2004.

MOLES, A., *Théorie structurale de la communication et société*, Masson, 1995.

MOREAU, F. (dir.), *Comprendre et gérer les risques*, Éditions d'Organisation, juin 2002, 222 p.

MORIN, E., « De l'interdisciplinarité », *in Carrefour des Sciences*, Actes du colloque, Session plénière du Comité national de la recherche scientifique sur l'interdisciplinarité, 12-13 février 1990, Palais de l'Unesco, publication CNRS.

MORIN, E., *Introduction à la pensée complexe*, ESF, 1990.

MORIN, E., *Quelle Université pour demain ? Vers une évolution transdisciplinaire de l'Université*, Communication au Congrès international Locarno, Suisse, 30 avril – 2 mai 1997, texte publié dans *Motivation*, N° 24, 1997.

MORIN, E., *La tête bien faite, repenser la reforme, réformer la pensée*, Le Seuil, 1999.

MORRIS, D., *Der nackte Affe, Gesamterstellung*, Ulm, Ebner, 1967, 239 p.

MORRIS, D., *Körper Signale : vom Scheitel bis zum Kinn*, Wilhelme Heyne Verlag, 1993, 239 p.

MORRIS, L., *La chaîne de la connaissance, stratégies d'entreprise pour l'Internet*, Village Mondial, 1998.

MUCCHIELLI, A., *Les SIC*, Hachette, 1998.

MUCCHIELLI, A., *Les sciences de l'information et de la communication*, 1ʳᵉ édition, les fondamentaux Hachette, 1995.

NALEBUFF, B.-J. et BRANDENBOURG, A.-M., « Ne vous trompez pas de jeu : utilisez la théorie des jeux pour modeler votre stratégie », *in Harvard Business Review, Les stratégies de l'incertain*, Éditions d'Organisation, 2000.

NARDONE G. et WATZLAWIK, P. (dir.), *Stratégie de la théorie brève*, Le Seuil, 2000.

NÈGRE, P. et KANTER, R., *Les voies de l'observation : repères pour les pratiques de recherche en sciences humaines*, L'Harmattan, 2003.

NORMAN, D.A., *Cognitive Artefacts in Designing interaction : Psychology at the Human-Computer-Interface*, New York, Cambridge University Press, 1991.

NYFFENEGER, C. et BRUTÉ de RÉMUR, D., *Information et perception*, Cahiers de la recherche francophone en intelligence informationnelle, N° 3, 2003.

O'CONNEL, J.J. et ZIMMERMAN, J.W., *Scanning the International environment*, California Management Review, vol. 22, N° 2, 1979.

OECD Implementation Plan for the Guidelines for the Security of Information Systems and Networks – Towards a Culture of Security, OECD, juillet 2003.

ORIEUX, J., *Talleyrand*, Flammarion, 1970, 858 p.

PATEYRON, E., *La veille stratégique*, Economica, 1998, 205 p.

PERRINE, S., *Éléments d'une microéconomie informationnelle*, Colloque de l'IR2I « L'information : coûts et valeurs », 1 et 2 juin 2004, Institut des hautes études de la sécurité, Saint Denis.

PIAGET, J. (dir.), *Logique et connaissance scientifique*, Paris, Gallimard, 1967.

PINTE, J-P., *Les outils de la veille pédagogique*, 2004, consulté sur www.veille.com

POSSIN, J-C. et BESSON, B., *Du renseignement à l'intelligence économique*, Dunod, 2e édition, 2001.

POSSIN, J-C. et BESSON, B., *Pour une définition de l'intelligence économique*, RIE, N° 1, janvier 2004.

POSSIN, J-C. et BESSON, B., *Intelligence économique et économie de l'information*, RIE, N° 2, 2004.

POSSIN, J-C. et BESSON, B., *Éléments fondamentaux du système d'intelligence économique*, Veille, N° 79, novembre 2004.

PRAHALAD, C. K. et HAMEL, G., « La course pour le futur », *in Les stratégies de l'incertain*, Harvard Business Revue, Éditions d'Organisation, 2000.

PRAX, J.-Y., *Le Manuel du Knowledge Management*, Dunod, 2003.

PRUM, A. et LE STANC, C., *Les droits en France du créateur d'information*, Revue Internationale de Droit Économique, 1989.

QUINIO, B., *Le Modèle triadique : un Modèle pour la sécurité de l'information*, Cahiers de la recherche francophone en sécurité de l'information, N° 1, 3e trimestre 2002.

RASSAT, P., COULON G. et AUDIGIER, M., *L'intelligence économique un nouvel outil de gestion*, Maxima, 2003.

RIBAULT, J-M. et MARTINET, B., *La veille technologique concurrentielle et commerciale*, Éditions d'Organisation, 1989.

ROBINS-JONES, T-J., *Environmental Scanning for Small Business*, Managerial forum, vol. 12, N° 3, septembre 1986, pp. 255-261.

ROCHET, C., « Éducation nationale : des idées à rebrousse-poil », *in Revue Panoramiques*, N° 56, 1er trimestre 2002.

Rohmer, E., *Les sciences de l'imprécis*, Paris, Le Seuil, 1998, 388 p.

ROMANI, P.-J. et BOURNOIS, F., *L'intelligence économique et stratégique dans les entreprises françaises*, Paris, Economica, 2000.

ROSNAY (de), J., *L'homme symbiotique*, Le Seuil, 1995.

ROSTAING, H., *Veille technologique et bibliométrie*, université d'Aix-Marseille III, 1993.

ROSTAING, H., *La bibliométrie et ses techniques*, coédition Sciences de la société/CRRM, coll. Outils et méthodes, 1996, 131 p.

ROSTAING, H., *Le web et ses outils d'orientation. Comment mieux appréhender l'information disponible sur l'Internet par l'analyse des citations*, juillet 2002, consulté sur http://archivesic.ccsd.cnrs.fr/

ROSTAING, H., GALLAND, S. et BOULANGER, N., *L'implication des experts dans un processus de décision*, 1er colloque européen d'Intelligence Économique, Poitiers, 27 et 28 janvier 2005.

SALLES, M., *Stratégie des PME et IE*, Economica, 2003.

SALLES, M., Intervention au colloque de Poitiers, atelier sur l'intelligence territoriale, 27 et 28 janvier 2005.

SAVALL, H. et ZARDET, V., « La décision managériale multidimensionnelle comme fondement des sciences de gestion », *in IAE, La décision managériale, mélanges en l'honneur du professeur Jacques LEBRATY*, septembre 1999.

SCHUMPETER, J., *La théorie de l'évolution économique*, Dalloz, 1912.

SFEZ, L., *Critique de la communication*, Le Seuil, 1988.

SILEM, A. et BRUTÉ de RÉMUR, D., « La communication d'entreprise sous les regards croisés des épistémologistes en sciences de gestion et en sciences de l'information et de la communication » chap 1 de « La communication des organisations à la croisée des chemin disciplinaires » L'Harmattan, oct. 2005.

SIMON, H. A., *Rational choice and the structure of the environment*, Psychological Review, 63 (2) :129-138, 1956.

SIMON, H. A., *The New Science of Management Decision*, New York, Harper and Row, 1960.

SIMON, H. A., *An Empirically Based Microeconomic*, TEDESCHI, P., Cambridge University Press, 1997.

SOLER, T., *RIE*, N° 7, janvier-février 2005, p 48.

STARBUCK, W.H. et BAUMARD, P., « Est-il réaliste d'étudier les mouvements stratégiques d'une firme ? », *in LE ROY, F., Nouvelles approches dynamiques de la concurrence*, Paris, Vuibert, 2002.

TALBOT, C. et LAURENS, D., *Les nouveaux papes de l'économie*, Le Nouvel Économiste, N° 1147, mars 2000.

THOMAS, D.°A. et ELY R.°J., « Apologie de la diversité », *in Le management des hommes*, 29 novembre 2005, coédition L'expansion/Éditions d'Organisation, Coll. Harvard Business Review.

URSO, D., « Les relations interentreprises favorisent-elles la connaissance ? », 10e rencontres internationales du GERPISA, 1996.

VARELA, F.J., *Invitation aux sciences cognitives*, Le Seuil (points Sciences), 1995.

VIVANT, M., *Créations immatérielles et droit*, Ellipse, 1997.

VOLANT, C., *Le système d'information-documentation dans les entreprises : perspectives d'évolution*, dossier HDR, 1997.

VOLANT, C., *Le management de l'information dans l'entreprise : vers une vision systémique*, ADBS Éditions, 2003, 106 p.

WANG, B.°C., *Introduction de la recherche sur la guerre de l'information*, Journal of PLA, 7 novembre 1995.

WATZLAWICK, P. par COLIN, F., *in* « Rencontre de Paul WATZLAWICK », CRIC, L'Harmattan, 1997.

WATZLAWIK, P., *Une logique de la communication*, Le Seuil, 1974.

WATZLAWIK, P., *Changements, paradoxes et psychothérapie*, Le Seuil, 1980.

WATZLAWIK, P. et WEAKLAND, J.-H., *Sur l'interaction, Palo Alto 1965-1974, une nouvelle approche thérapeutique*, Le Seuil, Paris, 1981.

WATZLAWIK, P. et NARDONE G. (dir.), *Stratégie de la théorie brève*, Le Seuil, 2000.

WILENSKY, H.-L., *Organisational Intelligence. Knowledge and Policy in Government and Industry*, Basic Books, New York, 1967.

WINKIN, Y., *La nouvelle communication*, Le Seuil, 1981/2000.

WINKIN, Y., *Anthropologie de la communication : de la théorie au terrain*, Bruxelles, Éditions De Boeck Université, 1996, Édition dans la coll. Points, Le Seuil, 2001.

WOLFSON, M., *The political Economy of War and Peace*, Kluwer Academy Press, 1999.

WOLTON, D., *Internet… et après ?*, Flammarion, 2000.

Webographie

http://www.sopel.org

http://www.surfandbiz.com/web/cinq-forces/

http://c.asselin.free.fr/

http://marienaudon.free.fr/auteurs.html

http://perso.wanadoo.fr/minerva/DM/Page_accueil_DM.htm

http://ques2com.ciril.f r

http://revuesim.free.fr

http://web.univ-paris12.fr/

http://web.univ-paris12.fr/

http://www.adit.fr

http://www.amlfc.com, mars 2000

http://www.amlfc.com, mars 2000

http://www.auricula.org

http://www.benking.de/verweigerung.html

http://www.cepr.org/pubs/dps/DP3935.asp

http://www.clusif.asso.fr

http://www.crea-France.com

http://www.crrm.mrs.fr

http://www.deloitte.fr

http://www.edwdebono.com/debono/cort.htm

http://www.hyperdictionary.com/dictionary/information

http://www.icl-lille.fr

http://www.inist.fr

http://www.IntelligenceOnline.fr

http://www.ir2i.com

http://www.isecom.org

http://www.laas.fr

http://www.mcxapc.org

http://www.mor.itesm.mx/ProyHuma/fautor.html

http://www.mor.itesm.mx/ProyHuma/fautor.html

http://www.scipfrance.org

http://www.sopel.org

http://www.strategicsinternational.com/f5harbulot.htm

http://www.strategie-aims.com

http://www.unies.uni-hannover.de/bollm/wandel/i_index.html

http://www.users.globalnet.co.uk/~rxv/index.htm

http://www.veille.net

http://www.wikipedia.com
http://socio.ens-lsh.fr/winkin/index.php
http://www.bcarayon-ie.com
http://www.benking.de/verweigerung.html
http://www.communicance.com
http://www.crea-France.com
http://www.fragmentsdumonde.org/2001
http://www.infowar.com
http://www.laas.fr
http://www.mcxapc.org

Index des mots-clés

Index des mots-clés

Index des sigles

A

ABM : Approche besoins marché 164

ACFCI : Assemblée des chambres françaises de commerce et d'industrie 41

ADIT : Agence pour le développement de l'information technologique 37

AFAQ : Association française pour l'assurance qualité 149

AFDIE : Association française pour le développement de l'intelligence économique 41

AFNOR : Association française de normalisation 28

AIMS : Association internationnal de marketing stratégique 64

ALENA : Traité de libre échange nord-américain 22

ARIST : Accès régional à l'information stratégique et technologique 50

ASEAN : Association de libre échange du sud est asiatique 22

B

BDD : Bases de données 86

BNS : Business executives for national security 68

C

CCI : Chambre de commerce et d'industrie 99

CCINET : C'est le nom de l'Intranet des CCI françaises 101

CEPII : Centre d'études prospectives et d'informations internationales 98

CERCOR : Centre européen de recherche sur les communautés et les ordres religieux 11

CEREGE : Centre de recherche en gestion 69

CERILH : Centre d'études et de recherche sur l'industrie des liants hydrauliques 123

CESD : Centre d'études scientifiques de défense 180

CIFRE : Convention industrielle de formation par la recherche 71

CIGREF : Club informatique des grandes entreprises française 12

CIRAD : Centre de coopération internationale en recherche agronomique pour le développement 102

CLUSIF : Club de la sécurité des systèmes d'information français 24

CMTI : Commission ministérielle de terminologie informatique 28

CNPF : Conseil national du patronat français devenu le MEDEF 27

CNU : Conseil national des universités XII

CRCI : Chambre régionales de commerce et d'industrie 100

CRRM : Centre de recherches rétrospectives de marseille 170

CSI : Centre de sociologie de l'innovation 138

CTCPEC : Canadian Trusted computer Product Evaluation Criteria 148

CUEB : Capital university of economics and business 15

D

DGSE : Direction générale de la sécurité extérieur 36

DIST : Délégation à l'information scientifique et technique XV
DREE : Direction des relations économiques extérieures 36
DRIRE : Direction régionale de l'industrie et de la recherche 36
DST : Direction de la surveillance du territoire 36

E

EAI : Entreprise application intégration ou : Intégration des application dans l'entreprise 142
ENISA : European Network Information Security Agency 168
ERP : Entreprise Resource planning 142

F

FÉPIE : Fédération des professionnels de l'intelligence économique 179
FIED : Forum intelligence économique et développement 102

G

GRC : Gestion de la relation client 26
GRH : Gestion des ressources humaines XI

I

ID : Intelligence du développement 104
IDIL : Intelligence du développement international et local 104
IEC : International Electrotechnical Commission 149
IFRI : Institut français des relations internationales 98
IHDEN : Institut des hautes études de défense nationale 126
IHEDN : Institut des hautes études de la défense nationale 40
IHESI : Institut des hautes études de la sécurité intérieure 126
INHES : Institut national des hautes études de sécurité XV
INIST : Institut national de l'information scientifique et technique 138
IRIS : Institut de relations internationales et statégiques 98
ISO : International Standardisation Organisation 149
ITSEC : Information Technology Security Evaluation and Certification 148

K

KM : knowledge management 28

L

LERM : Laboratoire d'études et de recherche sur les matériaux 123

M

MARION : Méthodologie d'analyse de risques informatiques orientée par niveaux 37
MEHARI : Méthode harmonisée d'analyse de risques 37
MINEFI : Ministère de l'économie et des finances 36

O

ORIS : Observatoires régionaux d'intelligence stratégique 100

Index des sigles

Sommaire détaillé

Sommaire détaillé

Sommaire détaillé

www.ingramcontent.com/pod-product-compliance
Lightning Source LLC
Chambersburg PA
CBHW080522220326
41599CB00032B/6167